中华国学文库

明通鉴 四

〔清〕夏 燮 撰

沈仲九 标点

中 华 书 局

明通鉴卷五十

江西永宁知县当涂 夏 燮 编辑

纪五十 起玄黓敦牂(壬午),尽昭阳协洽(癸未),凡二年。

世宗钦天履道英毅神圣宣文广武洪仁大孝
肃皇帝

嘉靖元年(壬午、一五二二)

1 春,正月,癸丑,享太庙。

2 己未,大祀天地于南郊。

是日,清宁宫后殿灾。

壬戌,尚书毛澄等言:"陛下郊祀甫毕,禁中失火,密迩青宫,变不虚生,宜应之以实。法成汤之自责,效周宣之侧身;思礼乐教化之或愆,念庆赏刑威之有失;充其惧灾忧患之心,以致夫顺天悦亲之实。"上曰:"上天示戒,朕心兢惕,当与卿等同加修省以回天意。"

先是,上手敕加兴献帝、后皇号,杨廷和等偕礼官执奏,一时廷臣诤者百余人,皆言称"皇"非是,且请斥张璁等邪说,俱不报。至是殿灾,廷和等因言:"兴圣帝、后加称,列圣神灵容有未安,今大灾示戒,昭然可见。"

给事中邓继曾亦言:"天有五行,火实主礼;人有五事,火实主言。名不正则言不顺,言不顺则礼不兴。今之火灾,废礼失言之所致也。"上不得已乃勉从众议,谕:"称孝宗为'皇考',慈寿皇太后为'圣母',兴献帝、后为'本生父母',不称'皇'。"【考异】据明史本纪:因清宁宫灾牵连书之,即三月颁诏之文也。证之实录,并无此语,盖传谕之言,后始行之。

方科、道官之论谏也,给事中安磐谓:"兴为藩国,不可加于帝号之上;献为谥法,不可加于生存之母。本生、所后,势不俱尊;大义、私恩,自有轻重。"会廷臣多力争,俱下所司知之。

3 己巳,甘州军乱,杀巡抚都御史许铭,焚其尸。

铭之死也,实总兵官李隆以私憾嗾部卒杀之,而以"铭酷刻激变军士"报闻。

寻擢陕西按察使陈九畴为佥都御史,巡抚甘肃。

4 庚午,以火灾风霾,遣官祭告天地宗庙社稷,敕百官修省。

5 二月,己卯,耕藉田。【考异】据明史本纪:"是月己卯耕藉田。"证之实录,"戊寅,遣官祭先农",亦不载己卯亲耕藉田事。而明书则系之三月乙卯。今据本纪。

6 丁酉,召何孟春为吏部右侍郎。

孟春巡抚云南,平叛苗有功。上即位,迁南京兵部右侍郎,半道,复被召佐吏部。

先是孟春在云南,闻大礼议起,驰疏奏曰:"臣惟前世帝王,自旁支入奉大统,推尊本生,得失之迹,具载史册。

宣帝不敢加号于史皇孙，光武不敢加号于南顿君，晋元帝不敢加号于恭王，抑情守礼，宋司马光所谓'当时归美，后世颂圣'者也。哀、安、桓、灵乃追尊其父祖，犯义侵礼，司马光所谓'取讥当时，见非后世'者也。仪礼丧服：'为人后者'，传曰：'何以三年也？受重者必以尊服服之。''为人后者为其父母报。'传曰：'何以期也？不二斩也。重大宗者，降其小宗也。'夫为人后者为之子，不敢复顾私亲，圣人制礼，尊无二上，若恭敬之心分于彼，则不得专于此故也。今者廷臣详议，事犹未决，岂非'皇叔考'之称有未当者乎？抑臣愚亦不能无疑。礼：'生曰父母，死曰考妣。'有'世父母'、'叔父母'之文，而无'世叔考'、'世叔妣'之说。今欲称兴献王为'皇叔考'，古典何据？宋英宗时有请加濮王'皇伯考'者，宋敏求力斥其谬。然则'皇叔考'之称，岂可加于兴献王乎？即称'皇叔父'，于义亦未安也。经书称'伯父、叔父'，皆生时相呼，及其既没，从无通亲属冠于爵位之上者。然则'皇叔父'之称，其可复加先朝已谥之亲王乎？且天下者，太祖之天下也。自太祖传至孝宗，孝宗传之先皇帝，特简陛下，授之大业。献王虽陛下天性至亲，然而所以光临九重，富有四海，子子孙孙万世南面者，皆先皇帝之德，孝宗之所贻也。臣故愿以汉宣、光武、晋元三帝为法。若非古之名，不正之号，非臣所愿于陛下也。"及孟春官吏部，则已称兴献帝、后及本生父母，遂中寝。

7　壬寅，以巡抚湖广、副都御史席书为南京兵部右侍郎。

初,书自户部员外升外任,武宗时,历河南佥事、贵州提学副使。时王守仁谪龙场驿丞,书择州县子弟,延守仁教之,士始知学。屡迁福建左布政使,擢右副都御史,巡抚湖广。上改元,改南京兵部右侍郎,江南、北大饥,奉命振江北,令州县十里一厂,煮糜哺之,全活无算。

方书在湖广,见中朝议大礼未定,揣上向张璁、霍韬,因献议言:"昔宋英以濮王第十三子出为人后,今上以兴献王长子入承大统。英宗入嗣,在衮衣临御之时,今上入继,在宫车晏驾之后。议者以陛下继统武宗,仍为兴献帝之子,别立庙祀,张璁、霍韬之议,未为非也。为今日议,宜定号曰'皇考兴献帝',别立庙大内,岁时祀太庙毕,仍祭以天子之礼,似或一道也。盖别以庙祀,则大统正而昭穆不紊,隆以殊称,则至爱笃而本支不沦,尊尊亲亲,并行不悖。至慈圣宜称'皇母某后',不可以'兴献'加之。献,谥也,岂宜加于今日?"议既具,会中朝竞诋张璁为邪说,书惧,不敢上,而密以示桂萼,萼然其议。

8 三月,辛亥,弗提卫献生豹,却之。

9 甲寅,上幸太学,释奠于先师孔子。

10 丁巳,上慈寿皇太后尊号曰昭圣慈寿皇太后,武宗皇后曰庄肃皇后。戊午,上皇太后尊号曰寿安皇太后,兴献后曰兴国太后。【考异】明史本纪所载尊号年月,皆据实录。而是时称母后曰兴国太后,盖以廷臣言兴献谥法不可加于生存之母。据此,则去年十月之称之为兴献后明矣。明史毛澄传于去年十月下书兴国太后,盖纪载之误也,今刊正。壬戌,颁诏天下。

论曰:考孝宗,遂不得不以武宗为皇兄;而以武宗为皇兄,遂为称庄肃皇嫂张本。杨廷和等之初误于草遗诏"兄终弟及"一语,及草即位诏直称"奉皇兄遗命,入奉宗祧",于是考孝宗、兄武宗之议起矣。

不知世宗所承之统,在武宗不在孝宗,今舍武宗而考孝宗,是灭武宗世次也。成帝无子,故以哀帝为嗣而考成帝,仁宗无子,故以英宗为嗣而考仁宗。今孝宗自有子,武宗既考之于前,而世宗复考之于后,是使孝宗有子而无子也。

况兄终弟及,为同父者言之耳。而遗诏中以为"伦序当立",则丧服小记"宗子为殇而死,庶子弗为后"之例也。故郑注云:"族人以其伦代之明,不序昭穆,立之庙祭之,就其祖而已。"据此,则宗子孤为殇者,不得为之立后,故族人以其兄弟之伦序相当者来为殇之父后,不为殇后,此即春秋"子般卒"之例也。子般乃为殇未逾年而死者,故闵公嗣位,为庄公后,不为子般后。若僖公之继闵公,则成君也,成君则宜为之后,不得仍后庄公,春秋之义亦如此。

今武宗身为天子十有六年,一旦以无后而传之世宗,何至杨廷和、毛澄等夷之于宗子为殇之列,使世宗但以其伦代而不为之后,又于孝宗之宜入祖庙者而祢之。于是考孝宗,而"皇兄""皇嫂"之称遂不得不出于此,自此为有明一代故实。而庄烈尊熹宗后为懿安皇后,称之曰"皇嫂",实自廷和等兄武宗一议启之。而征之于礼,实未见其然也。

11 甲子，<u>广西荔浦县</u>贼流劫<u>桂林</u>、<u>阳朔</u>等处，杀<u>临桂县</u>主簿<u>曹时</u>、<u>古田县</u>典史<u>陈祚</u>，命镇、巡官督兵捕之。

12 戊辰，遣官诣<u>安陆</u>，上<u>兴献帝</u>尊号。

时命礼部侍郎<u>贾咏</u>题神主，<u>咏</u>题神主曰"<u>兴献帝</u>神主"，不称"考"及"叔"，亦不叙子名。朝论是之。

13 壬申，论定策功，封大学士<u>杨廷和</u>、<u>蒋冕</u>、<u>毛纪</u>皆为伯，<u>费弘</u>荫一子锦衣卫指挥，皆世袭。礼部尚书<u>毛澄</u>加太子太傅，荫一子锦衣卫。

<u>廷和</u>等五人各累疏恳辞，皆温旨褒答，不允。已，复力辞，至以去就决之，始命改荫锦衣卫等官，<u>廷和</u>等仍坚辞不受。给事中<u>许复礼</u>、<u>张九功</u>等，御史<u>汪良贵</u>、<u>秦武</u>等及兵部主事<u>霍韬</u>各交章奏："封爵武荫，非诸臣所安，宜听辞免"，寻许改荫文阶。

<u>廷和</u>、<u>澄</u>以议大礼不合上意，数求去。而御史<u>张鹏</u>请罢<u>蒋冕</u>、<u>赵永亨</u>，又诋<u>石珤</u>不可掌铨衡，二人亦求去。朝议不平，乃复以温旨谕留。以是诸臣竟不敢拜命云。

14 初，诏罢额外贡献。是月，中都镇守中官<u>张阳</u>复贡新茶。给事中<u>张翀</u>言："陛下诏墨未干，旋即反汗，人将窥测朝廷，玩侮政令。且<u>阳</u>名贡茶，实杂致他物，四方效尤，何所底极！请守前诏，一切罢之。"报可。

15 夏，四月，癸未，禁<u>广东</u>看守珠池及市舶太监不许干预地方事务。

16 壬辰，命"各边巡按御史三年一阅视军马器械。著为令"。

17　丙申，罢甘肃总兵官李隆。

隆以私憾戕害抚臣许铭，时陈九畴尚未至陕西，巡按御史喻茂坚发隆罪状，乃褫职，命逮勘以闻。

18　戊戌，上御经筵。

19　己亥，南京兵部尚书王守仁疏辞封爵。

初，守仁以功为内阁所忌，受封之日，诸同事有功者，惟吉安守伍文定当上赏，擢至大官，其他皆名示迁而阴黜之，废斥无存者，守仁愤甚。比归，丁父忧，乃疏辞封爵，乞录诸臣功，且言：“殃莫大于贪天之功，罪莫大于掩人之善，恶莫深于袭下之能，辱莫重于忘己之耻，四者备而祸全。臣之不敢爵，非以辞荣也，求避祸耳。”不允，所录功亦不报。【考异】据年谱，文成以正月辞封爵，二月丁父忧，七月再疏辞封爵，此据其在越上书之月也。实录载守仁辞封于是月己亥，盖即年谱正月所上疏也。惟实录但载辞封不允，而明史本传则并载乞录诸臣功于丁父忧之下。证之年谱，乞录不允，乃在七月讼冤之疏。今分书之。

20　是月，起致仕都御史林俊为工部尚书。未至，会刑尚张子麟致仕，乃改俊代之。以副都御史陶琰为工部尚书。

21　五月，己酉，以迎立功，封驸马都尉崔元为侯，外戚邵喜、蒋轮皆为伯。

时元等因阁臣皆辞封爵，亦疏辞。科、道官及吏部均请“宜听辞免，以慎重名器，保全戚里”，不允。

22　六月，丁丑，大学士杨廷和等上言：“近以暑日，传旨，‘经筵日讲俱暂免，又免午奏’，臣等职司辅导，实有未安。伏乞宫中无事不废读书，其大学、尚书，容臣等接续前日所讲读者，量进起止。仍不时御文华殿，召见臣等，俯赐访问。”上是之。已而编修湛若水亦以为言,俱报闻。

23 是月,南京礼部尚书章懋卒。

懋告归后,屡起为南京太常卿及南礼部侍郎,皆不就。言者屡陈懋德望,诏有司岁时存问。上嗣位,即家擢是职,仍致仕。方遣行人存问,而懋已卒,年八十六。赠太子少保,谥文懿。

懋为学,恪守先儒训。或讽为文章,曰:“小技耳,予弗暇。”有劝之著述者,曰:“先儒之言至矣,芟其繁者可也。”通籍五十余年,历俸仅满三考,难进易退,世皆高之。

24 禁内官弟侄毋得官锦衣卫世袭。著为令。

25 是夏,吏部员外郎方献夫自家还朝,道闻大礼议未定,乃上疏,略曰:“先王制礼,本缘人情;君子论事,当究名实。窃见近日礼官所议,有未合乎人情,未当乎名实,一则守礼经之言,一则循宋儒之说也。臣独以为不然。

据礼经丧服传曰:‘何如而可以为人后,支子可也。’又曰:‘为人后者孰后?后大宗也。大宗者,尊之统也,不可以绝。故族人以支子后大宗也。嫡子不得后大宗。’为是礼者,盖谓有支子而后可以为人后,未有绝人之后以为人后者也。今兴献帝止生陛下一人,别无支庶,乃使绝其后而后孝宗,岂人情哉!且为人后者,父尝立之为子,子尝事之为父,故卒而服其服。今孝宗尝有武宗矣,未尝以陛下为子;陛下于孝宗未尝服三年之服,是实未尝后孝宗,而强称之为‘考’,岂名实哉!为是议者,未见其合于礼经之言也。

又按程颐濮议，谓'英宗既以仁宗为父，不当以濮王为亲'，此非宋儒之说不善，实今日之事不同。盖仁宗尝育英宗于宫中，其不同者一；孝宗有武宗为子，仁宗未尝有子也，其不同者二；濮王别有子，可以不绝，兴献帝无别子也，其不同者三；岂得以濮王之事比今日之事哉？为是议者，未见其善述宋儒之说也。

若谓孝宗不可无后，故必欲陛下为子，此尤不达于大道者也。推孝宗之心所以必欲有后者，在不绝祖宗之祀，不失天下社稷之重而已，岂必拘拘父子之称而后为有后哉？孝宗有武宗，武宗有陛下，是不绝祖宗之祀，不失天下社稷之重矣，是实为有后也。且武宗君天下十有六年，不忍孝宗之无后，独忍武宗之无后乎？此尤不通之说也。夫兴献帝当父也而不得父，孝宗不当父也而强称为父，武宗当继也而不得继，是一举而三失焉，臣未见其可也。

且天下未有无父之国也，瞽瞍杀人，舜窃负而逃。今使陛下舍其父而有天下，陛下何以为心哉！臣知陛下纯孝之心，宁不有天下，决不忍不父其父也。孟子曰：'孝子之至，莫大乎尊亲。'岂有子为天子而父不得称帝者！

今日之事，臣尝为之说曰：'陛下之继二宗，当继统而不继嗣；兴献之异群庙，在称帝而不称宗。'得称帝者，以陛下为天子也；不得称宗者，以实未尝在位也。伏乞宣示朝廷，复称孝宗曰'皇伯'，称兴献帝曰'皇考'，别立庙祀之。夫然后合于人情，当乎名实，非唯得先王制礼之义，抑亦遂陛下纯孝之心矣。"

报闻。【考异】献夫上疏在是年之夏,见明史本传,而传中以为草疏未上,辨见后。

26 秋,七月,丙午,免江西去年被灾税粮。

27 戊申,御史汪珊疏陈十渐。其略言:"陛下初即位,天下忻然望治,迩来渐不如初。初每事独断,今戚里左右或潜移阴夺;初每事咨访大臣,今礼貌虽隆而实意日疏;初罢诸不经淫祠,今稍稍议复;初屏绝玩好,今教坊诸司或以新声巧伎进;初日览奏章,今或置不省,辄令左右可否;初厘革冗食冗费,今腾骧勇士不行核实,御马监数亦无稽察;初裁革锦衣冒滥,今大臣近侍以迎立授世荫,旧邸旗校悉补亲军;初中官有罪,惩以成法,今犯者多贷死,举朝争之不得;初中官有过不复任用,今镇守、守备营求易置,幸门复启;初纳谏如流,今政事不便者,言官论奏,直曰有旨,訑訑拒人。"疏入,上颇纳之。未几,出为河南副备。【考异】汪珊事附明史余珊传中,特书云"元年七月",盖本实录也。今据实录日分。

28 己酉,以南直隶、江西、浙江、湖广、四川旱灾,诏各抚、按官讲求荒政积谷预备事宜。

29 逮济宁管闸主事陈嘉言下狱。

先是太监温祥,赍册宝诣安陆,还,诉嘉言欺侮,上震怒,遂命锦衣官校逮问。寻御史沈灼陈四渐,末言嘉言不宜逮,上怒其党护,夺俸。

30 辛亥,两广盗起,命总督都御史张嵿讨之。

31 丙辰,甘肃巡按御史奏:"正德中,寇入兰州,指挥张瀛与所部总旗施二俱力战死,请追赐赠恤。"兵部议从之,仍令有司祠祀。

32 甲子，大同军士以告饷率众讙噪，欲为(辞)〔乱〕。提督侍郎臧凤，巡按御史张钦，捕首恶张的祥等，请置之法。户、兵二部议，"以宣、大二镇，粮饷久缺，以致军士争呼，宜且抚之。"

上命法司会议，谓："近年主将因循，骄兵胁制，在福建则犯守臣，在陕西则犯巡抚。大同兵素犷悍，自逆彬擅调后，转加狂悖。若非重惩，恐益长乱。"诏"戮其首祸者五人以徇"。

33 己巳，南京暴风雨，江水涌溢，郊社、陵寝、宫阙、城垣、吻脊、栏楯皆坏，拔树至万余株。大江船只漂没甚众。直隶凤阳、扬州、庐州、淮安等府，同日大风雨雹，河水泛涨，坏官民庐舍树株，溺死人畜无算。【考异】明史五行志系之七月，实录则己巳也。二申录书七月二十四日戊辰，至次日己巳，盖是月乙巳朔，与实录合。

34 庚午，刑部尚书林俊言："宫中府中，俱为一体。近年各内臣犯法，屡诏免逮问，惟下司礼监勘治，非祖宗法也。请自今，内臣所犯，悉下法司明正其罪。如所论不当，自可明正法司之罪。"疏入，报闻而已。

俊起用，年已七十，寄止朝房，示无久居意。数为上言"亲大臣，勤圣学，辨异端，节财用"。朝有大政，必侃侃陈论，中外想望其风采。

35 是月，王守仁再疏辞封爵，为诸臣讼冤，其略曰："宸濠变初起，势焰猖炽，人心疑惧退阻。当时首从义师，自伍文定、邢珣、徐琏、戴德孺诸人外，又有知府陈槐、曾玙、胡尧元等，知县刘源清、马津、傅南乔、李美、李楫及杨材、王冕、顾佖、刘守绪、王轼等，乡官都御史王懋中，编修邹守益，御史张鳌山、伍希儒、谢源等，或摧锋陷阵，或遮邀伏击，或赞画谋议，监录经纪，所谓同功一体者也。帐下之士，若听选官雷济、已故义官萧禹、致仕县丞龙光、指挥高睿、千户王佐等，或诈为兵檄以挠其进止，坏其事机，或伪书反间以离其心腹，散其党与。今闻纪功文册，改造者多所删削。举人冀元亨，为臣劝说宁王，反为奸人构陷，竟死狱中，尤伤心惨目，负之冥冥之中者。今臣独崇封爵，而此同事诸人者，或赏不行而并削其绩，或赏未及而罚已先行，或虚受升职之名而因使退闲，或冒蒙不忠之号而随以废斥。臣窃痛之！"奏入，卒寝不行。

初，上嗣位，言者交白冀元亨冤，出狱五日卒，故守仁及之。

元亨在狱，善待诸囚若兄弟，囚皆感泣。

其被逮也，所司系其妻李，李无怖色，曰："吾夫尊师乐善，岂他虑哉！"狱中与二女治麻枲不辍。事且白，守者欲出之，曰："未见吾夫，出安往！"按察诸僚闻其贤，召之，辞不赴。已，就见，则仍囚服，手不释麻枲。问其夫学，曰："吾夫之学，不出闺门衽席间。"闻者为之悚然。

36 八月，己亥，释李梦阳于狱。

初，梦阳罢归，益跅弛负气，治园池，招宾客，射猎为娱，自号空同子，名震海内。宸濠反诛，御史周宣劾梦阳党逆，遂被逮。坐前作阳春书院记削籍，顷之卒。

37 庚子，以南京灾异，敕群臣修省。

38 九月,丙午,巡按江西、御史程启充得逆濠通萧敬、陆完等私书,内有"守仁可任江西巡抚"语,因极论萧敬、张锐等,并劾"守仁阴谋党恶,素与交通,请追夺封爵"。户科给事中汪应轸,上书明守仁功,而刑部主事陆澄亦上疏为六辨以折之。然上知守仁功,不问。【考异】年谱系之是年七月,盖因文成再上疏辞封爵类记之也。今据实录在九月丙午,而实录但有汪应轸上书论守仁功,其下文"向信再劾,称应轸与守仁同府,澄系其门生",即陆澄也。是实录上文漏去"刑部主事陆澄"六字,今据年谱增。

39 戊申,刑部尚书林俊,以灾变奉谕修省,因上言:"今日之最急者,惟取法祖宗,躬行节俭。兹大婚届期,六礼之仪,固不可缺,中外赏犒,为费尤多,时绌举赢,其何能济!臣愿一切罢省,务崇俭以为天下先。"诏褒纳之。

40 己巳,吏部听选监生何渊上言:"请权以礼制量立世室于太庙东北之地,奉兴献帝之神,如周祀文王于世室遗意,则陛下四时躬祭,而事生事存之心始得以自尽,太后千秋万岁后,亦得配食太庙于无穷,不必远祔安陆矣。"上然之,命所司会议以闻。

41 辛未,立皇后陈氏。

先是昭圣太后为上选婚,台官言"大名有佳气",乃求得大名府元城县学诸生陈万言女,迎入宫,至是遂册立之。

万言先授鸿胪寺卿,寻升为中军都督同知。后母翼氏,封夫人,给诰命。

42 冬,十月,辛卯,以南畿、湖广、江西、广西灾伤重大,命所司发仓粟并户部发帑银二十万两分道振之。仍各蠲免税粮有差。

壬辰,敕群臣修省。

43 甲午,刑科给事中张翀言:"中官出镇,非太祖、太宗旧制。景帝遭国家多故,偶一行之,谓内臣是朝廷家人,但有急事,令其来奏。乃往岁宸濠谋叛,镇守太监王弘反助为逆,内臣果足恃邪?时平则坐享尊荣,肆毒百姓,遇变则心怀顾望,不恤封疆,不可不亟罢之。"上是其言。

后张孚敬为相,竟罢诸镇守内官,其论实自翀发之云。

44 乙未,礼科给事中章侨言:"三代以下,论正学莫如朱熹。近有倡为异学者,乐陆九渊为简捷,而以朱子为支离。宜严禁以端士习。"御史梁世镖亦以为言。上是之,诏"礼部国子监及各提学官申其禁"。

45 丙申,免山西被灾州卫税粮。

46 十一月,辛亥,总督两广军务张嵚讨广西贼,平之。

47 丁巳,刑科都给事中刘济请定行刑时限。

时太监廖鹏父子及钱宁党王钦等皆以从逆论斩,鹏等夤缘中人冀脱死。济因言:"自来死囚临斩,鼓下犹受诉词。奏上得报,已及日旰,再请而后行刑,则已薄暮,殊非与众弃之之义。乞自三请后,鼓下不得受词。鹏、钦等罪甚当,幸陛下勿疑。"诏:"自今以申酉行刑。"鹏等竟缓决,钦复以中旨免死,济力争,不听。

48 戊午,升修撰舒芬、员外夏良胜等十五人官,及编修费寀、王思等皆加升俸,以旌忠直,从吏部之请也。

49 庚申,寿安皇太后邵氏崩。

初,兴献之藩,太后时已进封贵妃,留京师。及上嗣位，太后已老，目眊矣，喜孙为皇帝，抚之自顶至踵。

至是崩。上尊谥曰孝惠皇太后，别祀奉慈殿。七年，七月，改称太皇太后。

50 寿安太后之崩也，大学士杨廷和等谓上为孝宗后，不宜为孝宗之庶母持祖母承重服，因摘大明律令“孙为祖服齐衰期年”之文以示同官。礼部如其议上之，上不从，令丧制二十七日而除。然以廷和等言，不颁遗诰，仅行二十七日之服于宫中。【考异】杨廷和议期服事，明史本传不载，此据徐氏读礼通考引廷和自记中语。今证之实录，礼部所上仅则十三日而除，其二十七日，则世宗自改，见之制中。然（注）〔记〕廷和之议期服，与其自记之文合。而明史纪事本末亦云，“廷和定制，哭临一日，丧服十三日而除，文移两京，不以诏天下。”则是廷和此议，虽经礼部据奏，而上不从。至于不颁遗诰，仅行二十七日之服于宫中，则仍从廷和议也。今据徐氏读礼通考增入。

论曰：杨廷和等之议本生，但议兴献帝、后可耳；而至于寿安皇太后，则宪宗之妃，孝宗之庶母，而世宗所生之祖母，此与本生之祖母无涉也。春秋之义，母以子贵。故僖公之母成风薨于文公二年，春秋书之曰“我小君”，是于文公为祖母，故文公有三年之服。其后汉文帝母薄太后薨于景帝前二年，天子朝臣，并居重服斩衰三年，见杜佑通典。此庶祖母承重之例也。况明之孝肃周太后者，英宗之妃而宪宗之生母，故宪宗嗣位，称之曰圣慈仁寿皇太后，孝宗嗣位，又加尊曰太皇太后，此正寿安太后今日之比例。然则兴献不可称帝，章圣不可称太后，而至于寿安，则准孝肃周太后之例，尊之以太皇太后无嫌也。况天子诸侯无斩衰以下之服,而孙为祖父母期,乃大夫士父在之服,而为祖母期,又祖父在之服,祖母承重,在父卒后,亦须在祖父卒以后。故云祖父卒而后为祖母后者三年。此岂可以例天子诸侯乎?宜其说之卒不能行也。

51　甲子,山东青州矿盗王堂等起颜神镇,流劫东兖,转入莱芜、新泰、临城间,都指挥杨纪等追及于泰安州之龟山。贼据山为固,纪进攻不克,临清指挥佥事杨浩死之。贼大掠鲁桥,势张甚。

事闻,兵部议:“鲁桥诸闸,近连曹、濮及河南封丘、延津界,贼若逾河,则河南州县当之。今宜亟遏贼使不得奔突,请敕河道侍郎李瓒督率管河、管闸等官,发濒河丁夫昼夜防守。”给事中陈时明,“请以山东京操官军暂留其地,别遣大臣将保定等官兵趋山东会剿。”乃敕保定巡抚周季凤、副总兵杨锐选集汉、达官兵以备调遣。

于是山东兵备等官分道逐贼,贼不敢屯聚,往来行劫鱼台、金乡间。官军追至寨里集,贼且斗且行。会诸道兵大集,就围之,俘斩数百,贼乃败散,东土稍宁。

而余贼突至曹州者,欲渡河不得,乃转掠考城,循河西岸至东明、长垣。余党王友贤等,流入祥符、封丘。于是河南及保定巡抚皆告警。

而御史卢琼言:“河冰且合,漕舟联络以千数。宜于要地严兵防守,无使害及漕河,祸延邻省。”兵部议:“以诸道巡抚权位相埒,请敕漕运总督俞谏与都督鲁纲并提督两畿、山东、河南军务,节制诸道军。”从之。

52　丁卯，冬至，以寿安皇太后新丧，停止庆贺。辛未，御西角门视事。

53　大理寺卿郑岳言："内臣贾金等侵盗仓库，宜置之法而曲贷之，将使左右效尤，恣意侵盗，及至败露，又图幸免，其害何可胜言！且法者，人主所与天下共者也。事干近幸，辄有轻重，是法不信于天下矣。古人言'法行自近始'，又曰'宫中府中俱为一体'。故申屠嘉辱邓通而文帝不以为忤，韩琦安置任守忠而英宗不以为专，前史书之以为美事。陛下宜远鉴前代之规，近守祖宗之法，自今内官有犯，悉听法司问拟，本寺审录，以昭圣世平明之治。"得报，有旨。

54　十二月，戊寅，振陕西、山东被寇之民。

　　先是陕西数被套寇，深入固、靖、环、庆间，杀伤以万计。复有陕西流贼百余人，寇掠绥德、米脂、葭州、吴堡等处，杀伤指挥瞿相等。而山东青州之贼，流入东兖二府，并及河南、直隶地方。于是兵部议："遣科、道官分部阅视，其被寇地方，请量发太仓库银振济。"诏"遣科、道官各二员，户部发太仓银十万两，以六万给陕西三边，四万给山东等处，不足则以各司府州县库银佐之。"

55　癸未，命廷臣议择寿安皇太后葬地。

　　时文武大臣皆言"橡子岭地形高敞，可以卜葬"，而上意欲附近茂陵，命兴工择日。大学士杨廷和等言："宋宁宗欲祔孝宗于裕、思诸陵之旁，朱熹累疏谓'祖茔之侧，不宜数兴工作，惊动神灵'。今欲祔寿安皇太后于茂陵左右，将开金井，兴大工，在天之灵恐有未安。且其襟抱疏泄，利害所关非细。臣等不言,是为负国。请如原议。"不纳。

56 戊子,升任山东佥事史道,劾大学士杨廷和昔年曾交通逆濠及谄附钱宁、江彬等事。且言:"先帝自称'威武大将军',廷和未尝力争,今于兴献帝一'皇'字、一'考'字,乃欲以去就争之,实为欺罔。"

廷和自议礼执奏至数十上,上忽忽若有所恨。左右因乘间言"廷和恣无人臣礼",而道以给事中出外,谓为廷和所构。于是尚书乔宇、彭泽等,言"廷和定策讨逆,忘身尽忠。乃为奸党所诬陷,不可不治"。上乃下道于狱以安廷和。御史曹嘉论救道,并劾泽等阻塞言路。上置不问,然于廷和眷亦衰矣。

57 戊戌,南京十三道御史方凤等上疏,辩论"吏部员外郎方献夫与张璁、霍韬议礼非是,及欲为兴献帝立庙京师尤不可",因请"黜浮言,早定大礼,为献帝立后,祀于安陆"。章下所司。

58 辛丑,刑科都给事中刘济言:"故事,厂卫有所逮,必取原奏情事送刑科签发驾帖。今千户白寿赍帖至,并无原奏,索之不与,未便签发。而寿坚执自来驾帖送科,皆开写事略,会同署名,实不系御批原本。"两人列词并上,而上先入寿言,竟绌济议。

济在谏垣久,言论侃侃,多与权幸相枝梧。中官崔文仆李阳凤坐罪,已下刑部,上受文诉,移之镇抚。济率六科争之,不听。

都督刘晖,以奸党论戍,有诏复官。甘肃李隆,以杀许

明通鉴

铭逮入都营,免赴鞫。济皆力陈不可,上从其言,晖夺职,隆受讯伏辜。

后父陈万言奴何玺,殴人至死,上命释之,济执奏曰:"万言纵奴杀人,得不坐为幸。今并释玺等,是法不行于戚畹奴也。"自是济直声愈著,上亦颇惮之。

⁵⁹ 是月,工部尚书陶琰改南京工部,以侍郎赵璜代之。

⁶⁰ 是冬,户科给事中张汉卿偕同官上言:"陛下轸念畿辅庄田之害,遣官会勘,敕'自正德以后投献及额外侵占者,尽以给民'。王言一布,天下孰不诵陛下之仁! 乃者给事中夏言、御史樊继祖、主事张希尹勘上涿州薰皮厂、安州鹰房草场,诏旨留用,所司执奏不从,非所以全大信,昭至公也。皮厂起于马永成,鹰房创于谷大用,皆夺民业为之。今马俊、赵霖恃藩邸旧恩,妄求免革,是复蹈永成、大用故辙也。乞尽还之民而严罪俊、霖,以为欺罔者戒。"不纳。

【考异】勘庄田事,据实录皆在是年。明史汉卿本传记其上疏,特书之于是年之冬。实录系之明年正月,今据本传。

⁶¹ 是岁,安南武臣莫登庸自称安兴王。

初,安南黎譓立,登庸专政,潜蓄异志。黎氏臣郑绥,以譓徒拥虚位,别立其族子酉榜,发兵攻都城,譓出走。登庸击破绥兵,捕酉榜,杀之,益恃功专恣。逼妻譓母,迎譓归,(曰)〔自〕为太傅、仁国公。正德之末,率兵攻陈暠,暠败走死。至是登庸遂自立,谋杀譓,譓母以告,乃与其臣杜温润间行以免,居于清华。登庸立其庶弟廬,迁居海东长庆府。

方上即位之初,命编修孙承恩、给事中俞敦诏谕其国,至龙州,闻其国大乱,道不通,乃却还。

二年(癸未、一五二三)

1 春,正月,己酉,山东流贼三千余人至考城县,副使李
珏、都指挥凌备等合击之,斩首数十,贼势少沮,退聚归德
堰,中都留守颜恺等"颜",三编作"顾"。御之。会河南守备廖
泾等兵亦至,俱次郭村,泾退缩不进。河南新募降贼张进
父子引三百骑驰至,恺令与贼对垒,进请俟河南兵至,不
听。麾兵击贼,贼见我师无后援,殊死斗;进队中忽摇旗者
三,遂先却,贼乘之。官军大溃,指挥赵太等三十余员,官
军八百人死之。

巡按御史任洛以闻,诏逮恺、泾下法司,敕"巡抚都御
史周季凤、陈凤梧、何天衢等督兵平贼自赎,仍敕提督军务
都御史俞谏申明军法以肃士心,重悬赏格以购贼首"。

给事中汪应轸上言:"弭盗与驭夷不同。驭夷之法,逐
之境外而已;弭盗而纵之出境,是以邻国为壑也。请为定
例:凡一方盗起,彼此玩视,不即扑灭,以致出境流劫,则两
处镇、巡以下官俱坐罪。"兵部议从之。

2 乙卯,大祀南郊。

3 丁卯,小王子以万余骑入沙河堡,总兵官杭雄御却之。

4 是月,大学士杨廷和,以史道、曹嘉论劾,累疏乞休,
不许。

上三遣中使至第宣谕慰留,而嘉等攻之不已,语侵内
阁,并及乔宇、彭泽等。于是阁臣毛纪、蒋冕、尚书毛澄、林

俊、孙交及宇、泽等先后乞休,俱不允。

5　二月,乙亥,给事中夏言等,以查劾庄田事竣,因陈四事,其一"请改后宫负郭庄田为亲蚕厂,公桑园";〔其〕一"请禁戚里一切求请及河南、山东奸民献民田王府者"。下礼部议:"以皇城西苑隙地宜桑,且合唐苑中之制,请设蚕室。"于此诏"姑已之,余如奏行"。

6　癸未,振辽东旱灾。

7　壬辰,提督军务俞谏讨山东贼,与总兵官鲁纲连营进兵,遂会河南、山东、保定巡抚及总理河道侍郎李瓒平之。

时有司多诬良民为贼,谏审释无辜,并宥其胁从者,皆感泣而去。

8　丙申,葬孝惠皇太后于茂陵。

先是杨廷和等请别择葬地,不从。礼官集议,侍郎贾咏等乃请定葬地于茂陵元官之右,至是遂祔焉。

9　庚子,礼部尚书毛澄致仕。

先是澄屡疏乞归,上遣使赐药,优诏谕留。至是以衰年久疾,辞疏恳至,乃许之,仍赐敕驰驿,并岁给廪隶如例。

澄端亮有学行,论事侃侃不挠。上欲推尊所生,尝遣中官谕意,至长跽稽首,澄骇愕,急扶之起,其人曰:"上意也。上言:'人孰无父母?奈何使我不获伸?必祈公易议。'"因出囊金畀澄。澄奋然曰:"老臣悖耄,不能隳典礼,独有一去不与议已耳。"自是抗疏引疾至五六上。既得请,力疾就道,舟至兴济而卒。

上雅敬惮澄,虽数忤旨而恩礼不衰。其卒也,深悼惜之。赠少傅,谥文简。【考异】澄致仕及卒见明史本传。实录系致仕于是月庚子,其卒以闰四月,今汇书之。

10 三月,壬寅,给事中安磐上言:"顷御史曹嘉,陈公议,辩邪正,至以廷臣五十人列为四等,过矣。夫以一人之议众人,如唐王珪之论房玄龄等,本朝解缙之论黄福等,皆承上命而品藻之,未有出自己意,举在廷缙绅而肆其口吻者也。"已而户科给事中毛玉复以为言。

先是以阁部乞休,降史道为河南通判。至是复出嘉于外,谪昌邑知县。

11 乙巳,谙达寇大同。旧作俺答。谙达者,鞑靼之别部也。时小王子最富强,徙幕东方,分诸部落在西北边甚众。曰济农,旧作吉囊。曰谙达者,于小王子为从父行,据河套,雄黠喜兵,为诸部长。

至是谙达大举入,总兵杭雄不能御,降旨切责。雄自劾,乞解兵柄,不许。

12 甲寅,奉武宗神主祔太庙。

13 戊午,赐姚涞等进士及第、出身有差。

14 癸亥,御经筵,仍以次日日讲。

时以久旱风霾,礼臣疏请修省。于是给事中章侨上言:"陛下高拱清穆之上,而付万几于章奏之间,空文太多,未必尽经睿览。臣下得接清光,不过早朝顷刻间耳。奉天门奏事,徒为观听之具;文华殿讲读,略无问难之言。乞举祖宗故事,早朝退班,许百官以次启事。经筵日讲,时赐清问;密勿大臣,时勤召对。仍简儒臣数十人,更番入直便殿,以备咨访,则君臣之间,情意交孚,灾沴自弭矣。"上嘉纳之。

15 辛未,岁星、太白同昼见。

16 是月,召南京礼部尚书罗钦顺为礼部尚书,辞不赴。

17 夏,四月,壬申朔,以灾异,敕群臣修省。

时两畿、山东、河南、湖广、江西、及嘉兴、大同、成都皆旱,赤地千里,殍殣载道,故有是敕。

18 癸未,以宋朱熹裔孙墅为五经博士,奉祀婺源。

初,正德中,给事中戴铣、汪元锡、御史王完等先后言:"朱子上继孔子。孔子之后有曲阜、西安,朱子之后亦有建安、婺源。今建安已置博士,其子孙在婺源者,宜如衢州孔庙例,官其嫡长一人以奉祀。"诏从之,至是乃以授墅。寻以西安训导席端言,令世袭。

19 癸巳,命"两京三品以上及抚、按官各举堪任守令者以闻。"

20 给事中张嵩,以天戒上言三事:"一保圣躬;一崇正学;一务实惠。"其论崇正学,言:"太监崔文等以左道惑陛下,修斋醮,奏青词。宜斥其人,毁其书,日临讲读,亲近儒臣。加以圣躬之调护有节,蠲租之实惠在民,庶人心悦而天意回矣。"章下所司。

21 乙未,始命兴献帝家庙享祀,乐用八佾。

初,中官蒋荣,以上命奉祀安陆,请祭器乐舞。礼部议"如凤阳例,用笾豆十二,无乐"。奏凡再上,不允。御史黎贯言:"陛下信一谀臣之说,委祭祀于署官,神必不享。请选宗室近属者主之。"沈灼言:"古有九世之庙,无墓祭之文。庙祭宜隆,陵祭宜杀。今陵祀不用乐,凤阳诸陵皆然,何独安陆!"给事中底蕴等亦请如前议。

而是时监生何渊方上言"请立世室于太庙东北",给事中章侨、周瑯,皆极言其不可。于是诏以先后疏下廷臣会议。

至是议言:"帝后尊称,原于圣母之懿旨;安陆立祠,成于陛下之独断;情孝已两尽矣。然正统、本生,义宜有间。八佾既用于太庙,则安陆庙祀自宜有辨,以避二统之嫌。"时廷臣集议者数四,疏留中十余日,特旨竟用八佾。

22 是月,广西思州土官岑猛,率兵攻泗城州,土舍岑接拔其六寨,进薄州城,克之。

接告急军门,言"猛无故兴兵",猛言"接非岑氏后,据其祖业,欲得所侵地"。诏总督张嵿勘处以闻。

23 给事中张翀,以灾异,偕六科诸臣上疏曰:"昔成汤以六事自责:曰政不节与? 民失职与? 宫壸崇与? 女谒盛与? 苞苴行与? 谗夫昌与? 今诚以近事较之:

快船方减而辄允戴保奏添;镇戍方裁而更听赵荣分守;诏核马房矣,随格于阎洪之一言;诏汰军匠矣,寻夺于监门之群咻。是政不可谓节也。

末作竞于奇巧;游手遍于闾阎;耕桑时废,缺俯仰之资;教化未闻,成偷薄之习。是民不可谓不失职也。

两宫营建,采运艰辛,或一木而役夫万千,或一椽而废财十百,死亡枕藉之状,呻吟号叹之声,陛下不得而见闻。

是宫壸不可谓不崇也。

奉圣、保圣之封，庄奉、肃奉之号，或承恩渐邻于飞燕，或黠慧不下于婉儿。内以移主上之性情，外以开近习之负倚。是女谒不可谓不盛也。

穷奸之锐、雄，公肆赂遗而逃籍没之律；极恶之鹏、铠，密行请托而逭三载之诛；钱神灵而王英改问于锦衣；关节通而于喜竟漏于禁网。是苞苴不可谓不行也。

献庙主祀，屈府部之议而用谀佞之谋；重臣批答，乏体貌之宜而入群小之间。上以汩朝廷之是非，下以淆人物之邪正。是谗夫不可谓不昌也。

凡此皆成汤之所无而今日之所有，是以不惮斧钺之诛，用效责难之义。愿陛下采纳。"【考异】张翀言事，事见明臬本传，特书云"嘉靖二年四月"，盖正修省求言时也。实录系之是月庚辰，而疏文不具，但云"引成汤六事以责时政，言甚剀切"而已。三编亦遗之，今据本传增。

时上用太监崔文言，建斋醮于宫中。翀方迁礼科，上言："顷闻紫禁之内，祷祀繁兴。乾清宫内官十数辈，究习经典，讲诵科仪，赏赉逾涯，宠幸日密。此由先朝罪人遗党若太监崔文辈，挟邪术为尝试计，愚弄陛下，而己得肆其奸欺，干挠政事，牵引群邪。伤太平之业，失四海之望。陛下悦之，以为可延年已疾耳。侧闻顷来嫔御女谒充塞宫帏，致令怠日讲，疏召对，政令多僻，起居愆度，小人窥见间隙，遂以左道蛊惑。夫以斋醮为足恃而恣欲宫壸之间，以荒淫为无伤而邀福邪妄之术，甚非古帝王求福不回之道也。"

给事中安磐亦抗疏言："曩武宗为左右所蛊，命番僧锁南辈出入豹房，又命内官刘允迎佛西域。陛下登极，放允，囚锁南，奈何甫及二年，遽袭前辙，不斋则醮，月无虚日。此岂陛下本意？实太监崔文等为之。文，钟鼓厮役，夤缘冒迁，既经降革，乃营求还职，导陛下至此，使贻讥天下后世。且其尝试陛下，欲行香则从之，欲登坛则从之，欲拜疏则又从之。无已，则导以游幸、土木，导以征伐，方且连类以进，伺间以逞。臣以为文可斩也。"

疏入，俱报闻。【考异】张翀、安磐谏斋醮事，见明史本传。传中叙次皆在二年之前。若廷和等上疏，在是年闰四月。而是时建斋醮已久，诸臣先后上疏皆见实录，其不始于闰四月明矣。今类书于翀因灾异言事之下，为廷和复谏张本。

24　闰月，乙巳，大学士杨廷和上慎始修德十二事，而于建斋醮一事首力言之。谓："祈祷之事，帝王弗尚。何况僧道邪妄之书，岂可轻信！今乃无故修设斋醮，日费不赀，至屈万乘之尊，亲莅坛场。此皆先朝乱政之徒芟锄未尽，妄引番汉僧道尝试上心。夫斋醮之事，乃异端诳惑，借以为衣食计者。佛家三宝，道家三清，名虽不同，同一虚诞。昔梁武帝、宋徽宗，崇信尊奉，无所不至，一则饿死台城，一则累为金虏，求福未得，反以召祸。又如近日刘瑾、钱宁辈，崇信佛道，建造寺宇，皆杀身亡家，略不蒙祐。则其无益有损，不待辨矣。然则行香拜跪之劳，莫如移之以御讲筵；设醮修斋之费，何不移之以周穷困！臣等职任辅导，不敢不尽其愚。惟陛下采纳，斥远左右奸人及远方僧道，罢停斋醮及一切冒滥恩赏，天下幸甚！"

九卿乔宇等亦言："陛下登极诏书，首正法王、佛子、国师、禅师之罪,榜禁内府宫观出入引诱之人,裁革世善、真人爵号,及新建寺宇概行拆毁。邪正之辨,了然甚明。今一旦信用妖幻,九重之内,建立坛场,媟渎神明,烦劳圣体,不可之大者也。夫天生圣人,以为天地神人之主,心和则气和,气和则天地神人之和应之。即如往者祷雨祈雪之事,陛下一念精神,随感随应,何必借佛力以禳灾,诵道经以修福邪!”

疏入,皆报曰:“览卿等所言,具见忠爱,朕已知之。”已而给事中郑一鹏、御史张珩皆以为言,下所司知之。

25 丙午,录囚。

26 己未,太监崔文家人李阳凤等,求贿于工部匠头宋钰不获,因以他事嗾文杖钰几死,下法司问,未决。文诉于上,得旨,“改令镇抚司讯理”,尚书林俊等执留不遣,力争不纳。明日又奏,上怒,责令陈状。俊言:“祖宗以刑狱付法司,以缉获奸盗付镇抚司,讯鞫既得,犹必付法司拟罪。未有夺取未定之囚,反付推问者。文乃先朝之漏奸而左道之作俑,罪不容诛,兹复干内降。臣不忍朝廷百五十年纪纲,为此辈坏乱也。”上惮其言直,置之。

已而都御史金献民等,六科给事中刘济等,十三道御史王约等,交章论谏,前后章凡十四,署名者八十人,皆下其章于所司。

27 己巳,以亢旱,谕礼部祷雨。

28 五月,庚午,小王子犯密云,入石塘岭,杀指挥殷隆等四人。诏逮治参将霍如忠等。

29 庚辰,翰林院编修湛若水上疏言:"陛下初政,渐不克终。左右近侍,争以声色异教蛊惑上心,大臣林俊、孙交等不得守法,多自引去,可为寒心! 亟请亲贤远奸,穷理讲学,以隆太平之业。"又疏言日讲不宜停止,修撰吕楠亦以为言,俱报闻。

30 壬午,诏修宋臣韩琦、范仲淹祠于延州,建故吏部尚书王恕祠于三原,命翰林院各拟祠额,有司岁时致祭,从都御史姚镆、给事中张原请也。

31 丁亥,御马监太监阎洪乞外豹房永安庄地,户部尚书孙交言:"先帝以豹房故贻祸无穷,今洪等欲修复以开游猎之端,非臣等所敢闻。"诏"以地十顷给豹房,余令百户赵恺等佃如故"。

32 己丑,额布讷犯甘凉。

33 六月,辛亥,以旱灾,免直隶广平府所属州县税粮。

34 癸丑,以灾伤,免嘉靖元年天下税粮之半。

35 甲寅,日本贡使宗设抵宁波。未几,宋素卿偕瑞佐复至,素卿来贡,见正德五年。互争真伪。素卿贿市舶太监赖恩,宴时坐素卿于宗设上,船后至者先为验发。宗设怒,与斗,杀瑞佐,焚其舟,追素卿至绍兴城下,素卿窜匿他所免。凶党还宁波,所过焚掠,执指挥袁琎,夺船出海,都指挥刘锦追至海上,战没。

事闻,礼部察"素卿勘合系弘治朝,素卿诉称'正德朝勘合为宗设等夺去',请敕素卿还国移咨其王,令察勘以闻。"——素卿者,即正德间通夷事觉,以赂刘瑾免究问者也。并见<u>正德</u>五年。于是给事中<u>张翀</u>、御史<u>熊兰</u>,言"<u>素卿</u>罪重不可贷,请并治<u>赖恩</u>交通罪"。乃下<u>素卿</u>于狱。【考异】事见<u>明史外国传</u>,特书是年五月,据其在<u>宁波</u>争杀时也。<u>实录</u>系之六月甲寅,据奏至之月日耳。惟据<u>传</u>,则执杀<u>袁琎</u>、<u>刘锦</u>等似系<u>宗设</u>,故下云"夺船出海去"。<u>实录</u>言"<u>素卿</u>窜至<u>慈溪</u>,放火大掠",遂有执杀<u>琎</u>、<u>锦</u>之事,与<u>明史</u>小异,仍据<u>传</u>书之。

36　是月,<u>两畿</u>、<u>大名</u>、<u>顺德</u>、<u>凤阳</u>、<u>庐州</u>、<u>徽州</u>、<u>安庆</u>,<u>浙江嘉兴</u>,<u>河南开封</u>,<u>江西吉安</u>、<u>袁州</u>、<u>广信</u>等府州县旱。

37　秋,七月,辛未,已革锦衣卫旗校<u>王邦奇</u>,屡求复职,<u>安磐</u>言:"<u>邦奇</u>在<u>正德</u>时,贪饕搏噬,有若虎狼。其捕奸盗也,株连锻炼,谓之'铸铜板';其缉妖言也,诱民从教,掩捕元遗,谓之'种妖言'。此辈奸党败露,得保首领亦已幸矣,尚敢肆然无忌,屡渎天听耶? 宜严究治以绝祸源。"上不能从。其后<u>邦奇</u>为大厉如<u>磐</u>言。

38　壬午,赐后父都督同知<u>陈万言</u>第于<u>西安门</u>,命工部营造。工部言"其地逼近宸居,闳广逾制,宜裁其半"。旨未下,<u>万言</u>恐不全给,佯具疏辞,且言"丈量规画,皆营缮司郎中<u>叶宽</u>、员外<u>翟璘</u>主之"。上怒,乃下<u>宽</u>、<u>璘</u>诏狱。工部尚书<u>赵璜</u>引罪,论救<u>宽</u>、<u>璘</u>等,章下所司。

39　庚寅,刑部尚书<u>林俊</u>致仕。

<u>俊</u>以耆德重望,遇事屡格,疏请骸骨凡数上,皆不许。至是复以老请,且上疏曰:"自古未有不亲大臣而能治者。我<u>孝宗</u>皇帝,天启其衷,大臣<u>刘健</u>、<u>谢迁</u>、<u>李东阳</u>、<u>刘大夏</u>等,时赐宣召,幄前咨议,移时方退。乃叹曰:'岂知军民贫至是'! 又问:'安得太平如帝王时'? <u>大夏</u>对言:'但事事

皆如近日与内阁议当而行,久之自治。'孝宗信用其言,是以大治。今大臣如健、大夏者不少,陛下宣召果如孝宗,事事悉与内阁议之,未有不如孝宗者。若徒取文具,何裨政理！伏望陛下用臣之言,遂臣之去。"上曰:"览奏恳切忠爱,特允所请。"给驿以归,仍加太子太保,有司给廪隶如例。

40 以旱灾,免山东济南等府税粮。

41 甲午,调礼科给事中刘最为广德州判官。

先是最劾"太监崔文以斋醮蛊惑圣心,糜费内帑",文"请敕最查明侵帑数目"。至是最言:"帑银属内府,司计之臣不能知,臣何由知之? 文欲假难稽之事以掩己过,投可乘之隙以构臣罪,此风不可长也。"上以最"不谙事体,率意妄言",遂有是谪。

42 先是南京应天等府旱灾,御史陶俨"请大发内帑及余盐赃罚银两以备振恤",从之。

是月,南畿复大水,江、淮河并溢,漂没人畜田庐无算。吏部侍郎何孟春复条恤灾八事:曰"禁奢靡";曰"慎赏罚";曰"减百官俸薪";曰"革冗费";曰"广听纳";曰"安抚江淮百姓";曰"不许邻近州县遏籴";曰"免来岁被灾税粮"。上命"文武官俸如故,余悉依议"。

43 以吏部侍郎汪俊为礼部尚书,以罗钦顺不至也。

44 八月,庚子,进外戚寿宁侯张鹤龄为昌国公,陈万言为泰和伯。

吏部尚书乔宇等言:"累朝皇太后戚属,无生前封公者。且昌国公乃鹤龄父张峦没后所赠，今以父之赠而封子，非制也。若万言之封伯，比之于峦，亦太骤矣。"不纳。

45　南京礼部尚书秦金等，言上政不如初者八事，因言："初政所以清明者，政出公朝而左右不能预也；今政不能如初者，政在左右，公朝或不知也。夫政不可一日不在朝廷，权不可一日逮于左右。所谓政在朝廷者，非必其独运也；设公卿以代理之，立台谏以纠察之，股肱有托，耳目有寄，即主威重于九鼎，国势安于泰山矣。不然，则内廷外朝之势隔而信任有所偏，宦寺女谒之情亲而听受有不察。名曰一日万几而权已移于下矣。"上嘉纳之，仍敕群臣交儆焉。

46　辛酉，小王子犯辽东丁字堡，杀虏军士男女五千余口。都指挥王纲追袭出境，死之。

47　是月，迁左都御史金献民为刑部尚书，召总督漕运、都御史俞谏回掌院事。

48　九月，癸酉，敕"南京户部侍郎吴廷举兼金都御史，振济徽、宁、池、太、安庆五府地方。"

49　丙子，复命户部清查畿辅庄田。尚书孙交等言："旧数多者，以奏乞投献，虚开妄报也；新数少者，以奉旨清查，退给除豁也。短少之数，请俟年丰，将原报低洼地土查有水利可耕者，召民佃种，量征子粒以补之。"得旨，"令查成化、弘治间原数以闻"。

50　振辽东饥，仍停征子粒。

51　己卯，命以故赠江西按察使周宪配享孙燧、许逵旌忠祠。宪讨华林贼死难，见正德七年。

时御史邓显言"黄弘、马思聪死节不明,请罢配享",从之。未几,给事中毛玉复请表章,并及承奉周仪。会弘子绍武诉于朝,巡按御史穆相列上二人死事状甚悉,遂无异议。【考异】此据实录,参明史黄弘传书之。盖实录因请配祀周宪,并及罢黄弘、马思聪事也。据本传,言穆相列上二人死节状甚悉,是罢后寻复明矣。传言:"弘之死,贼义而敛之。子绍文奔赴,求得其棺,以伪命治敛非父志,亟易之,扶归。而思聪系狱中,绝食六日死。"意即相所上死事状也。今附识之。

52 初,正德末,以南京户科给事中乐護、工部主事华湘通历法,俱推光禄少卿,管钦天监事。是月,湘上言:"古今善治历者三家:汉太初以钟律,唐大衍以著策,元授时以晷景为近。今欲正历而不登台测景,皆空言臆见也。望许臣暂罢朝参,督中官正周濂等,及冬至前诣观象台昼夜推测,日记月书,至来年冬至,以验二十四气、分至、合朔、日躔、月离、黄赤二道、昏旦、中星、七政、四余之度,视元辛巳所测离合何如,差次录闻。更敕礼部延访精通理数者,征赴京师,令详定岁差,以成一代之制。"下礼部集议。

而護谓历不可改,与湘颇异。礼部言:"湘欲自行测候,不为无识,请令二臣各尽所见,穷极异同以协天道。"从之。【考异】语见明史历志。皇明通纪、从信录皆书于是年之末。证之实录,华湘、乐護两奏皆在是月,而志中亦系之嘉靖二年,但无月分耳。今据实录系之是月之末。

53 冬,十月,庚子,滦州民赵纪,以田被土豪侵占,讦前任永平知府郭九皋,又贿太监芮景贤,诉之东厂。御史刘翀言:"细民事应告抚按,而越诉东厂,此必有主之者。"给事中刘济言:"定国公徐光祚,其先祖徐达曾有钦赐田土坐落彼处，业于<u>洪武</u>之末辞退，已经<u>顺天</u>抚、按官查覆，给与军民佃种。今<u>光祚</u>欲规复之，故嗾<u>纪</u>捏奏，以为将来请讨地，请并逮<u>光祚</u>鞫究。"诏下其事于所司。

54 戊申，以旱雹灾，免<u>直隶大名府</u>各州县及<u>大同</u>卫所税粮。

55 庚申，以灾伤，免<u>山东</u>各府卫税粮。

56 是月，户部尚书<u>孙交</u>、兵部尚书<u>彭泽</u>俱致仕。

<u>交</u>年已七十，连章乞罢，上辄慰留，遣医视疗；至是请益力，许之，加太子太保。<u>泽</u>以<u>史道</u>之劾，言官复交章论之，<u>泽</u>不自安，累疏乞休。诏加少保。均赐敕乘传归，给廪隶如例。

57 十一月，丁卯，免<u>南畿</u>被灾税粮。

58 己卯，下前谪任<u>广德州</u>判官<u>刘最</u>及巡盐御史<u>黄国用</u>于狱。

初，<u>最</u>既外谪，中官衔之不已。东厂太监<u>芮景贤</u>，奏其"在途仍用礼科旧衔，乘坐船，索夫役，御史<u>黄国用</u>复遣牌送之。"遂并逮诏狱，寻成<u>最</u>而谪<u>国用</u>。法司争之不能得。

给事中<u>刘济</u>率同官上言："国家置三法司，专理刑狱，或主质实，或主平反，权臣不得以恩怨为出入，天子不得以喜怒为重轻。自锦衣镇、抚之官专理诏狱，而法司几或虚设。<u>最</u>等小过耳，罗织于告密之门，锻炼于诏狱之手，旨从内降，大臣初不预知，其为圣政之累非浅。且<u>李洪</u>、<u>陈宣</u>，罪至杀人，降级而已；<u>王钦</u>兄弟，党奸乱政，谪戍而已；以<u>最</u>等视之，奚翅天渊！而罪顾一律，何以示天下？"上怒，夺<u>济</u>

俸一月。

59 己丑,振河南饥。

60 庚寅,大学士杨廷和等,以直隶、江北水灾异常,疏"请集议振救,并蠲一应岁派及额办钱粮",上曰:"仍当议所以振救之法。"户部集廷臣条陈救荒八事,又言"江北伤重,振之非二十万不可。请将淮、扬折粮及运司余盐银两分派振济",从之,仍敕"将存留起运粮米及岁办等项钱粮悉予停免",复命"南京兵部侍郎席书兼佥都御史,振济江北地方。"

61 是月,改南京兵部尚书秦金为户部尚书,改金献民为兵部尚书,以南京刑部尚书赵鉴为刑部尚书代之。

62 十二月,庚子,以灾伤,免南直隶江北等府嘉靖元年、二年未征税粮。

63 甲辰,南京兵部侍郎席书言:"南畿旱涝相仍,饥民甚多,钱谷甚少。考古荒政可行于今日者,惟作粥一法,不烦审户,不待防奸,至简至要,可以举行。"因条振粥活民事宜上之,诏许以便宜举行。

64 都察院右都御史俞谏言:"罪人王钦兄弟,既宥其死,不宜复免追赃。近户部会议振灾,太仓之储仅七十万,难以动支,而钦一家应没赃银至八十余万两。与其庇此一二奸人以市私恩,孰若追以备振,用活数十百万饥民之为德乎?乞将各犯赃银,照数追完三分之二而后发遣,庶国法不废而奸贪亦惩。"科、道诸臣亦以为言,报闻而已。

65 庚戌,敕:"依成化、弘治年间例,遣内织染局官二员,前往苏、杭等五府提督织造事宜。”

先是礼科给事中章侨言:“道路传闻,镇守浙江太监梁瑶,遣人挟赀营管织造,事之有无虽不可知,窃为朝廷虑此举动也。盖自两浙等处添设内臣,官民受害,不可胜言。幸明诏停革,与天下更始,甫及二年,岂宜复有此举?矧四方灾饥,报无虚日,穷民九死一生,何堪重困?乞敕下司礼监移文梁瑶,戒无生事。”疏入,下所司知之。

已而内织染局太监刁永等果以上用袍服及两宫等服御为言,遂有是命。事下工部,覆言不可,而吏科给事中曹淮、兵科给事中杨元亦以为言。于是工部议“以上用袍服宣示花样,令镇、巡、三司官如式织造,无烦内臣提督”,不允。

大学士杨廷和因上疏曰:“今年直隶、浙江等府,水旱异常,额征税粮尚冀蠲免,若更遣官织造,一切物料工役,何从措办?非惟逼勒逃亡,尤恐激成他变。近闻淮、扬、邳、徐诸府,军民房屋田土潪没殆尽,百里之内,断绝炊烟,卖子鬻女,辄以斤计,至于相视痛哭,投水而死。又传闻凤阳、泗州、洪泽,饥民啸聚成群,白昼劫掠商船过客,莫敢谁何,未知何日剿平。况将来事势,尚有不可预料者。”疏入,上以累朝旧例,业已差遣,趣内阁撰敕施行,廷和等不奉命。

一时九卿尚书乔宇等,六科给事中解一贯等,十三道御史彭占祺等,皆极陈其不可。于是廷和复上疏言:“臣等与举朝大臣言官言之不听,顾二三邪佞之言是从,陛下能独与二三邪佞共治祖宗天下哉？且陛下以织造为累朝旧制，不知洪武以来何尝有之！创自成化、弘治耳。宪宗、孝宗，爱民节财，美政非一，陛下不取法，独法其不美者，何也？”因请“究拟旨者何人，疑有假御批以行其私者”。上为谢不审，复以草敕命蒋冕。冕亦具疏请止，不从，敕亦久不进；上责其违慢，冕引罪，卒不奉命。给事中张翀等、御史谢汝意等、主事黄一道等各疏言“宜信任大臣，停止织造”，而上俱以“有旨”报之，但戒所遣官毋纵肆而已，不能止也。于是廷和求去之志益决。【考异】明书系之十月下，三编汇系之明年正月罢廷和目中，惟通纪书十二月，证之实录，盖是月庚戌，章侨之论梁瑶又在其前，今连类记之。

66　初，兴献帝称号已定，霍韬既归，张璁亦除南京刑部主事。而是时刑部主事桂萼，与璁同官南京，日夜私诋朝议，不宜称“本生”。会南京兵部侍郎席书、吏部员外郎方献夫，先以大礼未定，各草疏请追崇所生，意与璁合，而是时中朝竞诋璁为邪说，遂中寝。

是冬，萼窥上虽勉从廷臣，意未慊，遂上疏，并录书、献夫二疏上之。

其略言：“礼官失考典章，纳陛下于与为人后之非，而灭武宗之统，夺献帝之宗。且使兴国太后压于慈寿太后，礼莫之尽，三纲顿废，非常之变也。

乃自张璁献议，论者指为干进，逆钳人口，致达礼者不敢驳议。窃念陛下侍兴国太后，慨兴献帝弗祀，已三年矣，拊心出涕，不知其几。愿速发明诏，称孝宗曰‘皇伯考’，兴献帝‘皇考’，别立庙大内，正兴国太后之礼，定称‘圣母’，庶协事天事地之道。

　　至廷臣所执，不过宋濮议耳。按范纯仁告英宗曰：'陛下受仁宗诏为之子，封爵悉用皇子，与入继之主不同。'则宋臣之论亦自有别。今陛下奉祖训入继大统，未尝受孝宗诏为之子，则陛下非为人后而为入继之主也明甚，考兴献帝，母兴国太后，又何疑！

　　臣久欲以请，乃者复得席书、方献夫二疏，伏望并付礼官，令臣等面质。"上得疏，为之心动。【考异】明史席书、方献夫传，皆云："疏具，见廷臣方诋排异议，惧不敢上。后为桂萼所见，并上之。"按书与献夫上疏，皆在元年，而证之实录，则书之疏未上，而献夫疏已报闻，故元年十二月南京御史方凤等劾之，并及张璁、霍韬，盖是时兴献帝、后称号已定，"本生"二字，史以为尊崇，议且寝者是也。萼同官于南京，故并上二人疏，且云："至今未奉宸断，岂陛下偶未详览耶？抑二臣疏上而中止耶？"所谓"未经详览"者，似即指献夫疏也。至萼所上疏，诸书皆系之是年之冬，实录则书于三年正月丙戌。惟明史桂萼本传，叙次详明，其言"萼以二年十一月上疏，明年正月手批议行"。据此，则三年正月丙戌实录所记，据下廷议之日也，所以迟迟得旨者，实以廷和在朝格之。迨三年正月，廷和乞休，寻下此议。今据本传书于是年之冬，为明年下廷议张本。

明通鉴卷五十一

江西永宁知县当涂 夏　燮 编辑

纪五十一 <small>阏逢涒滩(甲申),尽一年。</small>
世宗肃皇帝

1 春,正月,丙寅朔,南京地震有声。<u>直隶之开州</u>、<u>濬县</u>、<u>东明</u>、<u>陕西之西安</u>,<u>河南之开封</u>、<u>许州</u>,同日地震。丙子,<u>山东曹州</u>地震。【考异】<u>明史本纪</u>,两畿、<u>河南</u>、<u>山东</u>、<u>陕西</u>同时地震。据实录,<u>山东</u>之震在丙子,非同时也,今分书之。

2 丁丑,大祀南郊。礼毕,行庆成礼。

先是上以灾伤,欲罢宴,修撰<u>唐皋</u>等言"郊丘大礼不可废",乃诏行之。

3 庚辰,免上元节宴。

4 乙酉,以灾伤,免<u>浙江嘉兴</u>等十四县税粮。

5 丙戌,下主事<u>桂萼</u>疏,令"礼部会文武群臣集前后章疏详议尊称典礼以闻。"

6 丁亥,户部主事<u>唐胄</u>上言:"织造之害,莫大于遣中官之提督。此辈夤缘干请,欲以自便其私,故成汤自责,必以女谒、谗夫为言。自古人君养德,左右仆从,罔非正人,宜亟去之以彰宪典。况已奉明诏裁革,此端一开,则凡条内所称如监督烧造及镇守守备之等,能保其不再干乎?臣恐正德诸弊政种种相因,遂复不可救药矣。"御史王杲亦以为言,章并下所司。

7 是月,朵颜都督花当子把儿孙拥众犯边,敕拨团营兵三千备之。

8 南畿大饥,诏亟发太仓银十五万两,遣官分振。南京侍郎席书,复"请拨淮、徐二仓及南京续到粮米",诏"发二仓粟各五万石及南京户部截留漕粮十万石,命书随宜给振。"

9 二月,丁酉,下给事中邓继曾于狱。

继曾言:"祖宗以来,凡有批答,必下内阁拟议而行。顷者中旨,事不考经,文不会理,左右群小窃权希宠,以至于此。陛下不与大臣共政而容若辈干之,臣恐大器不安也。"

疏入,上震怒,遂下诏狱掠治,谪金坛县丞。给事中张逵、韩楷、郑一鹏、御史林有孚、马明衡、季本皆论救,不报。

上初践阼,言路大开,言者过于切直,亦优容之。自刘最及继曾得罪后,厌薄言官,自此废黜相继矣。

10 庚子,侍读湛若水言:"臣以经术事陛下,尝读易至屯、否二卦,屯者阴阳始交而难生,君臣欲有为而难遂,此陛下登极下诏时也;否则阴阳隔而不通,内外离而不孚,陛下自视,今日于此卦何如哉？夫屯而不济,必至于否;否而不济,则将来有不可胜言者。一二年间,天变地震,山川崩涌,人饥相食,报无虚月。夫屯、否之时,元气之消复系焉。今元气之急,莫如亲贤,愿与一二贤大臣讲明先王之道,以转屯、否之几。"疏入,下所司知之。

11 丙午,大学士杨廷和致仕。

廷和以议礼不合,累疏乞休,语露不平;又以谏织造忤旨,力求去。而上方得桂萼诸人疏,虑为所持,勉留至再,遂许之,赐敕、驰驿、给廪隶如例,仍敕吏、兵二部拟论功世荫以闻。言官交章请留,不报。廷和既去而大礼议复起。

12 先是上下廷臣集议大礼,礼部尚书汪俊集廷臣七十有三人上议曰:"祖训'兄终弟及',指同产言,今陛下为武宗亲弟,自宜考孝宗明矣,孰谓与为人后而灭武宗之统也?

仪礼传曰:'为人后者孰后?后大宗也。'汉宣起民间,犹祀孝昭;光武中兴,犹考孝元;魏明帝诏皇后无子,择建支子以继大宗;孰谓入继之主与为人后者异也?

宋范纯仁谓'英宗亲受诏为子,与入继不同',盖言恩谊尤笃,尤当不顾私亲,非以生前为子与身后入继者有异也。

萼言'孝宗既有武宗为之子,安得复为立后',臣等谓陛下自后武宗而上考孝宗,非为孝宗立后也。

又谓'武宗全以神器授陛下,何忍不继其统',臣等谓陛下既称武宗'皇兄'矣,岂必改孝宗称'伯',乃为继其统乎?

又言'今礼官所执不过宋濮议',臣等愚昧,所执实不出此。盖宋程颐之议曰:'虽当专意于正统,岂得尽绝于私恩！故所继主于大义,所生存乎至情。至于名称,统绪所系,若其无别,斯乱大伦。'殆为今日发也。

谨集诸章奏,惟进士张璁、主事霍韬、给事中熊浃与萼议同。其南京尚书乔宇、杨廉等,侍郎何孟春、汪俊、汪伟等,给事中朱鸣、陈江等,御史周宣、方凤等,郎中余材、林达等,员外郎夏良胜、郁浩等,主事郑佐、徐浩等,进士侯廷训等,凡八十余疏,二百五十余人,皆如臣等议。"议上,留中。

寻有旨召张璁、桂萼于南京,又召霍韬。越旬有五日戊申,下诏曰:"朕奉承宗庙正统,大义不敢有违,第本生恩情,亦当兼尽。其再集议以闻。"【考异】汪俊集廷臣上议,诸书及明史本传皆书正月。实录系之二月戊申者,乃再下廷议之月日也。其言"俊等议上俱留中,越旬有五日乃下谕"云云,然则俊之集议上疏,在正月二十九日。是年二月丙申朔,戊申十三日,上溯正月大建之月日,正所谓"越旬有五日"者也。今据实录统系之戊申下,而书俊等上议于前,系以"先是"二字,则于下文"旬有五日"之语相应矣。惟实录言"召张璁、桂萼、霍韬于南京",时韬谢病归粤东,不在南京也。明书言"召张璁、桂萼于南京,召席书、霍韬于家",而书时在南京兵部任中,亦非召之于家。今分书之。至明史桂萼传同时上疏诸人,姓名不具,今据实录增入乔宇等十六人,中有明史传中所不见者,并类书之。

13　庚戌夜,南京地震。辛亥,苏、常、镇三府地震。【考异】苏、常、镇三府地震,明史五行志作正月辛巳。今据实录。

14　庚申,以各处水旱相仍及连月地震,敕"群臣修省,并利弊当兴当革者,条具以闻。"

15　乙丑,下御史朱渊、马明衡于狱。

先是昭圣皇太后生辰，有旨免命妇朝贺。溯言："皇太后亲挈神器以授陛下，母子至情，天日昭鉴。若传免朝贺，何以慰亲心而隆孝治？"明衡亦言："暂免朝贺，在恒时则可，在议礼纷更之时则不可。且前者兴国太后令节，朝贺如仪；今相去不过数旬，而彼此情文互异。诏旨一出，臣民骇疑。万一因礼仪末节，稍成嫌隙，即陛下贻讥天下，匪细故也。"

时上亟欲尊崇所生，而群臣必欲上母昭圣，相持未决；二人疏入，上恚且怒，立捕至内廷，责以"离间宫帏，归过于上"，趣下诏狱拷讯。

修撰舒芬言："昭圣皇太后圣旦，乃陛下爱日承欢之会，而诸命妇朝贺，则又得天下之欢心以事其亲者也。今遽传免，恐失轻重。况陛下于所生有加称之议，此报一出，人心惊疑。伏乞别降谕旨以彰至孝。"诏以芬出位妄言，夺俸三月。

已，御史萧一中言："朝廷设台谏为耳目之官，所以防天下之壅蔽。今御史马明衡、朱溯，言涉狂直，遽下诏狱，臣恐中外闻之，将谓陛下以言为讳，虽有奸邪欺罔之情，何由上闻！乞赐矜宥以彰圣德。"章下所司。

于是御史季本、陈逅，户部员外郎林应璁，相继论救，上怒，并下诏狱，皆论谪。

时上必欲杀溯、明衡二人，变色谓阁臣蒋冕曰："此曹诬朕不孝，罪当死！"冕膝行顿首请曰："陛下方兴尧、舜之治，奈何有杀谏臣名？"良久，色稍解，欲戍之。冕又固请，继以泣,乃杖八十,除名为民。二人遂废。

明衡,故主事思聪子也。

16 先是汪俊等再集廷臣议,以上尊崇意切,不敢违,乃请于"本生考"、"本生母"上,加"皇"字以全徽称。议上,复留十余日。

三月,丙寅朔,谕礼官"择日加尊号,祭告郊庙,颁诏天下",又谕"别建室奉先殿侧,恭祀献皇。"

于是俊等复上疏争之,略言:"陛下入奉大宗不得祭小宗,犹小宗之不得祭大宗也。昔兴献帝奉藩安陆,则不得祭宪宗;今陛下入继大统,亦不得祭兴献帝;是皆以礼抑情者也。然兴献帝不得迎养寿安皇太后于藩邸,而陛下得迎兴国太后于大内,受天下之养而尊祀献帝以天子之礼乐,则人子之情获自尽矣。乃今圣心无穷,臣等敢不将顺,但于正统无嫌,乃为合礼。"报曰:"朕但欲别建一室于奉先殿侧以伸追慕之情耳,迎养藩邸,祖宗朝无此例,何容饰以为词!"今陈状。俊具疏引罪,奉旨切责。【考异】俊等再议之上亦在二月,实录系之三月朔者,据下诏之日,故于俊等再议仍系以"先是"二字,下文言"留中十余日"。明史汪俊传,亦言"议上复留十余日,至三月朔,乃诏礼官"云云,据实录也。今同系之三月。

17 己巳,吏部尚书乔宇等疏言:"必以孝宗为考,而后宪庙之大宗始不绝。若名称之间,则大明律乃太祖所定,考其所称,则所后、所生同名父母,而于所生者冠以'本生'二字,则于所后有别。伏愿陛下遵圣训律文定拟名称,于孝宗称'皇考',于兴献帝称'本生考',则隆杀轻重,厘然自别。"报曰:"朕尊奉正统,未尝偏厚本生。"

而是时议于"本生皇考"上去"兴献"二字，上尊谥曰"恭穆献皇帝"，于是修撰唐皋、编修邹守益等，给事中张翀、御史郑本公等，交章抗言，大略谓："本生之恩，特加帝后之号，则于私亲不可谓不隆矣。乃又以'皇考'之称，去其始封之号，则于正统毫无分别。"翀及本公等复极以立庙大内为不经。疏入，上不悦，以"守益出位妄言，姑置不问，余皆夺俸三月"。

18 庚午，总督两广、都御史张嵿讨广东贼，平之。

初，广东新宁恩平贼蔡猛三等剽掠，众至数万。嵿合兵三万余人击新宁诸贼，破巢二百，禽斩一万四千余人，俘贼属五千九百余人，猛三等皆授首。

岭南用兵，以寡胜众，未有若是役者。寻又平程乡归善贼。捷闻，赐敕奖赉。

19 壬申，振淮、扬饥。

御史朱衣往勘，言"淮、扬诸郡，父子相食，殍殣载道"，复命发帑截漕振之。

20 己卯，礼部尚书汪俊复上疏论大礼。

先是上不从廷议，趣立庙甚急，俊以有干正统，不奉诏，复下廷议。至是俊等集诸臣议曰："谨按先朝奉慈别殿，盖孝宗皇帝为孝穆皇太后设，仿周特祀姜嫄制也。至为本生立庙大内，则从古未闻；惟汉哀帝为定陶恭王立庙京师，师丹以为不可，哀帝不听，卒贻后世之讥。臣等不敢以衰世之事导陛下，请于安陆特建献帝百世不迁之庙，俟他日袭封兴王，子孙世世献飨，陛下遣官持节奉祀，亦足伸孝思于无穷矣。"命"仍遵前旨再议"。

21　辛巳，振河南饥。

22　丙戌，张璁、桂萼复自南京各上疏争大礼。

璁言："陛下以入继大统之君，而礼官强比与为人后之例，绝献帝天性之恩。伏读圣谕云：'兴献王独生朕一人，既不得承绪，又不得徽称，罔极之恩，何由得报！'执政窥测上心，有见于推尊之重，不察于父子之亲，故今日争一'帝'字，明日争一'皇'字。而陛下之心亦日以不帝不皇为憾。既而加称为'帝'，谓陛下心已慰矣，故留一'皇'字以觇陛下将来未尽之心，遂敢称孝宗为'皇考'，兴献帝为'本生父'。父子之名既更，推崇之义安在？礼曰：'君子不夺人之亲。亦不可夺亲也。'陛下尊为万乘，父子之亲，人可得而夺之，又可容人之夺之乎？故今日之礼，不在'皇'与不'皇'，惟在'考'与不'考'。若徒争一'皇'字，则执政姑以是塞今日之议，陛下亦姑以是满今日之心，臣恐天下知礼者必将非笑无已也。"

萼亦言："执政窥伺陛下至情不已，则加一'皇'字。不知陛下之孝其亲，不在于'皇'而在于'考'。使考献帝之心可夺，虽加千百字徽称，何益于孝！陛下不将终其身为无父人乎？"

二议并上，上益大喜，趣召益急，仍下礼部会议以闻。

23　礼部尚书汪俊罢。

俊以议礼不协，再疏引疾求退。上责以肆慢，听之去。廷推吏部侍郎贾咏、礼部侍郎吴一鹏代之。

特旨召<u>南京</u>兵部侍郎<u>席书</u>为礼部尚书。<u>书</u>未至,命<u>一鹏</u>代管部事。

24 夏,四月,乙未,给事中<u>张嵩</u>、<u>曹怀</u>、<u>章侨</u>、<u>安磐</u>等,各疏论"主事<u>张璁</u>、<u>霍韬</u>,首为厉阶,侍郎<u>席书</u>、员外<u>方献夫</u>,私相附和,而主事<u>桂萼</u>,窃众议以济己私,攘臂不顾,荧惑圣聪,请并斥之以谢天下。"而<u>磐</u>疏谓:"今欲别建一庙于大内,则是明知<u>恭穆</u>万万不可入太庙矣。<u>孝宗</u>既不得考,<u>恭穆</u>又不得入,是无考也。世岂有无考之太庙哉?此其说之自相矛盾者也。"疏并下所司。

25 戊戌,九卿、吏部<u>乔宇</u>等合疏"请留<u>汪俊</u>,罢召<u>张璁</u>、<u>桂萼</u>等",又言:"前论事黜谪之<u>马明衡</u>、<u>季本</u>、<u>陈逅</u>等,先后效忠,不宜坐以离间。至<u>席书</u>不与廷推,特由内降,乃百数十年所未有者。请收回成命,令<u>书</u>仍守故职。"疏入,报闻。

26 <u>张璁</u>、<u>桂萼</u>闻召,复自<u>南京</u>偕刑部郎中<u>黄宗明</u>、都察院经历<u>黄绾</u>合疏论曰:"今日尊崇之议,以陛下与为人后者,礼官附和之私也;以陛下为入继大统者,臣等考经之论也。两议相持,有大小众寡不敌之势,臣等则曰惟理而已。<u>舜</u>视天下犹草芥,惟不顺于父母,如穷人无所归。今言者徇私植党,夺天子之父母而不顾,在陛下能一日安乎?臣等大惧欺蔽因循,不克赞成大孝。请陛下亲御朝堂,明诏百官,示以入承大统,非与为人后之例,前此典礼,未及详稽,深用悔艾。今当明父子大伦,继统大义,改称<u>孝宗</u>为'皇伯考',<u>昭圣</u>为'皇伯母',而去'本生'之称为'皇考<u>恭穆</u>献皇帝','圣母<u>章圣</u>皇太后'。如此,则在朝百工,有不感泣而奉诏者乎？更以此告之天下，此即周礼询群臣询万民之意也。"上得疏，大悦。而是时"本生"之称已从廷议，遂报闻。【考异】据实录：前后诏谕，但欲于"本生父母"加"皇"字而已。自桂萼疏上，乃有称孝宗"皇伯考"，兴献"皇考"之议。洎璁、萼自南京闻召，乃请去"本生"二字，而是时颁诏，仍从"本生"之称，盖蒋冕、毛纪等格之也。故明史纪事本末言"璁至东昌，读诏书叹曰：'两考并称，纲常紊矣。'"据此，则璁等此疏，乃欲于未颁诏之前奏请更正，而是时徽称已定，故实录但书"报闻"二字，然已为称孝宗为"皇伯考"张本矣。诸书皆系之四月颁诏之后，今据实录月日。

献夫疏上，廷臣目之为邪说，至不与往还，献夫乃杜门乞假。既不得请，则进大礼上、下二论，其说益详。卒以此向用。

28 礼部侍郎吴一鹏既署尚书，会上趣建献帝庙甚急，壬寅，一鹏复集廷臣上议曰："前世入继之君，间有为本生立庙园陵及京师者，第岁时遣官致祀，寻亦奏罢，然犹见非当时，取议后代。若立庙大内而亲享之，从古以来未有也。臣等宁得罪陛下，不欲陛下失礼于天下后世。今张璁、桂萼之言曰：'继统公，立后私。'又曰：'统为重，嗣为轻。'窃惟正统所传之谓宗，故立宗所以继统，立嗣所以承宗，统之与宗，初无轻重。况当我朝传子之世，而欲仿尧、舜传贤之例，拟非其伦。又谓'孝不在"皇"不"皇"，惟在"考"不"考"，'遂欲改孝宗为'皇伯考'。臣等历稽前古，未有神主称'皇伯考'者，惟天子称诸王曰伯叔父则有之，非可加于宗庙也。前此称'本生皇考'，实裁自圣心，乃谓臣等

'留一"皇"字以觇陛下，又谓百"皇"字不足当父子之名'，何肆言无忌至此！乞速罢建室之议，立庙安陆，下璁、萼等法司按治。"报曰："朕起亲藩，奉宗祀，岂敢违越！但本生皇考寝园，远在安陆，于卿等安乎？命下再四，尔等欺朕冲岁，党同执议，败父子之情，伤君臣之义，往且勿问，其奉先殿西室亟修葺，尽朕岁时追远之情。礼官即择日具仪，仍执违者无赦。"【考异】据实录书"礼部会文武群臣不书名"，盖是时正一鹏署部事也。明史一鹏本传书之，并云"时嘉靖三年四月也"。今据之。

29　己酉，上昭圣皇太后尊号曰"昭圣康惠慈寿皇太后"。庚戌，上兴国太后尊号曰"本生圣母章圣皇太后"。癸丑，追尊兴献帝为"本生皇考恭穆献皇帝"。大赦，颁诏天下。

30　丙辰，都给事中李学曾等、御史胡琼等各疏言"秩宗重任，非席书所能堪。"吏部尚书乔宇，因言"书等以曲学邪说妄议典章，而璁、萼尤很愎。宜罢二人，书仍故职，并听方献夫致仕去。"时张汉卿亦劾"书振济乖方，乞遣官往勘。"书亦屡辞新命，并录上大礼考议，且请遣官勘振荒状，从之。

31　丁巳，以旱灾风霾，罢端阳宴。

京师自正月不雨至于是月，并敕群臣修省。

32　辛酉，编修邹守益复上疏曰："陛下欲隆本生之恩，屡下廷臣会议，诸臣据礼正言，致蒙诘责。昔曾元以父寝疾，惮于易箦，爱之至也，而曾子责之曰'姑息'。鲁公受天子礼乐以祀周公，尊之至也，而孔子伤之曰'周公其衰矣'。臣愿陛下勿以'姑息'事献帝，而使后世有'其衰'之叹。

且群臣欲专意正统,此皆为陛下忠谋,乃不察而督过之,以为忤慢。臣历观前史,如冷褒、段犹之徒,当时所谓忠爱,后世所斥以为邪媚也;师丹、司马光之徒,当时所谓欺慢,后世所仰以为正直也;后之视今,犹今之视古。望陛下不吝改过,察群臣之忠爱,信而用之,复召其去国者,无使奸人动摇国是,离间宫闱。"

疏入,上大怒,下诏狱拷掠,谪<u>广德州</u>判官。

33 是月,户部侍郎<u>胡瓒</u>等言:"大礼已定,<u>席书</u>督振<u>江</u>、<u>淮</u>,实关民命,不必征取来<u>京</u>。"上从之,并止<u>璁</u>等勿来。

时<u>璁</u>、<u>萼</u>已抵<u>凤阳</u>,见邸报敕加尊号,复驰疏论曰:"臣知'本生'二字,决非皇上之心所自裁定,特出礼官之阴术。<u>皇上</u>不察,以为亲之之词,而礼官正以此二字为外之之词也。且礼官惧臣等面质,故先为此术,求遂其私。若不亟去此二字,天下后世将终以陛下为<u>孝宗</u>子,堕其欺蔽中矣。"于是上益心动,趣复召之。【考异】<u>胡瓒</u>以大礼已定,请止席书及<u>璁</u>、<u>萼</u>等,<u>实录</u>不具。证之<u>明史璁</u>传,言"阁臣以尊称既定,请停召命,上不得已从之。二人已在道,复驰疏"云云,与<u>明史纪事本末</u>合,惟<u>胡瓒</u>佚其名,今据纪事增入。

34 五月,乙丑,大学士<u>蒋冕</u>致仕。

自<u>杨廷和</u>罢,<u>冕</u>以首辅当国。上愈欲尊崇所生,逐礼尚<u>汪俊</u>以怵<u>冕</u>,而用席书代之,且召<u>张璁</u>、桂<u>萼</u>。物情甚沸。

<u>冕</u>乃抗疏极谏曰:"陛下嗣承丕基,固因伦序素定,然非圣母<u>昭圣皇太后</u>懿旨与<u>武宗皇帝</u>遗诏,则将无所受命。今既受命于<u>武宗</u>,自当为<u>武宗</u>之后。特兄弟之名不容紊,

故兄武宗,考孝宗,母昭圣,而于孝庙武庙皆称'嗣皇帝',称'臣',称'御名',以示继统承祀之义。今乃欲为本生父母立庙奉先殿侧,臣虽至愚,断断知其不可。夫情既偏重于所生,义必不专于所后,将孝、武二庙之灵安所托乎?迩者复允汪俊之去,趣张璁、桂萼之来,人心益骇。方廷臣议建庙之日,天本晴明,忽变阴晦,至暮风雷大作。天意如此,陛下可不思变计哉!"因力求去。上不悦,犹以大臣故,优诏答之。冕再疏请罢建庙议,且乞休,疏中复以天变为言。上益不悦,遂令驰传归,给月廪、岁夫如制。

冕为首辅仅两阅月,卒龃龉以去,论者谓有古大臣风云。

35 修撰吕楠,以修省自劾不职十三事,内以"圣学少怠,圣孝未广,大礼未正,谄祀日崇,忠谏受祸,元恶失刑,贵幸滥泽及军民利病数事,皆灾变所由致",而引以为己不能献纳之罪,言甚切直。上谓"大礼已定,楠摭拾妄言,事涉忤慢,下镇抚司狱拷讯"。

于是尚书乔宇言:"迩当天变修省之时,求言正切;而楠与邹守益皆以言事下狱,人心皇皇,以言为讳。况翰林侍从之官,尤宜待以优礼,未可以非罪见辱。"给事中张翀、章侨、御史张鹏翰等交章论救,俱下所司。寻有旨,谪楠山西解州判官。

36 壬申,上手敕:"以奉先殿西室为观德殿,奉安献皇帝神主,命礼官具仪以闻。"

丁丑,命署礼部尚书吴一鹏,偕中官赖义、京山侯崔元迎献帝神主于安陆。一鹏上言："历考前史,并无自寝园迎主入大内者,此天下后世观瞻所系,非细故也。且安陆为恭穆启封之疆,神灵所恋;又陛下龙兴之地,王气所钟。故我太祖重中都,太宗重留都,皆以王业所基,永修世祀。伏乞陛下俯纳群言,改题神主,奉安故宫,为百世不迁。其观德殿中,别设神位香几以展孝思,则本生之情既隆,正统之义亦尽矣。"奏入,不纳,趣即治行。

一鹏虑中使为道途患,疏请禁约,上善其言而戒饬之。

37 己卯,以吏部尚书石珤兼文渊阁大学士,预机务。

珤既改掌詹事府,遣祀阙里及东岳,事竣还里,屡乞致仕。言官交章请留,乃起赴官。至是入阁,亦以祀献帝于奉先殿侧为非礼,不报。

38 辛卯,中官谷大用既谪孝陵司香,奏乞留京调理。礼科给事中章侨言："先帝初政清明,未几为大用等所误,内连瑾贼,外引宁、彬,树八党之凶,酿十六年之祸,遂使先帝不克正其终。陛下知之,节奉诏旨列其罪状,死有余辜。一旦何所窥瞷,敢违前旨为干进地! 若不早痛遏,恐乘间复起,不至扰乱天下不已也。"章下所司知之。

39 六月,张璁、桂萼至京,复条上七事,极论两考之非,以伯孝宗而考兴献为正。

时廷臣方侧目于二人,萼称疾不敢出,璁数日后始朝,而恣肆论列不已。戊戌,礼科给事中张翀等三十余人,御史郑本公等四十余人,连章论劾。

翀等言："两人赋性奸邪,立心险佞,变乱宗庙,离间宫闻,诋毁诏书,中伤善类,宜亟出之,为人臣不忠者戒。"

本公等言:"璁、萼首肆欺罔;黄绾为其鹰犬;宗明有如走隶,方献夫居中内应以成夹攻之势,席书阴行间谍以伺渔人之功。尚书之命,由中而下;行取之旨,罢而再颁;大臣因此而被逐,言官因此而得罪。虽当日瑾、宁之奸,其流祸亦不至此。"

同时御史戴金言:"萼等既被召命而从容道途,诏令已布,奏渎不休。"御史章衮言:"璁、萼等敢以新诏为误,定礼为非,妄肆更张,务为欺诞。"御史张曰韬言:"席书等乘间献谀,阳窃礼经之文,阴怀干进之路。"给事中谢蕡、御史郭希愈、沈教、涂相等交章累上,俱下所司。

40 辛丑,上以观德殿将成,命太常寺协律郎崔元初,集乐舞生二十余人,肄于大内,太常寺卿汪举,以其未奉明诏,请治元初等擅入罪,上命寺官一员导之。于是礼部侍郎朱希周言:"太常乐舞有定数,不当更设",不从。举复争之,奉旨诘责。【考异】事见明史希周本传。月日则据实录。惟"元初"实录作"元祈"。今据明史。

41 丙午,擢桂萼、张璁为翰林学士,方献夫为侍讲学士。

时廷臣交章劾璁等,上独是其言,将考兴献而伯孝宗,给事中张翀等忧之。会席书以振济为言官所劾,翀乃乘间取廷臣劾萼、璁等章疏送刑部令上请,且私相语曰:"倘上亦云是者,即扑杀之。"璁等以其语上闻,上因留疏不下,而责刑部尚书赵鉴等朋邪害正,遂特进璁等三人官。于是学士丰熙、修撰杨维聪、舒芬、编修王思疏请罢斥。

已而修撰杨慎复偕同列三十六人上言："臣等与萼辈学术不同,议论亦异。臣等所执者,程颐、朱熹之说也;萼等所执者,冷褒、段犹之余也。今陛下既超擢萼辈,不以臣等言为是,臣等不能与同列,愿赐罢归。"上怒,俱切责停俸有差。自是而大礼之讼兴,伏门之狱起矣。

42 辛亥,桂萼、张璁、方献夫上疏辞学士。

萼请"令召对大廷,与璁面折诸臣之非,正两考之谬"。璁言"两考之失不更,万世之笑未已",优诏答之。

于是尚书乔宇言："内降恩泽,施于幸佞之人;若士大夫一与其列,即不为清议所齿。今言官论劾萼等,前后十二疏矣。夫圣朝养士,当以名节自爱。以翰林清望之选,而使干进者得之内降,则凡储材翰苑者,谁复与之共列班行哉!"上以宇违忤,切责之。

已而吏科给事中李学曾等二十九人,河南道御史吉棠等四十五人,并疏言："萼等曲学偏见,紊乱典章,为圣世所必诛。乃以一言之合,骤迁美秩,又以传奉得之,其为圣德之累不小。"御史段续、陈相又特疏极论席书及璁、萼等罪状,请正典刑。上怒,诘责学曾等,令对状。已而学曾上疏伏罪,宥之;而以续、相欺罔妒贤,下镇抚司拷讯。已,俱降二级,调外任。

43 吏部员外郎亳州薛蕙上为人后解二篇,为人后辨一篇,其略言："陛下继祖体而承嫡统,正合于为人后之义,而二三臣诡经畔礼,谓陛下为献帝不可夺之嫡嗣。按汉石渠议曰:'大宗无后,族无庶子,已有一嫡子,当绝父嗣以后大宗不？'戴圣云：'大宗不可绝，族无庶子，则当绝父以后大宗。'晋范汪曰：'废小宗昭穆不乱，废大宗昭穆乱矣。先王所以重大宗也，'岂得不废小宗以继大宗乎？

礼言'继祖继祢'，今之言者，不知推本祖祢，惟及其父母而止，此弗忍薄其亲，忍遗其祖也。公羊传言'为人后者为之子'，故仪礼'为人后者斩衰三年，服之以父母之服。'传言'为所后者之祖父母、妻，妻之父母、昆弟，昆弟之子若子。''若子'者，由为之子故耳。今但服以父母之服而不为之子，则称谓之间，将不曰父而仍曰伯父叔父乎？又立后而不为之子，则是圣人伪教人以立后而实未尝子之，所后既不得而子，则祖考亦不得而孙矣，岂可以入其庙而奉其祀乎？何其言之悖礼若是也！

为是言者，亦自度其说之必穷，于是又为遁词以倡之曰：'夫统与嗣不同，陛下之继二宗，当继统而不继嗣。'不知礼为大宗立后者，重其统也。统不可绝，乃为之立后，是继嗣即所以继统，统与嗣非有二也。自古帝王入继者，必明为人后之义而后可以继统。盖不为后，则不成子也，若不成子，夫安所得统而继之？故为后也者，成子也，成子而后继统，又将以绝同宗之觊觎焉。圣人之制礼也，不亦善乎！

春秋重授受之义，以为为子受之父，犹为臣受之君。故谷梁子曰：'臣子必受君父之命。'斯义也，盖尊其君父，亦将使人之尊己也。如此，则义礼明而祸乱亡。今说者谓'伦序当立斯立已'，是恶知礼与春秋之意哉！

若夫前代之君，固有兄终而弟继，侄终而伯叔父继者，此遭变不正者也，然多先君之嗣。先君于己则考也，己于先君则子也，故不可考后君，而亦无两统二父之嫌，若晋之哀帝、唐之宣宗是也。其或诸王入嗣，则未有仍考诸王而不考天子者也。陛下天伦不先于武宗，正统不属于献帝，是非予夺，至为易辨。而二三臣者，猥欲比于遭变不正之举，是悖礼之尤者也。"其他所辨七事，亦多仿此。

疏入，上以蕙出位妄言，下镇抚司拷讯。于是张璁、桂萼复列欺罔十三事，力折廷臣。疏奏，留中。

44 戊午，鸿胪寺少卿胡侍劾"璁、萼二人越礼背经"，因据所条奏反复辨论，凡千余言。上怒，命逮治。寻以言官论救，谪潞州同知。【考异】段续、陈相、胡侍三人劾张璁等及薛蕙上为人后解，明史本纪俱系之是年六月，无日。明史稿系段、陈二人及薛蕙于辛亥，系胡侍于戊午，皆据实录日分。而李学曾二十九人，吉棠等四十五人，皆在辛亥之前后间。学曾等以请罪而宥之，故但下段、陈二人于狱也。今悉据实录增人。

45 辛酉，顺天、保定、河间及南直隶徐州蝗，敕有司捕之，且核实灾伤之处，量予蠲免。

46 是月，以蒋冕去，进毛纪吏部尚书、谨身殿大学士。都御史俞谏以疾告，改南京刑部尚书边宪代之。

47 秋，七月，己巳，吏部尚书乔宇致仕。

上即位之初，锐意求治，宇以选郎擢长吏部，与林俊、孙交，彭泽并召，皆海内人望也。俊等相继去，独宇在位，所执渐不见听。又以屡争大礼请罢张璁、桂萼等忤旨，遂以微疾乞休，许之。赐驿、给廪隶如例。

48　御史王时柯言："桂萼等以议礼迎合,传升美官,薛蕙、陈相、段续、胡侍等,连章论劾,实出公论。今诸臣超迁而言者获罪,恐海内闻之,以陛下乏包荒之量也。"疏入,奉旨切责。

49　壬申,免南畿十府、二州被灾夏税。

50　乙亥,谕礼部更定章圣皇太后尊号,去"本生"之称,趣令具仪。侍郎朱希周乃率郎中余才、汪必东等上言："陛下考孝宗,母昭圣,三年矣,而更定之论,忽从中出,则明诏为虚文不足信,天下祭告为渎礼,何以感神祇?且'本生'非贬词也,不妨正统而亲亲之义寓焉,何嫌于此而必欲去之,以滋天下之议!"

于是翰林学士丰熙等疏言："陛下颁诏三年,乃以一二人妄言,欲去'本生'之称,专隆鞠育之报。臣等闻命惊皇,罔知攸措。窃惟陛下为宗庙神人主,必宗庙之礼加隆,斯继统之义不失。若乖先王之礼,贻后世之讥,岂不为圣德累哉!"

同时六科给事中张翀等,十三道御史余翱等,吏部郎中余宽等,户部郎中黄待显等,兵部郎中陶滋等,刑部郎中相世芳等,大理寺丞毋德纯等,俱率同官上疏谏。上怒甚,命逮其为首者熙、翀等八人于诏狱。【考异】诸书及明史何孟春传,皆言八人下诏狱即伏哭左顺门之事。证之实录,此八人论谏皆书之乙亥,在戊寅伏哭之前。盖是时各衙门先后执奏,上以八人为台谏、府、部之首,特旨下之诏狱。迨伏哭左顺门,则此八人尚未入狱,故追论时牵连并记也。且八人姓名,皆与明史传合,惟纪事本末漏去余翱。又,诸书所记大礼上疏者人,先后参差,今悉据实录月日。

51　初，上用桂萼等议，欲亟去“本生”二字，屡遣司礼监至内阁谕大学士毛纪等，皆力言不可。乃御平台，召纪等责之曰：“尔辈无君，欲使朕亦无父乎！”纪等惶惧退，乃集廷臣左顺门宣敕，“以后四日恭上册宝”。

于是翰林、台、谏诸臣，前后章凡十三上，纪复与石珤合疏争之，并请“颁谕臣民，示以宗庙之礼，决不改称，亦不更诏天下，则九庙神灵皆安，即献帝之心亦安矣。”得报，已有旨。

52　戊寅，下议礼诸臣员外郎马理等一百三十四人于锦衣卫狱。

先是张璁以欺罔十三事斥廷臣为朋党，侍郎何孟春偕九卿秦金等具疏发十三难以折璁等，疏入，留中，一时先后具疏争者皆留不下，群情益汹汹。

会朝方罢，孟春倡言于众曰：“宪宗朝，百官哭文华门争慈懿皇太后葬礼，帝卒从之，此本朝故事也。”修撰杨慎攘袂起曰：“国家养士百五十年，仗节死义，正在今日！”于是编修王元正，给事中张翀等，遮留群臣于金水桥南，谓“今日有不力争者，必共击之！”孟春、金献民、徐文华转相号召。

于是九卿则尚书献民及秦金、赵鉴、赵璜、俞琳，侍郎孟春及朱希周、刘玉，都御史王时中、张润，寺卿汪举、潘希曾、张九叙、吴祺，通政张瓒、陈霑，少卿徐文华及张缙、苏民、金瓒，府丞张仲贤，通政参议葛禬，寺丞袁宗儒，凡二十有三人；翰林则掌詹事府侍郎贾咏，学士丰熙，侍讲张璧，修撰舒芬、杨维聪、姚涞、张衍庆，编修许成名、刘栋、张潮、崔桐、叶桂章、王三锡、余承勋、陆钺、王相、应良、王思，检讨金皋、林时及慎、元正，凡二十有二人；给事中则张翀、刘济、安磐、张汉卿、张原、谢蕡、毛玉、曹怀、张嵩、王瑄、张汉、郑一鹏、黄重、李锡、赵汉、陈时明、郑自璧、裴绍宗、韩楷、黄臣、胡纳，凡二十有一人；御史则王时柯、余翱、叶奇、郑本公、杨枢、刘颖、祁杲、杜民表、杨瑞、张英、刘谦亨、许中、陈克宅、谭缵、刘翀、张录、郭希愈、萧一中、张恂、倪宗岳、王瑮、沈教、钟卿密、胡琼、张濂、何鳌、张曰韬、蓝田、张鹏翰、林有孚，凡三十人；诸司郎官，吏部则郎中余宽、党承志、刘天民，员外郎马理、徐一鸣、刘勋，主事应大猷、李舜臣、马冕、彭泽、张鸥，司务洪伊，凡十有二人；户部则郎中黄待显、唐昇、贾继之、杨易、杨淮、胡宗明、栗登、党以平、何岩、马朝卿，员外郎申良、郑漳、顾可久、娄志德，主事徐嵩、张庠、高奎、安玺、王尚志、朱藻、黄一道、陈儒、陈腾鸾、高登、程旦、尹嗣忠、郭日休、李录、周诏、戴亢、缪宗周、丘其仁、俎琚、张希尹，司务金中夫，检校丁律，凡三十有六人；礼部则郎中余才、汪必东、张穗、张怀，员外郎翁磐、李文中、张潊，主事张镗、丰坊、仵瑜、丁汝夔、臧应奎，凡十有二人；兵部则郎中陶滋、贺缙、姚汝皋、刘淑相、万潮，员外郎刘漳、杨仪、王德明，主事汪溱、黄嘉宾、李春芳、卢襄、华钥、郑晓、刘一正、郭持平、余祯、陈赏，司务李可登、刘从学，凡二十人；刑部则郎中相世芳、张峨、詹潮、胡琏、范录、陈力、张大轮、叶应骢、白辙、许路，员外郎戴钦、张俭、刘士奇,主事祁敕、赵廷松、熊宇、何鳌、杨濂、刘仕、萧樟、顾铎、王国光、汪嘉会、殷承叙、陆铨、钱铎、方一兰,凡二十有七人;工部则郎中赵儒、叶宽、张子衷、汪登、刘玑、江珊,员外郎金廷瑞、范鏓、庞淳,主事伍余福、张凤来、张羽、车纯、蒋琪、郑骝,凡十有五人;大理之属则寺正毋德纯、蒋同仁,寺副王暐、刘道,评事陈大纲、钟云瑞、王光济、张徽、王天民、郑重、杜鸾,凡十有一人;俱跪伏左顺门。上令司礼中官谕退,众皆曰:"必得俞旨乃敢退。"自辰至午,凡再传谕,犹跪伏不起。上大怒,遣锦衣先执为首者。于是杨慎、王元正乃撼门大哭,众皆哭,声震阙廷。上益怒,命收系四品以下马理等凡一百三十有四人,而令孟春等二十一人,洪伊等六十五人俱待罪。【考异】明史本纪,下马理等一百三十四人锦衣卫狱在七月戊寅。明史稿系之丁丑,并书逮其为首者之丰熙、张翀等,即下狱之八人者是也。惟实录则但于乙亥书下熙等八人于诏狱,而以后廷臣伏阙及同哭左顺门之事,一概漏脱。证之明史何孟春传,所载伏阙之二百二十余人皆著其官及其姓名,核之明史纪事本末,徐氏典汇诸书皆同,盖当时国史,非野史也。翰林二十二人,连杨慎、王元正数之,诸书作二十人者,以慎与元正倡议在先,受杖在后也。给事中二十一人,诸书作十六人者,刘济、安磐、张汉卿、张原、王时柯五人受杖在后,而时柯非给事,明史改入御史中,又增入为首之张翀为二十一人也。御史三十人,诸书作二十九人者,盖明史连王时柯数之也。自诸司郎官以下,人数姓名皆同。惟系狱之马理等一百三十四人,纪事本末诸书所载,与明史同。而三编目中所载,则云"杨慎等撼门大哭,上益怒,命尽录诸臣姓名。时有不在列者,其亲故以不预义举为嫌,多为代书,遂系马理等一百九十人于狱。"据此,则似马理等一百三十四人之外,仍有五十余人,而续系之姓名皆不可考矣。今所叙次,悉据明史何孟春传。余详考证中。

53　己卯,上章圣皇太后尊号曰"章圣慈仁皇太后"。

是日，尚书秦金、金献民、赵鉴、赵璜，侍郎何孟春、朱希周，都御史王时中，大理少卿张缙、徐文华，皆不赴行礼。上怒，责陈状。希周等伏罪，复严旨切责。

而是时庶僚尽系狱中，希周上言："诸臣狂率，固不可宥。但今献皇帝神主将至，必百官斋迎，乃克成礼。乞早宽缧绁，用襄大典。"不纳。

54　癸未，杖马理等于廷。编修王相、王思，给事中毛玉、裴绍宗，御史张曰韬、胡琼，郎中杨淮、胡琏，员外郎申良、张溉，主事安玺、仵瑜、臧应奎、余祯、殷承叙，司务李可登，凡十六人，皆病创先后卒。【考异】三编质实云："廷臣受杖死者，明史世宗本纪、明实录以为十六人，何孟春传以为十八人，王思传以为十七人。证之明实录，不载张原，故止十六人。然考明史张原传云：'原再被杖，创重卒'，则王思传称十七人者为得其实"云。按十七人姓名，皆见明史王思传中，俱云"病创先后卒"。证之张原传，言"原再被杖，创重卒"。据此，则原以二次受杖死，盖在杨慎等再杖七人之列，故明史本纪，系王相等十六人于癸未，别系张原于辛卯，是张原以辛卯再被杖而卒，本纪分书之，合之则仍十七人，与传合。明史之谨严周密如此，今据书之。其何孟春传言"十八人"，疑"八"字转写误耳。

55　甲申，奉安献皇帝神主于观德殿，上尊号曰"皇考恭穆献皇帝"。

56　丙戌，免河南开封府被灾夏税。

57　己丑，大学士毛纪致仕。

纪请宥伏阙诸臣，上怒，传旨责纪"要结朋奸，背君报私。"纪乃上疏曰："曩蒙圣谕，'国家政事，商榷可否，然后施行，'此诚内阁职业也，臣愚不能仰副明命。迩者大礼之议，平台召对，司礼传谕，不知其几，似乎商榷矣，而皆断自圣心，不蒙允纳，何可否之有？至于笞罚廷臣，动至数百，乃祖宗来所未有者，亦皆出自中旨，臣等不得预闻。宣召徒勤，扞格如故，慰留虽切，诘责随加，臣虽有匡救之心，不能自尽。夫‘要结朋奸，背君报私’，正臣平日所痛愤而深嫉者。有一于此，罪何止罢黜，今陛下以之疑臣，尚可一日腼颜朝宁间哉！乞赐骸骨归乡里，以全终始。尤望陛下法祖典学，任贤纳谏，审是非，辨忠邪，以养和平之福。”上衔纪亢直，听之去，驰驿，给夫廪如故事。

纪有学识，居官廉静简重，与杨廷和、蒋冕正色立朝，并为缙绅所倚赖。其代冕为首辅，亦仅三月，遂相继去，论者惜之。

58　辛卯，复杖修撰杨慎，检讨王元正，给事中刘济、安磐、张汉卿、张原，御史王时柯七人于廷。

慎等前已被杖，越数日，有言“前此朝罢，群臣已散，纠众伏哭，乃慎等七人倡之也。”上怒，命再杖。原受伤创重卒。【考异】明史本纪及列传(者)〔皆〕言再杖七人，而张原以再被杖死亦互见纪、传中。明史列传于再受杖而死之七人，皆散见传中。而据王思传，则云“初系之诏狱杖三十，逾旬再杖之，思与同官王相等凡十有七人，皆病创先后卒。”据此，则十七人死之先后虽不可考，而思以再被杖而卒，与张原同。是辛卯所杖，不止慎等七人，而核之癸未杖死者，除去王思又止十五人，盖纪载之异词。然十七人之数，具见后来诸臣请恤疏中，似不误也。

是时诸臣受杖死者，先后相继，后军都督府经历俞敬言：“翰林学士丰熙及部、寺、科、道，以言下狱拷讯者，迹似狂悖，心实忠诚。今闻给事中裴绍宗、编修王相、主事余祯等,俱已故矣;熙等在狱者,亦垂亡矣;而呻吟衽席,病不能起者,又不知凡几。伏惟献帝神主已奉迎入庙,愿陛下推大孝于天下,霁雷霆之威,施雨露之泽,已故者优恤其后,垂亡者宥释其身。使为臣者无复以言为讳,宗社幸甚!”章下所司。

已而原死,贫不能归葬,久之,都御史陈洪谟备陈原与毛玉、裴绍宗、王思、王相、胡琼等妻子流离状,请恤于朝,不许。

59 大礼既定,上始下何孟春等前疏,责曰:“朕嗣承大统,祇奉宗庙,尊崇大礼,自出朕心。孟春等毁君害政,淆乱是非。且张璁等所上十三条,留中未发,安得先知? 其以实对。”于是孟春等具疏伏罪,言:“璁等所条,于未进之日先以私稿示人,且有副本存通政司,故臣等知之。臣等忝从大臣后,得预议礼之末。窃以璁等欺罔,故昌言论辩以渎天聪,罪当万死。惟望圣明加察,辨其孰正孰邪,则臣等虽死亦幸!”上怒不已,责孟春“倡众逞忿,非大臣事君之道,法宜重治,姑从轻夺俸一月。杨慎、丰熙等谪戍有差。”

已而复出孟春为南京工部左侍郎。故事,南部止侍郎一人,时已有右侍郎张琮,孟春居左,盖剩员也。

60 八月,癸巳,谪南京太仆寺少卿夏良胜为茶陵知州。

初,上即位,以良胜曾谏武宗南巡被黜,召复故官。尚书乔宇贤之,奏为文选郎中,公廉多所振拔。大礼议起,数偕寮长力争,及席书、张璁、桂萼、方献夫用中旨超擢,又执不可,由是为议礼者所切齿。以久次迁官南卿未赴。

先是给事中陈洸,奉使回籍,居二年始复命。在道,闻外转湖广佥事,仍以旧衔上疏,傅会张璁等议,并力诋"良胜与尚书乔宇等群结朋党,任意挤排,以致史道、曹嘉等或调外任,或摈边方,请斥罢良胜,召还道、嘉等,以作敢言之气。"章下吏部,侍郎何孟春言:"洸已外补,犹冒旧衔,假建言以乱国典,宜行究问。"不纳,竟出良胜于外,而命道等俱复旧职。

61 大同兵乱,杀巡抚、都御史张文锦。

初,文锦以拒宸濠得重名,既擢巡抚,锐意整饬边政。大同北四望平衍,寇至无可御,乃议于城北九十里外,增筑水口、宣宁等五堡,参将贾鉴,督卒严致怨。及堡成,欲徙镇卒二千五百家戍之,众惮行,请募新丁,僚吏咸以为言。文锦怒曰:"如此则令不行矣。镇中亲兵先往,孰敢后!"亲兵素游惰,有室,闻当发大恐,文锦严趣之行,鉴承风杖其队长。诸边卒自甘州之役杀巡抚许铭,朝廷处之轻,颇无忌。至是镇卒郭鉴、柳忠等遂倡乱,杀贾鉴,裂其尸,走屯塞外。文锦恐结外寇,亟令副将时陈等招之入城,即索治首乱者。郭鉴等乃复聚为乱,焚大同府门,入行都司纵狱囚,又焚都御史府门。文锦逾垣走,匿博野王府第。乱卒欲焚王宫,王惧,出文锦,郭鉴等杀之,亦裂其尸。遂焚镇守总兵署,出故总兵朱振于狱,胁为帅。

事闻,上命兵部侍郎李昆宣敕往,欲抚定之。改宣府都御史李铎巡抚大同,升都指挥桂勇署都督佥事。

62 己亥,礼部尚书席书,奉趣入朝,行至德州,闻廷臣伏阙哭争,尽系诏狱,因驰疏言:"议礼之家,名为聚讼。两议相持,必有一是,陛下择其是者,而非者不必深较,乞宥其愆俾自新。"不允。

未几,书至京师,大礼议遂定。

63 通政司经历李继光言:"今日大同之变,由朝廷处置甘州叛卒之少宽,故敢于纵逆如此。迄遣侍郎李昆往抚,未见别有措置。臣愚谓骄将悍卒,法不容贷,剿抚二事,未可少偏。乞敕兵部大会廷臣,妙选时望,假以事权,简练兵卒,讨除逆党,以正国法。"

又言:"追崇尊号,乃人子至情之不容已者。群臣一时冒拂,陛下悉从重处治。大臣纷纷去位,小臣苟嘿自容。今日兵变,曾无一人进一疏画一策者,则大小臣工志之不固,气之不扬可见矣。乞将去位谪戍者追复赐敕,在位者委任宽假,令各陈边计,采择施行。"

64 辛丑,霍韬复驰疏论大礼两考之失。

先是韬闻召,辞疾不赴,至是闻考献帝,母章圣,已去"本生"之称,意犹未慊,复驰疏言:"今日大礼之义,正统、天伦二者而已。徒尊正统,其弊至于利天下而弃父母;徒重天伦,其弊至于小加大而卑逾尊。故臣窃谓陛下宜称孝宗曰'皇伯考',献帝曰'皇考',此天伦之当辨者也;尊崇之议,则姑在所缓,此大统之当崇者也。乃廷议欲陛下上考孝宗,又兼考献帝,此汉人两统之失也。本原既差,则愈议愈失。臣之愚虑,则愿陛下预防未然之失,毋重将来之悔而已。"上深嘉其忠义,趣令趋朝。自是改孝宗为"皇伯考”之议复起。

65　先是陈洸之上疏也，礼部侍郎吴一鹏自安陆还朝，见朝事大变，而洸复踵之，诋张尤甚，乃抗疏曰：“大礼之议，断自圣心，正统、本生，昭然不紊。而洸妄谓‘陛下诞生于孝宗没后三年，嗣位于武宗没后二月，无从授受’，其说尤为不经。谨按春秋以受命为正始，故鲁隐公上无所承，内无所受，则不书即位。今陛下承武宗之遗诏，奉昭圣之懿旨，正合春秋之义。而洸谓孰从授受，是以陛下为不得正始也。洸本小人，不痛加惩艾，无以杜效尤之渐。”疏入，留中。

久之，庚戌，始得旨，以席书、方献夫、张璁、桂萼前后奏疏及论议悉下礼部，令集廷臣博考伦理再议以闻。

66　辛亥，南京国子祭酒崔铣，以灾异自陈请罢，因言：“近日主事张璁等，以献议超迁，而内阁蒋冕，尚书汪俊，以执议见忤，修撰吕楠，编修邹守益，御史马明衡、段续、陈相，员外郎薛蕙，俱以议礼，或摈斥，或下狱，非圣朝美事。”上不悦，令致仕去。

67　甲寅，给事中陈洸，复上疏指斥议礼诸臣吴一鹏、金献民、朱希周、薛蕙、汪俊、汪伟等，并及大学士费弘。于是弘等皆上疏乞致仕，得旨慰留。

68　乙卯，以吏部侍郎兼翰林学士贾咏为礼部尚书兼文渊阁大学士，预机务。

咏为人长者，在政府无所建白，充位而已。

69　是月，改南京吏部尚书杨旦为吏部尚书，代乔宇也。

会旦自南京上书，言："璁、萼学识颇僻，心术奸回，徒以一言偶合，躐升清秩，非所以示大公于天下。方献夫屡陈有疾，臣等未暇论之。望将璁、萼放归田里，献夫准令养病。"疏奏，上方向用璁、萼、献夫，不悦。未几，陈洸希旨劾旦，未任而免。【考异】明史七卿表，吏部尚书杨旦，是年八月命，未任，免。考之实录则旦以未命前上疏劾璁、萼、献夫，迨九月更定大礼，十月为陈洸所劾，令致仕。诸书皆不载，今据增。

70 九月，甲子，锦衣卫革职百户随全，光禄寺革职录事钱子勋，希旨言"献皇帝梓宫宜改葬天寿山。"事下工部，尚书赵璜以为"改葬不可者三：皇考体魄所安，不可轻犯，一也；山川灵秀所萃，不可轻泄，二也；国家根本所在，不可轻动，三也。昔高皇帝定鼎南京，而仁祖之陵远在凤阳；文皇帝迁都北京，而孝陵远在钟山；皆不敢迁改。陛下之视显陵，犹太祖之视仁祖，太宗之视孝陵也。"时五官灵台郎吴昇尝与事显陵，亦上言以为不可，乃下礼官集议。

71 丙寅，更定大礼，称孝宗曰"皇伯考"，昭圣皇太后曰"皇伯母"，献皇帝曰"皇考"，章圣皇太后曰"圣母"。

先是上下诸司大礼疏之留中者，令礼部与张璁、桂萼、方献夫会议。会席书亦至，乃大集廷臣于阙左门。议既定，大理少卿徐文华及侍郎汪伟、郑岳，犹力争于武定侯郭勋家。初，璁、萼至京师，数日始朝。退班，闻朝臣有伺击者，乃出东华门，走入勋家。勋喜，约为内助。至是倡言曰："祖训如是，古礼如是，璁等言当。书曰：'大臣事君，当将顺其美'"乃定议。

越日，大学士石珤复谏曰："大礼一事，已奉宸断，无可言矣。但臣反覆思之,终有不安于心者。心所不安而不以言,言恐触忤而不敢尽,则陛下将焉用臣,臣亦何以仰报君父哉!夫孝宗皇帝与昭圣皇太后,乃陛下骨肉至亲也。今使疏贱谗佞之小人辄行离间,但知希合取宠,不复为陛下体察。兹孟冬时享在迩,陛下如在之诚,能毋少动于中乎?"上得奏不悦,戒勿复言。而夺文华等俸各二月。

　　已而改题庙主,文华谏曰:"孝宗有祖道焉,不可以'伯考'称,武宗有父道焉,不可以'兄'称。不若直书曰'孝宗敬皇帝','武宗毅皇帝',犹为两全而无害也。"疏入,再夺俸。【考异】徐文华等三人力争,得郭勋言之乃定,语见明史文华本传。实录不载,惟于石珤疏中言"请如郑岳、徐文华所拟,上戒珤勿复言,而夺文华、岳俸各二月"云云,即文华等力争之证也。郭勋之倡言定议据明史纪事本末,言"璁等至京师,已预结勋为内助"者是也。石珤上疏,实录在丙寅之次日,类书之。

72　丙子,以上尊号颁诏天下。

　　论曰:大统之干,在帝与不帝之分,非皇与不皇之异也;帝则未有不皇,而皇则容有不帝者。自古三皇称"皇",五帝称"帝",秦始合二字称之。故加"皇"于"帝"之上,则"皇"为专称。殊"皇"于"帝"之外,则"皇"为通称,考、妣之等是也。

　　然则皇考、皇妣,可以通于所生之父母,若以"帝""后"尊号而追崇其不为天子之父母,则自开创之天子外,无此例也。追王太王、王季、文王,此即开创追尊之始。蔡邕独断言"汉高得天下而父在,上尊号曰'太上皇',不言'帝',非天子也。"宣帝、光武皆不敢加尊号于祖父,至殇帝追尊所生父清和王曰"孝德皇",桓帝追尊所生父蠡吾侯曰"孝崇皇",献帝追尊所生辟犊亭侯曰"孝仁皇",凡此皆称皇不敢称"帝"之明证。

廷和等舍其称"帝"称"后"者不敢争,而徒较量于"皇"字之有无,迨至争"考"争"皇"不得,乃议加"本生"二字。而"本生"者,亦添足续胫之赘文,因之希旨进谀者,反以为自外其亲之词,于是激而称"皇考"、"皇帝",与继体之祢先君无异矣。又激而去"本生"二字,于是竟考兴献,不考孝宗,而黜孝宗为"皇伯"矣。

夫以孝宗为伯父,是臣之也。非但臣之,向也以考孝宗而兄武宗,遂使武宗无后。今又以考兴献而伯孝宗,遂使孝宗亦无后。何者?世宗而后兴献,则将使兴献上为宪宗后,而孝、武两朝之世次俱灭,此则议礼之大变,国家之奇祸。一时杨慎等三百余人,大呼高孝皇帝而哭于左顺门者,诚以有明一代之统至此几绝,而世宗入为天子,若汉、晋之分为东西,宋之分为南北,所谓统绝而复续者,岂不可为痛哭哉!

73 丙戌,土尔番寇肃州。

初,正德之末,土尔番求通贡,许之,自是朝廷待之如故,亦不问巴尔济事。即拜牙即,见上卷。至是莽尔苏即满速儿,见上卷。忽以三万骑围肃州,巡抚都御史陈九畴闻之,自甘州昼夜驰至,入城守御,而告警于朝。诏尚书金献民总制军务,都督金事杭雄充总兵官,率师西讨。未至,九畴及总兵官姜奭等力战,败之,斩塔实鼎,即他只丁,见前卷。贼乃引去。

献民至兰州,贼已退,乃以捷闻,请班师。九畴因言:"贼不可抚,乞闭关绝贡,专固边防",报可。【考异】明史本纪,"献民总制军务,杭雄充总兵官,太监张忠提督军务"据实录也。三编目中云,"献民总制军务,充总兵官。"疑脱去"都督佥事杭雄"六字。

74 冬,十月,壬寅,陈洸上疏荐致仕大学士谢迁、尚书廖纪,起复吏部侍郎胡世宁、南京吏部文选司郎中姜清,而劾汪伟、吴一鹏及新升尚书之杨旦等。吏部言:"洸所荐四臣宜推用,而至如旦、伟、一鹏,皆一时人望,此必有奸邪欲得其位,故嗾洸言之。"又劾"洸诪张大言,欲以微暖风闻变置大臣,援立私党,不宜居言官任。"上不从。卒如洸言,趣召纪、世宁、清而黜伟,且令致仕。

初,世宁丁忧归,既免丧,家居,闻朝廷方议大礼,异议者多得罪,世宁独是张璁等言,乞早定追崇大礼,未上。语闻京师,故洸并荐之。

75 甲辰,应天巡抚、都御史吴廷举言:"内官监监收漕运白熟粳米,额外科索,大率正粮一石加费二石,方获批单,屡奉禁革,科索如故。请令提督太仓中官一员,与仓场侍郎会同监收。"户部议:"总督仓场官与内府不相统摄。"诏:"内官监收,悉如故事,每石加耗一斗,不得分外多收,违者究(名)〔治〕。不必别遣巡视科道官。"

76 礼部尚书席书会廷臣上言:"显陵,先帝体魄所藏,不可轻动。昔高皇帝不迁祖陵,文皇帝不迁孝陵。随全等谄谀小人,妄论山陵,宜下法司按问。"报曰:"先帝陵寝在远,朕朝夕思念，其再详议以闻。"书复集众议，极言不可，乃已。

77　壬子，大学士费弘等言："迩者户部奏征逋赋，自正德元年以后，俱限三月内征完。窃恐查催之年分太远，比并之期限太迫，民不能堪，必生嗟怨。盖十余年拖欠钱粮，迭经赦免，即有二三应征之数，或里长已更换而非经手之人，或官吏已升迁而无可查之案，或原欠人户今已丁粮尽绝，或原佥解人今已家产破荡，虽欲尽法追并，势必不行，徒为仁政之累。请令查催止于正德十年以后，比并则以五月、十月为期。仍戒谕差官，毋得徇情宽纵，亦不得过事苛扰。"疏入，上嘉纳，行之。

78　是月，起原任南京兵部尚书廖纪为吏部尚书。都御史边宪卒，以总督漕运、右都御史李钺代之。

79　十一月，壬戌，礼部尚书席书言："伏读诏书所裁革锦衣官校及勇士匠役人等至十余万，岁省京储米百五十万石。今夤缘求复者日众，请捕治一二以示警。"且言："中外贵臣，自今毋再升锦衣诸秩，以杜幸门。"上以书言窒碍难行，不允。

80　癸亥，巡按、御史朱寔昌言："太监吴勋、张志聪，以私恨劾奏浙江布政使马卿、杭州知府查仲道，奉旨逮问。窃惟二臣节省爱民，触忤权贵。浙省连岁灾伤，死者过半，志聪科扰不已，乞召还，而以浙江织造专委本省镇守太监，并宥卿、仲道复职。"疏入，上以为妄言狂率，切责之。

81　甲子，侍郎胡世宁以疾在告，闻大礼之议，诸臣有廷杖死者,驰疏言:"陛下践阼之初,臣以仁、明、武三言进,窃谓三者尤以仁为本。仁者生成之德,明者日月之临,皆不可一日无。武则雷霆之威,但可一震而已,震之久或震之过,皆足以干造物之和。今廷臣忤旨,辱以箠楚,体羸弱者辄毙。传之天下,书之史册,谓鞭扑行殿陛,刑辱及士夫,非所以光圣德。新进一言偶合,后难保必当;旧德老成,一事偶忤,后未必皆非。望陛下以三无私之心照临于上,无先存适莫于中。"

时世宁方上疏谏迁显陵,遂并前议礼疏上之,上深嘉叹。至是疏入,上虽不能从,亦不忤。寻召为兵部左侍郎。

82 乙丑,陈洸复讦郎中薛蕙交通前亳州知州颜木陷参将石玺父子事,请下河南抚、按官勘问,蕙宜回籍听勘,诏蕙解任。

既而事白,蕙南归,吏部数移文促蕙起,蕙以璁、萼等方用事,坚不赴。

83 己卯,命户部左侍郎胡瓒提督宣大军务,都督鲁纲充总兵官,讨大同叛卒。

先是大同之乱,上命李昆往,曲赦叛卒,擢蔡天祐为佥都御史,巡抚大同。天祐从数骑驰入城,谕献首恶,众心稍定。会尚书金献民、总兵杭雄出师甘肃,过大同,乱卒疑见讨,复鼓噪,天祐惧,亟请再赦。兵部言:"元恶不除,无以警后,请特遣大臣总督军务以制其变。"遂有是命。

瓒及纲统京军三千人往,未发,而进士李枝解饷银至,乱卒曰:"此承密诏尽杀大同人为军犒也。"夜中火起,围枝馆,枝出牒示之,乃散。

时大同城门皆叛卒守之,昼夜持兵呼啸,势乃益张。

【考异】明史本纪书命胡瓒提督宣大军务于十月己卯。十月无己卯,己卯乃十一月十九日也。明史稿作"十一月己卯",与实录合,盖明史脱去"一"字耳。

84 初,张璁之议礼也,南京礼部主事侯廷训,与璁同举进士,而持论不合,即上疏请考孝宗,且言不当私藩邸旧臣,语颇切直。迨官南京,复据宗法为大礼辨。时汪俊方迁礼部,遂主之。

及尊称已定,廷训心非之,乃撰刻前书疏,潜寄京师,被访得之,并及乐让、华湘。是月,逮至京师,下镇抚司拷讯。廷训子一元,方十三岁,上书讼冤,竟得释。让、湘并谪外任。

85 十二月,辛卯,大理寺评事韦商臣上言:"臣以廷平庶狱为职,请得以狱之大者为陛下评之。今廷臣以议大礼忤旨调任者,侍郎何孟春为首,谪戍者丰熙等八人,杖死者王思等十七人;以拂中使而逮讯者,副使刘秉鉴,布政马卿,知府罗玉、查仲道等若干人;以失仪就系者,御史叶奇,主事蔡乾,前后五人;以京堂官为所属小民讦奏下狱者,少卿乐让、华湘,御史任洛,副使任忠,凡四人。此皆国家大狱,关系非轻。臣妄议以为诸臣皆所当宥者也。乞陛下奋乾断,录死者之后,复戍者之官,释逮系者而正妄讦者之罪。"疏入,以"商臣卖直沽名,率意渎奏,令降二级调外任。"

86 癸巳,寇犯辽东宁远等堡,守备阎振与战,败之。

87 乙未,巡按御史王官奏:"大同叛卒于十一月十一日聚众格杀知县王文昌，其势方炽。今胡瓒等大兵压境，人心动摇，是趣之叛也。请亟止禁军，容臣与镇、巡等官密计图之。"乃命瓒等暂驻兵宣府。

寻叛卒复聚众围代王府，胁王具奏请赦，王急携二郡王走宣府避之。而巡抚蔡天祐，奏"总兵官桂勇已捕五十四人，请止京军勿遣。"上责以阻挠众心，必获首恶郭鉴等。

时天祐所报罪人姓名，乃叛卒诡以昔日行劫已死之岳世美等具上，与中官王觐所报之郭鉴等不同，故奉旨切责，令"严限追捕，以功赎罪。"

88　戊戌，辽东贼作乱，主事王冕死之。

冕初为万安知县，佐王守仁平宸濠。守仁既封，冕未及叙，坐他事落职；已，录前功，擢为兵部主事，巡视山海关。会妖贼陆雄、李真等作乱，突入关，侍吏欲扶冕趋避，冕不可，曰："吾奉命巡视，且有亲在。"亟趋母所，执兵以卫。贼至，母被伤，冕奋前救之。被执，胁以刃，大骂，遂见害。

事闻，赠光禄少卿，命有司祠祀之。

89　丁未，以甘凉寇进，召兵部尚书金献民还。【考异】召金献民还，明史稿系之丁未，据奏捷之日也；明史本纪系之壬子，据论功班师之日也。今并书之于丁未。

90　己酉，总督宣大侍郎胡瓒，奏"禽首恶郭鉴等十一人"，得旨，"斩首枭示"。

先是瓒承敕，驻师阳和，移交总兵桂勇，密令千户苗登等以计禽鉴等。既诛，抚定五堡军士，人心称快。

越二日，鉴父郭巴子，复纠徐毡儿等夜杀勇家口十余人,又毁登等家。瓒言"非尽歼不可"。上乃切责天祐,召勇还京,以故总兵朱振代之。敕瓒仍驻宣府。无何,天祐捕戮毡儿等,瓒等遂请班师。

91 戊午,起致仕大学士杨一清为兵部尚书,总制三边。

初,大礼议起,一清方家居,见张璁疏,寓书门人乔宇曰:"张生此疏,圣人复起,不能易也。"又劝璁等早赴召以定大议。

璁等既骤显,颇引一清,上亦以一清老臣,特起用之。——故相行边,自一清始。至是三为总制,温诏褒美,比之郭子仪云。

明通鉴卷五十二

江西永宁知县当涂 夏　燮 编辑

纪五十二 起旃蒙作噩（乙酉），尽柔兆掩茂（丙戌），凡二年。
世宗肃皇帝

嘉靖四年（乙酉、一五二五）

1　春，正月，丙寅，小王子别部之驻西海者，以万骑寇甘肃，总兵官姜奭御之于苦水墩，斩其魁，寇乃引去。【考异】明史本纪："是月丙寅，西海卜儿孩犯甘肃"，证之鞑靼传，驻西海之卜儿孩，乃小王子之别部，正德中与亦卜剌以内难奔西海者。亦卜剌，译改额布讷，卜儿孩，译改卜尔噶。

2　丁卯，兵部侍郎李昆言："大同叛卒仅获其四，而巴子潜逃塞外，必为后患。比闻胡瓒班师，宜敕止之。"上方遣使往勘，会瓒及鲁纲至京师，言："臣等肃奉天讨，首恶已除，二三逋逃，无足为患。"从之，乃罢勘官勿遣。

3　辛未，大祀南郊。

4　丙子，赠恤冀北道佥事田美。

初，胡瓒用兵大同，遣美往浑源、应州等处预备刍粮。

会〔伏〕〔北〕虏二百骑掠大同县之瓜园，美遂遇害。至是巡按御史王官以闻，赠美光禄寺少卿。

5 二月，辛卯，礼部尚书席书，初荐杨一清、王守仁可大用。至是一清总制三边，书因荐守仁可入阁，且曰："今诸大臣皆中材，无足与计天下事。定乱济时，非守仁不可。"报曰："书为大臣，当抒猷略，共济时艰。何以中材自诿！"于是守仁迄不获柄用。

6 安庆卫指挥方钦，以捕逐江寇遇害，操江御史伍文定奏请赐恤，并录其子。

7 丙申，蠲苏、松、常三府逋赋。

8 丁未，发团营卒五千人修都城。

9 乙卯，监察御史王鼎言："礼月令：'仲春，命有司省囹圄，去桎梏。'今所犯笞杖徒流罪，业已在狱淹系经年，不即遣释，多以禁死，足以干天地之和。"上是之，诏内外理刑官："凡狱成者，各即放遣，毋得久禁。违者罪之。"

10 三月，甲子，逮云南巡按御史郭楠。

先是大礼既成，楠自云南驰疏言："人臣事君，阿意者未必忠，犯颜者未必悖。今群臣伏阙呼号，似悖而实忠。乃或榜掠陨身，或间关谪戍，不意圣明之朝而忠良获罪若此！乞复生者之职，恤死者之家，庶以收纳人心，号召忠义。"

先是御史王懋，亦以廷杖死者十七人为言，请赐优恤，上怒，谪四川典史。至是见楠疏，怒益甚，遣缇骑逮治，言官论救，皆不纳。卒下镇抚狱榜掠，复廷杖之，削其籍。

11 壬申，巡抚蔡天祐捕获郭巴子等四人，助逆之焦哑云等三十四人。

先是巴子既逃，复纠党夜潜入城，焚总兵朱振第。明旦，天祐闭城大索，遂就禽，悉斩以徇。捷闻，赐敕奖劳天祐、振及巡按王官，皆锡之银币。【考异】据从信录，系获郭巴子等于是月庚午。实录系之壬申，据奏报之日也，今据之。

12 甲戌，诏修献皇帝实录。

13 壬午夜，仁寿宫灾，昭圣皇太后所居宫也。敕群臣修省。

14 是月，给事中柯维熊言："陛下亲君子而君子不容，如林俊、孙交、彭泽之去是也；远小人而小人尚在，如张璁、桂萼之用是也。且今伏阙诸臣多死徙，而御史王懋、郭楠又谪谴，窃以为罚过重矣。宜钦恤宽宥以来言者。"章下所司。

于是张璁、桂萼各上疏乞休，得旨，仍慰留之。

15 初，大同之乱，上以张文锦筑堡激变，不予赠恤；文锦妻李氏上疏辩雪，上怒，命执抱疏者治之。

至是巡抚江西都御史陈洪谟言："文锦边圉重臣，措置乖方，诚宜加谴。若谓其假手士卒，又从而怂恿之，传之四方，群小藉口，浸生陵替之阶，其于国家法纪，所损非小。乞矜其哀吁，量赐优恤，庶名分全而国纪以振。"上以洪谟出位妄言，降旨诘责。

16 初，国子监生何渊，以请建世室除平凉县主簿。既之官，屡为上官所答辱，遂自陈请改内职，许之，寻授光禄寺署丞。至是复"请建世室,祀皇考于太庙",下廷臣议。

夏,四月,戊申,礼部尚书席书等上议曰:"《王制》:'天子七庙,三昭三穆。'周以文、武有大功德,乃立世室与后稷庙,皆百世不迁。我太祖立四亲庙,德祖居北,后改同堂异室,议祧则以太祖拟文世室,太宗拟武世室。今献皇帝以藩王追崇帝号,渊乃欲比之太祖、太宗,立世室于太庙,甚无据也。"不报。

已而张璁特奏言:"汉哀帝追尊定陶共王,立庙京师,与孝元序昭穆,干纪乱统,贻讥万世。今渊请入献皇帝主于太庙,不知序于武宗之上欤?抑武宗之下欤?孝宗之统传之武宗,序献皇帝于武宗之上,是为干统无疑;武宗之统传之陛下,序献皇帝于武宗之下,又于继统无谓。昔汉宣帝嗣昭帝,昭则宣叔祖也,而史皇孙别为立庙,未闻有议汉宗庙无祢者。今观德殿为陛下祢庙,犹史皇孙之别为祢庙也。私亲之庙,亲尽则迁,迨夫孝庙祧,则献皇帝之亲亦尽,古之礼也。先儒谓孝子之心无穷而分则有限,得为而不为与不得为而为之,皆不足为孝。今陛下为献皇帝别立一庙,礼之得为者也,此臣所以昧死劝陛下为之也;若请入献皇帝于太庙,礼之不得为者也,此臣所以昧死劝陛下勿为也。乞赐廷臣罢议,无滋多口。"

于是书连上三疏,皆如璁议。报曰:"俟会议上,朕自能审处。"

会礼科给事中杨言、南京员外林益各上言:"何渊渎礼不经,宜正其罪,以为妄言者戒。"章俱下所司。【考异】诸书皆系何渊请建世室于四月。证之实录，渊授光禄寺署丞在二月，上疏在三月。是月戊申，乃礼部集议之月日。今统系之四月，而书渊上疏于其上，为下文集议张本。

17 戊午，礼部会廷臣集议世室，上疏曰："礼莫严于宗庙，分莫大于君臣，故承正统为天子者，得祔太庙。今献皇帝分封安陆，称藩为臣二十余年，庙祀安陆又三年矣。当时议尊崇者，其论有三：曰别立嗣王使之主祭者，廷臣之初议也；曰岁时遣官致祭安陆者，廷臣之后议也；曰别祀大内者，张璁、桂萼等先后之论也。皇上断自圣衷，建室奉先殿侧，朝夕瞻拜，岁时享祀，上不干祖庙，下不拂人心，此诚足为万世法矣。今何渊乃欲祔祀太庙，何不经之甚也！考自唐、虞至今五千年，未闻有以藩王祔祭太庙者。万一为此，将置主于武宗上钦？则武宗君也；以臣先君，分不可僭。置主于武宗下钦？则献皇叔也；以叔后侄，神将不安。在廷诸臣，于称'考'称'伯'异同相半，今祔庙之举，无一人以为可者。伏望俯纳群言，毋为憸人邪说所惑。"疏入，仍命更议以闻。

18 五月，己巳，礼部尚书席书言："顷者奉旨集廷臣再议世室祔庙事。乃部臣如吏部尚书廖纪等，勋臣武定侯郭勋等，六科给事中杨言等，十三道御史叶忠等，凡数十百人，咸谓大礼已定，不宜再更。陛下孝心无穷，礼制有限，臣等万死，不敢以非礼误陛下。"

初，庙祀之再议也，上遣中官传谕书曰："必祔庙乃已。"书既上议，复密疏陈其不可，上不悦，责以"畏众饰奸"，令仍会议，久而不定。

庚午，吏部尚书廖纪复上疏请罢议，于是廷议为献帝别立一庙，而祔庙之议始寝。

19　甲戌，赐庐州知府龙诰加秩一级。

　　诰在任，修义仓，置义田，行和籴贷振之法，又条积蓄便民八事。上特嘉之，敕"抚、按官勘其便利者，通行各府州县仿诰所行，有成效者具奏如例。"

20　庚辰，作世庙，祀献皇帝。

　　时礼部会议，言："世室祔庙之事，臣等万死不敢奉诏。至于立庙京师，别为祭享，此则礼之得为者。稽之汉宣帝为史皇孙别立一庙，不序昭穆，正与今日事体相似。及考之中庸，言追王太王、王季，上祀先公以天子之礼，葬用死者之爵，祭用生者之禄。丧服小记言父为士，子为天子、诸侯，祭以天子、诸侯。皇上统御万方，四时有事献皇，自宜祭以天子之礼。谨准汉宣故事，于皇城内别立一庙，前后寝如文华殿制。出入不与太庙同门，坐位不与太庙相并，祭用次日，庙欲稍远，庶以成祢庙独尊之体，避两庙二统之嫌。"制曰："可。"乃令于太庙左右相度营建，上亲定名曰世庙。

　　既而上览疏内有"献皇亲尽与孝庙同"之语，复令礼部查议。于是礼官言："礼，天子九庙，亲尽则祧。献皇与孝宗兄弟同为一世，孝宗祧迁则献皇亦然。但孝宗神主藏于太祖寝殿之后，献皇别自一庙，虽无左昭右穆，亦有前殿后寝。请于祧迁之期，藏于夹室，不享时祭，止于岁暮合祭太庙一出主焉。请于献庙寝殿后置一龛室，为异日藏主地。"

报曰：“皇考止生朕一人，入继大统，别无奉祀嫡嗣。今既特立一庙，宜世世献享，同于不迁之祖，以伸朕之孝思。”

【考异】据实录，议立世庙在是月庚辰，明史本纪据之。至议献帝当与孝宗同祧，帝卒不从，仍定为百世不迁，明史礼志及诸书皆遗之。今据实录增，为异日称宗张本。〇又按，礼部所上别立一庙之议，援汉宣帝为史皇孙立庙京师，载之实录，此饰说也。汉宣为皇考立庙，立之园陵耳，非京师也。证之汉书戾太子传，云“帝即位，谥悼皇、悼后，比诸侯王园，置奉邑三百家。后八岁，有司言：‘礼，父为士，子为天子，祭以天子。’悼园宜称尊号曰皇考，立庙，因园为寝，以时荐享焉。益奉园户千六百家以为奉明县。”据此，则史皇孙昔称悼皇、悼园，至后始改称皇考，立庙不名园而因园为寝，寝在庙后，其为立庙于奉明明矣。立庙京师，始于汉哀，故师丹以为于古未闻。若果宣帝立史皇孙庙于京师，则冷褒、段犹之徒，岂得不援以为证哉？嘉靖议礼诸臣，徒以汉哀衰世，不敢拟于世宗，故假汉宣之立庙京师以为证，而不知宣帝之立庙实不在京师也。今删去“京师”字。

21　是月，复传奉官。

初，上即位，尽革先朝传奉之例。已，太监潘杰、丘福等死，诏官其弟侄为锦衣司礼太监。张钦死，其家人李贤承荫，兵部尚书金献民等先后执奏，皆不纳。然间有传奉不至，累数十人。

锦衣千户王邦奇，初在武宗朝贪缘得官，挟势构害甚众，既以冒滥汰去，复与其党李全等诡词奏辩。下兵部议，献民言：“全、邦奇等足不履行阵而坐论首功，身不隶公家而躐跻显秩。陛下登极，汰去者三百余人，人心称快。万一幸门再启，则前诏皆为虚文，渎奏何所纪极！”上竟授全等试百户。

献民复奏曰：“令出惟行弗惟反。今以小人奏辩，一旦复官九十余人，徇左右私，坏祖宗法，窃为陛下惜之！乞仍斥<u>全</u>、<u>邦奇</u>等以息人言。”卒不听。

22 六月，庚寅，赦高墙庶人家属二百余人，听自便，从御史<u>叶忠</u>议也。

23 辛卯，命于<u>环碧殿</u>旧址创建祢庙，制如太庙，而高广稍减之。

24 庚子，<u>武宗毅皇帝实录</u>成，大学士<u>费弘</u>等奏上之。

25 是月，以<u>武宗实录</u>成，进大学士<u>费弘</u>少师兼太子太师，<u>石珤</u>、<u>贾咏</u>皆太子太保、武英殿大学士。

26 兵部尚书<u>金献民</u>致仕，以都御史<u>李钺</u>代之。改<u>南京</u>吏部尚书<u>颜颐寿</u>为左都御史。

27 秋，七月，庚午，擢翰林院检讨<u>席春</u>为修撰。

<u>春</u>，尚书<u>书</u>弟也，预修<u>武宗实录</u>成，<u>春</u>及同官<u>刘夔</u>，俱已外除官职，内阁拟旨，就升<u>春</u>按察司佥事。<u>书</u>因憾首辅<u>费弘</u>，上疏言，“累朝<u>实录</u>进官，未有调升外任者。”上方向用<u>书</u>，遂有是擢，并擢<u>夔</u>编修。

于是给事中<u>张翀</u>、御史<u>徐岱</u>等，劾“<u>书</u>为其弟<u>春</u>陈乞改官，有玷清议。”会给事中<u>郑一鹏</u>，御史<u>聂豹</u>等亦以为言，皆奉旨切责。

28 戊寅，免<u>河南</u><u>开封</u>等府被灾税粮。

29 庚辰，兵部尚书<u>李钺</u>言：“织染局军匠二千一百六十余名，内官监则七千八百五十余名，今又新收一千五百名，计一万一千五百有奇。一监局一岁之支，计米十五万二百四十石，其他监局食粮人役，难以数计。见今京<u>通</u>二仓无三年之积,若使弊端复开,冗食不节,其何能继?请敕该监将见在人役以次裁减,毋得滥收。"诏从宜处之。

30 八月,戊子,工部会廷臣议修仁寿宫,会世庙大工方兴,四川、湖广、贵州山林空竭,所在灾伤,"请发内帑银两及户部钞关、兵部马价、工部料价各银两以佐工费",上不许。

先是御史叶忠以灾变陈十事,其一言"修造仁寿宫,宜稍损旧制以纾财力",上颇然之,仍敕四川巡抚王軏为工部侍郎兼佥都御史,督采大木。

31 己丑,四川副使余珊应诏陈十渐。

其略曰:"陛下有尧、舜、汤、武之资,而无稷、契、伊、周之佐,致时事渐不克终者有十:

正德间,逆瑾专权,假子乱政,不知纪纲为何物,陛下起而振之。未几而事习因循,政多苟简,名实乖谬,宫府异同,遂至朝廷宫省,各自为心。此纪纲之颓,其渐一也。

正德间,士大夫寡廉鲜耻,趋附权门,幸陛下起而作之。乃未几而去者复来,来者不去,自夫浮沉一世之人擢掌铨衡,首取软美脂韦之徒列之有位,致使谀佞成风,廉耻道薄,幸门日开,贾贩如旧。此风俗之坏,其渐二也。

正德间,国柄下移,王灵不振,是以有安化、南昌之变,赖陛下起而整肃之。乃塞上戍卒,近益骄恣,连杀二巡抚,缚参将,致榆关妖贼效之而戕主事,北边库吏仿之而贼县官,惑于姑息之言,欲为权宜之计,遂使二三戍卒,胁制朝廷。此国势之衰,其渐三也。

自逆瑾以来，以苟且易将帅，故边防日坏，赖陛下起而申严之，而积弊已久，未能骤复。今朵颜蹢躅于辽海，羌、戎跳梁于西川，北寇蹂躏于沙漠。二三食肉之徒，乃假镇静之虚名，掩无能之实迹，甚至诈饰捷功，滥邀升赏，官秩日增，而塞上日以多事。此外裔之强，其渐四也。

逆瑾以来，尽天下之脂膏输入权贵之室，是以有刘、赵、蓝、鄢之乱，赖陛下起而保护之。乃近年以来，黄纸蠲放，白纸催征，致江、淮母子相食，兖、豫盗贼横行，川、陕、湖、贵疲于供饷，民不聊生。此邦本之摇，其渐五也。

正德朝，衣冠蒙祸，家国几空，幸陛下起而收录之。乃未几而狂瞽之言，一鸣辄斥，谪配遐荒，箠死殿陛，自吕楠、邹守益去而殿、阁空，顾清、汪俊等去而部、寺空，张原、胡琼等死而言路空。此人才之凋，其渐六也。

正德朝，奸邪迭进，忠谏不闻，幸陛下起而开通之。乃阅时未久，愎谏频闻，非剿说而折人以言，即臆度而虞人以诈，朝进一封，暮投千里，甚至三木囊头，九泉含泣。此言路之塞，其渐七也。

正德间，忠贤排斥，天下几危，赖陛下起而主持之。岂意一转瞬间，憸邪投隙，饰六艺以文奸言，假周官而夺汉政，坚白异同，模棱两可，王莽匿情于下士之日，安石垢面于入相之时，大奸似忠，大诈似信，致使群阴日盛，正不敌邪。此邪正之淆，其渐八也。

正德之世，大臣日疏，小人日亲，赖陛下绍统，堂廉复近。乃自大礼议起，凡偶失圣意者，谴谪鞭笞，几一网而尽之，自是大臣顾望，小臣畏惧，上下乖戾，寖至暌孤，而泰交之风息矣。此君臣之暌，其渐九也。

正德间，天鸣地震，物怪人妖，曾无虚日，陛下绍统，灾异稍息。乃顷岁以来，雨雹雷风，昼晦如夜，四方旱涝，奏报频闻。此灾异之臻，其渐十也。”

又言："献皇帝好贤下士，容物恕人，天下所共知也。今议礼诸臣，一言不合，辄以悖逆加之，谪配死徙，朝宁为空，此岂献皇帝意？苟非其意，虽尊以天下无当也。陛下何不起而用之，使骏奔清庙，以慰献皇帝在天之灵哉！"疏反覆万四千言，最为剀切。下其章于所司。【考异】余珊疏见明史本传。惟传书四年二月，证之实录，则八月己丑。盖珊疏上于二月，留中久之，至八月乃下也。实录但书十渐之目及起用谪降诸臣等语，今月日据之，其十渐大略，仍据本传。

32　乙未，礼部言："天方等国使臣来贡方物，由陕西都司具奏，而其玉石疵恶，其使臣所私货者皆良。请下巡抚勘明都司有无弊端。其伴送千户陈钦及通事人等，请下法司论治。"报可。【考异】天方等国贡玉，据实录贡在去年，礼部所奏在本年八月，今据增，为六年费弘因贡玉受谮张本。

33　丁未，上以岁灾民困，欲暂停仁寿宫工役。大学士费弘言："昭圣皇太后久处仁智殿，意或未安。请以渐修复，庶足彰陛下之孝。"上曰："皇伯母孝奉不可缺，小民亦当爱念。"自是仁寿宫之建遂不果。

34　甲寅，免顺天、保定、河间三府被灾州县税粮。

35　是月，南畿地震，河南怀庆、开封二府俱震声如雷。

36　广西田州土官岑猛，自改流后颇怨望；泗城之役，自恃兵力,数侵夺邻境。会总督张嵿征上思州,征猛兵不至,以状闻。

诏巡抚盛应期、巡按谢汝仪调官军讨之。属应期以他事去,命都御史姚镆往代。汝仪与镆隙,乃诬"镆之子涞纳猛万金,力劝其父议抚,且诡为涞家书献之。"镆惶恐,再疏请征,克期进剿,从之。【考异】据明史土司传,姚镆请讨岑猛在四年。实录系之十一月,据兵部议覆时也。三编书之是年八月,因汇记后年平田州事。今据三编,仍分书之。

37 九月,己未,免凤阳、淮安、扬州及徐、滁二州被灾税粮。

38 乙亥,免江西南昌、新建、进贤、丰城、余干五县被灾秋粮。

39 戊寅,户部尚书秦金等言:"钱粮为国家之命脉,其盈缩系安危;输供为小民之脂膏,其缓急系休戚。今内府各监局军匠食粮之数,亦已不少,若复收充滥役,冗食莫此为甚。"时内府各监请收军匠,俱有旨听许,多者数千,少亦数百,故户部以此为言。不听。

兵部尚书李钺等亦言:"内府人匠,先朝本有定额。自正德间政权不一,招收过度,耗太仓之粟。幸赖皇上龙飞一诏,通行裁革,诚千载一时也。今若复行收选,听其纷纷奏讨,宿弊复滋,政体渐坏。乞将诸臣前后章疏少赐省览,收回成命,仍戒谕诸内臣勿复纷纷奏扰。"俱报有旨。

40 甲申,河南河阴县盗杀致仕都御史许廷光,事闻,敕镇巡官严督所属责限捕贼。廷光得旨恤录。

41 是月,致仕尚书林俊家居,从病中上书言:"古者鞭扑之刑,辱之而已,非欲糜烂其体肤而致之死也,又非所以加于士大夫也。成化时,臣及见廷杖二三臣,率容厚棉底衣,重毡叠裹,然且沉卧,久乃得痊。正德朝,逆瑾窃权,始令去衣,致末年多杖死。臣又见成化、弘治时,惟叛逆妖言劫盗下诏狱,始命打问,他犯但言送问而已。今一概打问,亦非故事。自去岁旧臣斥逐,朝署几空,乞圣明留念,既去者礼致,未去者慰留。硕德重望如罗钦顺、王守仁、吕楠、鲁铎辈,宜列置左右。臣衰病殆尽,复何他望! 敢效古人遗表之意,敬布犬马之心。"章下所司。

明年,俊疾革,复上书请"懋学隆孝,任贤纳谏,保躬导和。"且预辞身后恤典。遂卒,年七十六。

俊历事四朝,抗辞敢谏,以礼进退,始终一节。

卒后一年,以明伦大典成,追论俊附和杨廷和削官。隆庆初,始复赠少保,谥贞肃。

42 是秋,土尔番复犯肃州,分兵围参将云冒而以大众抵南山。时陈九畴已引疾去,命总制杨一清遣兵援之。

43 冬,十月,丁亥,作玉德殿,景福、安喜二宫。工部尚书赵璜等,以"岁饥财匮,请暂停,俟仁寿宫完徐议营建",不许。乙未,璜等复请停罢玉德殿等工,大学士费弘亦以为言,乃罢之,遂并罢仁寿宫,召采木侍郎王轼还京。

于是给事中黄臣、御史杨彝俱上疏言:"昭圣暂居别殿,陛下必有所不安。臣知陛下事孝宗之心无异于献帝,而仁寿宫之建亦岂缓于世庙哉! 窃以为他工可罢,仁寿宫不可罢。"下其章于所司。竟罢之。

44 辛丑,<u>清宁宫</u>后殿成,太监<u>崔文</u>等为各匠役乞官,陛授<u>顺天府</u>经历、知事等职者百五十人。给事中<u>黄臣</u>等切谏,以为不可,不听。

未几,又升管工<u>冯铎</u>为锦衣卫副千户,兵部执奏,谓"锦衣非军功不升。且陛下登极诏书,一切裁革,今复踵先朝弊政,非所以示后。"亦不听。

45 初,<u>世庙</u>之建,礼部议,"于<u>环碧殿</u>旧址出入,不与<u>太庙</u>同门。乘舆及从祀官宜从阙左门入,别开神路以抵庙所。"于是<u>何渊</u>奏称:"经<u>太庙</u>殿后,折北而南,复折南而北,乃达庙所,神路迂远未便。臣以为宜与<u>庙街</u>同门,直开一路以达<u>世庙</u>为当。"——<u>庙街</u>者,<u>端门</u>之外,左题<u>庙街门</u>,以识<u>太庙</u>由此而入也。上是之。

癸丑,下礼部会廷臣议。尚书<u>席书</u>言:"<u>献皇帝</u>庙议已定,不预<u>太庙</u>而君臣之分严,独尊祢庙而父子之恩笃。虽神路稍远,其一节耳。若通此街,须毁垣、伐木、撤神宫监而后可,未免有碍。"上不允,仍令廷议。

于是给事中<u>韩楷</u>等、御史<u>杨秦</u>等皆言:"垣木宫监俱<u>太庙</u>旧物。一旦拆毁斩伐,神灵不安。"御史<u>叶忠</u>亦言:"<u>献皇帝</u>别立一庙,尊崇已极,又何必同出<u>庙街门</u>然后为尊耶?"上怒,责<u>忠</u>对状,遂与<u>楷</u>等俱夺俸二月。

<u>席书</u>、<u>璁</u>、<u>萼</u>等因持两端议上,上卒如<u>渊</u>议,"量拆神宫监北房,取路东行,循沟北入,但仅容板舆通行,不必宽广。"议遂定。【考异】<u>世庙</u>与<u>太庙</u>同门,<u>明史</u>礼志及诸书皆不具,今据实录增,为<u>献皇帝</u>异日入祀太庙张本。

明通鉴

1728

46　是月,改应天巡抚、右都御史吴廷举为南京工部尚书,辞不拜,称疾乞休,诏慰留。已,复辞,且引白居易、张咏诗,语多恢谐,中复用"呜呼"字,上怒,以廷举怨望无人臣礼,勒令致仕。【考异】此据明史廷举本传。证之实录及弇州史考所引白居易、张咏诗,而咏诗中有"独幸太平无一事,江南闲煞老尚书。"野史因言张咏诗已改"恨"为"幸",而廷举不知,宜其为上所怒也。弇州谓廷举原疏,实作"幸"字,证之实录不误。

47　十一月,丙寅,免徐州淮安及杭州等府被灾税粮。

48　己巳,学士张璁言"今日有君无臣,有治法无治人",因荐"致仕大学士谢迁,虽垂老之年,实台辅之器。昔宋哲宗时,太师文彦博年八十一,犹六日一朝,一月再赴经筵。有益干国,虽老何害。陛下有愿治之心,顾斯人而不用耶?倘有以老为言者,皆忌嫉之徒也。"时桂萼亦以为言,虽以荐迁,实以攻内阁诸臣。章下所司,于是大学士石珤引疾求去,优诏留之。

49　乙亥,浙江市舶提举司太监赖恩,请换敕谕兼提督海道,遇警得调官军,得旨许之。

兵部执奏:"太监原无提督沿海职任,成化间,太监林槐系出一时创例,寻复更正。今援此以为故事,不过欲借为招权罔利阶耳。"

给事中郑自璧亦言:"市舶提举建于太祖之初年,而提督沿海之敕乃颁于宪宗之末岁,准行之后,朝廷旋觉其非,即为厘正。虽以正德年间政体纷更,而市舶一敕不敢轻议请换。何意圣明之世,而有贪佞狡诈如恩者,顾可徇其请以坏国法耶! 乞收回成命,别选老成以代之。"章下所司。

50 辛巳,免顺天府被灾州县税粮。

51 召总制三边杨一清还。

初,御史吉棠,以阁臣费弘与席书有隙,因荐"一清宜召还内阁,以护圣躬,消朋比",诏许之。

给事中章侨言:"棠轻视三边,危视朝廷,其言若有为而发者。独不闻一清昔年自三边而吏部而内阁乎？迹其所为,几致狼狈,岂云今日克盖前愆？况左右前后,延颈抵掌,岂无误一清以误朝廷者,安在其护圣躬而消朋比也！臣谓今内阁可无一清,而三边不可无一清。"

给事中郑一鹏、御史侯秩相继争之,秩言:"西陲有事之秋,征剿西番及处置土尔番,事皆未定,一清未可轻动。"上以秩妄言挠渎,谪降外任,卒用棠言召之。【考异】章侨谏召一清,明史本传不见,惟见一清传中,并及侯秩谪官事。至一清以十一月召还,见七卿表,明年五月始拜也。今据实录参本书之。

52 十二月,丁酉,起致仕兵部尚书王宪提督陕西三边军务。

初,一清既召,廷臣首推彭泽、王守仁,不允,复推前户部尚书邓璋及宪。会给事中郑一鹏劾"璋甘肃坏事,宪夤缘权幸,请更择有才望者",吏部复推数人名上。上竟用宪,趣令赴代。

吏部尚书廖纪言:"臣等请留一清不允,复会推数员,为边方得人计耳。而礼部尚书席书,谓臣等'内则柔顺于相臣,外则牵制于科、道,含糊展转,曲为两请之词。'书为此言,必有所主。今当考察之期,乞罢臣用书,必能用舍得宜,黜陟咸当。"得旨慰留。

于是科、道交章劾奏"书构结是非，阴行钳制，无大臣体"，上责其妄言，宥之。

53 辛丑，大礼集议成。

初，侍讲学士方献夫言："大礼之议，仰赖圣明独断，天伦已明。惟臣等所议未经传布，朝端学士，未睹其说之始终，闾巷小民，何知大事之曲折？臣为是纂集学士张璁等五臣所奏，首以礼官之初议，终以近日之会章，编为上下二卷，颠末既明，是非自见。不必家谕户晓，而圣孝光四海，传后世矣。"得旨，令刊行之。

已而上命席书辑大礼集议。书言："近题请刊布，多系建言于三年以前。若臣书及璁、萼、献夫、韬，所正取者不过五人；给事中熊浃、郎中黄宗明、经历黄绾、金述、监生陈云章、儒士张少连及楚王、枣阳王二宗室外，所附取者不过六人；有同时建议，若监生何渊、主事王国光、同知马时中、巡检房濬，言或未纯，义多未正，亦在不取；其他罢职投闲之夫，建言于璁、萼召用后者，皆望风希旨，有所觊觎，亦一切不录。其锦衣百户聂能迁，昌平致仕教谕王价，建言在三年二三月，未经采入，今二臣奏乞附名，应如其请。"从之。

于是以献夫所辑上下二卷，增入侍郎胡世宁等所奏为第三卷，世室建议为第四卷。已，张璁复依编年法为纂要上、下二卷，通为六卷，上之。诏颁布中外，并诏："大礼已定，自今有假言陈奏者，必罪不宥。"【考异】大礼集议所采正、附诸人，见明史黄绾传，其卷数具载实录中。以献夫所辑上、下二卷冠其首，即正取者是也。三卷系附取，四卷则世室，五、六两卷则璁所辑纂要上、下篇是也。证之明史艺文志，大礼集议四卷，纂要二卷，与实录合。今参明史黄绾传书之。

54 庚戌，罢给事中陈洸为民。

初，洸家居无赖，与潮阳知县宋元翰不相能，令其子柱讦元翰，谪戍。元翰摭洸罪及帷薄事刊布之，名辨冤录，洸由是不齿于清议。及张璁、桂萼以议礼骤显，洸方调外，因上书附和，得还给事中职，璁、萼遂引以击异己者。

于是言官交章劾之，御史蓝田并封上元翰辨冤录，都御史王时中请罢洸听勘。洸奏："群奸恨臣抗议大礼，将令抚按杀臣，请遣一锦衣往。"——洸意锦衣可利诱也。得旨，"遣刑部郎中叶应骢及锦衣千户李经往。"应骢与焚香誓天，会御史熊兰、涂相等杂治，具上洸罪状至百七十二条，"除赦前及暧昧者勿论，当论者十三条，罪极恶，宜斩，妻离异，子柱绞。"洸惧，复亡诣阙申诉，上持应骢奏不下。尚书赵鉴、副都御史张润、给事中解一贯、御史郑本公等，连章执奏，上不得已始命覆核。

郎中黄绾力持应骢议。萼为居间，不能得，邀璁共奏，谓"洸以议礼为法官所中。"上入其言，特宥其死，得罢归。大理寺卿汤沐争之，不能得。已，尚书赵鉴及一贯连章请治洸罪，皆不纳。

55 闰月，乙卯朔，日有食之。

56 戊辰，奸商逯俊等，夤缘近幸，以增价为名，奏买残盐开中宣府。户部秦金言："淮、浙、长芦等处引盐，均为供边之用，必边臣奏讨，本部覆奏，方许开中，各司通融搭配，未有商人擅自奏讨及专开淮盐者。又必挨年报开，不许预先透派，故弘治间各处盐课，多有余积。至正德间，权奸用事，奏开残盐，遂使盐法大坏；皇上登极，诏首裁革，盐法疏通。今以奸商之奏，复开两淮额盐三十万引于宣府，臣恐奸人占中淮盐，卖窝罔利，使山东、长芦等盐别无搭配，积之无用。亏国用，误边储，莫此为甚！"御史高世魁亦争之。

诏"减淮引十万，分两浙、长芦盐给之。"金复执奏："宣、大俱重镇，不宜令奸商自择便利，但中宣府，致大同缓急无备。"上然之。已而俊等"请以十六人中宣府，十一人中大同"，竟从其请。

57 乙亥，振辽东饥。

58 是月，以大礼集议成，加席书太子太保，张璁进詹事兼翰林学士。又诏"礼部录诸尝上议未加恩赏者"，书汇奏上之，于是楚王荣㴑、枣阳王祐楬，降敕慰劳，其余附议之六人以下皆升赏有差。

初，张璁上疏逾月，而襄府枣阳王奏至。自是希宠干进之徒，纷然而起，下至失职武夫，罢闲小吏，亦皆攘臂努目，抗论庙谟。即璁、萼辈亦羞称之，不与为伍，故自正取、附取外，率无殊擢。若聂能迁、王价之等，则以党璁等附名。

而是时有南京刑部主事陆澄，初极言追尊之非；遭服阕入都，大礼已定，璁、萼方用事，澄乃言"初为人误，质之臣师王守仁，乃大悔恨"，萼悦其言，请除礼部主事。而上见澄前疏，恶之，谪高州通判以去，时论鄙之。

59 是岁,礼部汇奏四方灾异:"天鼓鸣五,地震六十三,星陨八,冰雹十一,火六,气二,雪寒二,雷击者三,山崩三,水溢八,产妖二,疫一。"

诏曰:"灾变非常,朕心忧惧。事关治体者,朕自图之。中外群臣,其同加修省,以弭天变。"

五年(丙戌、一五二六)

1 春,正月,乙酉,以京师饥,命发郡县仓粟及太仓钱谷振之。

2 乙未,大祀南郊。

3 丙午,南京给事中林士元言:"陈洸犯重辟,而学士桂萼曲庇之,至与刑部尚书赵鉴争论,攘臂相加,殊失大臣之体。"

初,张璁以大礼集议成,欲为洸开释,至是萼复争之,故为士元复劾。然上已先入萼等言,不问。

4 是月,陕西道御史张嵩,以"礼定庙成,请宥昔年议礼诸臣以光孝治。"下吏部看详具奏。福建道御史喻茂坚因上言:"陛下幸念得罪诸臣,下之吏部,尧、舜之仁,不是过也。"

于是尚书廖纪等列名疏上,自大臣杨旦、汪伟等宜起用外,诸降调者自修撰吕楠以下十二人,为民者给事中张汉卿以下六人,谪戍者学士丰熙以下十一人,行勘者薛蕙一人,已死者编修王思以下十七人,凡宜复职、赦罪及优恤者,共四十七人,其给事中刘最及鸿胪少卿胡侍,以他事坐党系狱者不预焉。疏上，仍报罢。【考异】四十七人事俱见前。其姓名具见者：降调吕楠以下，郎中刘天明，编修邹守益，给事中邓继曾，御史季本、陈相、陈逅、段续、王懋，主事侯廷训、林应骢，评事韦商臣，是十二人也，为民张汉卿以下，给事中安磐，御史王时柯、郭楠、马明衡、朱淛，是六人也；谪戍丰熙以下，修撰杨慎，检讨王元正，给事中张翀、刘济，御史余翱，郎中余宽、黄待显、陶滋、相世芳，评事毋德纯，是十一人也；合之薛蕙及廷杖死者十七人，共四十七人。以上皆见吏部原奏中，并附识之。

5　二月，甲寅，以龙虎山上清宫道士邵元节为真人，赐银印。

先是真人张彦頨，以府第被焚，请赐修造，许之，命有司兴治，复遣内臣一人督工。给事中黄臣等言："顷者赵、秦、荣三府灾第，诏行勘估计，未尝轻动土木，诚爱民节用至意也。今彦頨所请，未经勘估，辄以烦有司，且遣中官往督，是陛下优容假借，反出诸亲王上也。昔汉栾巴噀酒殿廷而成都火灭，今陛下谓彦頨有道术，而曾不能救其家之毁，将焉用之？"不纳。

至是复赐元节真人银印，亦彦頨请也。

6　乙丑，户科给事中管律言："两淮盐课，旧制七十二万引有奇，其常股四分，以给工役振济之需；其存积六分，非国家大事，边镇有警，未尝擅开；粮草皆输本色，未尝滥收银价。是以国不言虚，边不告歉。正德中，改常股、存积皆为正课，破例生奸，遂令商人自请开中；又皆折收银价，缓急无备。请自嘉靖五年始，尽复旧规，则公私两便。"户部覆议，从之。

7　壬申，振畿辅饥。

是时顺天、保定、河间大饥，死者甚众。巡按御史张珩以状闻，命"巡抚及有司先发仓粮振济，不足则更发通仓、太仓银粟。"壬午，复粜米振京师。

8　是月，巡抚辽东、副都御史张琏奏："谪戍给事中刘济疾笃，乞放生还以广圣泽。"兵部亦以为请。上以"济倡率跪门，欺谩君上。琏党护奏扰"，切责，宥之。

9　三月，戊子，南赣巡抚潘希曾奏："先年因两广军饷不足，奏准广盐于南雄府抽分，许行南赣发卖；继因南赣军饷不足，复令广盐于赣州抽分，行袁、吉、临三府发卖；正德十三年，户部仍禁广盐不得至三府，盖恐夺淮盐利也。然淮盐溯流而上，费繁价重，相去倍蓰，三府之民以为不便。况豪民以私贩为业，连艘挟刃，官不能禁，且私征税焉，是贾盗也。不若因其势而导之，令广盐行鬻三府如故。道经赣州，量行抽税以资兵食。"兵部覆议，从之。

10　丙申，遣太监刁永督办陕西织造。

工科给事中张嵩言："陕西织造羊绒，已奉诏裁革，今陛下以奉亲之故，复有是遣。惟陕西外困番丑，内敝征徭，民困未苏，不堪中使之扰。请改命工部经度其费，而以其事属之抚臣便。"御史陈言等亦以为言，上谓"业已遣官"，不允。

11　戊戌，总督漕运、都御史高友玑，请浚山东贾鲁河、河南鸳鸯口。

自黄陵冈决，开封以南无河患。而河北徐、沛诸州县，河徙不常，岁比告歉。友玑请开二河口以分泄水势，不致偏害一方。部议:"发卒浚河,工费不赀,借令工成河徙,能保山东、河南之民不复为徐、沛乎?莫若捐治河之费以振被水之民,轻徭省赋而徐、沛安矣,何必以邻省为壑哉!"上从部议,事遂寝。

友玑又请修筑朝阳门至张家湾诸桥梁闸坝,以济转运,得旨允行。而闸河堙塞已久,寻报罢。

12 庚子,下礼部主客郎中陈九川、提督会同馆主事陈邦偁于狱。

初,天方贡玉,九川拣退其疵恶者;所求讨蟒衣金器等奏,不与题覆。本馆通事胡士绅等为之请,诟詈之。邦偁亦严禁番人出外货易,皆怀怨恨。士绅等因诈为番人怨词,讦奏九川、邦偁,上怒,下锦衣卫拷讯。

士绅又讦奏"九川以贡玉馈大学士费弘制带",锦衣指挥骆安等请会多官鞫之,不允,士绅等得免逮。刑科给事中解一贯等争之,不纳,卒坐九川侵盗贡玉戍边,黜邦偁为民。

13 辛丑,赐龚用卿等进士及第、出身有差。

14 丁未,定有司久任法,从吏尚廖纪奏也。

纪言:"迩者守令迁转太频,政多苟且。宜遵旧制,俟九年考满有政绩者乃迁。"上是之,故有是诏。

15 是春,北部额布讷即亦卜剌。复犯洮州,寻谋渡河入套,遂驻牧贺兰山。后数扰边。

16 夏,四月,己未,四川芒部平。

初,陇氏之乱,见正德十五年。土舍陇寿与庶弟政、兄妻支禄争袭。上改元，以嫡故立寿，而政与支禄结乌撒土舍安宁等仇杀如故。总兵何卿率参将杨仁等进剿，政败，奔乌撒。卿檄安宁禽之，安宁佯许诺，卒不出，政兵久不解。

四年，政诱杀寿，夺其印，巡抚王轺、巡按刘黻各上其事，黻言"陇政、支禄，怙终稔恶，戕朝廷命吏，罪不可赦"，乃命镇巡官谕安宁缚政、禄及助恶者。时政已为官军禽于水西，追获芒部印信，斩首及生禽者甚众。旋招抚白乌石等四十九寨，遂平之。

至是兵部言："陇氏衅起萧墙，骚动两省，王师大举，始克荡平。今其本属亲支已尽，无人承袭，请改为镇雄府，设流官治之。复分置怀德、归化、威信、安静四长官司，使陇氏疏属四人统之，如程番府例，令三年一入朝，贡马十二匹，而以重庆通判程洸为试知府。"报可。

17　壬戌，詹事桂萼、张璁，以陈九川侵盗贡玉事讦大学士费弘。

初，璁、萼骤贵，举朝恶其人，弘在内阁，每示裁抑，遂为所怨。上尝御平台，特赐御制七言一章，命弘辑倡和诗，署其衔曰："内阁掌参机务辅导首臣"，其见尊礼，前此未有也。璁、萼滋害弘宠。萼言"诗文小技，不足劳圣心，且使弘得凭宠凌压朝士"，上置不省。

会九川事发，萼遂与璁毁弘于上，言"弘纳九川所盗天方贡玉及受尚书邓璋赇谋起用"，并及其居乡事。弘因上疏乞休，其略曰："萼、璁挟私怨臣屡矣，不与经筵讲官则怨，不与修献皇实录则怨，不为两京乡试等官则又怨，不为教习则又怨。萼、璁疑内阁事属臣操纵，抑知臣下采物望，上禀圣裁，非可专擅。萼、璁日攘袂扼腕，觊觎臣位，臣安能与小人相龃龉！乞赐骸骨。”上优诏慰留，然终不以遣璁、萼，于是二人益谋构弘。【考异】事见明史费弘传。弘罢在明年二月，传书其事之本末，故云“时六年二月也”。证之实录，即在陈九川等下狱之次月，今月日皆据实录。

18 庚午，小王子犯大同，总兵官朱振御却之。复分兵犯宣府，都督傅铎御却之。

19 是月，张璁、桂萼疏“请辞位以谢人言”。

时御史郑洛书言：“璁、萼之劾费弘，是弘为贪夫，不可以司政本，而人无非之者，以其藏垢纳污之量也；璁、萼之言，宜其可以秉国柄，而人无与之者，以其谋代弘，恐流毒天下也。宜谕弘以知足之义，戒璁、萼以蹊牛之嫌，别简贤良备任使。”于是弘再疏乞休，皆不允。

20 太监张忠奏乞传升官匠赵奎等五十四人，兵部侍郎胡世宁谏，不纳。

已，太监周缙、王本等复乞录已故太监罗篱、秦文宗属，诏复许之。尚书李钺等言：“陛下登极，厘革未几，而内臣乞升之奏随请随得，如祖宗成宪何，如天下公议何？”报曰：“升授官职，亦先朝故事。”戒钺等勿复言。

21 五月，戊子，御史谢汝仪言：“近者给事中卫道、御史丘养浩，以言事忤旨，寻复其官，天下莫不颂陛下之至明；太监崔文，罔上专权，辄赐罢斥，天下莫不仰陛下之英断。乃御史张衮请宥丰熙等罪，陛下既命部臣议上矣，俄而复寝。窃谓熙等狂愚，谪之已足示罚。人才难得，若不及今赐环，恐岁月弥深,死亡踵至。"御史乔琪亦以为言,并下其章于所司。

22 甲午,广东猺贼大掠肇庆府所属州县,杀守备李松等,诏提督两广、都御史姚镆讨之。

23 庚子,以杨一清为吏部尚书兼武英殿大学士,加少师,仍兼太子太傅,复入阁。

上以一清老臣,特免常朝、日讲侍班、朔望朝参,令晨初始入阁视事,御书和章及金币牢醴之赐不绝,时以为异数云。

24 初,方献夫以廷臣排击不自安,谢病归,寻以大礼集议成,进少詹事;献夫自家复具疏辞,不允,趣令赴京供职。

霍韬引疾归,后以书成,擢少詹事兼侍读学士;至是亦疏辞,且言:"迩年流弊,官翰林者不迁外任,官吏部者不改他曹,升京堂者必由吏部,于是二官权要,人争趋之,百官以吏部为趋向,吏部以内阁为腹心。请自今,凡六部长、贰、翰林、给事、御史,俱调外任练政体;在外监、司、守、令政绩卓异者,即擢卿丞,有文学者擢翰林;举贡入仕,皆得擢翰林,升部院,不宜困资格。"上趣韬赴京供职,而下其章于所司。于是刑科给事中沈汉及尚书廖纪交章攻之,遂格不用。【考异】献夫、韬事见本传。献夫以四年冬引疾归,韬以三年谢病归,至是皆以升职召之。实录同,系之是年五月,今据之。

25 刑部尚书赵鉴致仕,以左都御史颜颐寿代之。逾月,以南京刑部尚书聂贤为左都御史。

26 六月,戊辰,礼科给事中谢蕡,疏"请革严刑以全民命"，上曰："人命至重，死者不可复生。问刑官于罪轻宜用常刑者，率以酷刑拷讯伤人，因而致死，朕甚悯焉。其即以朕意示各抚、按官，谕诸问刑者务为宽恤。自今有严刑死伤人者罪之，并所司同坐。"

27　乙亥，逮长沙人李鉴于狱。

初，鉴与其父华流劫村落，以拒捕杀巡检冯琳。琳子春震奏状，华坐死狱中。鉴复为盗，事觉，知府宋卿论之死。时席书方巡抚湖广，发卿赃私，因劾卿故入鉴罪。上遣大臣按，不如书言。

书既得幸，请逮鉴入京再讯，且言："臣以议礼犯众怒，故刑官率右卿而重鉴罪，请敕法司辨雪。"会御史苏恩、大理评事杜鸾会讯，乃各论奏，言："鉴之罪至于杀官兵，劫人财，烧房屋，可谓极矣。昔众证而狱成，今亲审而词服，乃知原问官核实定拟，非有私也。席书以宋卿故辄为奏辨，且以议礼为言。夫大礼之议，发于圣孝，而书以一言当意，动辄援此以挟陛下，压群僚，坏乱政体甚矣。请亟将李鉴明正典刑。"于是刑部复谳上，无异词。而上重违书意，特减鉴死，遣戍。

28　丙子，恭穆献皇帝实录成，大学士费弘等表上之。

29　戊寅，徐、沛河水溢，坏丰县城。

30　是月，致仕户部尚书韩文卒。

文自刘瑾诛复官，上即位，加太子太保，赐诏存问。至是年八十六。为人清修耿介，识量弘远。居常抑抑，至临大事，辄毅然不可夺。论者谓其愚同宁子而竟保其身，老似武公而不弛于学。上亦嘉其忠亮。赠太傅,谥忠定。【考异】韩文之卒,通纪系之是年二月。实录系之是月者,据奏至之月日,今据之。惟文卒年八十六,通纪及明史本传同,实录作"八十一",或"一"字误耳,今从本传。

31 广东道御史李俨,以世庙成上言二事:"一虚心以广圣度,请恤用议礼获罪诸臣;二果断以消朋党。迩者群臣凡有章奏,动引议礼为言,或以挤排善类,或以翻异成狱,或以变乱朝章,大非清朝盛事。乞察群臣忠邪之实,破背公死党之私。"

给事中管律亦言:"迩者言事者每假议礼为词,或乞休,或告疾,或认罪,或为人辨罪,于议礼本不相涉,而务欲牵引比附。此其故何哉?盖欲中伤于人,恐非此无以激陛下之怒;欲固宠于己,非此无以得陛下之欢也。乞严加戒谕,令自今凡诸司言事者,毋得假借饰诈以乱是非。"俱下所司知之。

32 秋,七月,壬午朔,享太庙,遣官行礼。

礼科给事中章侨言:"庙享大礼,无故不宜遣大臣。又况临时差遣,仓皇莅事,诚敬何存!"上以侨妄言,夺俸两月。

33 丙戌,起妖人李福达之狱。

福达者,山西崞县人,初坐妖贼王良、李钺党,戍山丹卫;逃还,更名午,为清军御史所勾,再戍山海卫;复逃,居陕西之洛川县,以弥勒教诱愚民邵进禄等,为乱于郿州、洛川间,官兵捕进禄等诛之。

福达先还家得免,复更姓名曰张寅,挟重赀往来山西徐沟县。已，复至京师，窜入匠籍，输粟得<u>山西</u><u>太原卫</u>指挥，以烧炼黄白术干<u>武定侯</u><u>郭勋</u>，大信幸。久之，踪迹颇露，复还<u>徐沟</u>，其仇<u>薛良</u>发其事，讼于巡按御史<u>马录</u>。<u>福达</u>惧，复亡入京师，求<u>勋</u>以书抵<u>录</u>，为之祈免，<u>录</u>不从。时已捕得<u>福达</u>子<u>大义</u>、<u>大礼</u>，按治之，<u>福达</u>窘，身自抵案。狱具，偕巡抚<u>江潮</u>奏，"拟照谋反律，请置重典，妻子连坐。"并劾"<u>郭勋</u>以勋戚世爵，交通逆谋，请并逮治。"至是都察院<u>聂贤</u>等覆奏，如<u>录</u>等言。

上责令<u>勋</u>对状，<u>勋</u>惧，乞恩，因为<u>福达</u>代辩，且以议礼激众怒为言。上置不问，狱亦久不决。【考异】<u>通纪</u>、<u>明书</u>皆系<u>李福达</u>狱于六年，据<u>张璁</u>等为三法司讯是狱牵连并记耳。<u>明史纪事本末</u>书<u>福达</u>之狱发于五年之七月，与<u>实录</u>符。盖据<u>实录</u>则是时<u>马录</u>等奏拟已上，正下其章于都察院之时。而是时爰书已定，<u>郭勋</u>以言官屡请并治<u>勋</u>，遂以议礼为言，结<u>张璁</u>、<u>桂萼</u>等构成是狱，其事皆在六年，今分书之。

34　庚寅，免<u>四川</u><u>成都府</u>及<u>绵</u>、<u>巴</u>等州被灾州县税粮。

35　乙未，给事中<u>陈皋谟</u>言："大礼之举，出自圣孝至情，而<u>席书</u>乃贪为己功，奏扰挟制。如<u>李鉴</u>父子流劫拒捕，已经会验，法当论死，而<u>书</u>曲为申救，至谓'诸臣以议礼憾臣，遂入<u>鉴</u>罪。'夫议礼者，朝廷之公，合与不合，何至深仇！即使仇<u>书</u>，而<u>鉴</u>非<u>书</u>之子弟亲族交游，何乃甘心诬陷耶？至于<u>郭勋</u>之诉，尤所未喻。<u>勋</u>贻书<u>马录</u>冀脱<u>张寅</u>罪，而<u>张寅</u>之为<u>李福达</u>，供证已明。<u>勋</u>无可辩，乃亦以议礼激众怒为言，岂儒臣博士之所未深究，而武夫悍将反优为之！此在<u>席书</u>犹不宜自言，而<u>勋</u>又窃其绪余以欺天罔上，罪不容诛。以朝廷纯孝之盛举，乃为奸邪营私之三窟，岂不异哉！乞亟罢书、勋，李鉴仍从原坐，福达亟置重典。"疏入，不报。

时南京御史姚鸣凤、王献亦以为言，俱下所司知之。

36 庚子，上以观德殿在奉慈殿后，地势迫隘，欲改建于奉先殿左。工部尚书赵璜等言："移观德殿于奉先殿左，必与奉慈殿对峙。恐献皇之灵不安。"礼部尚书席书亦言："世庙之建，民劳逾年，今甫告成，力亦宜节。"于是给事中张嵩、卫道、御史郭希愈、陈察等，各上言"灾异非常，乞仍旧以宽民力"，俱不报。

寻谕阁臣费弘等曰："观德殿在奉慈殿后，出入不便，故今欲迁耳。别建方位，已有定所，即令工部择日兴工。"弘等遂不敢言。

37 壬寅，上以世庙垂成，自制乐章示大学士费宏等，命更定曲名，别于太庙。宏等议，以"献皇帝生长太平，初不以武功为尚，其三献皆当用文德之舞。"从之。

已而太常请增用武舞，上命礼部会张璁议。璁言："乐舞以佾数为降杀，未闻以文武为偏全。若必以武功定天下者得兼用武舞，则尧、舜、禹以揖让相禅，而大禹谟言'舞干羽于两阶'，其兼尚可知矣。使用其文而去其武，则两阶之容，得其左而阙其右，何以为天子之礼乐哉！"疏入，卒从璁议。【考异】改建观德殿及世庙之成，皆在是年。明史礼志特书五年七月，与实录合。通纪误书于四年，而其所载日分，则仍是五年七月日分也。世庙成在壬寅，而明史纪事本末作"丁丑"，则"丁"字又"辛"字之误也。今月日皆据实录。

38 是月，张璁以省墓请归，许之。陛辞，将行，诏复用为兵部右侍郎，兼官如故。

给事中杜桐、杨言、赵廷瑞，交章力诋，并劾吏部尚书廖纪引用邪人，上怒，切责之。两京给事、御史解一贯、张录、方纪达、戴继先等复交章论不已，皆不报。

39 八月，丙寅，振湖广饥，诏发太和山香钱备给。其湖广漕运米十万石，俱改征折色。壬申，以江西灾，复准折兑运米二十七万石。

40 九月，丙戌，上以世庙奉安神主，宣百官至左顺门，谕以"章圣皇太后欲谒见世庙，令考求典礼以闻。"

大学士费宏、杨一清曰："国初以大婚册后，定皇后谒太庙礼；自永乐后，改谒奉先殿，无至太庙者。"上以问张璁、桂萼，对曰："唐开元礼有皇后庙见仪，国初用之，永乐后此礼遂失。臣谓皇太后宜先见太庙以补前礼之阙，次谒世庙以成今礼之全。"礼部侍郎刘龙曰："会典所载庙见礼，为大婚册后制耳。璁等所引是大婚礼，今世庙新建，奉安神主，是大祭之礼。事本不伦，例难引用。"璁、萼复折之曰："周天子宗庙之祭，王服衮冕而入，立东序，后服副袆而入，立西序，是天子与后共承宗庙也。皇上毅然举行以复古礼，未为不可。"因自具仪以上。

于是大学士石珤复上疏曰："我朝家法，后妃入宫，未有无故复出者。太庙尊严，非时享祫祭，天子亦不得入，况后妃乎？萼辈所引庙见礼，今奉先殿是也。圣祖、神宗行之百五十年，已为定制；中间纳后纳妃，不知凡几，未尝有敢议及者，何至今日忽倡此议？且阴阳有定位，不可侵越。陛下为天下百神之主，致母后无故入太庙，坤行乾事，阴侵阳位,不可之大者也。"不纳,卒如璁议。

时席书以目眚在告,上言:"母后谒庙,事出创闻,礼官实无所据,惟圣明裁酌。且世庙既成,宜有肆赦之典,请尽还议礼遣戍诸臣,所谓合万国之欢心以事先王,此天子大孝也。"报闻。

书等又请"圣母谒庙,必得上同行以主斯礼",从之。

41 辛卯,奉安献皇帝神主于世庙。【考异】明史本纪不书,史稿书于是月辛卯。据实录礼部所奏本月十一日,是月辛巳朔也。通纪误书于四年之七月辛卯,不知辛卯正五年九月日分也,今据史稿。

42 己亥,上奉章圣皇太后有事于世庙。【考异】明史本纪书章圣谒世庙于己亥。实录系之戊戌者,据先期祭告之日。而礼部奏择本月十九日,正己亥也。今据本纪。

43 癸卯,给事中王科、御史陈察劾奏:"武定侯郭勋,专权罔利,侵收团营草场租银不下数万;占用军匠,科索多端;保举属官,以贿为第;班军派役,以贿放免;及用私人郭虎、郑溧等。"勋上疏自辩。

于是给事中郑一鹏、郑自璧、程辂、赵廷瑞、沈汉、张逵,御史程启充、卢琼、高世魁、任淳,南京御史潘壮、戚雄等,复言勋(怗)〔怙〕宠售私,并及受张寅贿属事,俱下所司知之。

刑部覆言:"所奏俱有指实,请下法司勘拟。"兵部亦请"罢勋兵政,别简重臣代之。"俱报有旨。

44 庚戌,巡抚山西、副都御史江潮言:"宗室蕃衍,禄米日增,岁征不足用。乞减价征收每石夏税六钱,秋粮八钱,而收支则折银五钱,撙其余数以补不敷及节年拖欠之数。"户部请著为令,从之。

45 冬,十月,辛亥朔,时享太庙及世庙。

先是礼部议,"祭世庙用太庙次日。"太常寺言:"斋戒省牲,先期难于两用。又岁暮之祭,次日即元旦也。"部臣复议:"岁暮权与太庙同日。"制曰:"俱用同日,次第举行。"议遂定。

46 壬子,振南畿及浙江旱灾,并免税粮物料。

47 甲子,复以灾伤,免庐、凤、淮、扬四府税粮。

礼部言:"今年灾异非常,自水旱外,如(水)〔冰〕雹害稼,大风拔禾,以及山崩水涨,物怪人妖,历考史籍,未有如今日之甚者。请敕群臣同加修省。"从之。

戊辰,遣官祭告天地、宗庙、社稷、山川及被灾地方山川之神。

48 庚午,御制敬一箴及注范浚心箴、程颐视听言动四箴,颁赐内阁。

费弘等各上疏谢,言:"此帝王传心之要法,致治之大本,请敕工部盖亭,竖立翰林院,仍敕礼部通行南京国子监及各省提学官摹刻于府州县,使天下人士服膺圣训,有所兴起。"从之。

49 壬申,御经筵。

50 戊寅,礼部尚书席书,以久患目眚,再疏乞休,举原任礼部尚书罗钦顺自代,慰留,不允。

51 是月,镇守蓟州、总兵马永上言:"前任尚书陆完,剿除流贼有功,今卒于戍所,乞照例赐以赠恤。学士丰熙等议礼被谪,亦乞宥罪。"上以"完交通逆藩,熙等归过朝廷,处分已定。而永出位妄言,责令陈状。"永具疏引罪,复切责之,令革任回南京后府闲住。

于是试御史魏有本言:"武定侯郭勋之贪暴,言官本兵交章参劾,乃听其诡辩,置之不问。总兵马永,东北干城,顾以进言而遽弃之。二臣罪过孰为重轻,于国家孰为损益,较然明甚。愿陛下审公论而断之于心,夺勋兵柄,复任马永,则于军政边陲两有所赖。"上责有本狂妄奏扰,令调外任。已而给事中解一贯、沈汉、陈守愚,御史许翔凤,并疏救永及有本,不报。

已,尚书廖纪因南京营务,荐永可用,并乞宥有本复职,于是有本始得免调。

52 兵部尚书李钺致仕,以兵部侍郎王时中代之。

53 十一月,癸未,以故司礼监太监黄英有功,官其弟侄八人为指挥千户等职。

给事中郑自璧言:"朝廷恩不可太滥,滥则人轻之而不以为德。若以英效忠多年,则赐镪修茔,旌功予额,赉幽之典,亦足以为报矣。今一旦官其弟侄八人,而八人之中尚有异姓,亦获厕名,官爵之滥,孰此为甚!请收回成命以惬公论。无已,亦宜官其近族一二,无滥及疏远异姓。此则臣等勉为将顺之策,非令之善也。"时兵尚王时中等亦执奏,俱报有旨。

54 是日,御道上有投匿名帖子二,鸿胪寺以闻,下锦衣卫推究。

阁臣费弘等言："匿名文书告讦人罪，律有明禁。造律之初，用意深远。盖小人欲为中伤之计，又恐陷诬告之辜，以此设为机穽，隐其姓名；若复推究，适以开告密之门，令无辜者受罔也。倘缉得其人，决当如律重治以警刁风。至所投文书，即宜焚毁，不必上经御览。"于是上命毁之。并敕都察院"严禁晓谕，犯者无贷。"

55 丙戌，以蝗灾，免四川简州、资阳等处税粮。

56 丙午，给事中管律言："比来五府掌印佥事、五军三千神机等营坐营坐司，类以侯伯为之，流官擢用者不过一二。以国家兵马纲领之地，坐拥豢养骄侈之徒，平居无事，恬不知兵，一遇有警，束手无措。乞敕所司严加简汰，而以诸将官有年力勋绩可备缓急之用者当之。庶人才振厉，威武奋扬，可以固根本之重，折觊觎之奸。且都督流官，无所怙恃，心常小而畏常深，恩之易感，威之易行；公侯世爵难褫，有犯不能尽其法，有求必欲尽其恩；此祖宗于兵政所以重任都督而不轻授侯伯也。"章下所司。

57 是月，张璁、桂萼累疏劾大学士费弘不职，俱下所司。弘亦累疏乞休，复慰留之。会弘子懋良坐罪下吏，璁等攻之益力，复录前后劾疏上之，不得则力求罢，诋弘尤切。于是弘因灾异复自劾求退，仍不允。

御史张录言："弘以子懋良犯罪系狱，心不自安，两疏乞休，而陛下慰留之。及张璁等累劾其不职，而陛下又以其疏下之所司。窃谓懋良以膏粱子弟恣情犯法，为之父者不能救正，若责弘以家法不严，教子无方，则听其乞休可也；若念弘为先朝耆旧，辅导有功，不忍以其子之小过而遂弃国之大臣，则当于璁等之疏而戒其渎扰可也。夫何溺二臣之爱，持两可之心，使弘去志不决，辄昧远嫌避位之思；璁等忮心未已，愈肆下井投石之毒。况大臣有协恭之义，卿佐非纠劾之官。懋良之事，即其未发，尚非璁等所宜言；何况事已下狱，情罪轻重，宜俟宸断，而璁等乘机倾陷，毋乃已甚乎！”

吏科给事中解一贯亦言：“璁等与费弘积怨已久，欲夺其位而居之。迹其累疏攻讦，非真为国家也，不过假此以报复私怨耳。陛下欲两解之，而一二言者，或专攻弘，或兼论璁、萼。不知去弘易而去璁、萼难，何也？君子难进易退而小人不然。弘恤人言，顾廉耻，犹可望以君子，若璁、萼则小人之尤无忌惮者也。臣恐璁、萼之计得行，则奸邪之气焰愈增，善类之中伤无已，天下之事将有大可虑者。”疏入，俱下所司。

58 十二月，己未，上林苑监承何渊，以所上前后疏为席书所格，请一并增入大礼集议中。于是诏内阁草敕，“命儒臣纂修全书，其先所颁行集议且令缴进。”

时书方病告，因奏：“前建庙卷内，大略已具，惟开神道以众论不一，及迁主谒庙之仪未及编入，宜即敕原议礼官如方献夫、霍韬、黄宗明、熊浃、黄绾同本部官增修续之。其内阁及翰林官昔曾跪门呼号者，无烦使之事事，以致纷更。至渊章奏，文义乖谬，无足取者。陛下委曲成全，请以建庙诸所宜悉者编次为两卷，仍以纂要内次第岁月，提纲分目，据事直书，续附原编之后。其已成之书，不可更易一语，并已颁行者止勿取缴。"从之。诏罢监修总裁官，取原议礼官韬等五人至馆供事，以张璁、桂萼总之。自是复有明伦大典之辑。【考异】诸书皆载诏修明伦大典于六年正月，证之实录，则因何渊之请，璁、萼等复希旨纂为全书。诸书不载，今据实录增入，为修明伦大典张本。

59 癸亥，大学士杨一清以灾异修省，上书言："今年灾异层见迭出，不特近岁未有，抑亦载籍罕闻。考其证验，皆阴阳失常，阴盛阳微之所致。推理论之，以上下言，则君道为阳，臣道为阴，岂乾纲下移而威柄或不自上出欤？以人品言，则君子为阳，小人为阴，岂直道难容而君子在野，邪佞易亲而小人在列欤？以天下言，则中国为阳，四裔为阴，岂兵政日弛而内治不修，边寇侵陵而外攘无术欤？以治道言，则德教为阳，刑法为阴，岂恩泽遏于下流而民无实惠，法令阻于幸门而人无惩戒欤？陛下端拱九重，委任臣下，而因循玩愒之弊多，精明振厉之功少。故所用未必才，才者未必用；所闻未必实，实者未必闻；所见未必真，真者未必见；所行未必当，当者未必行。是朝廷且未能正，况百官乎，况万民乎？臣愿陛下益严敬畏，常存此心。总揽纪纲以防欺蔽之奸，延接大臣以资辅导之益。览诸司之章奏，则天下之事得以周知；辨臣下之忠邪，则听断之间不为所惑。仍戒敕诸司、官修守职，言责纳忠，勿事因循，勿怀顾忌。大要以恤民固本为主，民心悦则天道和，岂惟灾变可弭，亦且祯祥可致也。"疏入，上嘉纳之。

一清复条上修省四事："一祭告；二宽恤；三用人；四革

弊。"报曰："格天感神，只是常存敬畏，祭告可不必行。其宽恤小民事宜，令所司开具条件，当于来春降敕行之。"

60 甲戌，<u>山西</u>巡抚都御史<u>江潮</u>，巡按御史<u>马录</u>及兵科给事中<u>郑自璧</u>，给事中<u>秦祐</u>、<u>常泰</u>，试御史<u>邵幽</u>、评事<u>杜鸾</u>，郎中<u>刘仕</u>，主事<u>唐枢</u>等，各疏劾"<u>郭勋</u>交结妖贼<u>李福达</u>，蔑视国法，请亟行两观之诛，以谨无将之戒。"章下所司。

已，给事中<u>张遹</u>亦以为言，乞逮问如律，乃敕锦衣卫差官逮<u>福达</u>至京，仍遣锦衣官逮<u>录</u>赴京，下镇抚司狱待鞫。

61 是冬，以<u>河</u>道御史<u>章拯</u>为工部侍郎兼佥都御史，治<u>河</u>。

先是，<u>徐</u>、<u>沛</u>灾，<u>黄河</u>上流骤溢，东北至<u>沛县庙道口</u>，截<u>运河</u>，注<u>鸡鸣台口</u>，入<u>昭阳湖</u>，<u>汶</u>、<u>泗</u>南下之水从而东，而<u>河</u>之出<u>飞云桥</u>漫而北，淤数十里，<u>河</u>水没<u>丰县</u>，徙治避之。

大学士<u>费弘</u>言："<u>河</u>入<u>汴梁</u>以东，分为三支，虽有冲决，可无大害。<u>正德</u>末，<u>涡河</u>日就淤浅，<u>黄河</u>大股南趋之势既无所杀，乃从<u>兰阳</u>、<u>考城</u>、<u>曹</u>、<u>濮</u>奔赴<u>沛县飞云桥</u>及<u>徐州</u>之<u>溜沟</u>，悉入漕河，泛溢弥漫，此前数年<u>河</u>患也。近者<u>沙河</u>至<u>沛县</u>，浮沙涌塞，官民舟楫，悉取道<u>昭阳湖</u>。春夏之交，湖面浅涸，运道必阻。<u>涡河</u>等河必宜亟浚。"

御史<u>戴金</u>言："<u>黄河</u>入<u>淮</u>之道有三：自<u>中牟</u>至<u>荆山</u>合<u>长淮</u>，曰<u>涡河</u>；自<u>开封</u>经<u>葛冈</u>、<u>小坝</u>、<u>丁家道口</u>、<u>马牧集</u>、<u>鸳鸯口</u>至<u>徐州小浮桥口</u>，曰<u>汴河</u>；自<u>小坝</u>经<u>归德城</u>南<u>饮马池</u>抵<u>文家集</u>，经<u>夏邑</u>至<u>宿迁</u>，曰<u>白河</u>。<u>弘治</u>间，<u>涡</u>、<u>白</u>上源堙塞，而<u>徐州</u>独受其害。宜自<u>小坝</u>至<u>宿迁</u>小河并<u>贾鲁河</u>、<u>鸳鸯口</u>、<u>文家集</u>壅塞之处，尽行疏通，则趋<u>淮</u>之水不止一道，而徐州水患杀矣。”

御史刘栾言："曹县梁靖口南岸，旧有贾鲁河，南至武家口十三里，黄沙淤平，必宜开浚。武家口下至马牧集、鸳鸯口百十七里，即小黄河，旧通徐州故道，水尚不涸，亦宜疏通。"

督漕总兵官杨弘亦请疏归德小坝丁家道口、亳州涡河、宿迁小河，督漕御史高友玑及拯亦屡以为言。俱下工部议，以为"浚贾鲁故道，开涡河上源，功大难成，未可轻举。但议筑堤障水，俾入正河而已。"又言："沛县一带闸河，筑浚之工诚不容缓，宜令各官相度黄河水势向背，闸河地势高下，讲求疏浚之法。"诏如议行。

又以拯事权未重，乃擢侍郎金都之职，令督同山东、河南、淮扬抚、按官，并将戴金、杨弘等所奏事宜，会议行之。

【考异】章拯治河事见明史河渠志。惟志言升拯侍郎在六年之冬，盖误记，相差一年也。证之实录，命章拯在五年十二月丙子，其言费弘诸人所议，系以"先是"二字，盖在高友玑请治贾鲁河及徐、沛水灾之前后间，至冬始以治河命章拯也。志既误五年为六年，而下文言拯请浚孙家渡、赵皮寨，系之六年之明年，而证之实录及诸书所记，实六年六月事。是志所记，误以五年事为六年，遂并误以六年事为七年也。今据实录年分，不书月日，仍系之是年之冬。

明通鉴卷五十三

江西永宁知县当涂 夏　燮 编辑

纪五十三 强圉大渊献（丁亥），尽一年。
世宗肃皇帝

嘉靖六年（丁亥、一五二七）

1 春，正月，庚辰，总督两广都御史姚镆奏田州平。

　　初，镆请讨岑猛，刻期进剿，偕总兵官朱麟檄都指挥沈希仪、张经等讨之。猛之妻，归顺知州岑璋女也，失爱于猛，璋憾之，镆乃令希仪结璋为内应，寻发永顺、保靖兵八万，分道并入。猛闻大兵至，令其下毋交兵，裂帛书冤状陈军门，乞怜察。镆不听，督战益急，身与麟等连破其数寨。猛子邦彦，勒兵守险，璋佯以兵千助邦彦，比官军攻，千人忽自溃，大呼曰："兵败矣！"邦彦兵亦溃，希仪斩邦彦于工尧隘。猛惧，谋出奔，璋以甘言诱猛走归顺，鸩杀之，斩首以献。

　　至是告捷京师，乃请改田州为流官，并陈善后七事，诏俱从之。【考异】平田州在五年，实录书之是年正月，据其奏捷之年月也。

诸书皆系之五年,今据实录月日。

 2 癸未,复以宽恤,"令四品以上官及六科、十三道各条
(其)〔具〕便宜并民间利病,限本月二十以前奏上。"光禄少
卿余才,言"求言之道,必限四品以上,未免不广",报闻。

 3 己丑,大祀南郊。

 4 辛卯,张璁以上命纂议礼全书,复偕桂萼上书,略言:
"此礼之失,自汉、宋诸君失之也;此礼之争,自汉、宋诸臣
争之也。陛下今日之改与臣等今日之争,前之成于礼部
者,多从案牍之文;今之出于史馆者,宜从典则之体。请仿
通鉴凡例,以年(岁)月〔日〕为纲。事关大礼者必书。诸臣
奏议如礼者必采其精,不如礼者亦存其概。备载圣裁,见
非天子不议礼也。"萼请"增入上初至诸臣劝进迎立章奏诏
旨及大臣进退、百官谴谪本末",上命俱付史馆采择。【考
异】璁所辑纂要二卷,仿编年例,已入大礼集议中。而此疏所上,谓修明伦大
典也。后言要略,即此书所定凡例,非纂要之外别有要略也。并识于此。

 5 庚子,诏开馆纂修大礼全书,仍以阁臣费弘等及席书
为总裁官,张璁、桂萼副之,各赐金币有差。

 6 二月,辛亥,小王子犯宣府,参将王经死之。

 7 壬子,席书以疾屡疏求退,不允。至是疾笃,上念书议
礼功,特加武英殿大学士,致仕,赐第宅京师,支俸如故。
逾月卒。【考异】据明史七卿表,书以二月加武英殿大学士,三月卒,实录
同。惟明史书传言,"加武英殿大学士,赐第宅京师,甫闻命而卒。"实录亦于
三月戊子书其卒,且言"闻命甫三日"。按书以见任在京师,不应二月加官,三
月始闻命也。壬子为二月初五日,与三月戊子相距一月有余,疑书以二月卒,
三月始奏,请退在先,加官在后,牵连并记耳。今仍据明史表书之。

8　己未，锦衣卫百户王邦奇上书言哈密事，遂诬奏致仕大学士杨廷和、尚书彭泽，并及阁臣费弘、石珤。

　　初，邦奇以遗诏裁革传奉官削千户，怨廷和；既复职，为泽所抑，又怨之。至是言："哈密失国，土尔番内侵，由泽赂番求和，廷和杀舍音和珊所致。请诛此两人，则哈密可复，边境无虞。"下兵部勘，未报。邦奇复言："弘及珤俱廷和党。尝夜过杨一清所，欲为弥缝。而廷和子兵部主事惇藏匿故牍，令前后奏词皆不得验。又，泽弟冲与廷和婿修撰余承勋、乡人侍读叶桂章交关请嘱，并当逮治。"其诬蔑妄言，皆承张璁、桂萼指也。

　　初，璁、萼屡构弘不得，会璁居兵部，弘欲用新宁伯谭纶掌奋武营，璁遂劾弘劫制府部。弘屡疏乞休，不允。璁、萼日夜求逞私憾，又以议礼恨廷和，乃嗾邦奇劾奏，欲藉此兴大狱。复内讧于上，上信之，下惇等狱。时桂章册封唐府未还，命械系至京会鞫。

　　于是给事中杨言抗章论奏，略言："故辅廷和，有社稷之勋，阁臣费弘，乃百寮之表。邦奇心怀怨望，文饰奸言，诟辱大臣，荧惑圣听。若穷治不已，株连益多，臣窃为国家大体惜也。"上得疏大怒，并收系言，亲鞫于午门，备极五毒，卒无挠词。

　　既罢，下五府九卿议。镇远侯顾仕隆等覆奏"邦奇言皆虚妄"，上切责之。

　　卒以鞫治无状，斥惇为民，余皆调黜有差，狱乃解。弘及珤自此去志益决。【考异】事见明史哈密传中，三编据之，惟言"斥廷和、彭泽为民",传盖因璁等兴大狱终言之。证之实录,但言"斥廷和子惇为民"。而明史彭泽传,泽夺官为民,在明年逮陈九畴下狱之后。至廷和传中,则并无六七两年夺官为民事。又,哈密传叙七年逮九畴事,亦但云"泽及金献民落职"而已。今据实录,但书罢杨惇等以下。

9 癸亥,大学士费弘、石珤俱致仕。

先是弘、珤以邦奇之奏,各疏乞休,慰留不允。及是见璁、萼交构不已,乃以同日乞骸骨,请得全身远害。上皆许之。

珤疏言:"臣一节之士,无他材能。惟有此心不敢欺君耳。"上责珤"归怨朝廷,失大臣谊",惟赐弘敕,驰驿、廪隶如例,珤一无所予,归装襆被车一辆而已。都人叹异,谓自来宰臣去国无若珤者。

自弘、珤罢政,迄嘉靖之季,密勿大臣,无进逆耳之言者矣。【考异】弘、珤系同日致仕,明史本纪系二人致仕俱在二月癸亥,据实录也。七卿表书珤致仕于八月,盖"八"字误耳,今据本纪订正。

10 戊辰,免广东韶州、南雄二府被灾税粮。

11 庚午,复召致仕大学士谢迁入阁。

时费弘既去,阁臣杨一清等,荐"迁家居十有六年,天下想望其风采。今其年虽老,耳目清明,步履强健。且史册所载,如唐之郭子仪、裴度,皆以八十之年,身系天下安危;宋文彦博年九十二,被召平章军国,一时以为美谈。"上从其言,遣行人赍敕召迁,趣即驰驿赴京师。

12 是月,以席书卒,起服阕礼部尚书罗钦顺复任。

13 辽东大饥,巡抚都御史张云奏"请以筑边工费米四万四千石振之,不足则于行库官银内支用",从之。

14 三月,庚辰,寇复犯<u>宣府</u>,参将<u>开山</u>死之,所部卒杀伤殆尽。

上以<u>宣府</u>一月间连丧两军,逮总兵<u>傅铎</u>,起引疾总兵<u>郄永</u>代之。【考异】按<u>开山</u>,<u>明史</u>本纪"开"作"关",疑误也,今据实录、三编。又<u>明史</u>鞑靼传俱作"开",从之。

15 丙戌,以<u>宣府</u>再寇,命简练京军,起致仕兵部侍郎<u>冯清</u>提督军务。比闻寇退,仍敕驻<u>大同偏头关</u>经理。

16 甲午,以礼部右侍郎<u>翟銮</u>为吏部左侍郎兼翰林院学士,入内阁预机务。

时廷推阁臣,上意在<u>张璁</u>,弗与;命再推,乃及<u>銮</u>;中贵人多举<u>銮</u>者,遂逾次用之。<u>杨一清</u>以"<u>銮</u>望轻,请用<u>吴一鹏</u>、<u>罗钦顺</u>",皆不许。【考异】事见<u>明史</u>本传。传言"帝欲用<u>张孚敬</u>"。按<u>璁</u>更名在十年二月,今仍据原名书之。

17 乙未,<u>田州</u>复叛。

初,<u>姚镆</u>请改<u>田州府</u>,设流官,留参议<u>汪必东</u>、佥事<u>申惠</u>、参将<u>张经</u>,以兵万人镇其地,而以知州<u>王熊兆</u>署府事。会<u>必东</u>、<u>惠</u>皆移疾他往,惟<u>经</u>、<u>熊兆</u>在府,兵势渐分,防守稍懈,于是<u>岑猛</u>之党<u>卢苏</u>、<u>王受</u>等,乃为伪印,诳言<u>猛</u>不死,且借<u>交阯</u>兵二十万以图兴复。蛮民信之,聚众薄府城。<u>经</u>出击,兵少不敌,欲引还,而城中阴为内应,呼噪四出。官军腹背受攻,力战不支,突围渡江走,贼逼其后,争舟溺死者甚众。贼沿江置阑索,伏药弩,夹岸并起,官军且战且行,失士卒三四百人。贼遂入踞府城,烧仓粟以万计。

巡按、御史<u>石金</u>上其事,劾<u>镆</u>失策罔上,并论前抚<u>盛应期</u>生事召衅。而给事中<u>郑自璧</u>,请仍檄<u>湖广</u><u>永顺</u>、<u>保靖</u>兵并力剿贼。上以四方兵数万方归休,未可复调,命镆等再计机宜以闻。

18 丙申,巡抚江西都御史陈洪谟上所积谷七十四万有奇,合故所积共一百五十四万有奇。上以洪谟谷数多,赐银币旌之。

19 壬寅,河道侍郎章拯言:"河自丰县漫溢至沛,横贯运河,冲决堤岸,其势径趋昭阳湖,以此运河南流势缓,停淤沙泥,几与岸平。今故道疏筑已通,而东岸势卑,土疏善崩,秋水泛涨,恐复淤决。乞金复萧、砀原额(浅)〔河〕夫,专令在沛时常防守。仍令徐州判官督同沛县主簿闸官往来阅视,随宜疏筑;遇秋水时至,徐州管洪主事量调徐、吕二洪夫役,协力修浚。其管河等官,有能平治得宜,三年无患者,破格超迁。"工部覆议从之。

20 癸卯,李福达逮至京师,命刑部尚书颜颐寿等会讯于午门外。

初,郭勋以言官交论不已,乃乞张璁、桂萼为援。璁、萼亦欲借是以泄廷臣攻己之愤,乃合谋腾蜚语曰:"诸臣内外交结,借端陷勋,将以次及诸议礼者。"上为之心动。而外廷不知,攻者益急,上愈疑之。

及是法司集讯,并告者薛良、证者李景全、韩良相、石文举等三十人面质,对众共指之,福达语塞。狱既具,上之,上怒颐寿朋奸肆诬,故入人重罪,将亲鞫之于廷。阁臣杨一清言:"有司之职,非人君所宜预。今案牍具明,词证咸在,仍令诸司虚心研审,则真情自得,何至上劳黼扆之尊,下亲狱讼之事哉!"上乃已。

21 是月,户部尚书秦金致仕,兵部尚书王时中亦以引疾罢。

22 升詹事桂萼为礼部侍郎。【考异】萼升礼部侍郎,至八月,以治李福达狱署刑部尚书,九月迁吏部,仍署刑部,俱见实录,为下文治狱张本。

23 吏部郎中彭泽,以考察浮躁降外任,张璁为之讼冤,言:"昔议礼时,泽见臣所著大礼或问,深加叹赏,劝臣进呈,又为录送内阁,以是大不理于众口。而徐文华、余才、卢琼,以臣所进要略备载其议礼排击等语,不胜愤恨,乃谋于乡人御史程启充,与都御史聂贤构成虚词,列之浮躁,启充与琼且欲以次攻击臣等也。"上从璁言,泽遂得留。

居三日,璁复上书言:"臣与举朝抗四五年,攻臣者至百十疏。今修大礼全书,元恶寒心,群奸侧目。故要略方进,谗谤复兴,使全书告成,将诬陷益甚。"因引疾求退以要上,上复优旨慰留之。

24 田州之贼卢苏等,虽据府城,犹声言听抚,遣人迎署府事王熊兆。而其党王受,又纠众万余攻据思恩城,执知府、指挥等官,已而释之,亦投牒上官,佯听抚。姚镆以兵未集,姑受之以缓其谋。寻檄诸土官勒兵自效,且责失事守巡参将等官立功自赎,复疏调湖广永顺、保靖及江西赣州、福建汀州兵俱会于南宁,并力进剿。

兵部议从之,上曰:"蛮夷为乱日久,镇巡等官受命大征,未及殄绝,辄奏捷散兵,使余孽复滋,煽动邻境。今姑置不问,仍令剿贼自赎。且发南赣兵五千,监以兵备等官赴援,不足再发永保土兵各三千助之。并令御史石金纪功。"

25 致仕少师大学士刘健卒。

健致仕,家居二十年,上改元,降敕存问,加赐廪隶。至是卒,年九十四。遗表数千言,劝上正身勤学,亲贤远佞。上震悼,为辍朝一日。赠太师,谥文靖。

健器局峻整,学问深邃。在朝正己率下,退则寮寀私谒,不交一语。同时在阁者,李东阳以诗文引后进,海内士皆抵掌谈文学,健若不闻,独教人治经穷理。其事业光明俊伟,明世辅臣,鲜有其比。既以忤逆瑾退归,闻武宗南巡,辄涕泗不食,曰:"吾负先帝多矣!"其忠君爱国始终不易如此。【考异】明史本传,健以五年卒,年九十四。通纪亦记其卒于五年十一月。实录系之是年三月,据奏至之年月也。三编亦据实录,今从之。

26 是春,寇犯神木、永兴等堡,参将黄宰击却之。

27 夏,四月,庚戌,上俞太监梁谏之请,遣中官往南京织造,工部执奏不可。

于是给事中张嵩、御史程启充等各言:"近年灾异,江南尤甚。且陛下初诏颁行,一切织造采运之事,厘革殆尽。今复遣官,此辈生事衒能,假供应之名,为贪黩之计,欲令安静,岂可得哉!"不纳。

28 甲寅,大学士杨一清等言:"谕德顾鼎臣病痊复职,仍令充经筵日讲官",从之。因命礼部侍郎桂萼、兵部侍郎张璁俱充日讲官。璁辞兵部,"请以詹事兼翰林学士,专心史局,效力经筵。"上以"总裁进讲,不妨佐理事,所辞不允。"

29 己未,遣工部侍郎黄衷督采大木。

30 庚申,以论李福达狱,谪刑部主事唐枢为民。

枢论是狱,略曰:"李福达之狱,陛下驳勘再三,诚古帝王钦恤盛心。而诸臣负陛下,欺蔽者肆其谗,诡谀者涸其说,固位者缄其口,畏威者变其词,访缉者淆其真,故陛下惑滋甚,而是非卒不能明,于是哀矜而至于辟矣。

臣窃惟陛下之疑有六:谓谋反罪重,不宜轻加于所疑,一也;谓天下貌有相似,二也;谓薛良言弗可听,三也;谓李珏初牒已明,四也;谓臣下立党倾郭勋,五也;谓崞、洛证佐皆仇人,六也。臣请一一辨之:

福达之出也,始而王良、李钺从之,其意何为?继而惠庆、邵进禄等师之,其传何事?李铁汉十月下旬之约,其行何求?'我有天分'数语,其情何谋?太上玄天垂文秘书,其辞何指?劫库攻城,张旗拜爵,虽成于进禄等,其原何自?(铁)〔钺〕伏诛于前,进禄败露于后,反状甚明。故陕西之人曰可杀,山西之人曰可杀,京畿中无一人不曰可杀;惟左右之人曰不可,则不得而知也。此不必疑一也。

且福达之形,最易辨识,或取验头秃,或证辨乡音。如李二、李俊、李三,是其族识之矣;〔发于戚广之妻之口,是其孙识之矣;〕始认于杜文柱,是其姻识之矣;质证于韩良相、李景全,是其友识之矣;一言于高尚节、王宗美,是鄜州主人识之矣;再言于邵继美、宗自成,是洛川主人识之矣;三言于石文举等,是山、陕道路人皆识之矣。此不必疑二也。

薛良怙恶，诚非善人；至所言张寅即福达，即李午，实有明据，不得以人废言。况福达踪迹谲密，黠慧过人，人咸堕其术中；非良狡猾，亦不能发彼阴私。从来发摘告讦之事，原不必出之敦良厚朴之人。此不当疑三也。

李珏因见薛良非善人，又见李福达无龙虎形、硃砂字，又见五台县张子贞户内实有张寅父子，又见崞县左厢都无李(伏答)〔福达〕、李午名，遂苟且定案，轻纵元凶。殊不知五台自嘉靖元年黄册始收，寅父子忽从何来？纳粟拜官，其为素封必非一日之积，前此何以隐漏？崞县在城坊既有李伏答，乃于左厢都追察，又以李午为真名，求其贯址，何可得耶？则军籍之无考，何足据也！况福达既有妖术，则龙虎形、硃砂字，安知非前此假之以惑众，后此去之以避罪？亦不可尽谓薛良之诬矣。此不当疑四也。

京师自四方来者不止一福达。既改名张寅，〔又衣冠形貌似之，〕郭勋从而信之，亦事所有，其为妖贼余党，固意料所不能及。〔在〕勋自有可居之过，在陛下既弘议贵之恩，诸臣纵有倾勋之心，亦安能加之罪乎？此不用疑五也。

鞫狱者曰诬，必言所诬何因，曰仇，必言所仇何事。若曰薛良仇也，则一切证佐非仇也；曰韩良相等仇也，则高尚节、石文举非仇也；曰魏泰、刘永振仇也，则今布、按、府、县官非仇也；曰、山、陕人仇也，则京师道路之人非仇也。此不用疑六也。

望陛下六疑尽释，明正福达之罪，庶群奸屏迹，宗社幸甚。"

上大怒，立罢之。

31 戊辰，改建观德殿成，易名曰崇先殿。

32 己巳，免广西被灾税粮。

33 甲戌，吏部尚书廖纪以疾乞休，许之，赐敕、给传及廪隶如例。

34 乙亥，初定各盐运司每引价值，两淮六钱，两浙四钱，长芦二钱，山东一钱五分，从户部议也。

镇守浙江太监邓文，以进贡为名，乞于商贩内量收脚价，户部执奏，以为额外之征。上曰："各处进贡，朝廷悉从节省。邓文意在侵取商税。"不允。

35 是月，以南京户部尚书邹文盛为户部尚书。工部尚书赵璜致仕，以工部侍郎童瑞代之。

36 御史陈察升南京太仆寺少卿，具疏辞，因荐原任给事中刘世扬等二十余人。上怒察不即拜命，泛举多人以市恩要誉，降远方杂职。十三道御史连章乞宥，不报。已而吏科给事中王俊民、郑一鹏、傅良谏复论救，上责其朋比，各夺俸二月。寻谪察为广东海阳县教谕。

37 五月，丁丑朔，日有食之。

38 辛巳，翰林院编修廖道南，疏陈洪范九事。其言建用皇极，谓"皇极者，帝王大中至正之道。其曰'凡厥庶民，无有淫朋'，言民不可立党也；曰'人无有此德'，言臣不可立党也。比年以来，朝廷无和衷之美，町庶有胥戕之风。朋言既兴，诪张为幻。闻人之善，从而娟嫉之；闻人之过，从而媒孽之；闻人谈道，则斥之为伪学；闻人论文，则訾之为谬谈。士气日萎,人心日漓,皇极之道敝也久矣。曰'乂用三德,谓刚克柔克'者,乃人君威福之权,故曰'惟辟作福,惟辟作威',言权不可下移也;曰'臣无有作福作威',言臣不可上僭也。不移于下,则天下之政出于一;不僭于上,则天下之势定于一;此邦纪所以肃也。"其他所论天时人事,皆切时弊。疏(人)〔入〕,上嘉纳之,然不能用。

39 癸未,以久旱,遣顺天府官求雨。

礼部请命群臣致斋,修天地社稷山川之祀。大学士杨一清等言:"(陛)〔陛〕下竭诚露祷于上帝后祇,则天地之祀不宜再渎,惟遣官祭告于社稷、山川,而顺天府官仍率属祷都城隍如故。"从之。

40 乙酉,以暑月辍讲,仍命讲官及翰林院官日轮一员,将经书、通鉴撮其有关君德政事与修省之道者,录要以进。

内阁杨一清等言:"经义渊微,通鉴浩繁。窃见先朝令讲官,自经筵之外,日以大学衍义进讲,甚为有益。宜将此书令讲官日轮一员,条析其义,参以时事,明白敷陈,则经书格言,通鉴要旨,尽在此书,而治国平天下之道备矣。"从之,定以五日一进讲,不以寒暑暂废。

41 丁亥,起前南京兵部尚书王守仁兼左都御史,总制两广、江西、湖广军务,讨田州叛蛮。

初,上以姚镆讨贼不效,余孽复滋,切责图功自赎。会纪功御史石金上言:"镆自岑猛死后,辄奏捷功,处兵善后,无一良策,辄请改设流官,以致失职怨望之党,煽诱复起。臣以为宜亟择智仁信勇之人,使往代之,令其相度二贼占踞攻取之势及田州应否改流，筹画尽善"，因荐守仁可任，从之。先敕姚镆仍前镇抚，敦趣守仁就道，至日仍令石金纪功。守仁疏辞，不允。【考异】命守仁讨田州，明史本纪系之是月丁亥，据实录也。通纪系之五年十二月，明书系之六年六月，惟文成年谱所载与实录同。其石金一奏，诸书及年谱皆不具，今据增。

42 戊戌，免涿州、良乡等五县被灾税粮。

43 是月，方献夫、霍韬以纂修大礼赴召。

献夫与韬同里，至是复合疏言："自古力主为后之议者，宋莫甚于司马光，汉莫甚于王莽。主濮议者，光为首，吕诲、范纯仁、吕大防附之，而光之说惑人最甚。主定陶议者，莽为首，师丹、甄邯、刘歆附之，而莽之说流毒最深。宋儒祖述王莽之说，以惑万世，误后学。臣等谨按汉书、魏志、宋史，略采莽及丹、邯之奏与其事始末，及魏明帝之诏，宋濮园之议，悉论正以附其后。乞付纂修官参互考订，俾天下臣子，知为后之议实起于莽，宋儒之论实出于莽。下洗群疑，上彰圣孝。"诏下其书于史馆。

44 先是起罗钦顺为礼部尚书，不至，至是复起为吏部尚书，仍不至，乃听致仕。

是时吏部廷推前尚书乔宇、杨旦，会礼部尚书亦缺，推侍郎刘龙、温仁和；仁和以俸深争，于是张璁乃乘间言"宇、旦乃杨廷和党，而仁和不宜自荐。"上是璁言，宇等遂废不用，并命"今后大臣休致者，非奉诏不得推举。"

钦顺，泰和人，见璁、萼方柄用，相与树党，屏逐正人，钦顺耻与同列，故屡诏不起。家居二十余年，足迹不入城市，潜心格物致知之学。时王守仁以心学立教，海内宗之，钦顺独致书与辨,此书再至而守仁殁矣。钦顺谓"释氏之学,有见于心,无见于性。今人明心之说,混于禅学,而不知有毫厘千里之谬。道之不明,厥由于此。"因著困知记,自号整庵。

年八十三卒。赠太子太保,谥文庄。

45 六月,丙午朔,提督两广军务姚镆乞致仕,许之,仍命兵部亟趣王守仁赴代。

46 河道侍郎章拯言:"黄河济漕,固为国家之利,至于泛滥,则为地方之患。今欲筑浚分杀,以免民患而济运漕者,一为荥阳北之孙家渡,一为兰阳北之赵皮寨,皆可引水南流。但二河通涡水,东入淮,又东至凤阳长淮卫,经寿春王诸园寝,为患叵测。惟宁陵北垒河一道,通饮马池,抵文家集,又经夏邑至宿州符篱桥,出宿迁小河口。自赵皮寨至文家集凡二百余里,浚而通之,水势易杀而园寝无患。"乃为图说以上。工部请从其议,诏拯等刻期举工。

47 丁未,南京给事中邹梁、御史毛怜之等,以拾遗纠劾都御史周金、陈洪谟等,并及礼部侍郎桂萼。诏"洪谟、金致仕,萼供职如故。"

48 壬戌,礼部侍郎桂萼,请召用王守仁、王琼经略边事,上以"守仁已起用;琼应否起用,命吏部勘议以闻。"已而给事中郑自璧、御史谭赞等并疏言,"琼贪污险贼,不可复用",并论"萼荐引奸邪,请下法司追论琼罪。"章下所司。

49 甲子,巡抚湖广、都御史黄衷言:"卢苏等乃岑猛余党,贼众不多,广西、南赣之兵自足剿除。永顺、保靖土兵,素无纪律，所过骚扰，恐生他衅，请勿调遣。"部议"宜令王守仁视贼缓急以为进止"，从之。

50 辛未，振畿内饥。

51 四川芒部复叛。

初，陇反既灭，改设流官。余贼沙保等谋复之，拥陇寿子胜纠众攻陷镇雄府，执知府程洸，夺其印，杀伤数百人，洸奔毕节。

事闻，给事中郑自璧等言："镇雄初设流官，蛮情未服。而有司失先事之防，不亟收遗裔陇胜，而令沙保得拥孺子，致煽祸一方。宜速遣总兵何卿并力剿寇。"兵部覆言："陇胜非真陇寿子，沙保罪不容诛，当剿。何卿方守松潘，势难相援，宜亟趣都御史王廷相之任，并敕总兵牛桓调兵速进。"

52 是月，桂萼上言："故辅杨廷和，广植私党，蔽圣聪者六年，今次第斥逐，然遗奸犹在言路。昔宪宗初年，尝诏科、道官于拾遗之后，互相纠察，言路遂清，请以时举行如旧例。"

章下吏部，侍郎孟春覆言："宪宗初并无此诏，而萼言在被论之后，情涉报复，无以厌众心。"萼言："诏出宪宗文集，春欲媚言官，宜并按问。"

下部再议，春等言："成化中，科、道有超擢巡抚不称者，宪宗命互劾去者七人，非考察拾遗比。"上终是萼言，趣令速举。给事、御史争之，并夺俸。

53 是夏，黄河水溢，决入漕渠，沛北庙道口淤填七八里，粮艘阻不进。御史吴仲以闻,因劾"章拯不能办河事,乞择能者往代。"上切责拯。

54 秋,七月,丙子,复下桂萼议于吏部。吏科都给事中王俊民等言:"皇上此举,诚欲综核名实以重言路。今六科已去四人,十三道已去十人,比之他曹,不为不严。惟耳目之官,职司甚重,惟皇上裁择之。"御史卢琼、刘隅等言:"陛下龙飞,两举考察之典,御史被黜,亦已多矣。今复令扶同纠劾,是开攻讦之门,滋报复之计,非圣世所宜有。"上切责俊民等,仍趣速举。

于是吏部都察院考上不谨御史储良材等四人名上,上独黜良材,而特旨黜给事中郑自璧、孟奇;且令部院再核,复黜给事中余经等四人,〔南京〕给事中顾溱等数人,乃已。——自璧素敢言,权幸中以蜚语,故被斥。

已而良材复奏辩,言:"孟春等乃杨廷和之党,欲嗾言官保留王俊民、程启充等,而以臣尝劾都御史聂贤,欲为之报复。"桂萼复言"良材任怨遭诬,去非其罪",上从之,竟复其官。【考异】事见明史桂萼传,三编统系之是年六月且中,今据实录分书之。

55 是月,都御史聂贤罢,廷推南京尚书李承勋、胡世宁,诏改世宁为左都御史,加太子少保。世宁疏辞宫衔,许之。

56 桂萼之荐王琼也,言者攻之不已;上亦悯琼老病,令还籍为民。

御史胡松复劾萼,上怒,谪外任。已,同官周在请宥松,遂并下诏狱。

萼复言：“琼前攻廷和，故廷臣群起排之。”上乃命琼以尚书待用。

57 八月，庚戌，小王子以数万骑踏冰过河，遂犯宁夏塞。提督尚书王宪，督总兵郑卿、杭雄等分据要害，屯兵御之，令都指挥卜云伏兵断其归路。卿等败之于石臼墩，寇退走青羊岭，伏发，又大败之，斩首二百余级。

捷闻，赐敕奖励，加宪太子太保，自郑卿以下升赏有差。

58 癸丑，桂萼上言：“昔甘肃之变，番人以杀降为词，实欲诉冤。而陈九畴辄张大其事，奏请发兵驱之，以致荼毒一方。盖杨廷和欲成王琼之罪，故科、道官噤无一言，比遣勘问，又相推诿，臣故请起王琼以明此事。臣岂有私于琼哉！”

初，土尔番之败，都指挥王辅，言“莽苏尔，即满速儿，泽见前卷。伊兰即牙兰。已毙炮石下”，九畴以闻。已，兵部尚书金献民至肃州，寇已退，亦奏捷如九畴言。后二人上表求贡，上疑之；而番人先在京师者为蜚语，言“肃州之变由九畴激之”，上益疑。会王邦奇讦杨廷和、彭泽，词连九畴；而萼等憾廷和、泽甚，又欲借此以兴大狱云。

59 癸亥，内阁贾咏致仕。

先是以李福达事，逮巡按御史马录系狱中。咏曾通书于录，为镇抚司缉得之，上虽不罪咏，咏内不自安，遂求去。吏部侍郎孟春，以录书词连及，辞不敢问；上怒春不引咎求退，命法司并收待讯。【考异】据明史马录传，“搜录箧，得贾咏等五人书(见下),无孟春名。"而实录所记,则以通书故首下春狱。其后下颜颐寿等四十余人于狱,独不及春,以春之下狱在前也。通纪亦云"以书词连及侍郎孟春,并逮焉。"是春之下狱明甚,今据增。

60 庚申,谕学士张璁、桂萼纂修大礼全书,亲定名曰明伦大典,并命增入宋儒欧阳修等之论以资考证。璁等请敕翰林院查付史馆,从之。

61 庚午,湖广大水,漂没民田庐,凡五府、二十四州县。巡抚孙修等请发太和山香银、盐钞折银及仓库赃罚等银粟振之,并请以兑运米二十五万及南京仓三十万,或折银,或减其半。上以灾伤重大,命亟行之。

62 是月,晋杨一清左柱国、华盖殿大学士。以南京尚书李承勋为吏部尚书。

63 以桂萼署刑部尚书,张璁署都察院左都御史,方献夫署大理寺卿,治李福达之狱。

初,上以杨一清言罢亲鞫,仍下廷臣会问。尚书颜颐寿等不敢自坚,改拟妖言律斩。上犹怒,命法司俱戴罪办事,下马录镇抚司拷讯,并及前问官布政使李璋、按察使李珏、佥事章纶、都指挥马豸等。时璋、珏已迁都御史,璋抚宁夏,珏抚甘肃,皆就逮。法司不得已乃反前狱,抵薛良诬告罪。

上以罪不及录,怒甚,遂逮颐寿及侍郎刘玉、王启,左都御史聂贤,副都御史刘文庄,佥都御史张润,大理卿汤沐,少卿徐文华、顾佖,寺丞汪渊,俱下狱,而以萼等分署三法司事杂治之。【考异】治李福达狱,明实录统系之九月壬午下,据定狱之月日也。明史本纪书于八月庚戌,盖据颜颐寿等下狱及命桂萼等署三法司杂治之月日。<u>实录</u>，"九月丁丑，擢<u>桂萼</u>吏部左侍郎，仍署刑部事"，则治狱之在前一月明矣。今分书之。

64 <u>南京吏部尚书朱希周乞致仕</u>。

初，<u>希周</u>以议礼忤旨，改官<u>南京</u>。是年大计京官，南六科无黜者。<u>桂萼</u>素恶<u>希周</u>及两京言官尝劾己，因言"<u>希周</u>畏势曲庇。"<u>希周</u>言："南六科止七人，实无可去者。臣以言路私之，固不可；如避言路嫌谴责之，尤不可。且使举曹皆贤，必去一二人示公，设举曹皆不肖，亦但去一二人塞责乎？"因力引疾乞休，许之。

家居三十年，中外论荐者三十余疏，竟不复起。

65 九月，戊寅，<u>张璁</u>以署都察院，复考察各道不职御史<u>王瑛</u>等十二人，又奏行宪纲七条，钳束巡按御史。先是<u>璁</u>以京察及言官互纠，已黜御史十三人，前后共二十余人，台署为空。【考异】<u>明史璁</u>传作"十二人"，<u>实录</u>作"二十二人"。而下文所叙，<u>王瑛</u>以下，列姓名者仅十人，疑连前京察所纠并计之也。今据本传书之。

66 己卯，以<u>江西</u>水，<u>河南</u>、<u>山西</u>旱，免被灾秋粮。寻免两畿、<u>山东</u>税粮。

67 壬午，<u>桂萼</u>等治<u>李福达</u>狱具，上之。

先是<u>萼</u>等三人希旨严刑拷讯，以上怒<u>马录</u>甚，搜其箧中书，得大学士<u>贾咏</u>、都御史<u>张仲贤</u>、工部侍郎<u>闵楷</u>、御史<u>张英</u>及寺丞<u>汪渊</u>私书，<u>咏</u>引罪致仕，遂下<u>仲贤</u>等于狱。<u>萼</u>等遂列前后言官诸曹之奏劾是狱者，上言："给事中<u>刘琦</u>、<u>常泰</u>，郎中<u>刘仕</u>，声势相倚，挟私弹事，佐录杀人；给事中<u>王科</u>、<u>郑一鹏</u>、<u>秦祐</u>、<u>沈汉</u>、<u>程辂</u>，评事<u>杜鸾</u>，御史<u>姚鸣凤</u>、<u>潘壮</u>、<u>戚雄</u>，扶同(□)〔妄〕奏，助成奸恶；给事中<u>张逵</u>，御史<u>高</u>

世魁，方幸张寅速决，得诬郭勋谋逆，连名架祸；郎中司马相，妄引事例，故意增减，诬上行私。迩者言官缔党求胜，内则奴隶公卿，外则草芥司属，任情恣横，殆非一日。请大奋乾断，彰国法。"上纳其言，遂并下诸人狱，前后凡四十余人。

先是廷臣会讯，太仆卿汪元锡、光禄少卿余才偶语曰："此狱已得，何可再鞫！"侦者告蕚，以闻，亦被逮。

蕚等遂肆拷掠，录不胜刑，自诬故入人罪。蕚等乃定爰书，言"张寅非福达，录等恨勋，构成冤狱"，因列诸臣罪名，上悉从之。

谪戍极边，遇赦不宥者，徐文华及李璋等，见上。凡五人；谪戍边卫者，琦、逵、泰、琼、启充、仕及知州胡伟，凡七人；为民者，贤、科、一鹏、祐、汉、辂、世魁、淳、鸣凤、相、鸾，凡十一人；革职闲住者，颐寿、玉、启、潮、文庄、沐、佖、渊、元锡、才、楷、仲贤、润、英、壮、雄及前大理丞迁、佥都御史毛伯温，凡十七人。其他下巡按逮问革职者，副使周宣等复五人。

录以故入人罪未决，拟徒，上以为轻，欲坐以奸党律斩。蕚等谓"张寅未死而录代之死，恐天下不服，宜永戍烟瘴地方，令缘及子孙。"乃戍广西南丹卫，遇赦不宥。

上意犹未慊，语杨一清等曰："与其戮及后世，不如诛止其身，以从舜典罚弗及嗣之意。"一清曰："祖宗制律，具有成法。录罪不中死律，若法外用刑，吏因缘作奸，人无所措手足矣。"上不得已从之。

以夔等平反有功,劳之文华殿,赐二品服俸、金带、银币,(□)〔给〕三代诰命。遂命辑钦明大狱录,颁示天下。

【考异】福达一狱,具详明史马录传,即大狱录原文也。传中于狱具下书云:"时嘉靖六年九月壬午也。"证之实录,月日正同。三编书下颜颐寿等四十六人于狱,据明史传中之数。传中所载戍边遇赦不宥及戍边为民闲住之等凡四十五人,合之马录,为四十六人也。惟吏部侍郎孟春下狱在先,传中偶遗之。今证之实录,闲住者十七人,有孟春,无毛伯温。盖伯温时巡抚宁夏,逮问未至,故实录记入下文,其后亦以褫职归。是并伯温数之,当十八人。通纪亦云"侍郎孟春闲住"。据此,则明史传中漏脱耳。其下巡按逮问之周宣等五人,则宣及副使王昂、知州杜惠、胡伟及镇抚鲍玉。而传中已入伟、(壬)〔玉〕戍边七人之列,故下文但云"宣等五人",不复叙也。是狱明史马录传最详,今悉据传书之,而附识其异于考〔异〕中。

是狱也,凡前后所争福达事者,悉被株连,惟郑自璧、赵廷瑞、陈皋谟、邵㴊、王献、唐枢六人,不在桂夔等指名论劾之列,遂得免。

而枢于上疏时已触上怒,斥为民。惟枢论是狱最得要领,及定大狱录,恶其词辩晰,删之不载云。【考异】前叙唐枢上疏,据三编质实书之,实录亦不载,盖据明史本传。

68 是月,改都御史胡世宁为刑部尚书,加太子太保。

69 改礼部尚书吴一鹏为南京吏部尚书。

初,一鹏以本官入内阁,专典诰敕,兼掌詹事府事。前此典内阁诰敕者,皆需次柄政;而璁、夔方用事,素衔一鹏异己,乃出之。

以桂夔为礼部尚书,仍兼翰林学士。故事,尚书无兼学士者,自夔始。

升少詹事霍韬为詹事,仍兼翰林学士。韬固辞,言:

"自杨荣、杨士奇、杨溥以及李东阳、杨廷和，专权植党，笼翰林为属官，中书为门吏，故翰林迁擢不由吏部，而中书至有晋秩尚书者。臣尝建议，谓'翰林去留，尽属吏部，庶不阴倚内阁为腹心，内阁亦不阴结翰林为羽翼，且欲京官补外，以均劳逸。'议未即行，躬自蹈之，而又躐居学士徐缙上，何愧如之！"上优诏不允。

70 桂萼既署刑部事，复请治陈洸之狱。

初，洸既罢为民，会大礼书成，并原洸妻子。前按洸事之郎中叶应骢，事见四年十二月。寻迁吉安知府，母丧归。至是骢、萼益用事，萼方掌刑部。会马录等下狱，洸谓乘此故案可反也，上书(计)〔讦〕应骢等。萼因讼洸冤，诏逮应骢、黄绾于狱，词连四百人。【考异】事见明史叶应骢传。应骢及黄绾皆见四年十二月陈洸罢为民下，依编年例分书之。黄绾，明史附应骢传，乃又一黄绾，系河南息县人，与议大礼之黄绾为黄严人者异，详三编质实中。

71 冬，十月，戊申，以张璁为礼部尚书兼文渊阁大学士，预机务。璁辞免署都察院事，不允。

72 庚戌，侍郎温仁和请归省。

仁和代吴一鹏掌管诰敕，至是员缺，阁臣张璁请以桂萼补。上曰："祖宗旧制无东阁官，后来添设，不知始自何年。任是职者，徒建虚名以希幸进。"乃罢不设。【考异】设官专典诰敕，据明史李东阳传，"阁臣徐溥等，请如先朝王直故事，乃擢东阳以侍郎兼侍读学士入内阁，专典诰敕。"自弘治七年后，未尝缺员。世宗谓不知始自何年，璁亦忘之。其实此官之设，年月具可考也。

73 戊午，巡仓御史吴仲请浚通州运河，言："自大通桥东下，抵通州之通惠河，屡经修复，皆为权势所挠。顾通流等八闸,遗迹俱存,因而成之,为力甚易,岁可省脚价银二十余万。"又言:"汉、唐、宋时,皆从运河直达京师,未有贮国储于五十里之外者。今京军支粮通州,率称不便。而密云诸处,皆有间道可通;设边寇因向导轻骑疾驰,信宿可至,烧毁仓庾,则国储一空,京师坐困,此非细故。请下户、工二部修浚,僦舟夫略运百万试之,与陆运兼行,俟各闸既成,径达京仓,此无穷之利也。"上是其言,敕"户、工二部各委堂上官一员,会同运官及御史吴仲等亲行相度地形,计处工力以闻。"

74 甲子,赐大学士杨一清等银图书各二,许军国重事密疏用印以闻。

张璁既入阁,一清为首辅,翟銮亦在阁,上待之皆不如璁。尝谕璁:"朕有密谕毋泄。所赐卿帖,悉朕亲书。"璁因引仁宗赐杨士奇等银章事,上赐璁章二,文曰:"忠良贞一",曰"绳愆弼违"。因并及一清等,自阁臣外,惟尚书桂萼预焉。

75 乙丑,大学士谢迁至,辞不拜。温诏谕之,乃复入阁。

76 免陕西庆阳等府被灾税粮。

77 丙寅,谕内阁:"选择翰林诸臣,称职者留用,不称者量才外补。"

初,张璁以议礼骤拜学士,诸翰林耻之,不与并列,璁以为恨。会侍读汪佃,以讲洪范不称旨,令补外,璁乃请"自讲读以下量才外补。"一时改官及罢黜者,凡二十二人,诸庶吉士皆除部属及知县。由是翰院为空。【考异】据实录:

"上以汪佃讲洪范不称旨,改调外任,遂命杨一清等考察翰林院不称职者,量才外补。自佃调宁国通判外,则左中允刘栋,右中允杨维聪,侍讲陈沂、邝灏,修撰萧与成、季方,编修刘泉皆外补。编修王同祖、黄易宜罢。上犹以外补数少,命更加选择。内阁因议,'前岁所选庶吉士,大半徇私,宜重加考选,量留三五人,余皆改科、道部属。'一清等乃奉命复简侍读崔桐,修撰张衍庆、陆钹、江晖,编修黄佐、应良皆外补,左中允边宪、任深宜处以两京他秩。计前后考黜迁转二十二人"云云。惟实录所载,讲读以下,姓名之可考者仅十七人,又但言"内阁杨一清等奉诏简择",而据明史璁传所记,则璁实主之。今据书,并附识实录所载诸人姓名。

78 上既罢转翰院多人,复谕内阁下吏、礼二部、都察院,"咨注有才识文学者,量为推举,改宫僚、翰林,以广用人之路,毋取备员。"乃改大理少卿黄绾,南京通政司参议许诰,南京尚宝卿盛端明,福建按察副使张邦奇,四川按察副使韩邦奇,山西按察副使致仕方鹏,刑部员外欧阳德,吏部主事金璐,御史张衮,皆授学士、讲读、宫坊、编修等官。

已而詹事霍韬,又言"大学士之选,宜于巡抚方面部院等官通融推用",下吏部集九卿科道详议以闻。

79 戊辰,京师地震。【考异】明史本纪、三编皆不载,惟五行志书之。证之实录十月亦不书,惟见十一月御史刘隅奏中,是漏脱也,今据志增。

80 是月,改吏部尚书李承勋为刑部尚书,加太子少保。改刑部尚书胡世宁为都察院左都御史。复以王时中为兵部尚书。

81 上以章拯治河不效,令廷臣推大臣才望素著者一人总其事。

先是拯言:"河渠淤塞,势难骤通。惟金沟口迤北新冲一渠,可令运船由此入昭阳湖,出沙河、板桥。其先阻浅者,则西历鸡冢寺,出庙道北口通行。"下部议,未决。

给事中张嵩言:"昭阳湖地卑,河势高,引河灌湖,必至弥漫,使湖道复阻。请罢拯别推大臣。"部议如嵩言。

是时光禄少卿黄绾,詹事霍韬,左都御史胡世宁,兵部尚书李承勋,各献治河之议。

绾言:"漕河资山东泉水,不必资黄河。莫若浚兖、冀间两高中低之地,道河使北,至直沽入海。"

韬言:"议者欲引河自兰阳注宿迁,夫水溢徐、沛,犹有二洪为之东捍,东北诸山,亘列如垣,有所底极。若道兰阳,则归德、凤阳,平地千里,河势奔放,数郡皆壑,患不独徐、沛矣。按卫河自卫辉汲县至天津入海,犹古黄河也。今宜于河阴、原武、怀孟间,审视地形,引河水注于卫河,至临清天津,则徐、沛水势可杀其半。且元人漕舟,涉江入淮,至封丘北,陆运百八十里至淇门,入御河达京师,御河即卫河也。今导河注卫,冬春溯卫河沿临清至天津,夏秋则由徐、沛,此一举而运道两得也。"

世宁言:"河自汴以来,南分二道:一出汴城西荥泽,经中牟、陈、颍至寿州入淮;一出忭城东祥符,经陈留、亳州至怀远入淮。其东南一道,自归德、宿州经虹县、睢宁至宿迁出。其东分五道:一自长垣、曹、郓至阳谷出;一自曹州双河口至鱼台塌场口出;一自仪封、归德至徐州小浮桥出;一自沛县南飞云桥出;一自徐、沛之中境山北溜沟出;六道皆入漕河而南会于淮。今诸道皆塞,惟沛县一道仅存。合流则水势既大,河身亦狭不能容,故溢出为患,近又漫入昭阳湖,以致流缓沙壅。宜因故道而分其势,汴西则浚孙家渡抵寿州以杀上流,汴东南出怀远、宿迁及正东小浮桥、溜沟诸道,各宜择其利便者开浚一道,以泄下流,或修武城南废堤,抵丰、单,接沛北庙道口以防北流,此皆治河急务也。至为运道计,则当于湖东滕、沛、鱼台、邹县间独山新安社地别凿一渠,南接留城,北接沙河,不过百余里,厚筑西岸以为湖障,令水不得漫,而以一湖为河流散漫之区,乃上策也。"

承勋言:"黄河入运,支流有六,自涡河源塞,则北出小黄河、溜沟等处,不数年诸处皆塞,北并出飞云桥,于是丰、沛受患而金沟运道遂淤。然幸东面皆山,犹有所障,故昭阳湖得通舟。若益徙而北,则径奔入海,安平镇改道可虑,单县、谷亭百万生灵之命可虞。又益北则自济宁至临清运道诸水俱相随入海,运何由通?臣愚以为相六道分流之势,导引使南,可免冲决,此下流不可不疏浚也。欲保丰、沛、单县、谷亭之民,必因旧堤筑之,堤其西北,使毋溢出,此上流不可不堤防也。"其论昭阳湖东引水为运道,与世宁同。

乃下总督大臣会议。寻起引疾工部侍郎盛应期为总督河道、右都御史。

82 十一月,丁丑,上谕内阁,以"庶吉士不须教养,悉除遣之。"大学士杨一清等言:"宜照常例,酌留三五人在翰林及选科、道等官。"张璁谓:"此辈心切奔竞,口尚乳臭,不应处之翰林。而科、道、言官,又岂少不更事者之所宜?今悉处以部属、知县等官,将来必无营求幸进者。"上曰:"祖宗旧制,不可自朕擅改。"议遂寝。

83 甲午,大学士杨一清等言:"窃见近畿八府土田,多为各监局及戚畹豪势之家乞讨,或作草场,或作皇庄。民既失其常产,非驱之死地,则去而为盗。既往无论已;愿陛下自今凡势豪请乞,绝勿复许,小民控诉,亟赐审断,使畿内之民有所倚以为命,畿内安则四海安矣。"上然其言,令"户部推侍郎及科、道官有风裁者各一员,赐敕往勘。不问皇亲势要,凡系冒滥请乞及额外多占者,悉还之民。如有畏避权势,从中隐匿者具以状闻,并坐之。"

84 乙未,免山东济南、兖州等府被灾税粮。

85 是月,改礼部尚书桂萼为吏部尚书,以吏部侍郎方献夫代萼。

86 都御史胡世宁既掌宪,务持大体,条上宪纲十余事,末言:"今天下赴诉之牍,有奸民畏死,辄行奏辨,冀再问以缓须臾者;有实则冤抑,而所司不理,第将原案增饰具上者;有贫民无力奏辨,而卒死狱中者;有富民无辜,而所司引嫌,彼此相比,竟不得出者。是亦足以上累圣德,感召灾异。原其本皆以士习不正,忮刻成风,一遭谗毁,遂使终身废弃。如浙江佥事彭祺,为令以循良称,为御史以守正著,一旦因发豪强罪,受谤夺官。诸如此者,宜许大臣申理,宥之复职,以为守正者劝。"上采其言,于是祺得免论。

87 十二月,甲辰朔,谕户部曰:"盐课接济边储,泉货流通民用,俱为急务。迩来盐法之坏,由于私贩盛行;钱法之坏,由于私铸者多;其令户部区处禁约事宜以闻。"

于是户部尚书<u>邹文盛</u>言:"欲正今日之弊源,必先申明祖宗之旧制。诚使朝廷之上,杜奏讨之门而奸无所利,绝占窝之弊而商有所资,然后盐法不阻于奉行之吏,钱法不淆于市肆之奸。"因条上二法,各六事,盐法则首禁私贩,次严奏讨,钱法则首禁私铸,次收官铸。上以"<u>文盛</u>议皆可行,仍令户、工二部会盐钞各官详议以闻。"

88 庚戌,大学士<u>杨一清</u>等言:"闲住太监<u>张永</u>,昔年讨<u>宁夏</u>、置<u>鐇</u>及奏发<u>刘瑾</u>罪有功,朝野称快。<u>宸濠</u>之变,随<u>武宗</u>南巡,时逆贼已平,而<u>张忠</u>、<u>许泰</u>等搜捕余党,扳引余类,<u>永</u>至,多所矜释,一方始安。洎<u>武宗</u>晏驾,计禽<u>江彬</u>,提督九门,防奸制变,无所不至。内臣若<u>永</u>者,诚未易得;臣<u>一清</u>尝与同事<u>宁夏</u>,知之为详。今置之闲散,诚为可惜。乞赐起用,量加委任,则凡供职于内者,皆知为善之有益而勉于效忠矣。"上是之,诏"<u>永</u>掌御用监印,督团营,兼管神机营操练。"

89 是月,改<u>李承勋</u>为兵部尚书。<u>胡世宁</u>仍为刑部尚书。以兵部侍郎<u>伍文定</u>为都察院右都御史。

90 是冬,<u>云南</u>土舍<u>安铨</u>作乱。

<u>铨</u>以改流失职怨望,侵掠<u>嵩明</u>、<u>木密</u>、<u>杨林</u>等处。巡抚<u>傅习</u>檄守巡官讨之,参政<u>黄昭道</u>、副使<u>周奎</u>败绩。贼遂陷<u>寻甸</u>、<u>嵩明</u>,杀指挥<u>王昇</u>、<u>唐功</u>,千户<u>郭彬</u>、<u>赵俸</u>等,知府<u>马性鲁</u>弃城走。

事闻,诏发夷、汉、土兵,会<u>川</u>、<u>贵</u>镇巡官合讨之。【考

异】安铨作乱，明史土司传在六年。实录系于七年正月，据奏报之月日也。实录言"六年冬，安铨作乱"，盖因奏至而追叙其事如此，今据之。

91　田州之役，王守仁奉命，在道中，会苏受入思恩，封府库，以贼兵守之，而自率众攻武缘甚急。参将张经坚壁拒守，镇守头目许用与战，斩其渠帅一人。贼见援兵大集，乃遁去。

　　姚镆以捷闻。上以"首恶未禽，仍令守仁亟督兵剿抚。"守仁威名素重，及督军务，调兵数万至，诸蛮心慑守仁以冬月行至南宁，侦知受等势方炽，未可猝灭，乃上疏陈用兵非计，且言："流官之设，徒有虚名，反受实祸。思恩未设流官之前，土人岁出土兵三千以听官府之调遣；既设流官之后，官府岁发民兵数千以备土人之反复；流官之无益，断然可睹。况田州邻交趾，深山绝谷，悉猺、獞盘据，必仍设土官，斯可借其兵力以为屏蔽。若改土为流，则边鄙之患，自我当之，后必有悔。"章下兵部，尚书王时中条其不合者五，乃令守仁更议以闻。然守仁已定计抚之，未几而田州果平。【考异】守仁平田州在明年二月。据本传所载奏疏及年谱，则冬月守仁在南宁道中所上也。今系之是冬，为平思、田张本。

明通鉴卷五十四

江西永宁知县当涂 夏 爕 编辑

纪五十四 起著雍困敦(戊子),尽屠维赤奋若(己丑),凡二年。
世宗肃皇帝

1 春,正月,庚辰,御史吴仲劾奏武定侯郭勋京营诸不法事,且言:"勋动借大礼大狱胁制廷臣,无敢议其后者。请解勋兵柄,按治其罪。"上切责仲而贳勋勿问。

2 癸未,初考核天下巡抚官。

先是,胡世宁、李承勋建巡抚久任之议,上颇采其言,至是命吏部会兵部、户部及承勋、世宁考核抚臣宜去留者以闻。于是吏部尚书桂萼等劾"湖广巡抚孙修,宁夏巡抚孟洋,才宜简僻;河南巡抚蒋瑶,清操可称,风采不足;总理南京粮储杭桂,保定巡抚林庭㭭,文名颇著,政望未孚;辽东巡抚张云,贵州巡抚袁宗儒,郧阳巡抚夏从寿,操江提督张九叙,或才不逾人,或病多废事。议以修、洋调用,瑶等暂回籍听别用。"从之。仍谕廷臣:"秉公推补,务求可久任者，毋袭往时递迁之弊。”

3 乙酉，总理河道、都御史盛应期言：“沛县迤北河道，地形卑下，泥沙易集，以故累浚累塞。臣询之官民，皆言昭阳湖东自北进江家口、南出留城口约百四十余里，可为运道。北引运河之水，东引山下之泉，内设蓄水闸，旁设通水门及减水坝，以时蓄泄，较之疏通旧河，力省而利永。计用夫六万五千，银二十四万两，取两淮盐价，佐以山东官帑，克期六月集事。”盖用胡世宁策也。下廷议，从之，诏“及春和督工兴事”。

应期又请“令管河郎中柯维熊，员外王大化，于赵皮寨、孙家渡、南、北留沟等处，役夫挑浚，以杀上流之势，武城迤西至沛县迤南，修筑长堤，以防北溃之患。”俱从之。

4 丙戌，大祀南郊。

5 是月，逮前佥都御史陈九畴于狱。

初，上以王邦奇因番事讦杨廷和、彭泽，词连九畴，乃遣给事中锦衣至边勘状，未还报而狱解。会番酋伊兰复求通贡，自言“非敢获罪天朝。所以犯边，由冤杀舍音和珊、实巴伊克二人。”译见前，即写亦虎仙、失拜烟答也。于是鄂欲重兴是狱，请留质伊兰，遣译者谕其主还侵地，而胁礼、兵二部尚书方献夫、王时中同上议曰：“番人上书者四辈，皆委咎前吏，虽词多诋饰，亦事出有因，宜严核激变虚实以服其心。”

时上方疑边臣虚妄，欲穷治之。大学士杨一清，以“事既前决，请毋追论”，上不听，手诏数百言，切责九畴，而戒一清勿党庇。遂逮九畴,并及尚书金献民,侍郎李昆以下,坐累者四十余人。【考异】据实录,书逮九畴于去年之冬,盖逮在去年,九畴至京师下狱在是年正月。三编所书,据明史哈密传,传叙其事始于六年之春,即王邦奇初兴是狱时也。至狱解之后,复因番人来贡,桂萼等欲借九畴以杀杨廷和、彭泽,因有逮九畴之事。而其下文,言"七年正月,九畴逮至下狱",传中分书,最为明晰。今据三编,参明史哈密传。

6 上手敕加张璁、桂萼俱太子太保。

时上视朝,见璁、萼班兵尚李承勋下,意嗛之;杨一清请加散官,遂有是命。璁辞以"未建青宫,官不当设",乃更加璁少保兼太子太保。

7 二月,丁未,免浙江宁波府被灾各县税粮。

8 工科给事中陆粲言:"自正德初年,今大学士杨一清总制三边,欲将定边营迤东石涝池至宁夏横城堡,凡三百里,增筑边墙,事已就绪;会一清去任,仅筑四十里而止。阅今二十余年,屹立如故,则边墙之明效可睹矣。请依当时原议筑墙浚濠,高广深阔皆如前式,加筑敌台、暖铺、墩堡之等以资守御。乞敕陕西提督边务大臣会同抚、按相度整理。仍发太仓银一二十万,不足则量开盐引或支陕西布政司无碍官银。选委贤良,专董其事。期以一二年间,凡三百里内平衍宜墙之地,悉踵成之,实为守边固圉之长策。"上是其言,敕"提督陕西边务王宪会同镇巡官相度修举,所有经费,令户、工二部详议以闻。"

9 丙辰,改三边尚书王宪为南京兵部尚书,起前兵部尚书王琼代宪。

10 戊辰,田州平,提督军务新建伯王守仁奏捷。

疏曰："臣奉命于去年十二月至广西平南县,与巡按、御史石金及藩、臬、诸将领等会议,思、田祸结两省,已逾二年,今日必欲穷兵尽剿,则有十患;若罢兵行抚,则有十善。臣与诸臣摅心极论,今日之局,抚之为是。臣抵南宁,遂下令尽撤调集防守之兵,数日内解归者数万。惟湖南土兵数千,道阻远不易即归,仍使分留南宁,解甲休养,待间而动。而卢苏、王受先遣其头目黄富等诉告,'愿得归境投生,乞宥一死。'臣等谕以朝廷威德,令赍飞牌归巢晓谕,期以速降免死。苏、受等得牌,皆罗拜踊跃,欢声雷动。寻率众至南宁城下,分屯四营。苏、受等囚首自缚,与头目数百人赴军门请命。臣等复谕之曰:'朝廷既赦尔罪,尔等拥众负固,骚动一方。若不示罚,何以雪愤!'于是下苏、受于军门,各杖一百,乃解其缚。又谕之曰:'今日宥尔死者,朝廷好生之德;必杖尔者,人臣执法之义。'众皆叩首悦服,愿杀贼立功。臣随至其营,抚定其众七万余人,复委布政使林富等安插,于二月二十六日悉命归业。是皆皇上至孝达顺之德,神武不杀之威,未期月而蛮民率服,不折一矢,不伤一人,而全活数万生灵,即古舞干之化,奚以加焉!"

疏闻,上嘉之,遣行人赍敕奖赉。【考异】实录系平田州于五月壬午,又系守仁去年冬月所上之疏于三月乙未,皆据奏至之日也。证之明史本传及土司传中,备书平贼,皆有确切月日可据。其云"二月二十六日"即是月戊辰也。明书及文成年谱皆与明史列传同,今据之。

11　是月,四川镇、巡官奏平芒部。

初,芒贼沙保等闻官军将至,出镇雄府印乞降,然尚持两端,欲立土官如故。四川抚、按以保狡悍不可驯,檄泸州守备击之，又遣使劳赐芒部抚夷郤良佐，使讨禽保，保怒，复叛。至是会川、贵诸军讨之，沙保败，禽斩三百余级，招抚蛮、猡男妇以千计。

捷闻，仍设镇雄流官如旧。

12 山西潞城县青羊山贼陈卿等作乱，官兵捕之，败绩。贼遂执知州王朝雍、郭鉴，杀伤指挥、知县等官。

事闻，诏副总兵赵廉调兵进剿，寻遣都御史常道统三关兵助之。

13 三月，壬申，大学士杨一清闻陆粲建续筑边墙之议，复上书请遣专官董其事。上命廷臣会推，以兵部侍郎王廷相可任，乃擢廷相为都察院佥都御史，提督延、宁边防，仍命廷相以一清所奏，会三镇镇、巡等官悉心经画，俾有实效。

14 戊寅，大学士谢迁致仕。

迁之赴召时，年七十九矣，敦趣不已，乃拜命。至则张璁已入阁，而杨一清以官尊于迁，不相下。迁居数月，力求去；上不许，待之愈厚，以天寒免朝参，除夕赐御制诗。及以病告，则遣医赐药饵，光禄致酒饩，使者相望于道。而迁自正月以来，请益力，至是始许之，赐敕、驰驿、给廪夫如故事，仍令其子中书舍人谢正侍行。

15 己卯，诏儒臣重校大明会典，订正讹谬，增入续定事例。

先是上阅会典，冠礼目中有成化十四年谒谢奉先、奉慈殿之文。奉慈殿，乃孝宗即位始建，以祀孝穆皇太后者也。上以谬误显然，乃有重校之举。【考异】会典始修于弘治十五年，<u>正德</u>六年重校成书。至是<u>世宗</u>以误入<u>奉慈殿</u>之文重修，序中所谓"纪载失真，文词牴牾"者，此类是也。又<u>序</u>言"自<u>弘治</u>十五年至<u>嘉靖</u>七年所有事例，一并续增。"其书成于<u>嘉靖</u>八年四月，所载事例至七年而止。今据<u>实录</u>月日。

16 庚寅，谪<u>佥</u>都御史<u>陈九畴</u>戍极边，黜致仕尚书<u>彭泽</u>为民。

当<u>九畴</u>之下狱也，<u>桂萼</u>等必欲致之死，并株连<u>泽</u>及<u>杨廷和</u>，于是下法司会议。

刑部尚书<u>胡世宁</u>言于朝曰："<u>世宁</u>司刑而杀忠臣，宁杀<u>世宁</u>！"乃上疏讼<u>九畴</u>冤，略言："番人变诈，妄腾蜚语以诬害我谋臣。夫其蓄谋内寇，为日已久。一旦拥兵深入，诸番约为内应，非<u>九畴</u>先几奋戮，使彼败谋而退，则<u>肃州</u>孤城，岂能复保！臣以为文臣有勇知兵，忘身殉国者，无如<u>九畴</u>，宜番人深忌而欲杀之也。惟听郡将妄报，以<u>莽苏尔</u>等为已死，则其罪有不免耳。"

疏入，上意稍解，<u>九畴</u>得免死戍边，<u>金献民</u>等及<u>泽</u>皆落职。惟<u>廷和</u>得免。【考异】事见<u>明史胡世宁陈九畴</u>诸传，三编统系之是年正月<u>目</u>中。其时黜为民者惟<u>彭泽</u>、<u>金献民</u>等数人，<u>廷和</u>皆不及焉。故<u>目</u>中于<u>泽</u>等斥为民下，特书云"惟<u>廷和</u>得免"，此可见矣。盖<u>廷和</u>之斥为民，乃在<u>明伦大典</u>书成之日，前已辩之，兹更据<u>三编目</u>中增入。

17 癸巳，<u>云南</u><u>武定府</u>土舍<u>凤朝文</u>作乱，杀同知以下官吏，劫夺州印，举兵反。时<u>云南</u><u>寻甸</u>土舍<u>安铨</u>方乱，<u>朝文</u>与之合，犯<u>云南府</u>。抚臣以闻。

是时二寇连兵，<u>滇</u>中大扰。诏"以都御史<u>伍文定</u>为兵部尚书，仍兼右都御史，提督<u>云</u>、<u>贵</u>、<u>川</u>、<u>广</u>军务，调四镇土、汉官军讨之，以户部侍郎<u>梁材</u>督理粮储。"

18 丁酉,小王子犯山西,自干沟墩入,号十万,围游击邵定军,宣大告急。

兵部言:"寇自春出,入套东行,沿边驻牧,窥伺日久。各官罔知警御,以致邵定轻追被围。请敕给事中一员同彼处巡按、御史查劾以闻。"从之。

19 是月,以伍文定督师云、贵,命李承勋以兵部尚书兼管都察院事。

20 灵宝县黄河清。辅臣杨一清、张璁等屡疏请贺。御史周相抗疏言:"河未清,不足亏陛下盛德,而好谀喜事之臣,辄张大文饰之。佞风一开,献媚者将接踵。愿罢祭告,止称贺,诏天下臣民毋奏祥瑞,水旱蝗蝻即时以闻。"上大怒,下相诏狱拷讯,复杖于廷,谪韶州经历;而诸庆典亦止不行。【考异】相疏见明史杨爵传,书云"七年三月",三编统系之是年四月甘露降目中,亦云"是年春",今据增。

21 夏,四月,庚戌,以各处灾伤,又连日大风吹沙,尘霾蔽天,敕群臣同加修省。

22 甲寅,南赣巡抚汪鋐,奏所部甘露降,以为上仁孝之感。上喜,遣官祭告郊庙。廷臣请表贺,以灾异止之。

23 芒部既平,而叛酋沙保子普奴纠乌撒毋响,苗、蛮、陇革等复起,攻劫毕节屯堡,杀掠士民。贵州巡抚袁宗儒以闻,上并以属之伍文定。

时文定奉命南征,上疏"请量发内帑,选择挂印武臣,统领畿辅诸处劲兵以图讨贼。"而廷议颇不谓然。上谕以"俟黔国公沐绍勋推诚处置,其即会镇、巡官及梁材协力剿抚,便宜行事。"

24 乙丑,刑部尚书胡世宁以灾异求退,因言十事:"一劝上阅大学衍义;二久任巡抚守令,并宽其文法;三久任布政司径升九卿等官,不必再推巡抚;四分巡金事,三年间专管一道,不必更移;五升除有司官,就于近地,以便之任;六布、按二司官只于所在衙门升转,不必南北交迁;七才力不及官量调相宜处所,不可置诸远方;八边方布、按二司及佐贰官宜越资简用,使之谙练边事,以备边镇巡抚;九广西、四川、云南司、府、州、县官,宜选用有精力、谙风土者,不可概用衰老贪懦之人;十嘉靖二年、五年二次察黜各官,多刚正有为之人,宜与引疾乞休者一体令大臣、科、道保举推用。"上嘉纳之。"惟朝觐考黜官僚,系累朝旧制,不宜更易以滋纷扰。其余皆下吏部议行。"

25 五月,己卯,刑部尚书胡世宁谳上陈洸、宋元翰等狱,元翰及叶应骢俱为民,洸闲住,黄绾降二级远方用。

蓝田时已入察典,上谓其"以谤书入奏,致兴大狱,仍令巡按、御史即其家逮治以闻。"寻勘状,黜为民。

26 甲申,黔国公沐绍勋上言:"土舍之役,臣奉命会同巡抚等调发官军,分道剿抚。诸贼抗逆,执留所遣官军二人,所调集各土舍又重自疑畏。臣谨以便宜榜示,先给冠带,待后奏请承袭,众始感奋,于二月进兵,击斩强贼十余人,贼奔回武定。乞敕部臣授方略,俾获便宜行事,并宥各土舍往罪,凡有功者俱许承袭,作其敌忾之气。"

上纳之,赐敕奖励,并令"会同提督、尚书伍文定计禽首恶，余党随宜抚剿。所调土舍，准令勘明袭替，免其赴京。”

27 丙申，御制显陵碑，遣礼部侍郎严嵩诣安陆竖碑祭告。

28 是月，王守仁奏思、田之捷。

侍郎方献夫，“请于田州特设都御史一人，专驻抚绥”，下守仁议。守仁因荐布政使林富及闲住总兵官张佑，从之。

29 六月，辛丑朔，明伦大典成，上之。

上亲制序文，复命张璁为后序，宣示史馆，刊布天下。以纂修功，加璁少傅兼太子太傅，桂萼少保兼太子太傅，方献夫太子太保。余自阁臣杨一清等以下，升赏有差。

30 癸卯，诏定议礼诸臣罪。以故大学士杨廷和为首，言其“谬主濮议，自诡‘门生天子，定策国老’，法当戮市，姑削籍为民。”蒋冕、毛纪、毛澄、汪俊、乔宇、林俊俱夺职，斥何孟春、夏良胜为民。

31 丙午，王守仁议处置经略思、田事宜，“请设流官知府以制土官之势。即改田州为田宁府，设流官知府、同知、经历、知事各一员，仍立土官知州，以顺土夷之情。岑氏世有田州，民心系恋，议割田州地别立一州，以岑猛次子邦相为吏目，署州事，俟有功擢知州。而于田州置十九巡检司，以苏受等任之，并受约束于流官知府。”上皆从之。

32 癸丑，御史吴仲报通惠河成，因疏五事，言“大通桥至通州石坝，地势高四丈，流沙易淤，宜时加浚治。管河主事宜专委任，毋令兼他务官吏。闸夫以罢运裁减，宜复旧额。

庆丰上闸，平津中闸，今已不用，宜改建通州西水关外。剥船造费及递岁修舱，俱宜酌处。"上以先朝屡勘行未即功，仲等四阅月功成，诏予赏，悉从其所请。仲又请"留督工郎中何栋专理其事，为经久计"，从之。仲复进所编通惠河志，命送史馆，采入会典。

自此漕艘直达京师，人思仲德，建祠通州祀之。

33 丁卯，免河间、保定、顺德、真定、广平、大名六府被灾州县税粮。

34 云南叛蛮平。

初，武定土知府凤诏母子，坐事留云南，朝文绐其众，谓"诏已戮，朝廷且尽剿武定蛮众"，以是诸蛮信之，悉从为乱。朝议以欧阳重代傅习巡抚云南，而命伍文定督兵讨之。

文定未至，重已击败贼，而追诏母子还故地，诸蛮相顾错愕，咸投诏降。朝文计穷，奔东川，为追兵所及，磔死。余众犹盛，遁据寻甸故巢，列寨数十。至是官兵分哨夹攻之，诸寨先后破，乃并力攻拔其老巢。安铨窜入芒部，为土舍禄庆所执，遂平之。

是役也，生禽渠贼及党逆千余人，斩首二千九百余级，俘获男妇千二百余人，抚散夷党二万有奇。沐绍勋等以捷闻，俱赐敕奖励。

35 己巳，寇犯大同中路，分守参将李蓁击败之。

36 是月，以明伦大典成，超拜霍韬为礼部尚书，掌詹事府事。

韬因言翰林院修书迁官、日讲荫子及巡抚子弟荫武职之非，而以为己不能力挽，不可随众趋，且称给事中陈洸冤，荐监生陈云章才可用。上优诏褒答，不允辞。

　　韬复奏曰："今异议者谓陛下特欲尊崇皇考，遂以官爵饵其臣；臣等二三臣苟图官爵，遂阿顺陛下意。臣尝自慨，若得礼定，决不受官，俾天下万世知议礼者非利官也。苟疑议礼者为利官，则所议虽是，彼犹以为非，何以塞天下口？"因固辞不拜，上犹不允；三辞，乃允之。

37　秋，七月，己卯，以大礼成，追尊孝惠皇太后为太皇太后，恭穆献皇帝为"恭睿渊仁宽穆纯圣献皇帝"。辛巳，尊章圣皇太后为"章圣慈仁皇太后"。戊子，颁诏天下。

38　谪指挥聂能迁。

　　初，能迁以议礼附名大礼集议中，及见明伦大典成，升职不及；能迁遂怀怨望，乃嗾闲住主事翁洪疏诬"新建伯王守仁贿通礼部尚书席书，得见举用。"词连詹事黄绾及大学士张璁，于是绾上章疏辨，上慰留。

　　乃敕法司谳，能迁诬罔，无左证。璁欲置能迁于死，首辅杨一清拟旨戍边，洪黜为民；璁以为轻，遂与一清有隙。

39　己丑，陕西三边尚书王琼言："往年撒马尔罕、天方、土尔番、哈密四国各遣使入贡，未至而土尔番旋寇边。故都御史陈九畴，将土尔番、哈密贡回夷人羁留不出，以观其变，迄今二年，各怀观望。请通行验放出关，仍宣谕番酋，令其改过自新，示柔远之德。"从之。

40　辛卯，命工部侍郎潘希曾兼佥都御史，总理河道，代盛应期也。

初，应期奉敕治河，请疏浚昭阳湖东一带新河，期以六月工竣，至是工已及半。会旱灾修省，言者多谓新河之开非计，上遽令罢役。应期请展一月竟其功，不听，寻召应期还。

初，应期请令郎中柯维熊分浚支河，维熊力赞新河之议，至是亦言不便。应期上章自理，上怒，诏与维熊俱夺职。尚书胡世宁言："新河之议倡自臣，应期克期六月。今四月，工已八九，缘程功趣急，怨讟烦兴。维熊反覆变诈，倾大臣，误国事。自古国家债事，必责首议之臣，臣请与应期同罢。"上不许。

应期后更赦复官，致仕卒。

应期罢后三十年复兴工，仍循新河遗迹成之，运道蒙利焉。【考异】应期之罢即在是月，罢后与柯维熊同夺职，据实录在九月，世宁论救即在其时。今据明史应期本传终言之。

41 是月，新建伯王守仁讨断藤峡八寨贼，平之。

初，都御史韩雍既去两广，断藤峡贼复时出剽掠。时总督两广陈金，与苗约仍许互市，改曰永通，诸蛮益无忌。其地上连八寨，下通仙台、花相诸峒，盘亘三百余里，郡县罹害者数十年。

守仁平田州还，两江父老遮道言状，降人卢苏、王受亦请立功自赎。守仁乃留南宁，罢遣诸兵，示不再用。伺贼不备，潜师突进，连破牛肠、六寺等寨，循横石江而下，攻克仙台、花相诸贼。后令布政林富率苏受捣八寨，直抵其巢，禽斩三千余，俘获无算。于是峡贼复平，两江悉定，遂以捷闻。【考异】平断藤峡贼，明史本纪系之九月甲戌。据守仁奏至之月日也。实录纪其大略于九月，复统叙于闰十月中，盖据守仁报功兵部覆奏之月日也。证之诸书及三编，平断藤，平八寨皆在七月，而其平贼之月日皆见奏疏中。证之文成年谱，亦云"七月袭八寨、断藤峡，平之。"是以七月奏捷，九月奏至，故本纪系之九月中。三编改系之七月，则平贼月日也，今从之，并参据奏捷原疏中语。

42　八月，辛丑，河道侍郎潘希曾言："河流故道非一，其大者有三：一孙家渡经长淮卫趋淮入海；一赵皮寨经符离桥出宿迁小河入海；一沛县飞云桥经徐州趋淮入海。孙家渡、赵皮寨乃上流之支河，飞云桥乃下流之支河。弘治以前，三支分流，会于淮而入于海，故徐、沛无患，漕渠不淤。今上流二支俱就埋塞，全河东下，并归于飞云桥一支，于是决堤壅沙，大为漕患。今日之计，急宜疏上流。近因赵皮寨开浚未通，疏孙家渡口以杀河势，请敕河南巡抚潘埙，督管河副使调集夫役，选委职官，亟为疏浚，克期成工。"上是其议，从之。

　　希曾又言："漕渠庙道口以下忽淤数十里者，由决河西来，横冲口上，并掣闸河之水，东入昭阳湖，致闸水不南，而飞云桥之水时复北漫故也。今宜于济、沛间加筑东堤以遏入湖之路，更筑西堤以防黄河之冲，则水不散漫，而庙道口可永无淤塞之虞。"上亦从之。

43　壬子，免河南彰德、卫辉、怀庆等府被灾税粮。

44　是月，大学士杨一清乞休。

　　初，一清再相，由张璁、桂萼力，既入阁，倾心下二人。

而璁终以压于一清，不获尽如意，遂相龃龉。及聂能迁论戍，璁以拟旨轻恨一清，至斥为奸人鄙夫。一清因再疏引退，且刺璁隐情。上手诏慰留，因极言"璁自伐其能，恃宠不让，良可叹息！"璁见上忽暴其短，颇愧沮。

45 兵部尚书李承勋，以疾三疏乞休，且陈时事，略言："近日山西潞城贼，以四道兵讨之，不统于一人，故无功。川、贵芒部之役，措置乖方，再胜再叛，宜命伍文定深计，毋专用兵。圭、沛河工，二年三易大臣，工不就，宜令知水利者各陈所见，俾侍郎潘希曾度其可否。"末言："治天下在决壅蔽之患以通上下之情，请仿唐、宋轮对、次对故事，不时召见大臣。"上不允辞，下其议于所司。

46 是科，定各省主试皆遣京官或进士，每省二人，用张璁议也。

初，两京房考亦皆取教职，至是命各加科、部官一员阅两科，两京房考，科、部皆罢之。

47 九月，甲戌，王守仁奏捷至京师，并经略断藤、八寨事宜。

先是上以平思、田功，遣行人赍敕奖赉。会守仁已平广西，遂以疾陈请解职，不许。【考异】守仁奏断藤、八寨之捷在七月，越两月始达京师，故实录据之。至上以思、田功赐敕奖赉据年谱，"九月八日，行人冯恩赍敕至镇"，则守仁疏谢及引疾皆在此时。今据年谱次于是月甲戌之下。

48 庚辰，吏部议，以"两广既平，江西无事，请裁革巡抚江西官。"从之。

49 壬午，振浙江杭、嘉、湖三府灾，诏"于兑军运内量留二十万石,及拨南京仓粮六万石、徐州仓粮四万五千石分振之。"【考异】明史本纪,"是月壬午,振嘉兴、湖州灾。"明史稿,"振杭、嘉、湖灾",证之实录亦云,疑本纪脱去"杭州"二字也,今从史稿。

50 癸未,以各处灾伤,敕下廷臣讲求宽恤事宜。并命礼部尚书方献夫汇书天下灾异进览,以存儆戒。

51 丙戌,上以诸军讨潞城贼久无功,欲罢兵以俟其自定,阁臣杨一清、张璁等皆以为不可。乃召常道还,改保定巡抚王应鹏于山西代之,并兼提督雁门关等处。

52 甲午,召都御史伍文定还。

先是尚书李承勋,以芒部用兵为非计,而御史杨彝,复言"芒部改土易流非长策,又时值荒馑,小民救死不赡,何能趣战!"上亦轸念灾伤,令"罢芒部兵,俟有秋再议征讨,仍命沐绍勋会川、贵镇、巡官区处以闻。"

53 冬,十月,辛丑,小王子复犯宣府,总兵赵瑛击却之。

时我军死伤略相当,而寇仍驻近边谋再入,敕镇、巡官严备之。

54 丁未,皇后陈氏崩。

上性严厉,后以被谴,惊悸堕娠,遂不起。

礼部奏丧仪,"上服十三日,群臣二十七日",上以皇太后在上,谕从杀。上素服御西角门十日,即御奉天门。群臣皆素服二十七日而除。

55 己未,寇犯庄浪,总督三边王琼分遣诸将邀击,前后斩首十级。

未几,寇复自红城子入掠,会三原主簿张文明解饷至,遂遇害。

56　闰月，庚午，册谥大行皇后曰悼灵皇后。

57　壬申，潞城平。

初，青羊山贼陈卿等闻官兵四集，乃逼胁近山居民，编为五甲，简其骁锐者，令其弟陈相、陈良等率七八百人御河南兵，自与其弟陈奉、陈访等率千余人御山西兵，各守险要，仍遣其党乘间掠河南、山西州县。都御史常道、潘埙，统山西、河南官兵，一驻潞城，一驻彰德，总兵官鲁纲，统直隶兵驻潞州，副使牛鸾，率山东枪手会之，分道并进。贼大败，其党殷得海等投降，卿窘迫，亦诣佥事陈大纲营降。父子家属俱为山东兵所俘，诸贼党斩获略尽，散其胁从者二千三百余人。

捷闻。兵科给事中夏言等言：“诸贼本皆良民，因常道抚剿失宜。鲁纲安坐潞州，未尝与贼会战，乃飞章报捷，诡为己功，俱宜议罪。其他有功及失事官吏，请遣给事中一员驰诣军门，会同抚、按官分别以闻。”从之。

58　壬午，礼部奏大行皇后梓宫发引及山陵事宜。

时已卜葬皇后于袄儿峪，上以礼官所定如“百官哭临及禁屠、撤乐皆于发引三日之前，梓宫出当于端门行辞祖礼，从午门等中门出”，凡此之等，悉令从杀，哭临止于一日，辞祖亦从罢免，而梓宫命由左王门出。

于是礼科给事中王汝梅上言：“皇后正位七载，齐体至尊，生以礼归，没不以礼葬，非所以重大伦，为万世法，请更议。”报曰：“所言具见忠爱，但未权其轻重耳。”

已而给事中徐景嵩言："哭临、辞祖之仪，臣固未敢轻议。若梓宫出门，乃万姓瞻仰所系，王门之议，臣心实不敢安也。"诏如前旨。

59 是月，兵部尚书王时中罢。

初，时中代李钺为尚书，中官黄英等多所陈请，时中皆执不可。比引疾，数月复任，以叙蓟州平盗功，滥及通州守备鄢祐，为言官李鸣鹤等所劾。时中因乞休，且诋言者，复为给事中刘世扬等所劾。至是，上切责时中，令罢归听勘。

60 王守仁报断藤之捷，因言："庙廊诸臣，推诚举任，公心协赞，故臣得以展布四体，共成厥功。宜先行庙堂之赏，次录诸臣之劳。"上不悦。

先是上以守仁捷书示阁臣杨一清等，谓守仁自夸大，且及其生平学术，一清等不知所对。守仁之起由璁、萼荐，萼故不善守仁，以璁强之。后萼长吏部，璁入内阁，积不相下。萼暴贵，喜功名，风守仁取交阯，守仁辞不应。一清雅知守仁，而黄绾尝上疏欲令守仁入辅，毁一清，一清亦不能无移憾。

萼遂显诋"守仁征抚交失，赏格不行"，献夫及霍韬不平，上疏争之，言："诸猺为患积年，初尝用兵数十万，仅得一田州，旋复召寇。守仁片言驰谕，思、田稽首。至八寨、断藤峡贼，阻深岩绝冈，国初以来，未有轻议剿者，今一举荡平，若拉枯朽。议者乃言'守仁受命征思、田，不受命征八寨。'夫大夫出疆，有可以安国家，利社稷，专之可也，况守仁固承诏得便宜从事者乎？守仁讨平叛藩，忌者诬以初同贼谋,又诬其辇载金帛,当时大臣<u>杨廷和</u>、<u>乔宇</u>饰成其事,至今未白。夫忠如<u>守仁</u>,有功如<u>守仁</u>,一屈于<u>江西</u>,再屈于<u>两广</u>,臣恐劳臣灰心,将士解体,后此疆圉有事,谁复为陛下任!"疏上,报闻而已。

61 十一月,丁未,免<u>大名</u>、<u>广平</u>、<u>顺德</u>、<u>真定</u>被灾秋粮。

62 庚戌,免<u>宁夏镇</u>、所地方秋粮,仍发银振之。

63 乙卯,免<u>河南开封府</u>被灾秋粮。

64 丁巳,<u>伍文定</u>还自<u>贵州</u>,道<u>湖广</u>,请归省墓,许之。

65 丙寅,册立<u>顺妃张氏</u>为皇后。三编质实云:"皇后<u>张氏</u>,史不详其地望。"据毛奇龄肜史拾遗记,"后父<u>揝</u>,锦衣卫指挥金事。"

66 丁卯,<u>新建伯</u>兵部尚书<u>王守仁</u>卒于<u>南安</u>。

<u>守仁</u>在军中病笃,疏乞骸骨,举<u>郧阳</u>巡抚<u>林富</u>自代。不俟命竟归,行至<u>南安</u>卒,年五十七。丧过<u>江西</u>,军民无不缟素哭送者。

<u>守仁</u>天姿异敏,年十七,谒<u>上饶娄谅</u>,与论<u>朱子</u>格物大指。还家,日端坐讲读<u>五经</u>,不苟言笑。游<u>九华</u>归,筑室<u>阳明洞</u>中,泛滥二氏学,数年无所得。谪<u>龙场</u>,穷荒无书,日绎旧闻,忽悟格物致知当自求诸心,不当求诸事物,喟然曰:"道在是矣!"遂笃信不疑。其为教专以致良知为主,谓"<u>宋周</u>、<u>程</u>二子后,惟<u>象山陆氏</u>简易直捷,有以接<u>孟氏</u>之传,而<u>朱子</u>集注、或问之类,乃中年未定之说。"学者翕然从之,世遂有"<u>阳明</u>学"云。【考异】<u>文成</u>之卒,三编系之八年正月。质实云:"按<u>守仁</u>集所载年谱,'生<u>成化</u>八年九月三十日,卒于<u>嘉靖</u>七年十一月二十九日,年五十七。'<u>明实录</u>系之八年正月,盖赴告至京之月也。"按<u>实录</u>于大臣之卒,大都据赴告之月日书之。独<u>文成</u>无月日,但于八年正月升<u>林富</u>为副都御史

1802

巡抚两广条内,言"守仁举富自代,不候命即归,上怒其专擅"云云。下文即书云,"无何而守仁卒",是守仁乞骸骨之奏以正月至,而卒之月日不具,但于二月书"廷臣议守仁功罪"语。稽之黄绾文成行状,则言"文成讣至,桂萼方劾奏公养病之疏,乃令该司匿不举报,而参公擅离职役,军功冒滥等事",是文成无赴告月日之证也。三编所记,仍据林富代任两广条内语,今仍据年谱书之。谱言"公卒于十一月丁卯",丁卯即十一月二十九日,明儒学案所载亦同。附识于此。

67 是月,改胡世宁为兵部尚书,加太子太保。以南京刑部尚书高友玑为刑部尚书。

68 初,土尔番之据哈密也,廷议闭关绝其贡,四年矣。及陈九畴得罪,张璁、桂萼请起故尚书王琼督边,乃释还九畴所拘系前后番使数十辈,且许之通贡,议已定。番酋伊兰者,即牙兰。本曲先卫人,幼为番掠去,长而黠健,阿里即阿力,一作阿尔。以妹妻之,握兵用事,久为西陲患。本年夏,以获罪其主,率所部二千人降,边臣处之内地。莽苏尔怒,遂引卫拉特即瓦剌,一作威喇特,见前。犯肃州,为游击彭濬所败,乃遁走。复因赤斤使人持番文求贡,愿以哈密城易伊兰,词多悖慢。琼希璁、萼等指,必欲议抚,因言"番人悔罪,宜原情许之照旧通贡,以罢兵息民。"

于是詹事霍韬言:"番人(久)〔攻〕陷哈密以来,议者或请通贡,或请绝贡,圣谕'必有悔罪番文然后许'。今王琼译进之文,皆其部下小丑之语,无印信足凭。我遽许之,恐戎心益骄,后难驾驭。"时胡世宁主兵部,令详议以闻。

69 十二月,丙子,小王子复寇大同,大掠阳和、天城、平虏三卫及云、朔二州,指挥赵源战死。

70 壬午,下吏科都给事中刘世扬,给事中李仁于狱。

先是世扬等劾奏"詹事顾鼎臣,污庸贪佞,不足以当眷注,居启沃之任",并有"今日詹事,他日辅臣"之语。上诘曰:"詹事进辅臣,例出何年?"责令对状。世扬等引罪,上怒其狂妄奏扰,杖之。鼎臣内不自安,具疏论救,不许。

71 癸未,四川巡抚唐凤仪言:"乌蒙、乌撒、东川诸土官,故与芒部为唇齿。自芒部改流,诸部内怀不安,以是反者数起。今怀德长官阿济等,分设怀德等四长官司,事见五年。虽自诡禽贼,其心固望陇胜得一职以存陇后。臣请如宣德中复安南故事,俯顺夷情,则不假兵而祸源自塞。"川、贵巡按戴金、陈讲等奏如凤仪言。金又以"首恶如丑响、祖保等,宜剿诛以折其骄气,始下抚处之令,许生献沙保等,待阿济以不死。然后复陇胜故职,或降为知州。其长官或因,或革,或分隶,庶操纵得宜,恩威并著。"

章下所司,仍敕"四川、贵州镇、巡官宣谕诸土官,或有定乱长策,仍详议以闻。"【考异】事见明史土司传,证之实录,凤仪等上疏在是年十二月,其改流官复为土官在九年四月,今分书之。

72 是月,户部尚书邹文盛致仕,以户部侍郎梁材升任代之。

73 初,胡世宁之论救陈九畴也,欲弃哈密不守,言:"巴尔济久归土尔番,即还故土,亦其臣属,其他族裔无可继者。回回一种,逃附肃州已久,不可驱之出关。然则哈密将安兴复哉!纵得忠顺嫡派,畀之金印,助之兵食,谁与为守?不过一二年,复为所夺。益彼富强,辱我皇命,徒使再得城印，为后日要挟之地。乞圣明熟筹，如先朝和宁、交阯故事，置哈密勿问。如其不侵扰，则许之通贡，否则闭关绝之，庶不以外蕃疲中国。"詹事霍韬力驳其非。

至是世宁改掌兵部，上言："番酋变诈多端，方许之朝贡，而寇骑已至，河西几危，此闭关与通贡，利害较然。今琼等既言'寇薄我城堡，缚我士卒，声言大举以恐吓天朝'，而又言'番方惧悔，宜仍许通贡'，何自相牴牾？愿无堕其术中，弛我边备，斯可矣。伊兰本我属蕃，为彼掠去，束身来归。事属反正，宜即抚而用之，招彼携贰，益我藩篱。至哈密三立三绝，今其王已为番酋所困，民尽流亡。借使更立他族，彼强则入寇，弱则从番，难保为不侵不叛之臣。臣谓立之无益，适令番酋挟为奸利耳。乞赐琼玺书，令诘莽苏尔入寇状。如果事出卫拉特，则缚其人以自赎；否则羁其使臣，发兵往讨；庶威信并行，寇知敛戢。更敕琼为国忠谋，无狃于通番入贡，当以足食固圉为长久计。封疆幸甚！"上善其言。

会王琼再请通贡，张璁等主其议。自是番酋通贡如故，而哈密存亡遂置不问；河西稍获休息，而莽苏尔桀骜愈甚。

八年（己丑、一五二九）

1　春，正月，己亥，振山西旱灾，诏发太仓银给之。【考异】明史本纪书"正月己亥振山西灾"，明史稿"振山西旱灾"，证之实录，则云"振陕西旱灾"。按明史五行志，"嘉靖七年，陕西大旱。八年，山西及临洮、巩昌，俱旱。"是山、陕俱旱也。实录书"正月己亥振陕西旱，发太仓银七万"，又于戊午书"陕西岁饥,发太仓银十万",据此,则正月之振乃山西,恐实录抄本有误字,今仍据明史及史稿。惟史稿误"己亥"为"乙亥",乙亥乃二月干支,非正月也,今仍据明史。

2 乙巳,升林富为兵部侍郎兼佥都御史,巡抚两广,提督军务。

时守仁请疾奏甫至,上以其不俟命,责令具状。未几,守仁赴至京师,桂萼令所司匿不举报,遂劾"守仁擅离职役及处置思、田、八寨恩威倒置",并诋"守仁前奏江西军功冒滥",乃下廷臣议其功罪以闻。【考异】此据黄绾行状增入,盖桂萼之劾即在此时,逾月乃会议入奏也,今分书之。

3 庚戌,大祀南郊。

4 戊午,以灾异数见,敕谕群臣修省。

先是去年十二月长星见,光芒数丈,本年立春之日长星复见,白气亘天,加以各省灾伤迭奏。大学士杨一清等修弭灾急务数事以上,上嘉纳之,寻有是敕。

5 是月,兵部尚书胡世宁致仕。

世宁居兵部甫三月求去,上不许,免朝参。世宁又上备边三事,固称疾笃。至是凡三请,乃许之。

世宁初以议礼与张璁、桂萼合,二人德之,欲援以自助。世宁不肯附会,论事多牴牾。洎萼主吏部,世宁言:"今天变人穷,盗贼滋起,咎在吏、户、兵三部不得人,而兵部尤重。请避贤路。"又以哈密议,语侵璁,诸大臣多忌之。而上始终恩礼不替,赐敕、乘传、给廪夫如制。

归数月,复起南京兵部尚书,固辞不拜。逾年秋卒,赠少保,谥端敏。

6　二月,癸酉,以吏部尚书桂萼兼武英殿大学士,入内阁预机务。

萼素与张璁比,后皆用事,积不相下。及同居政府,遂致相失。

7　甲戌,诏停新建伯王守仁世袭,并恤典皆不行。

方桂萼之劾守仁也,上曰:"守仁擅离重任,非大臣事君之道,况其事功学术亦多可议。"于是萼会廷臣议,言:"守仁事不师古,言不称师。欲立异以为高,则非朱熹格物致知之论;知众论之不予,则为朱熹晚年定论之书。号召门徒,互相倡和,才美者乐其任意,庸鄙者借其虚声,传习沿讹,悖谬弥甚。但讨捕奎贼,禽获叛藩,功有足录。宜免追夺伯爵以彰大信,禁邪说以正人心。"上从之,遂有是诏。

至隆庆初,廷臣多颂其功,诏赠新建侯,予伯爵世袭,谥文成。

8　丁丑,振湖广灾。

时湖广襄阳府大饥,巡按御史张禄绘饥民图以献,词甚惨切。时已有旨留显陵工银及贵州折兑银备振,上览禄奏,复命部臣再申前旨,"下所司多方处分,有奉行不力及作弊者,悉论如法。"

9　甲申,以经春久旱,上亲祷雨于南郊。乙酉,祷于社稷。

10　丙戌,十三道御史穆相等,以灾异陈八事。其二事一请宥谪降诸臣;一请清宫禁,谓"后宫女谒太多,阴气闭郁,亦足以致灾异,宜如贞观故事,大出宫女。"上以其事关君德,留中自裁。其六事为"理财用,停兴作,禁投献,均粮役,平狱情,清驿传",下所司议行。

11 是月,改方献夫为吏部尚书,代桂萼也。改李承勋仍为兵部尚书,代胡世宁也。以副都御史熊浃为右都御史,掌院事。

12 三月,丙申,葬悼灵皇后。

13 戊戌,巡抚河南潘埙奏:"河南大饥,近发帑银五万两,尚不足振。"诏"尽发河南司府仓库钱谷,不足则移山东临清、广积二仓米二万石益之。"

14 庚子,广东按察金事林希元条上荒政,略言:"救荒有二难:曰得人难,审户难。有三便:曰极贫之民便振米,次贫之民便振钱,稍贫之民便转贷。有六急:曰垂死贫民急馆粥,疾病贫民急医药,病起贫民急汤米,既死贫民急埋葬,遗弃贫民急收养,轻重囚系急宽恤。有三权:曰借官钱以粜籴,兴工作以助振,借牛种以通融。有六禁:曰禁侵渔,禁攘盗,禁遏籴,禁抑价,禁宰牛,禁度僧。有三戒:曰戒迟缓,戒拘文,戒遣使。"其纲有六,其目二十有三,各参酌古法,体恤民情。上以其疏切于救民,令有司酌量行之。

15 癸卯,调国子祭酒陆深外任。

先是上御经筵,深进讲孟子,讲罢,奏"讲章为内阁所改"。时鸿胪方赞行礼,上不悉闻,命之退。深上疏请罪,上始知之,曰:"此旧规也。汝有所见,当别疏具闻。"至是深言:"经筵讲章必送内阁裁定,是其意尽出阁臣,而讲官不过口宣之耳。此于大义深有未安,而感孚之道亦甚相远,请容臣等各陈所见,因以观臣等之浅深。更请自训诂衍绎之外,凡天下政事典章,得依经比义,条列陈奏,以仰裨圣学。"上以"深欺罔,下吏部参究",乃以"深不敬,当罪。"诏降一级,遂谪福建延平府同知。

16 甲寅,赐罗洪先等进士及第、出身有差。

17 是月,以礼部侍郎李时为本部尚书。

18 都御史伍文定罢。

先是文定还朝,仍掌院事。会四川巡按、御史戴金复上言:"叛酋芒部称乱之初,势尚可抚。而文定决意进兵,一无顾惜,飞刍挽粟,糜数十万。及有诏罢师,尚不肯已,又极论土酋阿济等罪,军民讹言,几复生变。臣愚以为文定可罪也。"尚书方献夫、李承勋因诋"文定好大喜功,伤财动众。"上怒,勒令致仕。

文定忠义自许,遇事敢为,不与时俯仰。芒部之役,愤小丑数乱,欲为国伸威,为议者旁挠,庙堂专务姑息,以故功不克就。

既归,逾年七月卒。天启初,追谥忠襄。

19 夏,四月,己巳,大学士杨一清等考选翰林院庶吉士,得胡经等二十人。

先是廷试授职,阁臣桂萼请"自一甲三人外,停选庶吉士。"一清及吏部尚书方献夫言:"馆阁为储才之地,于诸进士选俊异者,培养其间以备任使,祖宗之法,诚至善也。顷考选仅取唐顺之等三人,臣等以为少。"复增取胡经等二十人,疏其名上,即请命官教习,萼不敢执。一清等复请侍读、侍讲、修撰各增为三员,编修、检讨各增为六员,从之,并著为令。

20 庚辰,追赠江西安仁县阵亡医学训科倪洌,并录其子,命有司岁时祀之。

初,正德间,桃源贼寇安仁,洌挽弓捍敌,连发七矢中七贼。贼败去,复拥众来攻,洌身当一面,身被九枪,寻死。至是有司始以状闻,故有是命。

21 是月,命兵部尚书李承勋兼提督团营。

初,伍文定既罢,廷推,兵部侍郎王廷相、黄衷因言:"今方裁革冗员,团营似不必专官。"乃援正德初许进以兵侍兼督团营事,上是之,乃以命承勋。

22 五月,己酉,令"两京文职四品以上、翰林院五品及在外三品以上官,各举堪任知府者一人,翰、詹、科、道及在外五品以上各举堪任知州、知县者一人。所举不拘进士,凡举、监、吏员,皆令一体保荐。"

23 乙卯,免直隶顺天等五府被灾州县税粮。

24 是月,刑部尚书高友玑致仕,以南京刑部尚书周伦代之。【考异】友玑致仕,据年表,在四月,盖以治郭勋狱忤旨也。今类书之。

25 六月,戊辰,大学士桂萼进舆地图凡十有七,各有纪、叙,得旨留览。

26 己巳,陕西三边总制王琼奏:"小王子等拥兵十万谋入套,乞调大同游兵三千应援延绥等处";而大同镇、巡官亦奏:"北寇临边,恐乘虚突入,顾此失彼。"

兵部议:"东西二边一时告急,敌张虚声而令官军东西奔命,是自困也。宜留大同游兵于本镇,若延绥有警,听总制调度三边士马策应；<u>宣</u>、<u>大</u>两镇有警，责令镇、巡互相救援；万一寇势孔亟，然后<u>大同</u>、<u>延绥</u>分道应援，不可拘以常法。"从之。

27 是月，致仕少师<u>华盖殿</u>大学士<u>杨廷和</u>卒。

<u>廷和</u>卒后，一日，上问尚书<u>李时</u>："太仓所积几何？"对曰："可支数年，由陛下初年诏书裁革冗员所致。"上慨然曰："此<u>杨廷和</u>功，不可没也。"然终以议礼故衔之，故赠恤不行。<u>隆庆</u>初，复官，赠太保，谥<u>文忠</u>。【考异】<u>廷和</u>之卒，赠恤不行，故<u>实录</u>不具赴告月日，今据<u>明史</u>本传及<u>三编</u>书之。

28 秋，七月，甲午，下刑部郎中<u>魏应召</u>于狱。右都御史<u>熊浃</u>坐免。

时京师民<u>张福</u>，诉里人<u>张柱</u>杀其母，东厂以闻。刑部坐<u>柱</u>死，不服；<u>福</u>姊亦泣诉官，谓"母，<u>福</u>自弑之"，其邻亦为<u>柱</u>讼冤。至是<u>应召</u>复按实，如<u>福</u>姊言，具有左验，乃改坐<u>福</u>。于是东厂奏"法司妄出入人罪"，上怒，遂下<u>应召</u>狱。<u>浃</u>管院事，执奏如初，上愈怒，褫<u>浃</u>职。给事中<u>陆粲</u>、<u>刘希简</u>争之，上大怒，并下二人狱。侍郎<u>许赞</u>等遂抵<u>柱</u>死，<u>应召</u>及邻人皆遣戍，杖<u>福</u>姊百，人以为冤。

时上方疾<u>孝</u>、<u>武</u>两后家，<u>柱</u>乃<u>武宗</u>后家<u>夏氏</u>仆，故上必欲杀之云。

29 乙未，兵科给事中<u>孙应奎</u>，上疏劾大学士<u>杨一清</u>，遂及<u>张璁</u>、<u>桂萼</u>，且言："<u>萼</u>以枭雄之资，鹰鸷之性，作威福而沮抑气节，援党与而胁制言官；私其亲故，政以贿成，使天下敢怒而不敢言。请陛下鉴别而去留之。"

于是一清求去益力,且言:"今日持论者尚纷更,臣独主安静;尚刻核,臣独主宽平;用是多龃龉,愿避贤者路。"上复优诏答之。自是一清与璁、萼皆不安于位,而攻璁、萼者四起。

30 癸丑,礼科给事中王准,劾"张璁所举通州参将陈璠,桂萼所举御医李梦鹤,皆私人,宜罢斥。仍戒璁、萼勿私偏比,以息人言。"行人司副岳伦相继论劾,上命所司查奏。

先是萼乞休,不允;至是璁复称疾,上皆慰留之。

31 八月,乙丑,提督两广林富上言:"迩者诏下广东采珠,闻祖宗时率数十年而一采,未有隔两年一采如今日者也。盖珠之为物,一采之后,数年始生,又数年始长,又数年始老,故禁私采数采,所以生养之也。自天顺年间采后,至弘治十二年方采,珠已老,故得之颇多;正德九年又采,珠已半老,故得之稍多;至嘉靖五年又采,珠尚嫩小,故得之甚少。今去前采仅二年,珠尚未生,恐少亦不可得矣。五年之役,病死溺死者五十余人,而得珠仅八十两,天下谓'以人易珠',恐今日虽以人易珠亦不可得。"给事中王希文言:"雷、廉珠池,祖宗设官监守,不过防民争夺。正德间奄宦用事,传奉采取,流毒海滨。陛下御极,革珠池少监,未久旋复。驱无辜之民,蹈不测之险,以求不可必得之物,而责以难足之数,非圣政所宜有。"皆不纳。【考异】采珠事见明史食货志,证之实录,在八月乙丑,今据书之。惟五年采珠,据实录得珠八千八百余两,而志中作八十两,相去远甚。按志言、弘治十二年获珠二万八千两,此珠老最多之数也。其后隆庆六年广东采珠八千两,万历间广东采珠五千一百余两,是八千余两之珠,亦中数耳。志言"五年采珠仅得八十余两",恐"十"字仍系

"千"字之误也。今据明史食货志书之,附识其异于此。

32　丙子,张璁、桂萼罢。

先是王准劾"璁、萼引用私人",上已心动,顾虽厌萼而眷璁不衰,温旨慰谕。

于是同官工科给事中陆粲不胜其愤,上疏曰:"璁、萼凶险之资,乖僻之学,曩自小臣赞大礼,拔置近侍,不三四年,位至宰弼,恩隆宠异,振古未闻。乃敢罔上逞私,专权招贿,擅作威福,报复恩仇。璁很愎自用,执拗多私。萼外若宽迂,中实深刻。忮忍之毒,一发于心,如蝮蛇猛兽,犯者必死。臣姑举数端言之:

萼受尚书王琼赂巨万,连章力荐,璁从中主之,遂得起用。昌化伯邵杰,本邵氏养子。萼纳重贿,竟使奴隶小人滥袭封爵。萼所厚医官李梦鹤,偶托进书,夤缘受职,居室相邻,中开便户往来,常与萼家人吴从周等居间,又引乡人周时望为选郎,交通鬻爵。时望既去,胡森代之,森与主事杨麟、王激,又辅臣乡里亲戚也。

铨司要地,尽布私人,典选仅逾年,引用乡故不可胜数。如致仕尚书刘麟,其中表亲也;侍郎严嵩,其子之师也。佥都御史李如圭,由按察使一转径入内台;南京太仆少卿夏尚朴,由知府期月遂得清卿;礼部员外郎张敔,假律历而结知;御史戴金,承风搏击,甘心鹰犬;皆萼姻党,相与朋比为奸者也。礼部尚书李时,柔和善逢,猾狡多智;南京礼部尚书黄绾,曲学阿世,虚谈眩人;谕德彭泽,夤缘改秩,蹦跕清华;皆阴厚于璁而阳附于萼者也。

瑰等威权既盛,党与复多,天下畏恶,莫敢讼言。不亟去之,凶人之性不移,将来必为社稷患。”

疏入,上大感悟,罢瑰、萼,列其罪状。而以粲、准职司纠弹不早发,诏与萼所私李梦鹤等俱下法司逮问。寻命瑰驰驿去。

33 壬午,上亲祀山川诸神。

先是上谕礼部:“太祖高皇帝初定祭祀之条,稽之皇明祖训,山川诸神之祭,皆无遣代之者;后以出入不便,命官行礼。今灾变多端,宜祷于神以祈转化。是年秋祭山川诸神,朕欲亲往,令礼官具仪以闻。”是日,车驾出郊,祭山川坛,礼毕还宫。并下所司,著之令典。

34 是月,以工部侍郎章拯为本部尚书,南京兵部尚书王宪为都察院左都御史。

35 张瑰,桂萼之罢政也,其党霍韬攘臂曰:“张、桂行,势且及我矣!”遂上疏,谓“言官陆粲等,受杨一清指使;臣与瑰、萼皆以议礼进,二臣去,臣不得独留。”并及一清受张永、萧敬贿。一清再疏辨,乞罢,上慰留之。

而是时瑰已行抵天津,九月,癸巳,遣行人周襗赍手敕召瑰还。于是杨一清复上疏乞骸骨,仍慰留之。

36 乙未,工科给事中刘希简言:“张瑰、桂萼之去,言官论劾,实出自上裁。而霍韬乃肆为欺谩之词,谓出自大学士杨一清鼓喉言官攻击瑰、萼。夫辅臣去留,系国家大事,岂言官为人所使,可以击去之邪? 孔子谓少正卯行僻而坚,言伪而辨,韬乃少正卯之流也。愿陛下戒韬以人臣之理,

毋得鼓煽私说以惑乱聪明。"疏入，上怒，命锦衣卫逮送镇
抚司。

37 辛丑，谪行人司副岳伦为山东主簿，给事中王准为云
南典史，工科给事中陆粲为贵州驿丞。三编质实："按明史孙应
奎传，'嘉靖十一年，大计天下庶官，王准调富民典史。应奎言'都御史汪鋐为
璁、萼修隙，诬以不谨而黜之。乞复准官。'吏部尚书王琼亦言"准当黜"，乃谪
应奎高平县丞。'是谓准以大计谪典史，不以劾璁、萼也。然考陆粲王准合传
云，'璁、萼罢，准亦下吏，谪富民典史，稍迁知县。汪鋐希璁指，以考察罢之。'
则准实以劾璁、萼谪官。至十一年，又以大计论黜。孙应奎传误合为一事
耳。"按实录亦系降王准典史于是月，正劾璁、萼后事，质实之语是也，今据
书之。

38 癸卯，霍韬疏乞给假省母，不许。

时法司治萼私人狱犹未解，韬揣上意已变，狱可反，乃
复攻一清，并诬"法司承一清指罗织成萼罪"。上责刑部尚
书周伦不能从公审断，改令三法司会同锦衣卫、镇抚司
杂议。

乙巳，改伦为南京刑部尚书，以刑部侍郎许赞为本部
尚书。

越五日，赞等议上如韬言，"请罢一清令致仕。"上令一
清自陈。张璁再上密疏，引一清赞礼功，乞赐宽假，实以坚
上意，俾速去。癸丑，一清复上疏致仕，许之。

寻法司论"李梦鹤等假托行私，与萼无异。"诏"削梦
鹤籍，吴从周等论罪。萼复散官，仍令致仕。"

39 乙卯，夺科道刘世扬等四十九人俸各三月。

上以"杨一清有罪，科道曾无一人言之，非附则畏，令

俱从实陈状。"乃从轻薄责。

40 是月,免两畿、河南被灾税粮,振江西、湖广饥。

41 先是北寇以数万骑犯宁夏,已,又犯灵州,总制王琼督游击梁震等击之,邀斩七十余人。是秋,琼集诸道精卒三万按行塞下,寇闻风远遁,耀兵而还。

初,南京给事中丘九仞劾琼,上慰留之。及璁、萼罢政,诸劾璁、萼党者咸首琼,乃令致仕。及璁等复用,上乃寝前诏,赐敕慰留。会番大掠临洮,琼集兵讨笼板尔诸族,焚其巢,斩首三百六十,降七十余族。录功,加太子少保。

42 十月,癸亥朔,日有食之。

刑部员外郎邵经邦上疏言:"兹者正阳之月,有日食之异,质诸小雅十月之篇,变象悬符。说诗者谓'阴壮之甚,由不用善人,而其咎专归皇父。'然则今之调和燮理者,得无有皇父其人乎?迩陛下纳陆粲言,命张璁,桂萼致仕;寻以璁议礼有功,复召辅政;人言藉藉,陛下莫之恤也。乃天变若此,安可勿畏!夫议礼与临政不同,议礼贵当,临政贵公。正皇考之徽称以明父子之伦,礼之当也;虽排众议,任独见,而不以为偏。若夫用人行政,则当辨别忠邪,审量才力,与天下之人共用之,乃为公耳。今陛下以璁议礼有功,不察其人,不揆其才,而加之大任,似私议礼之臣也;私议礼之臣,是不以所议者为公礼。夫礼为至公,乃可万世不易;设近于私,则固可守也,亦可变也。陛下果以尊亲之典为至当,而欲子孙世世守之乎?则莫若于诸臣之进退一付诸至公。优其赉予,全其终始,以答其议礼之功;而博求海内硕德重望之贤，以弼成正大光明之业，则人心定，天道顺，俾万年之后，庙号<u>世宗</u>，子孙百世不迁，顾不伟与！如徒加以三公之任，使之履盈蹈满，犯天人之怒，亦非<u>璁</u>等福也。"

上大怒，立下镇抚司拷讯。狱上，请送法司拟罪，上曰："此非常犯，不必下法司。"遂谪戍福建镇海<u>卫</u>。【考异】据原疏言，"万世之后，称为<u>世宗</u>。"用<u>贾谊治安策</u>语耳。<u>沈氏野获编</u>乃谓"<u>经邦</u>敢于人主生前，辄拟谥号，与<u>曹魏</u>大臣预尊<u>明帝</u>为<u>烈祖</u>，同贻千古笑柄"，盖误会<u>经邦</u>奏词，而不知其泛论也。然谓"世宗"二字已默契圣衷，则<u>世宗</u>他年之罢<u>世庙</u>，此似其张本也，见后五十六卷<u>嘉靖</u>十五年下。

43 己巳，诏除外戚世封。

先是安昌伯<u>钱维圻</u>卒，其庶兄<u>维垣</u>请嗣爵，下吏部议。至是尚书<u>方献夫</u>等，言"外戚之封不当世及"，历引<u>汉</u>、<u>唐</u>、<u>宋</u>事以证。上善其言，诏："自今外戚封爵者，第终其身，毋得请袭。"自是外戚永绝世封。著为令。

44 是月，复以旱蝗，免<u>顺天</u>、<u>永平</u>等府及<u>陕西临</u>、<u>巩</u>等府夏税及<u>山东</u>秋粮。

45 礼部汇上四方灾异，因言："今岁蠲振，比之他岁尤多。伏愿密察于天人之际，考其感召之由，以博大为心，宽平为政；审于听言，慎于用人；振贫穷，恤刑狱，一政令，守成宪。敕谕臣工，毋嫉忌以伤国体，毋苛刻以损元气。崇廉让之节，敦长厚之风，共求所以弭灾之策而次第行之。"上纳其言，因戒诸臣："各宜体国奉公，痛加惩艾，以消天变。"

46 初，<u>王守仁</u>既平<u>思</u>、<u>田</u>，议设流官，又议移<u>南丹卫</u>于<u>八寨</u>，改<u>思恩</u>府城于<u>荒田</u>，改设<u>凤化县</u>治于<u>三里</u>，添设流官县

于思龙,增筑五镇城堡于五屯。及侍郎林富继之,又言:
"田州界居南宁、泗城,交通云贵、交阯,为备非一,不宜改
设流官。南丹卫设在宾州,既不足以遥制八寨,迁八寨又
不得以还护宾州。为今日计,独上林之三里守仁所议设县
者,可迁南丹卫于此。夫设县则割宾州之地以益思恩,是
顾彼而失此也;迁卫则扼八寨之吭以还护宾州,是一举而
两得也;然不宜属田州而仍属南宁为便。"其议与守仁颇有
异同,诏从其言。

47 十一月,丙申,河南道御史刘安上疏言:"治可以缓图
而不可以急效。以急切之心行督责之政,指摘臣下,或既
出而复返,或方信而忽疑。以致大小臣工救过不暇,若有
不安其位者。夫安其位,乃可以行其志;位既不安,孰能为
陛下建长久之计,进治安之策哉!"

疏入,上以安要名卖直,烦渎奏扰,下锦衣卫杖鞫。兵
科给事中胡尧时论救,上怒其回护,并下锦衣卫逮问。寻
谪安为江西典史,尧时湖广主簿。

48 庚子,召桂萼复入阁。

时史馆儒士蔡圻,窥上意必复用萼,因疏讼萼功,请召
还。乃赐手敕,以内阁乏人,令照旧供职。并令抚按官催
趣上道。萼未至,国子生钱潮等复请趣萼,上怒曰:"大臣
进退,幺麽敢与闻邪!"遂追论圻,并下吏。【考异】召桂萼在是
年十一月。证之七卿表,萼以明年四月至京,三编统系之召萼下。圻等下狱,
盖在萼未至前也。今汇书之。

49 给事中刘世扬等以灾异上陈八事:"一曰养和德以培
治本,二曰消嫌疑以广忠荩,三曰久大任以责治效,四曰广

1818

起用以资久任,五曰褒廉介以励风俗,六曰戒奔竞以养气节,七曰重巡按以安地方,八曰复言路以重朝廷。"其褒廉介一事,言"故南京户部尚书林泮,大学士石珤,俱有清节,未能得谥。而故工部尚书李鐩,以国之盗臣,身后遗金夤缘,遂得赐谥。乞或追谥以一行,或削谥以儆贪。"上怒其徇私欺妄,谓"石珤有谥已久,乃言无谥;李鐩夤缘得谥,何以不早举奏?"乃谪世扬为江西布政司。

50 甲辰,免浙江杭州等府被灾税粮,仍敕守巡等官开仓振之。

51 戊申,上躬祷雪于南郊。己酉,祈于社稷。是日,雨雪。丁巳,上亲诣郊坛告谢,百官表贺。

52 十二月,辛未,都察院右都御史王宪罢。

先是寇犯大同、朔州,边臣告急。兵部议"仿先朝许进、刘大夏故事,特遣素谙边务大臣一人,赴宣大及偏头关等处提督军务,假以便宜,事毕还京。"于是李承勋等会推宪,宪称病不欲行;众固推之,宪拒益力。给事中夏言语宪曰:"都御史宜慨然奉命一行。万一事急,即本兵亦宜请行。"承勋应曰:"然。"宪竟不从。言及御史赵廷瑞,劾"宪临事避难,非大臣体。"上怒,乃罢宪冠带闲住。

已,廷议更推兵部侍郎王廷相、刑部侍郎汪鋐,会边事稍宁,报罢。

53 丙子,免山西太原、平阳等府及南直隶凤阳、扬州等府被灾秋粮。

54 乙酉,诏发预备仓振真定等府饥。

明通鉴卷五十五

江西永宁知县当涂 夏　燮 编辑

纪五十五 起上章摄提格（庚寅），尽玄黓执徐（壬辰），凡三年。
世宗肃皇帝

嘉靖九年（庚寅、一五三〇）

1　春，正月，丁酉，大祀南郊。

2　丙午，始作先蚕坛于北郊，从吏科都给事中夏言议也。

初，言奉诏查勘顺天田，"请改后宫附郭庄田为亲蚕厂、公桑园，"上是其言，下廷臣议，未及举行。至是言复奏："农桑之业，衣食万人，不宜偏废。请敕礼官会议兴作。"上令廷臣考求古制。

于是大学士张璁等"请于安定门外建先蚕坛"，詹事霍韬以道远争之。户部亦言："安定门外近西之地，水源不通，无浴蚕所。皇城内西苑中，有太液琼岛之水。考唐制在苑中，宋亦在宫中，宜仿行之。"上谓"唐人因陋就安，不可法。"礼部尚书李时等言："大明门至安定门，道路遥远，请凤辇由东华、玄武二门。"因条上四事："一治茧之礼，二坛壝之向，三采桑之器，四掌坛之官。"上从其议，命"自<u>玄武门</u>出，内使陈仪卫军一万人，五千围坛所，五千护于道。余如议。"【考异】<u>明史本纪</u>，据<u>实录</u>系之正月，盖据廷议及下诏之月日也。三月丁巳，皇后亲蚕于北郊，是以正月议礼，三月行之。而<u>通纪</u>、<u>从信录</u>诸书皆系之二月，非，今据<u>明史</u>分书之。

3 丙辰，兵部尚书<u>李承勋</u>言："耕藉亲蚕之事，<u>三代</u>以下非无行之，而草率文具，不足称述。惟<u>汉文帝</u>二年诏开藉田，赐天下民田租之半，其时衣食滋殖，刑罚罕用。伏望陛下取以为法，因此二事而思小民衣食之孔艰，皆以重本抑末为主。燕闲之际，见帷幄服御之类，即思曰：'得无有制锦绣，作淫巧，以害女红者乎？'见器用车骑之类，即思曰：'得无有进珠玉，事侈靡，以病农事者乎？'享玉食之费，即思曰：'凶年饥岁，得毋有因衣食而不安于田里者乎？'有司以成狱上谳者，即思曰：'得无有刑罚过于德化，使赤子无所措手足乎？'察中外臣工实心爱民者进之，虚浮无实者黜之。又，藉田隙地皆可耕种，官道之旁皆可植桑，宜饬有司，田地荒芜者，召人承佃而宽其租赋；逃移失所者，招回复业而贷以牛种。有益于农桑者，无一不举；有妨于农桑者，无一不去。则衣食足而礼让兴，教化隆而刑罚措矣。"上嘉纳之，下所司议行。

4 丁巳，振<u>山西</u>饥。

是月，谕礼部曰："天地至尊，次则宗庙，次则社稷。今奉祖配天，又奉祖配社，此礼官之失也。宜改从<u>皇祖</u>旧制，太社以<u>句龙</u>配，太稷以<u>后稷</u>配。"乃以更正社稷坛配位礼告太庙及社稷，遂藏二配位于寝庙，更定行八拜礼。其坛在西苑幽风亭之西,始名曰西苑土谷坛。明年,上以土谷亦社稷之常称,无以别于太社、太稷,乃采帝藉之义,改为帝社、帝稷,以上戊明日祭。后改次戊,若次戊在望后,则仍用上巳,春告、秋报为定制。

5　二月,戊辰,上祭社稷毕,出,郊祭先农,亲耕藉田。

6　乙亥,振京师饥。

时畿府旱灾,流民皆入京师求食,道殣相望。乃诏都察院:“分别收养振粥,俟春和,丁壮遣归,老疾仍留之。”御史傅汉臣“请敕有司奉行,察不以时者逮之。”

7　丁丑,禁官民服舍器用逾禁,从都御史汪鋐之请也。

8　是月,命大学士张璁会给事中夏言议郊祀礼。

初,上既定明伦大典,益覃思制作,凡郊庙百神,皆欲斟酌古法,厘正旧章。乃问璁曰“书称‘燔柴祭天’,又曰‘类于上帝’。孝经曰:‘郊祀后稷以配天,宗祀文王于明堂以配上帝’,以形体主宰之异言也。朱子谓‘祭之于坛谓之天,祭之屋下谓之帝。’今大祀有殿,是屋下之祭帝耳,未见有祭天之礼也。况上帝皇地祇合祭一处,亦非专祭上帝。”璁对言:“国初遵古礼分祭天地,后又合祀。说者谓‘大祀殿下坛上屋,屋即明堂,坛即圜丘。’列圣相承,亦孔子从周之意。”

上复谕璁曰:“二至分祀,万代不易之礼。今大祀殿拟周明堂或近矣,以为即圜丘,实无谓也。朕意南北分郊,庶侔古制。”

又论祀日月礼,谕璁曰:“日月照临,其功甚大,岁一从祀,义所不安,当并建东西郊,与南北郊而四。"璁以祖制既定,不敢决。

上锐欲定郊制,卜之奉先殿太祖前,不吉。乃问阁臣翟銮,銮具述因革以对。复问礼部尚书李时,时请少需月日,博选儒臣,议复古制。上复卜之太祖,不吉,议且寝。会言请举亲蚕礼,上以古者天子亲耕南郊,皇后亲蚕北郊,适与所论郊祀相表里,因命璁会言陈议。

言乃上疏言:"国家合祀天地及太祖、太宗之并配,诸坛之从祀,举行不于长至而于孟春,俱不应古典。宜令群臣博考诗、书、礼经所载郊祀之文,及汉、宋诸儒匡衡、刘安世、朱熹等之定论,以及太祖国初分祀之旧制,陛下称制而裁定之。此中兴大业也。"

言疏入未下,礼科给事中王汝梅等上书,极诋言说非是,上切责之。乃敕谕礼部:"会廷臣各陈所见,限十日内以闻。"已,又摘举汝梅等原疏,以"召诰中郊用二牛,谓明言合祭天地;不知用二牛者,一帝一配位,非天地各一牛也。又或谓天地合祀,乃人子事父母之道,拟之夫妇同牢,亵慢已甚。又或谓郊为祀天,社稷为祭地,古无北郊;夫社乃祭五土之神,犹言五方帝耳,非皇地祇也。社之名不同,自天子以下,皆得随所在而祭之。故礼有亲地之说,非谓祭社即方泽祭地也。"于是始下言疏,称其"慎重国典,令礼部一并议行。"【考异】据实录,王汝梅等诋夏言说之非,时言疏尚未下,故世宗切责之,语谓"言以前月二十九日以大祀更议之说来上,今已过月,朕所以未下其奏于所司者,欲俟祭祀毕降敕施行。乃本月初五日,王汝梅等遽诋其非,此必有使之言者,借以窥测朕意耳。"据此,则汝梅等预见言奏稿而诋之,实则言奏尚未下也。今据实录书之。

9　三月，丙申，张璁录上郊祀考议一册，请自上裁。上并下之礼部，令"取太祖存心录及祭祀礼仪书，仍遵前旨会议以闻。"时詹事霍韬深非郊议，且言"分祀之说惟见周礼，莽贼伪书，不足引据。"上览奏，大不悦。

于是夏言复奏："周礼一书，于祭祀为详。大宗伯以祀天神，则有禋祀、实柴、槱燎之礼；以祀地祇，则有血祭、貍沈、疈辜之礼。大司乐冬至日地上圜丘之制，则曰礼天神；夏至日泽中方丘之制，则曰礼地祇。天地分祀，从来久矣。故宋儒叶时之言曰：'郊丘分合之说，当以周礼为定。'

今议者既以大社为祭地，则南郊自不当祭皇地祇，何又以分祭为不可也？合祭之说，实自莽始；汉之前皆主分祭，而汉之后亦间有之。宋元丰一议，元祐再议，绍圣三议，皆主合祭而卒不可移者，以郊赍之费每倾府藏，故省约安简便耳，亦未尝以分祭为非礼也。

今之议者，往往以太祖之制为嫌为惧，然但知合祭乃太祖之定制为不可改，而不知分祭固太祖之初制为可复；知大祀文乃太祖之明训为不可背，而不知存心录固太祖之著典为可遵。且皆太祖之制也，从其礼之是者而已。敬天法祖，无二道也。

周礼一书，朱子以为周公辅导成王，垂法后世，用意深切，何可诬以莽之伪为耶？且合祭以后配地，实自莽始。莽既伪为是书，何不削去圜丘方丘之制，天神地祇之祭，而自为一说耶？"

疏入,上嘉其发明古典,下之礼部,令折衷群议以闻。

10 庚子,下霍韬于都察院狱。

韬素护前,见夏言奏辨,上眷方深,不敢复渎,乃贻言书痛诋之,复录其草送法司。

于是言复上疏言:"韬为国近臣,同在议礼之列,既有定见,自当明目张胆,再三执奏,何必贻臣私书,又以书送三法司,其意何居?"上大怒,令法司从重治罪。韬从狱中上疏哀祈,张璁复两疏申救,皆不许。

11 辛丑,礼部集上群臣所议郊礼,奏曰:"主分祭者,都御史汪鋐等八十二人;主分祭而以慎重成宪及时未可为言者,大学士张璁等八十四人;主分祭而以山川坛为方丘者,尚书李瓒等二十六人;主合祭而不以分祭为非者,尚书方献夫等二百六人;无可否者,英国公张仑等一百九十八人。臣等祇奉敕谕,折衷众论,分祀之义,合于古礼。但坛壝一建,工役浩繁。礼,'屋祭曰帝',夫既称昊天上帝,则当屋祭。宜仍于大祀殿专祀上帝,改山川为地坛,专祀皇地祇,既无创建之劳,行礼亦便。"

上复谕:"当遵皇祖旧制,露祭于坛,分南北郊,以二至日行事。"言乃奏曰:"南郊合祀,循袭已久。朱子所谓'千五六百年无人整理',而陛下独破千古之谬,一旦举行,诚所谓建诸天地而不悖者也。"已而命户、礼、工三部偕言等诣南郊相择,南天门外有自然之丘,金谓"旧丘地位偏东,不宜袭用。"礼臣欲于具服殿少南为圜丘,言复奏曰:"圜丘配天,宜即高敞以展对越之敬;大祀殿享帝,宜即清閟以尽昭事之诚。二祭时义不同,则坛殿相去亦宜有所区别。乞于具服殿稍南为大祀殿,而圜丘更移于前,体势峻极,可与大祀殿等。"制曰:"可。"于是郊分南北制遂定。

初,南郊之祭,建文元年,改奉太祖配,洪熙改元,以太祖、太宗并配,至是言复上疏曰:"太祖、太宗并配,父子同列,稽之经旨,未能无疑。臣谓周人郊祀后稷以配天,太祖足当之;宗祀文王于明堂以配上帝,太宗足当之。"时礼臣集议,以为"二祖配享百有余年,不宜一旦轻改。"上乃降敕谕,"欲于二至日奉太祖配南北郊,孟春祈谷,奉太宗配上帝于大祀殿。"

于是张璁等言"二祖分配,于义未协",且录仁宗所降敕谕并当日告庙文以进。上复命集议于东阁。皆以为"太庙之祀列圣,昭穆相向,无嫌并列。况太祖、太宗功德并隆,圜丘大祀殿所祀,均之为天,则配天之祖,不宜阙一。臣等窃议,南北郊及大祀殿,每祭皆宜二祖并配。"上终以并配非礼,谕阁臣讲求。

璁等复言:"古者郊与明堂异地,故可分配。今圜丘、大祀殿同兆南郊,冬至礼行于报而太宗不与,孟春礼行于祈而太祖不与,心实有所不安。"上复报曰:"万物本乎天,人本乎祖,天惟一天,祖亦惟一祖。故大郊天之祀,止当以高皇帝配。文皇功德并隆,但开天立极,太祖肇之,如周之王业,武王实成之,而配天止以后稷,配上帝止以文王,不闻当时争辨功德也。"因命寝其议。

已而言复疏言:"虞、夏、殷、周之郊,惟配一祖;后儒穿凿,分郊、丘为二,及误解**大易**配考、**孝经**严父之义,以致**唐**、**宋**变古,乃有二祖并侑、三帝并配之事。望断自宸衷,依前敕旨。"报曰:"礼臣前引太庙不嫌一堂,夫祀帝与享先不同,此说无当。"仍令申议。

于是礼臣复上议,言:"大祀殿乃**太祖**所创,若不得侑享其中,恐**太宗**未安。请祀南北郊,以**太祖**独配大祀殿,仍二祖并配如故。"遂依拟行。【考异】诸书及**三编**均系议郊礼于五月。**明史**本纪书"五月己亥更建四郊",据实录兴工之月日也。其实议礼皆在二三月,而五月己亥,工部言"兴工次第,莫先圜丘,而方丘及东西二坛次之,先蚕坛又次之。"是兴工实始于五月,而四郊之议悉定于是年之春。今所叙次,悉据实录月日分书之。

12 乙卯,**延绥**大饥,命户部发帑银三万两,于**山西保德**、**汾州**等处籴米振之,从巡抚都御史**萧淮**之请也。

13 丁巳,皇后行亲蚕礼于北郊。祭先蚕礼毕,皇后亲诣采桑坛,公主及内外命妇从之。赐宴毕,还宫。逾月,蚕事告成,复行治茧礼。

14 夏,四月,乙丑,革**镇雄府**流官知府,复授**芒部**土裔**陇胜**为通判,署**镇雄府**事,令"三年后果能率职奉贡,准复知府旧衔。"兵部议覆巡抚**唐凤仪**之请也。**凤仪**请复**芒部**,见前卷八年。

15 丙寅,夺前大学士杨一清职。

初,**一清**与故太监**张永**善,至是**张璁**等憾**一清**不已,乃构朱继宗之狱,坐**一清**受**永**弟**容**金钱,为**永**志墓,又为**容**请世袭指挥。诏革**容**职,而贳**一清**勿问。

已而给事中**赵廷瑞**等复希**璁**指劾之,遂有是命。**一清**

大恨曰："老矣，乃为孺子所卖！"疽发背卒。遗疏言："身被污蔑，死不瞑目。"上闻而悼之。

一清博学，善权变。尤晓畅边事，羽书旁午，一夕占十疏，悉中机宜。晚为璁、萼所轧，不获以恩礼终。后数年，复故官。久之，赠太保，谥文襄。【考异】据三编，一清卒在是月，盖因夺职牵连并记也。通纪记一清卒于是年九月，而证之实录亦在九月，然实录所记亦据奏报之年月，若明臣言行录以为明年，则误也。今仍据三编，连夺职终书之。〇又按朱继宗，张永家人也。证之实录，继宗（许）〔讦〕奏，"永勘事江西时，盗宸濠库金二千两，以其半馈一清转升容等官职。下法司推鞫，得永存日馈一清生日贺金百两，及容求志墓折仪银二百两"，并无馈宸濠金事。此继宗狱之本末也。

16 丙戌，户部以延绥饥甚，先后奏请发帑银十五万两及延安等处仓粮振之。

17 南京御史邓文宪言："近者郊祀亲蚕之议，给事中夏言未必是，而詹事霍韬未必非。陛下赏言而罪韬，是奖谀而恶直也。"疏入，上以文宪附和，谪降边方杂职。

18 是月，桂萼行至徐州，以疾辞，不许；遂至京师，仍入阁办事。

19 五月，己亥，更建四郊。

时郊分南北制已定，而阁部诸臣，佥以日月从祭，本非朝日夕月之旧制，乃奏定"仍依春秋分分祭日月，而建朝日坛于朝阳门外，西向；夕月坛于阜城门外，东向。朝日无从祀，夕月以五星、二十八宿、周天星辰共一坛，南向，祔焉。"制曰："可。"于是工部尚书章拯等奏"兴工次第，请先圜丘，次方丘，次东西二坛，次先蚕坛"，从之。【考异】五月己亥，

《明史稿》作"壬寅"。《明史》据《实录》改，今从之。

20 己酉，擢夏言为都察院佥都御史，固辞，不拜。

时言以议郊祀蒙上眷，令监坛工。会延绥饥，言荐佥都御史李如圭为巡抚。吏部推代如圭者，上不用，再推及言。御史熊爵，谓"言出如圭为己地"，至比之张綵。上切责爵，令言毋辨。而言不平，更讦爵，且辞新命。上乃止，仍赐言四品服俸。

21 是月，吏部尚书方献夫引疾求退。

先是羽林指挥刘永昌劾都督桂勇，语侵桂萼及兵部尚书李承勋等。于是献夫言："国家进退人才，纠劾庶僚，付之部、院、科、道，祖宗以来，无敢出位妄言者。且五品以下司属，例不纠劾。永昌又武弁，非有言责，乃假以建言，阴图报怨，紊乱朝纲。请下法司逮问，毋令奸人以蜚语中伤善类。"上不悦，献夫因以疾请，诏慰留之。

22 六月，癸亥，立曲阜孔、颜、孟三氏学，从巡抚都御史刘节之请也。

取孔氏生员儒士为塾师，凡三氏子弟，立十六塾。八岁以上皆就塾，十五以上，提学官试其学业有成者，送入三氏学。仍立为廪、增、附生员名目，其廪、增人数，皆依州学例各三十名。

23 壬申，以真定府等处大旱，命太常寺官持香帛祷于北岳之神。是日，雨沾足。守臣以闻。

时上好言祥瑞，河南、四川等处皆献瑞麦，令荐之奉先等殿。尚书李时请表贺，不许；再请，许之。大学士张璁因作嘉禾颂以献。

24　初，河道侍郎潘希曾筑单、丰、沛三县长堤，次第告成。是夏，五月，【考异】据河渠志，三堤成在八年六月。孙家渡河堤成。

逾月，河决曹县，一自胡村寺东东南至贾家坝，入古黄河，由丁家道口至小浮桥入运河；一自胡村寺东北分二支：一东南经虞城至砀山，合古黄河出徐州；一东北经单县长堤，抵鱼台，漫为坡水，傍谷亭入运河，单、丰、沛三县长堤障之，不为害。

希曾言：“黄由归德至徐，入漕故道也。永乐间，浚开封支河达鱼台入漕以济浅。自弘治时黄河改由单、丰出沛之飞云桥，而归德故道始塞，鱼台支河亦塞。今全河复其故道，则患害已远；支流达于鱼台，则浅涸无虞。此漕运之利，国家之福也。”上悦，下所司知之。乃召希曾还京，以戴时宗为佥都御史代之。

自是丰、沛渐无患，而鱼台数溢。

25　秋，七月，戊子，下兵部主事赵时春于狱。

时春见上方以灾异修省，而希旨者诡言祥瑞，廷臣相率称贺，乃上疏曰：“陛下以灾变求言已旬月，而大小臣工率以浮词面谩。盖自灵宝知县言河清受赏，都御史汪鋐继进甘露。今副都御史徐瓒、训导范仲斌进瑞麦，指挥张楫进嘉禾，鋐及御史杨东又进盐花，礼臣李时再请表贺。仲斌等不足道，而鋐、瓒、东皆职司风纪，时典掌三礼，乃罔上欺君，坏风伤政，此小臣所以抚膺流涕而不能已于言也。若不严加禁遏，诚恐此风渐长，上下相蒙，甚非国家之福。”

疏入，上责其妄言，谓"时春既责大臣、科、道不言，彼必有说言善策，令条具以闻。"时春皇恐，引咎未对，谕趣之。

于是时春复上言："今之务，最大者有四，最急者有三。

最大者：曰崇治本。君之喜怒，赏罚所自出，勿以逆心之事为可怒，则赏罚大公而天下治。曰信号令。无信一人之言，必参之公论；毋狃一时之近，必稽之永远。苟利十而害一，则利不必兴；功百而费半，则功不必举。如是而天下享安静之福矣。曰广延访。宜仿古人轮对及我朝宣召之制，使大臣台谏侍从各得敷纳殿陛间，群吏则以其职事召问之。曰厉廉耻。大臣宜待以礼，取大节，略小过。台谏言，是者用之，非者宽容之，庶臣下自爱，不敢不励。

其最急者：曰惜人才。凡得罪诸臣，其才不当弃，其过或可原，宜沛然发命，召还故秩，且因南郊礼成，除谪戍之罪，与之更始。曰固边圉。败军之律宜严，临阵而逃者，裨将得以戮士卒，大将得以戮裨将，总制官得以戮大将，则人心震悚而所向用命。曰正治教。请复古冠婚丧祭之礼，绝醮祭祷祀之术。凡佛老之徒，敢有假引符箓，依托经忏，幻化黄白，飞升遐景，以干冒宠禄者，即赐遣斥，则正道修明而民志定。"上览之愈怒，遂下狱掠治，黜为民。

26 丙午，给事中孙应奎劾"尚书方献夫私其亲故大理少卿洗光、太常卿彭泽"，上不听，而谕献夫勿辩。光等视事如故。

越日，给事中夏言亦劾"献夫坏选法，徙张璁所恶浙江参政黄卿于陕西，而用璁所爱之党以平代之，复以邪回之彭泽逾等躐迁太常，及他所私昵，皆有交通贿赂迹。"上乃令卿等还故官。

于是献夫及璁皆疏辨，上重违二人意，复令卿等如前拟。

27 是月，桂萼、翟銮皆称病。给事中赵汉请敕致仕，并及张璁，上以"大臣进退，非所预闻"，令夺汉俸一月。

28 八月，甲子，免应天、太平、安庆、池州等府被灾税粮。

29 乙丑，给事中薛甲上言四事。其二正习俗以明体统，大略谓："先朝权臣窃柄，正气销亡，至于今日，遂成倾危之习。如刘永昌以武夫劾冢宰，张澜以军余劾勋臣，下凌上替，不知所止。愿存廉远堂高之义，俾小人不得肆攻讦。"章下吏部，献夫"请从甲言，敕都察院严禁吏民毋得诪张乱政，并饬两京给事、御史及天下抚、院官，论事先大体，毋责小疵。"当是时，上方欲广耳目，周知百僚情伪，得献夫议，不怿，报罢。

于是给事中饶秀劾甲阿附，"自刘永昌后，言官未闻议大臣，独夏言、孙应奎、赵汉议及璁、献夫耳。汉已蒙诘谴，言、应奎所奏，皆用人行政之失，甲乃指为毛举细故，而颂大臣不已。勋臣贪纵，亦不欲人言；即指张澜所劾事。必使大臣横行，群臣缄口。万一有逆人厕其间，奈何？"奏入，上心善其言，下吏部再议。

甲具疏自明，上恶其不俟部奏，命削二官，出之外。吏部谓"甲已处分，不复更议"，上责令置对，停献夫俸一月。

30 壬午，免江西被灾税粮。

31 甲申,命撤故少保姚广孝配享太庙。

先是上谕辅臣曰:"廖道南尝言姚广孝不宜配享太庙。夫广孝在我皇祖、太宗时,建功立事,配享已久,不宜遽更。但广孝系释氏之徒,使同诸功臣并食于德祖、太祖之侧,恐犹未安。"令礼部详议。至是尚书李时及阁臣张璁、桂萼等议,以"广孝功业,加以厚秩,赐以显爵,亦足酬其劳矣。若削发披缁,沾荣俎豆,则非所宜。宜如圣谕即行撤去,移祀于大兴隆寺,每岁春秋致祭。"上从之,仍命告于皇祖、太宗以行。

32 九月,辛卯,都御史汪鋐言:"西北沿边如甘肃、宁夏、延绥、大同、宣府等镇,每镇官军不下六七万人,又设墩台、城堡,守御之计,似无不周。然每当寇入,官军损伤动以千计,其故何也? 盖墩台初无遏截之兵,徒为瞭望之所,而城堡又多不备,所执兵器不能及远,往往覆败。臣前所进佛郎机铳,小如二十斤以下,远可六百步者,则用之墩台,每墩一铳,以三人守之;大如七十斤以上,远可五里者,则用之城堡,每堡三铳,以十人守之。五里一墩,十里一堡,大小相维,远近相应,足以收不战之功。然后按一镇之军士,核其墩堡守御之数,十用其一,已有余裕,分拨指挥、千、百户等官管领,仍行巡按、御史巡视稽考。余军悉以屯田,仍十取其一,更番操备于镇城,则不必调客兵,而常额之士且十可九耕。不必出内帑,开盐利,而屯田之入岁可数十万。"疏入,上嘉其筹边之善,命户、兵二部议行之。

33 壬辰,给事中高金请黜真人邵元节,元节封真人见五年。

略言:"陛下革<u>姚广孝</u>之配享,以其为<u>释氏</u>之徒也,大圣人之崇正黜邪如此。岂意有所谓真人<u>邵元节</u>者,误蒙殊恩以为圣治累邪!<u>夫元节</u>一道家流耳,因真人<u>李元晟</u>之请而波及之。纵使二人有阴翊皇度之功,酬之金帛足矣,岂可既赠其师而赐之祭葬,复荣其身而使之衣紫腰玉乎?臣以为<u>广孝</u>不可配享于太庙,则二人亦不可爵禄于圣朝。"疏入,上怒,令锦衣卫逮问。<u>元节令安心供修本教。</u>

34 诏裁革<u>云南</u>镇守太监,从巡按御史<u>毛凤诏</u>之请也。

<u>凤诏</u>言:"镇守中官本非<u>洪武</u>、<u>永乐</u>旧制,扰害地方,日甚一日。近陛下明见万里,取回太监<u>杜唐</u>,番民欢颂,有如更生。更乞悉追复祖宗旧制,将续差太监停止,以苏边徼之民。"

疏下兵部议覆:"<u>云南</u>自古羁縻之地,本系以夷治夷。近年用兵,军民受害。省官节用,正为今日之急务。宜如御史议,革之便。"从之。

35 乙未,免南畿被灾秋粮。

36 是月,<u>方献夫</u>致仕。

<u>献夫</u>累被劾不自得,两疏引疾,报许之,然犹虚吏部尚书位以待云。

37 冬,十月,丁巳朔,礼部奏宫中应行事宜及讲<u>女训</u>仪注。

初,上谕翰林院:"撮诸书关女教者,撰为诗言进呈,以备宫中诵咏。"又命"将<u>仁孝文皇后</u><u>内训</u>及<u>圣母章圣皇太后</u>所撰<u>女训</u>,通行翰林院讲读官,每月撰成<u>直解</u>各三章,仍引经传及<u>高皇后传</u>内事实互证,事取简明,以便女官记诵。"因定每月逢六之期,女官进讲三次,皇后率妃、夫人于<u>坤宁宫</u>听讲,并具仪注上之,报可。

38 辛未,<u>上</u>以更定郊制,命大学士<u>张璁</u>会礼部尚书<u>李时</u>等纂辑成书。

<u>璁</u>议"录礼文规制及诏书,不必杂以臣下之奏",上谓"此事廷议再三,不书臣下议论,无以示将来。"乃定编为三册,首载神位、礼器、坛制、祝词、乐舞、仪注之类,二三两册,则备书年月日敕谕及大小官员章奏。以<u>张璁</u>为正总裁官,又升<u>夏言</u>为翰林院侍讲学士,为纂修官之首。

39 更制<u>圜丘</u>坛成,上亲视于<u>文华殿</u>,召阁臣<u>张璁</u>同视。寻敕礼部上大祀<u>圜丘</u>仪注,即以本年冬至举行。定名<u>圜丘</u>坛殿曰<u>皇穹宇</u>。又手敕<u>璁</u>等,北郊及东西郊以次告成,皆及明年夏致祭之期。

40 是月,升都察院右都御史<u>汪鋐</u>为兵部尚书,提督团营,仍管院事。

41 十一月,癸巳,上因更定祀典,命儒臣纂辑成书,乃谕大学士<u>张璁</u>以次裁定,纂入书中。

<u>璁</u>因言:"先师祀典有当更正者,<u>叔梁纥</u>乃<u>孔子</u>之父,<u>颜路</u>、<u>曾皙</u>、<u>孔鲤</u>乃<u>颜</u>、<u>曾</u>、<u>子思</u>之父,今三人配享庙庭,<u>纥</u>及诸父从祀两庑,【考异】<u>纥</u>祀殿西,非从祀,此误也。原圣贤之心岂安!请于<u>大成殿</u>后别立室祀<u>叔梁纥</u>,而以<u>颜路</u>、<u>曾皙</u>、<u>孔鲤</u>配之。"

上以为然。因言:"圣人尊天与尊亲同。今笾豆十二

牲用犊，全用祀天仪，亦非正礼；其谥号章服，悉宜改正。"命礼部会翰林诸臣议。

编修徐阶以为不可改，上怒，谪阶官。乃御制正孔子祀典说，宣付史馆。张璁因作正孔子庙祀典或问奏之，上以为议论详正，并令礼部集议。

御史黎贯等言："太祖初正祀典，天下岳渎诸神皆去其号，惟先师孔子如故，良有深意。陛下疑孔子之祀上拟祀天之礼，'夫子之不可及也，犹天之不可阶而升，'虽拟诸天，亦不为过。自唐尊孔子为文宣王，已用天子礼乐，宋儒皆无异词；其辨孔子不当称王者，止元吴澄一人而已。伏望博考群言，务求至当。"时贯疏中言："莫尊于天地，亦莫尊于父师。陛下敬天尊亲，不应独疑孔子王号为僭。"上因大怒，疑贯借此以斥其追尊皇考之非，诋为奸恶，下法司会讯，褫其职。给事中王汝梅等亦极言不宜去王号，上皆斥为谬论。

于是礼部会诸臣议："人以圣人为至，圣人以孔子为至。宋真宗称孔子为至圣，其意已备。今宜于孔子神位题'至圣先师孔子'，去其王号及'大成文宣'之称。改大成殿为先师庙，大成门为庙门。其四配称'复圣颜子，宗圣曾子，述圣子思子，亚圣孟子'，十哲以下，凡及门弟子皆称'先贤某子'，左丘明以下皆称'先儒某子'，不复称公、侯、伯。遵太祖首定南京国子监规制，制木为神主，其塑像即令屏撤。春秋祭祀，遵国初旧制十笾十豆，天下各学八笾八豆，乐舞止六佾。至从祀之贤，不可不考其得失：申党即申枨，厘去其一；公伯寮、秦冉、颜何、荀况、戴圣、刘向、贾逵、马融、何休、王肃、王弼、杜预、吴澄罢祀；林放、蘧瑗、虑植、郑众、郑玄、服虔、范宁各祀于其乡；后苍、王通、欧阳修、胡瑗宜增入。"命悉如议行。行人薛侃议进陆九渊后祀，上亦从之。

于时两庑从祀凡九十一人。而敕天下学官别建启圣公祠，春秋祭祀与文庙同日。遂为定制。

辛丑，颁示天下。【考异】更定文庙祀典及从祀先贤、先儒人名，俱详明史礼志，而三编质实尤详核云。

三编发明曰：自唐以后加孔子号为文宣王，盖亦不免史迁作世家之见。张璁请更正祀典，改称"至圣先师"，其议颇当。乃黎贯辈狃于闻见，犹引祖制相争，岂知孔子以布衣为万世师，欲尊孔子，固不系王号之追崇。璁以议礼见宠，恣睢政府，伐异党同，为世所诟病，其人固不足取。若更定孔庙祀典之议，史册具在，又岂可以人废言哉！

42　甲辰，上视牲于南郊。【考异】自建文元年后，皆以正月南郊之前一月视牲，盖太祖初制如此。实录，是年礼部所上仪注，系前期十日，大明会典同。又稽之明史礼志，嘉靖十一年更定冬夏至祈谷，俱祭前五日视牲。而九年初定分祭，视牲于甲辰，正祀在己酉，则亦前五日。或礼部所上，帝自更之，至十一年遂定以为例耳。今据书之。

43　己酉，祀昊天上帝于南郊。礼成，大赦，颁诏于天下。

44　十二月，丁巳，免湖广武昌等各府卫被灾秋粮。

45　是月，工部尚书章拯致仕。

先是，上命桂萼等核巡抚去留，召河南巡抚蒋瑶还，至是拯去,遂以瑶代之。

十年(辛卯、一五三一)。

1 春,正月,辛卯,祈谷于大祀殿,奉太祖,太宗并配。

礼毕,上心终以为未当,谕张璁曰:"自古惟以祖配天,今二祖并配,决不可法后世。嗣后大报与祈谷,俱奉太祖配。"明年,遂行之。

2 甲午,更定庙祀,遂祧德祖。

初,太祖定庙祀,孟春特享群庙,各南向;三时祭于德祖庙,序用昭穆。后罢特享,四孟、岁暮俱以昭穆序。北京既建庙,制一如南京。及宪宗升祔,则德、懿、熙、仁四祖,太祖、太宗及仁、宣、英三宗,九室已备,用礼官议祧懿祖。孝、武继祔,复祧熙、仁二祖,独德祖以始祖不祧,每时享,太祖位犹东向。上以太祖不得正南向之位,乃于九年春复行特享礼,令祠官于殿内设帷幄如九庙,位皆南向,各奠献如仪。至是更定,遂迁德祖主于祧庙,奉太祖主于殿正中,七宗以序进迁。于是太祖始正南向位,而德祖不复与时享矣。

丁酉,上诣太庙,行特享礼。【考异】明史本纪,"是月甲午,更定庙祀,奉德祖于祧庙。"据实录,甲午乃祭告之日,丁酉乃特享之日。证之礼官所上仪注,定以正月初九日祭告,谓告于太祖及德祖也。是日,遂迁德祖神主于祧庙,奉太祖神主于寝殿正中,择于十二日行特享礼。甲午乃是月九日,丁酉十二日。考之明史礼志,亦云"丁酉,帝诣太庙,行特享礼",与实录同。今据而分书之。

3 乙巳,桂萼致仕。

萼初锐意功名,勇于任事,不恤物议;骤被摧抑,气为之慑,再入阁,不敢复放恣。居数月,屡引疾,上辄优旨慰留,至是始得请。归,卒于家。

4 二月,甲子,以甘露降显陵,祭告世庙。

5 丁卯,上亲祀历代帝王于文华殿。

初,洪武定制,每岁郊祀,以历代帝王祔祭于大祀殿。上更定郊制,罢之,令建历代帝王庙于都城西,岁以春秋致祭。至是庙尚未成,权于文华殿行之。

6 甲戌,免庐、凤、淮、扬四府被灾秋粮。

7 庚辰,上亲祀大明于朝日坛。

8 壬午,赐阁臣张璁名曰孚敬。

璁自以名嫌御讳,屡请改之,至是始更名,并字曰茂恭,御书四大字赐焉。【考异】孚敬更名在壬午,明史本纪作"壬申",而叙次乃在甲戌下,盖"申"字之误也,今据实录刊正。

9 三月,丙申,寇犯甘肃,掠庄浪、甘州。丁酉,又犯大同。

10 戊申,罢四川镇守中官。

是时分守四川太监阎良,贪纵不法,巡按御史丘道隆劾其赃罪,因请罢遣内臣以恤民瘼。下兵部议覆,从之。

11 是月,兵部尚书李承勋卒。

承勋代胡世宁主兵部,兼督团营。时言官攻张璁、桂萼党,并及承勋,承勋连章求退,辄温旨留之。

中官出镇者率暴横,承勋因谏官李凤毛等言,先后裁二十七人,又革锦衣官五百人,监局冒役数千人。独御马监未汰,复因给事中田秋奏,多所裁减,而请以腾骧四卫归兵部,核其诡冒者,上皆从之。

是春,大风昼晦,上忧边事。承勋言:"去岁冰合,敌骑尽入河套,延宁、固原皆宜警备。"又言:"曩河西患土尔番,今额布讷又深入。两寇云扰,孤危益甚。套寇出入并经庄浪,急宜缮塞设险,断臂截踵,使不得相合。乌梁海逼近京师,云南安凤之叛,军民困敝,而交阯世子流寓老挝,皆足为患。惟急用人理财以固边鄙。"上嘉纳之。

承勋沉毅有大略,上所信任。自辅臣外,惟世宁、承勋,有大事(轻)〔辄〕咨访之;世宁卒半岁,至是承勋亦卒。上深嗟悼,赠少保,赐谥康惠。

12 夏,四月,丁巳,皇后亲蚕于西苑。

先是礼臣言:"去岁皇后躬行采桑,已足风厉天下。今先蚕坛殿工未毕,宜且遣官行礼。"上初不可,令如旧行。

已而以皇后出入不便,命改筑坛于西苑。坛之东为采桑台,台东为具服殿,北为蚕室,左右为厢房。其后为从室,以居蚕妇。设蚕宫署于宫左,令一员,丞二员,择内臣谨恪者为之。

至是遂于西苑行礼。上谓"亲耕无贺,此安得贺! 第行叩头礼。女乐第供宴,勿前导。"

13 甲子,禘于太庙。

初,上以禘祫义询辅臣张孚敬,令与夏言议。言撰禘义一篇献之,大意谓:"自汉以下,谱牒难稽,欲如虞、夏之禘黄帝,商、周之禘帝喾,不能尽合。谨推明古礼,采酌先

儒精微之论,宜为虚位以祀。"上深然之。会中允廖道南谓
"朱氏为颛顼裔,请以太祖实录为据,禘颛顼。"遂以道南并
言疏俱下礼部会官详议。议者皆谓"称虚位则茫昧无据,
尊颛顼则世远难稽。高皇帝既正始祖之位,当禘德祖为
正。"上意主虚位,令再议。

　　而言复抗论"禘德祖有四可疑",且言"今所定太祖为
太庙中之始祖,非王者立始祖庙之始祖。"上并下其章。诸
臣乃请"设虚位以禘皇初祖,南向;奉太祖配,西向。"礼臣
因言:"大礼既岁举,大禘请三岁一行,庶疏数适宜。"

　　上自为文告皇祖,定丙、辛岁一行,敕礼部具仪择日。
至是行之。

　　14 复以王时中为兵部尚书。

　　15 五月,壬子,始祀皇地祇于方泽,名其坛殿曰皇祇室。

　　16 是月,以夏春不雨,命顺天府祈祷,并敕群臣修省
三日。

　　17 六月,丁巳,雷震德胜门。癸亥,雷震午门。谕群臣修
省三日,仍御制祝文,行露告礼于殿陛。【考异】实录作"癸丑",
乃五月之晦。又其事记于丁巳之后,误也。明史五行志作"癸亥",三编亦据
书于是年六月。

　　18 闰月,戊子,免山东济南等府被灾税粮。

　　19 己丑,诏求开国功臣常遇春、李文忠、汤和、邓愈后
袭封。

　　时刘基裔孙瑜已袭处州卫指挥使,吏部上其名,并命
起送至京。

　　20 革镇守浙江、两广、湖广、福建及独石、万全、永宁镇守

中官。

时上以次裁革镇守太监,于是给事中<u>张润身</u>劾奏镇守<u>镇江</u>等处太监<u>邓文</u>等及分守<u>独石</u>等处<u>田霖</u>等凡七人,遂有是命。

21 庚寅,都察院历事监生<u>詹嶅</u>,(初)〔劾〕奏吏部侍郎<u>徐缙</u>徇私纳贿事,上以"纠察所历衙门奸弊,乃历事监生之本职,宜行都察院从公勘实以闻。"都察院<u>汪鋐</u>等具上其欺罔状,得旨拟罪。

至是<u>嶅</u>复发<u>缙</u>通贿事,词连员外<u>吴道南</u>、郎中<u>伍余福</u>等,并下都察院。会有人投牍于大学士<u>张孚敬</u>之门,<u>孚敬</u>发之,乃<u>缙</u>行贿于<u>孚敬</u>者,遂封奏之。上怒,谕厂卫密访,会官廷鞫。

于是法司问成<u>缙</u>贿<u>孚敬</u>事,而以"<u>嶅</u>挟私妄讦,宜并拟罪",上先入<u>孚敬</u>言,不许。降调<u>道南</u>、<u>余福</u>俱外任,而<u>嶅</u>勿论。

22 丙申,<u>陕西西安</u>等府大旱,总制尚书<u>王琼</u>请发仓粟库银振之,并免被灾州县夏税。

23 乙巳,彗星见于东井,芒长尺余,指西南。庚戌,彗扫轩辕第一星,芒渐长至翼,长七尺余,东北扫天罇,入太微垣,久之始敛。

24 辛亥,敕群臣修省,以来月二日为始,俱青衣视事,至没而止。是时彗见凡二十四日。

25 是月,前少傅大学士<u>谢迁</u>卒,年八十有三,谥<u>文正</u>。

26 秋,七月,癸丑,上以<u>陕西</u>旱甚,益发帑金三十万,遣侍郎叶相往振之。

²⁷ 戊午,张孚敬罢。

詹事夏言恃上眷,数以事讦孚敬,孚敬衔之,未有以发。会行人司正薛侃上疏言:"祖宗分封子弟,必留一人京师司香,有事居守或代行祭享,列圣相承,莫之或改。自正德间逆瑾怀贰,始悉令就封。乞稽旧典,择亲藩贤者居京师,慎选正人辅导,以待他日皇嗣之生。此宗社大计。"

属稿定,以示太常卿彭泽。泽与侃及言皆同年生,而泽附孚敬。知孚敬方欲倾言,因默计上方祈嗣,侃所言触上讳,必兴大狱,诬言同谋,可祸也。给侃稿示孚敬,因报侃曰:"张公甚称善。此国家大事,当从中赞之。"与为期,趣之上。

孚敬乃先录侃稿以进,谓"出于言,请勿先发,以待疏至",上许之。及侃疏上,上果震怒,下狱,廷鞫,究交通主使者,拷掠备至。侃独自承,累日,狱不具,泽挑使引言,侃瞋目曰:"疏我自具,趣我上者尔也。尔谓'张少傅许助之',言何预!"都御史汪鋐欲坐言主使,言拍案大骂,几欲(欧)〔殴〕之。给事中孙应奎、曹汴乃揖孚敬令回避,孚敬怒,遂疏闻。

诏下言并应奎、汴于狱,命郭勋、翟銮及司礼中官会廷臣推鞫再三,"侃疏实出己意,泽诬以言所引皆无证。"上乃释言等,出孚敬密疏二示廷臣,斥其忮罔。于是上颇不直孚敬。

会御史谭缵、端廷赦、唐愈贤交章劾之,乃听致仕。侃黜为民,泽论戍,独赍言勿问。【考异】事见明史张璁及薛侃传,三编据之。惟当侃廷辨时,孙应奎、曹汴捂孚敬令避,证之实录,盖避夏言也。时汪鋐欲坐言主使,言大詈骂,几欲殴之,故应奎等捂孚敬,告以(欧)〔殴〕鋐将并及孚敬也。明史侃传脱此数语,上下文气不属,今据实录,叙入孚敬致仕下。

28 辛巳,郑王厚烷献白雀二,上命荐之宗庙,献之两宫。传示廷臣,多有献白雀颂、赋者。

29 是月,召方献夫还,献夫疏辞,举梁材、汪鋐、王廷相自代,不允,遣行人蔡瑷趣之。

30 八月,癸未,上亲祀夜明于夕月坛。

31 丁酉,免扬州、淮安旱蝗税粮。

32 戊戌,谪前吏部郎中夏良胜于极边卫充军。

初,良胜既黜为民,乃撮其部中章奏,名曰铨司存稿,凡议礼诸疏具在,为仇家所发,凡两下狱,三年不决。至是御史秦武始具以进,法司会锦衣卫论杖当赎,上以为轻,特旨谪戍辽东三万卫。

逾五年,卒于戍所。隆庆初,赠太常卿。

33 辛丑,改安陆州曰承天府。

先是有请建京师于安陆者,下礼部议,以“京师之建,于典礼无据。太祖发祥濠州,改州为府;核之安陆,事体相同,宜升为府治。”上乃更定府名,又设钟祥县为府治。

34 甲辰,总制三边王琼等奏甘露降于固原,上之,命荐之内殿,献两宫。

35 乙巳,免山西太原等府旱灾税粮。

36 九月,丙辰,罢南京郊祀。

初,上命修辑郊社诸坛未成,南京太常寺卿黄芳等言:

"天地社稷山川，既统祀于京师，其在南京者可弗举也。若有时祭告及灾变修理等事，因事行之，亦非常祭之比。宜祭告孝陵及山川诸神，不必备物，酒醴脯醢而已。"上以为然，遂罢之。

37 乙丑，修葺西苑宫殿成，特设成祖位祭之。

先是上率阁臣、尚书及侍郎夏言等同往西苑视工，遂御豳风亭，召群臣亲睹收获。因谕曰："西苑乃我文祖临御之地，宜设位致祭。其令礼部具仪择日以闻。"至是行之。祭毕，行落成礼，宴群臣于西苑。

38 丙寅，以礼部尚书李时兼文渊阁大学士，预机务。

初，张孚敬、桂萼在阁，与费弘、杨一清等相倾轧不已；萼先卒，孚敬寻罢，翟銮独秉政者两月。至是时入，二人皆逊顺无龃龉，政府稍宁。

39 壬申，御无逸殿，命阁臣进讲无逸及豳风七月篇，武定侯郭勋及九卿翰林俱侍讲。讲毕，宴儒臣于豳风亭。

40 是月，户部尚书梁材以忧去，改刑部尚书许赞代之。又改兵尚王时中于刑部。

41 以夏言为礼部尚书，代李时也。

时士大夫多恶张孚敬，恃言抗之。言既以开敏结主知，又折节士大夫得声誉，朝廷制作一出于言，阁臣取充位而已。

42 手敕召王琼还，以主吏部乏人也。

先是叶相奉诏督陕西振事，已而有疾。上召阁臣翟銮、李时于西苑，问："谁可代相者？"时举刘天和，銮举徐瓒。上曰："唐龙何如?"皆顿首曰："善!"已,复谕曰："吏部事重,龙既去,朕欲用王琼为吏部尚书,即以龙代琼为总制,何如?"复顿首曰："善!"遂升龙为兵部尚书兼右都御史,总制陕西三边,兼理振事。【考异】明史本纪系叶相振陕西于七月,三编据书之,因及唐龙代相事,盖牵连并记也。证之实录,则龙始以吏部侍郎往,及上欲召王琼还,乃升龙尚书代之。相之引疾,龙之奉诏,皆非同月事,今据实录分书之。七卿表系王琼任吏部于十二月,盖以九月召,十二月至京视事也,今并汇记于授龙总制之下。

43 冬,十月,甲申,诏罢改迁陵寝之议。

是时议迁显陵者数辈,至有谓上震位久虚,归咎于陵寝者。上令廷臣会议,尚书夏言力陈其不可,且请"自后有妄议迁陵者罪之"。会有湖广听选官黄惟臣等数奏迁陵,上廉得其情有所希冀,乃命锦衣卫逮送法司拷讯。自是议始息。

44 乙酉,寇犯大同,以六万余骑骤至,应、朔二州告急,诏镇、巡守官悉力御之。

45 是月,帝社、帝稷坛成。

初,上欲建雩坛于南城,既,以南城乃游观之地,非祭天所宜,因欲于奉天殿丹陛上行大雩礼。尚书夏言言:"按左传:'龙见而雩',盖巳月万物始盛,待雨而大,故祭天,为百谷祈膏雨也。月令:'雩帝用盛乐,乃命百县雩祀,祀百辟卿士有益于民者,以祈谷实。'通典曰:'巳月雩五方上帝,其坛名雩,禜于南郊之傍。'先臣丘濬,亦谓'天子于郊天之外,别为坛以祈雨。'濬意盖欲于郊傍择地为雩坛,孟夏后行礼。臣以为孟春既祈谷矣,苟自二月至四月,雨旸

时若,则大雩之祭可遣官摄行。如雨泽愆期,则陛下躬行祷祀。”从之

至是建崇雩坛于圜丘坛外泰元门之东,为制一成,岁旱则祷,奉太祖配。

46 十一月,甲寅,祀天于南郊之圜丘。

47 丙辰,中允廖道南请更定庙制。

先是上谕阁臣李时等,以“宗庙之制,父子兄弟同处一堂,于礼非宜。太宗以下,皆宜立专庙,南向。”尚书夏言奏:“太庙两傍隙地无几,宗庙重祀,始谋宜慎。”未报。

至是道南言:“太宗以下,宜各建特庙于两庑之地。有都宫以统庙,不必各为门垣;有夹室以藏主,不必更为寝庙;第使列圣各得全其所尊。皇上躬行礼于太祖之庙,余遣亲臣代献,如古诸侯助祭之礼。”上悦,命会议。

言等言:“太庙地势有限,恐不能容;小其规模,又不合古礼。且使各庙既成,陛下遍历群庙,非但筋力不逮,而日力亦有不给。若以代献而言,古诸侯多同姓之臣,今陪祀执事者,可拟古诸侯之助祭者乎? 先臣丘濬谓‘宜间日祭一庙,历十四日而遍’,此盖无所处而强为之说耳。若以九庙一堂嫌于混同,请以木为黄屋,如庙廷之制,依庙数设之,又设帷幄于其中,亦足以展专尊之敬矣。”议上,不报。

48 戊辰,免陕西被灾秋粮。

49 丁丑,召张孚敬复入阁。

时夏言益用事,李时、翟銮在阁,未几方献夫复入,孚敬亦不能专恣如曩时矣。【考异】召孚敬在是年冬月,还朝在明年三

50 是月,召原任左都御史王宪为兵部尚书,代王时中也。

51 十二月,戊子,下监察御史喻希礼、石金于锦衣卫狱。

时上方修醮祈嗣,设坛于钦安殿,令文武大臣日轮一员进香行礼。后二日,上亲诣坛行礼,尚书夏言等请照例遣官,不许。于是礼部侍郎顾鼎臣、湛若水皆以为言,不报。

至是希礼上言:"陛下祈嗣礼成,瑞雪遂降。臣以为召和致祥,不尽于此。往者大赦,今岁免刑,臣民尽沾惠泽。独议礼、议狱得罪诸臣,远戍边徼,乞量移近地,或特赐赦免,和气薰蒸,前星自耀。"上大怒曰:"谓朕罪诸臣致迟嗣续耶?所司参议以闻。"

议未上,金亦言:"陛下一日万几,经理劳瘁,何若中涵太虚,物来顺应!凡人才之用舍,政事之敷施,始以九卿之详度,继以内阁之咨谋。其弗协于中者,付诸台谏之公论。陛下恭默凝神,挈其纲领,使精神内蕴,根本纯固,则百斯男之庆自不期而至。王守仁首平逆藩,继靖巨寇,乃因疑谤,泯其前劳;大礼、大狱诸臣,久膺流窜,困郁既久,物故已多;望录守仁功,宽诸臣罪,则太和之气塞宇宙间矣。"上不悦,曰:"金欲朕勿御万几,即古奸臣导其君不亲政之意。其并察奏。"

夏言等言"二人无他肠",上益怒,下二人诏狱,而责言等陈状;伏罪,乃宥之。二人并谪戍边卫。

52 丁酉,祫享太庙。

是时罢岁除之祭，以冬季中旬行大祫礼。设德祖位于太庙正中，南向，懿祖而下，以次东、西向。

53 是冬，滹沱河决。

巡按御史傅汉臣言："滹沱流经大名，故所筑二堤冲败，宜修复如旧。"乃命抚按官会议。

其明年，敕太仆卿何栋往治之。栋言："河发浑源州，会诸山之水，东趋真定，由晋州紫城口之南入宁晋泊，会卫河入海，此故道也。晋州西高南下，因冲紫城东溢，而束鹿、深州诸处遂为巨浸。今宜起藁城、张村至晋州故堤，筑十八里，高三丈，广十之，植椿、榆诸树。乃浚河身三十余里，导之南行，使归故道，则顺天、真、保诸郡水患俱平矣。"又用郎中徐元祉言，"于真定浚滹沱河以保城池，又导束鹿、武强、河间、献县诸水循滹沱以出"，皆从之。自后数十年，水颇戢，无大害。

十一年(壬辰、一五三二)

1 春，正月，己巳，免四川被灾税粮。

2 辛未，祈谷于圜丘。

上既罢二祖并配之制，寻亲制祭文，更定仪注，改用惊蛰节。礼视大祀少杀，不设从坛，不燔柴，著为定式。

至是将行，会上躬有疾，乃命武定侯郭勋摄事。于是给事中叶洪言："祈谷大报，名虽不同，其为郊一也。祖宗以来，无不亲郊。成化、弘治间，或有他故，宁展至三月，不宜摄行。"

已而主事赵文华亦言"勋武臣,不宜代祭。"疏入,夺文华俸五月。

3　甲戌,振保定、河间饥。

4　二月,庚辰朔,上疾有瘳,始视朝。

先是武定侯郭勋以上体已平,请于显灵宫建醮祝釐,上嘉其忠爱,许之。于是阁臣李时等以"圣嗣未降,请上自制祝文,遣廷臣诣岳镇名山祈祷。"上命武定侯郭勋等诣地祇坛行礼,仍望祭天下山川,复择日卜筮于太庙。

5　戊戌,免湖广武昌等十二府旱灾税粮。

6　三月,癸亥,寇犯延绥。

先是小王子求通贡,未得朝命,遂拥十万骑入寇;总制唐龙欲从其请,上怒其桀骜,不许,命兵部亟议往剿。时兵部尚书王宪等集廷议,上平戎十一事,诏依拟行之。

7　戊辰,赐林大钦等进士及第、出身有差。

8　夏,四月,辛卯,续封开国功臣常遇春、李文忠、邓愈、汤和后皆为侯。【考异】(倨)〔据〕实录,"遇春后封怀远侯,文忠后封临淮侯,愈后封定远侯,和后封灵璧侯,于是开平、岐阳、宁河、东瓯四王皆延世绪。"又,遇春八世孙世振,文忠七世孙性,愈六世孙继坤,和六世孙绍宗,皆见明史功臣表中。

9　癸巳,太白昼见。

10　是月,谕吏部:"用人兼取三途。自进士外,如有举人岁贡,才能卓异者,皆行取以备科、道官之选。新进士授职者,皆遵旧制习知民事,俟有年劳,始如例行取选用。著为令。"

11　五月,戊午,夏至,祀皇地祇于方泽,遣武定侯郭勋摄事。——二郊之摄自此始也。

12 丙子,方献夫入阁。

先是献夫被召,潜入广州之西樵山,以疾固辞;使命再至,乃就道。至是命以吏部尚书兼武英殿大学士,预机务。

13 六月,壬午,免顺天、河间、保定等府被灾秋粮,并发太仓库银二千两振之。

14 甲申,封故诚意伯刘基九世孙瑜为诚意伯,予诰券,世袭。

15 秋,七月,戊辰,免南直隶应天、太平等府被灾夏税。

16 是月,遣工部郎中徐元祉往振河间、保定。

元祉因上言:“地方之灾,由于河患。河本以泄水,今反下壅;淀本以潴水,今反上溢;故畿辅常苦水,顺天利害相半,真定利多于害,保定害多于利,河间全受其害。弘、正间,尝筑长堤,排决口,旋即溃败。今惟疏浚可施,其策凡六:

一浚本河,俾河身宽邃。九河自山西来者,南合滹沱而不侵真定诸郡,北合白沟而不侵保定诸郡,此第一义也。

一浚支河,令九河之流经大清河从紫城口入,经文都村从涅槃口入,经白洋淀从蔺家口入,经章哥洼从杨村河入,直遂以纳细流,水力分矣。

一浚决河。九河安流时、本、支二河可受,遇涨则岸口四冲,宜每冲量存一口,复浚令合成一渠,以杀湍急,备淫溢。

一浚淀河,令淀淀相通,达于本、支二河,使下有所泄。

一浚淤河。九河东逝,悉由故道,高者下,下者通,占据曲防者抵罪。

一浚下河。九河一出青县,一出丁字沽,二流相匝于苑家口。故施工必自苑家口始,渐有成效,然后次第举行,庶减诸郡水害。"上嘉纳之。

17 吏部尚书王琼卒。

琼之召长吏部也,南京御史马扬等十人力诋为先朝遗奸,上大怒,下扬等诏狱,慰谕琼。至是,卒。赠太师,谥恭襄。

当正、嘉间,琼与彭泽并有才略,中伤不已,亦迭为进退,而琼险忮,公论尤不予。然在本兵时功多,而其督三边也,人以比杨一清云。

初,方献夫去,上虚吏部以待者一年。泊献夫初辞不赴,乃召琼。琼病,会献夫入阁,上令署吏部。至是琼卒,乃诏献夫以内阁掌部事。

18 八月,己卯,彗星见东井,芒长丈余,东北行,历天津,扫太微垣及角宿天门,渐长至丈余,凡一百十有五日乃灭。

19 戊子,以星变,敕群臣修省。礼部"请敕百官素服办事三日,仍通行九卿、六科、十三道,条时政得失以闻。"【考异】明史本纪书是月戊子,据下诏修省之日也。证之明史五行志及实录,彗星见己卯,今分书之。

20 甲午,历代帝王庙成,上躬祭于庙。

21 辛丑,张孚敬罢。

先是上以星变,心疑大臣擅政,孚敬因求罢,犹慰留之。至是给事中魏良弼引古占书,言"彗晨见东方,君臣争明;彗孛出井,奸臣在侧”,因劾“孚敬专横窃威福,致妖星示异,亟宜罢黜。”孚敬疏辨,言:“良弼以滥举京营官夺俸,由臣拟旨,遂挟私报复,坐臣专权。夫臣为皇上守法,顾来专权之毁;而人之曲法媚人者,乃获称情之誉;臣恐自是效忠无地矣。”

于是给事中秦鳌劾“孚敬强辨饰奸,言官论列,辄文致其罪。拟旨不密,引以自归,明示中外,若天子权在其掌握。臣愚以为不去孚敬,天意终不可得而回也。”上是鳌言,令孚敬陈状,遂准致仕去。尚书李时请给廪隶、敕书,不许;再请,乃听驰传归。

22 是月,河决鱼台。

总督河道、御史言:戴时宗,请委鱼台为受水之地,言:“河东北岸与运道邻,惟西南流者,一由孙家渡出寿州,一由涡河口出怀远,一由赵皮寨出桃源,一由梁靖口出徐州小浮桥。往年四道俱塞,全河南奔,故丰、沛、曹、单、鱼台,以次受害。今患独钟于鱼台,宜弃以受水,因而导之,使入昭阳湖,过新开河,出留城、金沟、境山,乃易为力。至塞河四道,惟涡河经祖陵,未敢轻举,其三支河颇存故迹。宜乘鱼台壅塞,令开封河夫,卷埽填堤,逼使河水分流,则鱼台水势渐减。俟水落毕工,并前三河共为四道以分泄之,河患可已。”诏下工部会廷臣议之。

23 九月,丁巳,振陕西饥。

24 侍读学士吴惠、郭维藩进讲经筵。既退,上谕辅臣李时等曰:“惠言‘省无益之费,停得已之役’,维藩言‘去操切更张之弊,务淳厚宽大之体'者云何? 卿等可以朕意问之。可补救时宜者,令条列以对。"

于是惠疏言:"方今民穷财竭,而宫殿兴作不已,采木烧砖,大为川、广、苏、松之患,此宜停罢。各省岁办物料,敕有司准以折色解京,从宜置办,毋使民困于征解之苦,此宜节省。且自盐法沮坏,粮草改折,诸边积贮空虚,宜减价惠商,疏通余盐。其输边粮草,可仍复本色,以为足国经久之计。"

维藩疏言:"今士风渐漓,一切好更张以取声誉。以诪张为变通,安静为迂腐,严急为才干,宽厚为无能,好恶任情,不以为耻。此则俗薄而政庞,非细故也。宜申饬臣工,崇本实,修职业;毋徇操切之论,求人过甚,立法太严,以养成淳厚宽大之体。且请复庶吉士之选以育人才,停选贡之条以疏壅滞。"

疏入,俱报闻。二臣颇有所指切,上亦不罪也。

25 庚申,上以星变,召见辅臣李时等于文华西室,谕以引咎修省之意,因从容语及人才,上曰:"过犹不及。"

时等乃退而条三事上之:"一曰务安静。所谓安静者,非无所事事也,虞廷之上,不废都俞。方今议事之臣,倘如圣谕中正可行者,有何不可! 惟其用心过当,务求胜人,言利未必可兴,言弊未必可革。至使在职者摇夺,奉行者观望,一旦事出仓猝,靡所适从,为害非细。宜敕群僚遵守旧章,各安职守,勿过论以为高,勿趋利以干进,则政本清而天下之治成矣。

二曰惜人才。惟天地无弃物，圣人无弃人，要在包容教育以适于用耳。近日谪降诸臣，有生于朴忠，发于狂直者，迹虽难宥，情在可原。宜舍短取长，敕吏部量加甄录，责以后效，则人无弃才而政事毕举矣。

三曰慎刑狱。刑狱出入，民命攸关。近日刑官不守<u>律例</u>，任意出入，欲远嫌疑而以深刻自明，承望风旨而以锻炼求合。事干证佐，沉滞经年，展转驳查，求其罅隙。或罪本不大而重参两请，或事实无干而罗织逮系。至于外省问刑衙门，箠楚任其喜怒，冤抑至于垂亡，伤和召灾，莫此为甚！乞敕法司痛革前弊，当平反者勿以轻出为嫌；涉观望者<u>止照律例议拟；众证明白，不必驳查</u>；勘报稽迟，指名参究；如此，则钦恤之仁达于穷巷，而灾沴可弭矣。"疏入，上嘉纳之。

26　丁卯，免庐、凤、淮、扬四府、滁、和、徐三州被灾税粮。

27　是月，以<u>汪鋐</u>为吏部尚书，加太子太保。

都给事中<u>魏良弼</u>，劾"<u>鋐</u>贪恣邪佞，不宜处以铨衡重任"，工科给事中<u>叶洪</u>亦乞罢<u>鋐</u>。上方向用<u>鋐</u>，于是<u>良弼</u>、<u>洪</u>俱各夺俸半年。

召前都御史<u>聂贤</u>为工部尚书，巡抚<u>顺天</u>副都御史<u>王大用</u>为右都御史。

28　冬，十月，甲申，复考选庶吉士例。

先是大学士<u>方献夫</u>，言"馆职缺员，请下两京科道部属推补。"大学士<u>李时</u>，以"举荐未必公，宜如考选庶吉士例，凡各衙门所举者，臣等会同吏部试之内阁"，报可。

寻谕："于新进士未选者，自年三十五以下悉令就试。"时等选取进士钱亮等凡二十一人以闻，上阅卷弥封姓名，疑有私，遂报罢。已而编修程文德疏"请试于文华殿，上自裁定。"上曰："朕既委之辅臣及吏、礼二部，又何以亲临为！"复命时等覆考，得进士吕怀等二十一人，奏改翰林院庶吉士。从之。

自张璁建议诸庶吉士皆除部属、知县，遂停考选庶吉士例，至是始一行之。

29　下翰林院编修遂宁杨名于诏狱。

先是名以星变应诏陈言，谓上"喜怒失中，用舍不当"，语甚切直。上衔之，而答旨褒其纳忠，令尽言无隐。

至是名再上疏言："吏部诸曹之首，尚书百官之表，而汪鋐小人之尤也。武定侯郭勋，奸回险谲；太常卿陈道瀛、金赟仁，粗鄙酣淫；数人者群情皆曰不当用，而陛下用之，是偏于喜也。诸臣建言触忤者，心实可原。大学士李时以爱惜人才为请，即荷嘉纳，而吏部不为题覆，以虚文塞责。夫此得罪诸臣，群情以为当宥，而陛下不终宥，是偏于怒也。真人邵元节，猥以末术，过蒙采听，尝令设醮内府，且命左右大臣奔走供事，遂至不肖之徒，有昏夜乞哀，出其门者，书之史册，后世其将谓何！凡此皆圣心之稍有所偏者，故臣敢抒其狂愚。"疏入，上震怒，立命锦衣卫执送镇抚司拷讯。

鋐疏辨，谓："名乃杨廷和乡人，妄思报复，故攻及臣。臣蒙上简用，欲一振举朝廷之法，而议者辄病臣操切。且内阁大臣率务和同,植党固位,故名敢欺肆至此。"上深入其言,益怒,命所司穷诘主使。名数濒于死,无所承,言"曾以疏草示同年生程文德",乃并文德下狱。

侍郎黄宗明等数救之,先后皆下狱。法司再拟名罪,皆不当上指。特诏谪戍边卫,文德降边方杂职,宗明亦调外任。【考异】明史本纪系之十月甲申,据实录,杨名下狱之月日也。三编系之八月彗星见东井之月,类记之耳。证之实录,名两上疏,皆在十月,一戊寅,一甲申,故明书及通纪皆书之十月。今并记于甲申下。

30　丙戌,免山东七十九州县被灾税粮。

31　戊子,太白昼见。

32　辛卯,免河南归德、祥符等八十五州县被灾税粮。

33　丙申,御史郭弘化以星变上疏,言:"按天文志,井居东方,其宿为(水)〔木〕。迩者彗出于井,必土木繁兴所致。臣闻四川、湖广、贵州之采大木者,江西、浙江之采杂木者,劳顿万状。而应天、苏、松、常、镇五府,又以成造大砖,民间耗费不赀,而窑户之逃窜者多矣。至于广东,以珠池之役,激穷民为盗。凡此皆上干天和,召星变也。请停不急之工,罢采木采珠之役,则彗灭而前星曜矣。"

章下户部。尚书许赞等言:"近以工兴,采木烧造之役半天下。且五年间凡三采珠,物力易殚,民困日深。弘化言宜听。"

上怒曰:"采珠旧例,非朕所增。若以前星之曜为言,则朕未立嗣,岂以采珠致耶!"因诘责赞等附和。黜弘化为民,诏吏部锢勿用。

34　南京巡按御史松江冯恩上言:"彗星之见,变不虚生,人召之也。欲举时政之得失而更张之，不若举臣工之邪正而进退之。"因言："大学士李时，小心谦抑，应变非长；翟銮附势持禄，遇事模棱；户部尚书许赞，虽乏剸断之才，尚无不经之费；礼部尚书夏言，多蓄之学，不羁之才，驾驭任之，庶几救时宰相；兵部尚书王宪，刚直不屈，通达有为；刑部尚书王时中，进退昧几，委靡不振；工部尚书赵璜，廉介自持，制节谨度。"次及六部侍郎，皆有评论，而极论大学士张孚敬、方献夫、都御史汪鋐三人之奸，以"孚敬为根本之彗，鋐为腹心之彗，献夫为门庭之彗，三彗不去，百官不和，庶政不平，虽欲弭灾，不可得矣。"疏入，上大怒，立命锦衣官校扭械来京。【考异】冯恩上疏与杨名同月，皆据实录日分。其实恩之上疏在杨前。其时未知张孚敬罢，故首论之，实录据其奏至之月日耳。

35　己亥，免山西石、泽、沁、绛等二十州县被灾税粮，并以河东盐银二万两振之。

36　是月，改工部尚书聂贤为左都御史。王大用巡抚、右都御史如故。

37　十一月，甲寅，巡抚四川、都御史宋沧献白兔。

　　上好文饰太平，而彗星连月不灭，虽循故事敕群臣言时政，然实不乐闻谠言。自杨名、冯恩以言事下狱，而南京副都御史万镗复应诏陈事，劝上黜虚文，崇实政，亦大怒，黜为民。于是沧希旨献白兔，诡称祥瑞，上喜。廷臣表贺。

38　庚申，祀天于南郊之圜丘。

39　是月，改南京户部尚书秦金为工部尚书。

40　十二月，乙亥，免畿内、河间、真定等府被灾税粮。

41 辛巳,褫侍读学士郭维藩职。

时群臣表贺白兔,皆有诗歌赋颂,上优答焉。维藩以献赋忤旨,遂论黜。

己亥,免山西蒲、解二州被灾秋粮,仍以河东盐银一万两及储库事例银振之。【考异】明史:"十二月,己亥,免畿内被灾税粮。"证之实录,则乙亥也。又,明史稿:"十二月,乙亥,振山西饥。"证之实录则己亥也。盖"己""乙"二字皆因形近而误,今并刊改。

明通鉴卷五十六

江西永宁知县当涂 夏　燮 编辑

纪五十六 起昭阳大荒落(癸巳),尽柔兆涒滩(丙申),凡四年。
世宗肃皇帝

嘉靖十二年(癸巳、一五三三)

1 春,正月,甲辰朔,下左副都御史王应鹏于狱。

应鹏以所进章疏遗漏职名,上怒,令执送镇抚司拷讯。礼科给事中魏良弼言:"此系失误。况当履端之始,不宜以微过系大臣,请示薄罚。"不听。坐应鹏不敬,褫职,并夺良弼俸半年。已,御史陈邦敷复为申救,谪贵州驿丞。

2 丙午,河南巡抚、都御史吴山献白鹿,礼部请告太庙、世庙,百官表贺。自是诸瑞异表贺以为常。

3 丙辰,复召张孚敬入阁,遣鸿胪寺少卿陈璋趣之。

4 是月,免浙江、河南被灾税粮。

5 二月,丙子,始以惊蛰节祈谷于圜丘,遣武定侯郭勋摄行。

6 戊寅,以巡抚宣府、右副都御史刘源清为兵部侍郎,总制大同、宣府、偏关、保定等处军务。

先是北寇谋屯套内，屡犯边，密云四镇告急无虚日。兵部请简文武大臣各一员节制宣大等处，廷臣疏荐源清，故有是命。

7 辛巳，土尔番遣人奏三事："一请追治前巡抚陈九畴罪；一请遣官议和；一请归叛人伊兰。"词多悖谩。兵部言："土尔番恃通贡益桀骜，渐不可长。宜传谕戒饬，但修职贡，无妄言。"然亦卒不能罪也。自舍音和珊既诛，伊兰复被羁留，于是莽苏尔失其所倚赖，势亦渐孤。部下各自雄长，称王入贡者多至十五人，政权亦不一矣。

8 乙酉，振云南饥。【考异】明史本纪作"乙酉"，明史稿作"己酉"。证之实录，乙酉是也，己酉乃三月干支，非二月。

9 壬寅，寇犯延绥。

先是北部额布讷、卜尔噶等旧作卜儿孩。额布讷即亦卜剌，译见前。与小王子仇杀，逃至西海，求款于我，方下守臣勘议。

无何，小王子之从父行济农等，即吉囊，译见前。拥十余万众屯套内，遂犯延绥花马池。已，复掠固原，各边戒严，不得间。乃突出四五万骑，循河南济，西袭额布讷等二部，大破之。总制尚书唐龙以闻，且言："二部衰败远徙，西海获宁，请无更议款事。"

济农等既破西海，旋窃入宣府永宁境，大掠而去。

10 是月，下南御史冯恩于狱。

先是恩至京师，下锦衣狱，究主使名。恩日受榜掠，濒死者数，语卒不变，惟言"御史宋邦辅尝过南京，谈及朝政

暨诸大臣得失"，遂并逮邦辅下狱，夺职。寻复移之刑
部狱。

上欲坐以上言大臣德政律置之死，尚书王时中等，言
"恩疏毁誉相半，非专颂大臣，宜减戍"。上怒曰："恩非专
指孚敬三臣也，徒以大礼故，仇君无上，死有余罪，时中乃
欲欺公鬻狱耶！"遂褫时中职，夺侍郎闻渊俸，贬郎中张国
维、员外郎孙云极边杂职，而恩竟论死。

恩长子行可，年十三，伏阙讼冤，日夜匍伏长安街，见
冠盖者过，辄攀舆号救，终无敢言者。时汪鋐已迁掌吏部，
王廷相代为都御史，以恩所坐过当，疏请宽之，不听。

比朝审，鋐当主笔，东向坐，恩独向阙跪。鋐令卒拽之
西面，恩起立不屈，卒呵之，恩怒叱卒，卒皆靡。鋐曰："汝
屡上疏欲杀我，我今先杀汝。"恩叱曰："圣天子在上，汝为
大臣，欲以私怨杀言官邪？且此何地，而对百僚公言之，何
无忌惮也！吾死，为厉鬼击汝！"鋐怒曰："汝以廉直自负，
而狱中多受人馈遗，何也？"恩曰："患难相恤，古之义也，岂
若汝受金钱鬻官爵邪！"因历数其事，诋鋐不已。鋐益怒，
推案起，欲殴之，恩声愈厉。尚书夏言及廷相引大体为缓
解，鋐稍止，然犹署"情真"。

恩出长安门，士民观者如堵，皆叹曰："是御史非但口
如铁，其膝、其胆、其骨皆铁也！"因称"四铁御史"。恩母
吴氏，击登闻鼓讼冤，不省。【考异】冯恩事见明史本传。诸书皆系
之十一年十月，据其上疏之月牵连记之也。明史本传，恩下刑部狱在是年之
春，则下锦衣狱又在前，其逮至京师当在去年，故传以为"明年春下狱"也。至
其免死谪戍，据诸书在明年之冬，今分书之。

11 三月,乙巳,初开经筵。

12 丙辰,上幸太学,释奠于先师孔子,遣官祭启圣公。礼毕,上御彝伦堂,祭酒林文俊等进讲毕,还宫。侍讲廖道南献临雍崇教颂,优诏褒答。

13 夏,四月,乙亥,张孚敬至京师。

14 己卯,谕吏部曰:"部、院考察京官及科、道拾遗事既竣,独科、道互相纠劾,业有成命。今数日未见题请,显有畏附之私。宜遵例令两京十三道、六科从实互举,以听去留。"于是科、道官复互纠劾如初。

15 是月,改聂贤为刑部尚书,以南京兵部尚书王廷相为左都御史。【考异】明史七卿表,贤以去年九月召为工部尚书,十月改左都御史,证之实录,皆未赴也。贤改左都,本代汪鋐,而贤实未莅左都之任,故明史传中以为王廷相代鋐耳。廷相之任左都在四月,则治冯恩之狱,或先已代署,抑或奏请宽免在后,史家牵连记之,未分析耳。

16 五月,乙巳,以春久不雨,命礼官祈于山川城隍之神。

17 丙辰,礼部尚书夏言等言:"古者大雩之祀,命乐正习盛乐,舞皇舞,盖假声容之和以宣阴阳之气。请于三献礼成之后,九奏乐止之时,乐奏云门之舞,仍命儒臣括云汉诗词制云门一曲,使文武舞士并舞而合歌之。盖云门者,帝尧之乐,周官以祀天神,取云出天气,雨出地气也。"因上其仪,视祈谷礼。又言:"大雩乃祀天祷雨之祭,凡遇亢旱,则礼部于春末请行之。"诏"用仲夏之吉,令钦天监择日以请,余如议。"

18 六月,辛巳,彗星见五车,芒长五尺余,尾指西南。

越日,大学士张孚敬,以星变请避位,不许。

　　壬辰,诏群臣修省。

19　己亥,彗扫大陵及天大将军,芒长丈余。

20　秋,七月,甲寅,彗扫阁道,犯螣蛇,至八月二十八日而没。

21　是月,起服阕詹事霍韬为吏部右侍郎,仍兼翰林院学士。

22　八月,辛未朔,日有食之。

23　己丑,皇第一子生。

　　乙未,颁诏天下,"大赦,惟大体大狱得罪者及建言诸臣冯恩等皆不原。"【考异】明史书"乙未",据下诏之日也。实录及明书皆作"己丑",今分书之。

24　丁酉,京师地震。

25　九月,庚戌,广东巢贼乱,纠众攻城,劫库杀人,积年,官军不能制。至是提督侍郎陶谐调兵分道进剿,破其巢寨一百二十,斩三千八百人,遂平之。

26　丁巳,复召前兵部侍郎黄宗明为礼部右侍郎。

　　宗明以论救杨名调外。至是廷推礼侍,凡三上,皆不用,寻特旨以宗明任之。

27　冬,十月,乙亥,大同兵变,杀总兵官李瑾。

　　先是小王子屯大同塞外,瑾督役浚濠急,役卒王福胜、王保等数十人鼓噪,焚杀瑾,因焚巡抚潘仿署,恣虏掠。代王闻变,奔宣府之西城。仿新任,仓猝不知所为,乃以瑾激变闻。

　　廷议发兵,尚书王宪,"请以抚剿事宜责之镇、巡官,俾之便宜从事。"上曰："逆军蔑视国法，屡肆叛乱，罪不容诛。"乃诏总督刘源清会总兵官郤永讨之。以都督佥事鲁纲代瑾，趣之行。

仿屡上疏为叛卒乞命，为都给事曾汴所劾，褫其官，以江西布政司参政樊继祖为佥都御史代仿。【考异】明史本纪，"是月乙亥，大同兵变"，盖据杀李瑾之日分也；实录系之庚辰，据奏至之日分也。据原奏，杀李瑾在是月六日之夜，是月庚午朔，乙亥正六日也，明书亦系之乙亥。今日分仍据明史本纪书之。

28　丙子，下建昌侯张延龄于狱。

初，正德间曹祖之死，事见正德十年。延龄以太监钱宁等之援，狱遂解。其后指挥司聪与天文生董旻子至，谋首其事以胁延龄贿，延龄复执聪，幽杀之，焚其尸。聪子昇喋不敢言，常愤詈至，至虑事发，是年九月，乃摭聪前奏上之。上以昭圣皇太后遇其母蒋太后无加礼，方衔张氏，得至奏，欲坐以谋逆，族其家。昭圣太后窘迫无所出，欲为之请，上谢不见；使人请，不许。

狱既具，大学士张孚敬言："延龄守财虏耳，何能反！若坐谋逆，恐伤皇太后心。"上手敕报曰："天下者，高皇帝之天下。孝宗皇帝守高皇帝法，卿虑伤伯母心，岂不虑伤高、孝二庙心邪？"孚敬复奏曰："陛下嗣位时，用臣言称'伯母皇太后'，朝臣归过陛下，至今未已。兹者大小臣工嘿无一言，诚幸太后不得令终以重陛下过耳。夫叛逆之狱成，当坐族诛，昭圣独非张氏乎？陛下何以处此？"

时法司逮延龄及诸奴杂治。延龄尝买没官田宅，造园池僭侈逾制；又以私憾杀婢事并发觉，竟坐违制杀人，论死。

延龄上疏自明,上以延龄罪重,责通政司不宜与封进,夺通政俸半年,并削昌国公鹤龄爵。延龄遂系狱待决。

29 己卯,皇长子薨,谥曰哀冲。

30 戊子,都御史朱裳代戴时宗总理河道,乃条治河二事。略言:"一塞黄河之口以通运河。夫黄河之当杀者有三大支,孙家渡、赵皮寨、梁靖口是也;三支开,则河流可去其七。其三分自梁靖口迤东由鱼台入运河,谓之垒口。冬春水涸之时,计岔口半月可塞,塞则黄河之水资其捍御,则谷亭镇迤南二百余里淤者可以及时疏浚矣。一借黄河之水以资运河。夫黄河自谷亭镇转入运河,顺流而南,三日即抵徐州,徐州逆流而北,四日乃抵谷亭,黄河之利莫大于此。但河流有北趋之势,或由鱼台、金乡、济宁漫衍而至安平镇,则运河堤岸为之冲决,或三支之水一有壅淤,则谷亭镇迤南运河,亦难保其不冲决也。二者非缮筑堤岸以束黄入运不可。"

疏入,下廷臣议。诏"裳相度处置,毋避难以贻后患。"

31 己丑,湖广道御史郭宗皋上言:"灾异之来,有先事而为兆者,有后事而为应者。或兆或应,在防患于未然而已。"疏入,上谓"宗皋职居言路,自当明白敷奏,何以隐约其词?"命逮下诏狱,审其情实以闻。

于是宗皋对状,谓"始因星变及大同事",上怒,命廷杖四十,释之。

32 十一月,己亥,振辽东饥。

33 刘源清、郤永讨乱兵,至大同,榜令解散,而榜中有"五堡之变,朝廷处之太宽"等语,五堡遗孽大惧。

师次阳和,潘仿与金事孙允中、督饷郎中詹荣等密捕乱卒,杖死十余人,系贼首王保等七十余人,令允中诣源清所献之,请旋师。源清惩昔胡瓒事,不欲已,以囚属御史苏祐。因妄言"前总兵朱振失职首乱",且多引无辜。源清遣参将赵纲入城大索,城中讹言城且屠,复夜噪,杀千户张钦。会允中自源清所至,谕源清意抚慰之,始定。振前为乱卒所拥,实不反,诣源清自明,因言"乱党捕且尽,可毋烦兵",不许,振发愤自杀。

永兵围城,欲尽得乱卒遗孽,遂尽反,迎战,杀游击曹安等数十人。官军益攻城,昼夜围击,乱卒出前参将黄镇等于狱,奉为帅,死守。仿与镇国将军俊橺等登城,止毋攻,俊橺出见永,请缓兵,皆不听。允中縋城出,言将士妄杀状,源清叱曰:"汝为贼游说邪?"欲囚之,允中不敢归。

源清因多设逻卒,遏王府及有司章疏,而请益师五万,上遣侍郎钱如京、都督江桓统京军八千往。已,忽悟大同小变,不足烦大兵,罢弗遣,专责源清、永讨贼。

仿驰疏言:"将士妄杀激变,速旋师,乱可已。"源清亦诋仿媚贼。张孚敬及廷议皆右源清;侍郎顾鼎臣、黄绾言用兵之谬。上久不决,乃诏源清"内讨外御,勿致疏虞",且敕"入城之日,务求分别善恶,毋致滥杀。"

34 癸丑,大学士翟銮以忧去。

35 乙丑,祀天于南郊之圜丘,上以疾遣武定侯郭勋摄行。——南郊遣代自此始。

36 十二月，己卯，<u>济农</u>犯<u>宁夏镇远关</u>，总兵官<u>王效</u>、延绥副总兵<u>梁震</u>击却之。

十三年（甲午、一五三四）

1 春，正月，壬寅，诏<u>辽东</u>都指挥<u>史俊</u>充参将，领兵三千应援<u>大同</u>，从<u>刘源清</u>之请也。

是时<u>小王子</u>犯<u>大同</u>，至<u>教场</u>北，官军击却之。城中叛卒出应寇，官军捕斩百三十七人。

2 癸卯，废皇后<u>张氏</u>。

3 壬子，立德妃<u>方氏</u>为皇后。

后以十年三月选入宫，上欲仿古礼为九嫔之选，册妃曰德嫔，与<u>郑氏</u>、<u>王氏</u>、<u>阎氏</u>、<u>韦氏</u>、<u>沈氏</u>、<u>卢氏</u>、<u>沈氏</u>、<u>杜氏</u>同册为九嫔。上衮冕告庙，还，服皮弁，御<u>华盖殿</u>，传制遣大臣行册礼，盖创礼也。上以后行礼敬，且升降有仪度，悦之，至是遂册为后，而封<u>沈氏</u>为宸妃，<u>阎氏</u>为丽妃，副之。

复下礼臣议庙见礼。于是礼臣议："天子立三宫以承宗庙，礼经有庙见之文。"乃考据典礼，参<u>大明集礼</u>，拟仪注以上。至是上率后谒<u>太庙</u>及<u>世庙</u>。乙卯，颁诏天下。

4 是月，<u>河道</u>都御史<u>朱裳</u>复言："今<u>梁靖口</u>、<u>赵皮寨</u>已通，<u>孙家渡</u>方浚，惟<u>涡河</u>一支，因<u>赵皮寨</u>下流<u>睢州野鸡冈</u>淤，<u>正河</u>五十余里漫于平地，注入<u>涡河</u>。宜挑浚深广，引导漫水归入<u>正河</u>，而于<u>睢州张见口</u>筑长堤至<u>归德郭村</u>，凡百余里，以防泛溢，更时疏<u>梁靖口</u>下流，且挑<u>仪封月河</u>入之，达于<u>小</u>

浮桥,则北岸水势杀矣。

夫河过鱼台,其流渐北,将有越济宁趋安平东入于海之渐。尝议塞垄河之口以安运河,而水势汹涌,恐难遽塞,塞亦不能无横决,黄陵冈、李居庄诸处不能无患。徐州迤上至鲁桥,泥沙停滞,山东诸泉水微,运道必涩。请创筑城武至济宁缕水大堤百五十余里,以防北溢,而自鲁桥至沛县东堤百五十余里,修筑坚厚,固之以石,自鱼台至谷亭,开通淤河,引水入漕,以杀鱼台、城武之患,此顺水之性,不与水争地者也。

孙家渡、涡河二支,俱出怀远,会淮流至凤阳,经皇陵及寿春王陵至泗州,经祖陵,皇陵地高无虑,祖陵则三面距河,寿春王陵尤迫近。祖陵宜筑土堤,寿春王陵宜砌石岸,然事体重大,不敢轻举也。清江浦口正当黄、淮会合之冲,二河水涨,漫入河口,以致淤塞滞运。宜浚深广,而又筑堤以防水涨,筑坝以护行舟,皆不可缓。往时淮水独流入海,而海口又有套流,安东上下又有涧河、马逻诸港以分水入海。今黄河汇入于淮,水势已非其旧,而诸港套俱已堙塞,不能速泄,下壅上溢,梗塞运道。宜将沟港次第开浚,海口套沙,多置龙爪船往来爬荡,以广入海之路,此所谓杀其下流者也。

河出鱼台,虽借以利漕,然未有数十年不变者也,一旦他徙,则徐、沛必涸。宜大浚山东诸泉以汇于汶河,则徐、沛之渠不患干涸,虽垄河口塞,亦无虞矣。"

工部覆如其议,诏允行。

5 以册后礼成,晋张孚敬少师,李时、方献夫及夏言俱少保。

6 二月,癸酉,上以大同乱久不定,乃夺刘源清职,闲住,以督饷侍郎张瓒兼右副都御史代之。

先是叛卒被围久,大困,毁王府及诸廨舍供爨。兵部复下安抚令,源清亦树帜招降,叛卒稍稍自投。首恶黄镇等亦分日出见,乞通樵采路,邸永许诺。翌日,采薪者出,永悉执之,城中益惧。

乱卒复叛,勾鞑靼为助,永遇之,大败而遁。叛卒遂引寇骑十余入城,指代府曰:“以此为诺延居。”即那颜,见前。——“诺延”者,华言大人也。——城中人闻之,皆巷哭。寻鞑靼攻东、南二关,叛卒与犄角,官军殊死战,互有杀伤。鞑靼知叛卒不足赖,倒戈击之,大诟而归。

是时鞑靼游骑南掠至应朔,源清请募九边兵,增总制官御之,已得一意攻城,上不许。源清乃百道攻,穴城为毒烟熏,死者相枕藉,复壅水灌之。

上闻,语阁臣曰:“宣大为京师北门要地,如手臂之卫头目也。今谁非祖宗遗民,而源清必欲城破人诛,忠乎否耶?朕今欲罪去二臣,撤还诸路人马,别遣文武大臣识事者专备北寇,密令多方计禽叛卒之为首者,庶免老师费财。”皆曰:“善!”

已,源清亦知事不可为,自劾求去,乃有是命。兵部请并罢永,上以永谋勇素著,留之。

7 兵科都给事中曾忭言:“今团营务重,王宪职任本兵,势难兼顾。况当边报旁午,营务视昔加重,请改都御史王廷相提督团营,俾宪得专心部事,经理边务。"从之,乃加廷相兵部尚书,仍掌院事,提督团营。

8 乙亥,南京礼部侍郎黄绾调外任,已,复留之。

先是夏言长礼部,以上方向用绾,乃潜附之,与张孚敬左。南郎中邹守益引疾,诏绾核实,久不报,而守益竟去。吏部尚书汪鋐希孚敬指发其事,夺守益官,并劾绾欺蔽,孚敬调旨削三秩,出之外。会礼部请祈谷导引官,诏留绾供事。

鋐于是再疏攻绾,且掇及他事,上复命调外。绾上疏自理,因诋"鋐为孚敬鹰犬,乞赐罢黜以避祸。"上终念绾议礼功,仍留任如故。绾自是显与孚敬贰矣。

9 己丑,侍郎张瓒抚定大同乱卒,平之。

先是瓒未至大同,管粮郎中詹荣在城中,密约都指挥纪振、游击戴濂、镇抚王宁同盟讨贼,察叛卒马昇、杨麟无逆志,许宥其死,俾自(劾)〔效〕,昇、麟遂结心腹,禽首恶黄镇等九人,戮之。会巡抚樊继祖来代,潘仿开城延之入,复捕斩二十六人,乱乃定。

及瓒至,麾兵退二舍,鼓吹入城,大集文武将吏,置酒高会,赏有功将士。于是城中自宗室而下,无不室家相庆。瓒还驻宣府,所调京营及诸路兵悉罢之,惟留梁震、史俊于大同东、西二路以备北寇。

10 辛卯,代王返大同。

11 给事中曾忭等上言:"大同虽已抚定,亦苟且姑息而已,不足以彰天讨,惩后乱。请令兵部议所以整饬善后者。并核被兵之地,量行振救,罹锋刃者周给埋葬。"给事中周昆言:"昨该镇军变,有耿指挥、钱指挥等数家,并以忠义阖门受祸最惨,宜赐优恤,令有司建祀岁祭。"俱报可。

12 闰月,庚申,太白昼见,自去岁十一月十六日至于是日,光曜与日争明。【考异】明史天文志书"是月庚申,太白昼见",证之实录,始自去年十一月十六日,至此凡昼见一百二十七日也,今据增。

13 魏国公徐鹏举,俌孙也,俌之父承宗,自天顺初守备南京,遂及三世。都御史王廷相,言"南京守备权重,不宜以徐氏世典。"上从之。

已,鹏举疏请解兵柄,不许;给事中曾忭复以尾大为言。是月,乃诏兵部举代者。

14 三月,壬申,命礼部侍郎黄绾振抚大同,并勘明功罪以闻。

初,大同之变,绾言用兵非策,上是之。至是乱定,代王请遣大臣绥辑,张孚敬力持不欲遣,而礼尚夏言以为宜许,因极诋前用兵之谬,语侵孚敬。上委曲谕解之,乃特以命绾。

15 乙酉,济农犯响水波罗堡,参将任杰设伏大破之。

16 夏,四月,丁酉朔,时享太庙,遣武定侯郭勋摄行。

上久不亲祀事,皆勋代之。户科给事中张选言:"宗庙之祭,惟诚与敬。孔子曰:'吾不与祭如不祭。'传曰:'神不歆非类。'孟春庙享,遣官暂摄,中外臣心知非得已。兹孟夏祫享,倘更不亲行,则迹涉怠玩。或圣体初复,未任趋趼,宜明诏礼官,先期告庙,陛下亦宜静处斋宫以通神贶。"上大怒,下之礼部。

尚书夏言等言:"代祭之文,载之周官。论语曰:'子之所慎,齐、战、疾。'疾当慎无异于祭,选言非是。但小臣无知,惟陛下曲赦。"上愈怒,责言等党比。

命执选阙下,杖八十,上出御文华殿听之。每一人行杖毕,辄以数报,杖折者三,曳出已死。

上怒犹未释,是夕,入大内,绕殿走,制祭祀记一篇,一夕锓成,明旦,分赐百官。

选出,家人投良剂得苏,竟坐削籍。

17 己酉,方献夫致仕。

初,献夫致仕,家居自尊大,监、司谒见,辄称疾不报。乡人屡讦告献夫,以属金事龚大稔。会大稔坐事落职,疑献夫为之,遂条上其不法数事,词连霍韬。时上方眷献夫,大稔遂被逮削籍。献夫既被召,冯恩以为彗见之应,上下恩于狱;献夫中恶,引疾乞休,不许。自是虽执大政,气厌厌不振,独上欲杀张延龄,常力争。而是时桂萼已前卒,张孚敬罢相者屡矣,霍韬、黄宗明言事一不当,辄下之吏。献夫见上恩威不测,居二岁,三疏引疾。至是始许之,令乘传予道里费。家居十年卒。

18 是月,户科都给事中管怀理,上疏论余盐,略言:"私盐四出,官盐不行,市易之难,正课壅矣,而司计者因设余盐以佐之。余盐利厚,商固乐从,然不以开边而以解部,虽岁入巨万,无益军需。尝考祖宗时,商人中盐,纳价甚轻,而灶户煎盐,工本甚厚。今盐价十倍于前,而工本不能十一,何以禁私盐使不行也?故欲通盐法,必先处余盐;欲处余盐,必多减正价。大抵正盐贱则私贩自息,今宜定价,每引正盐银五钱,余盐二钱五分,不必解赴太仓,俱令开中关支,余盐以尽收为度。正盐价轻,既利于商;余盐收尽,又利于灶;未有商灶俱利而国课不充者也。”

事下所司,户部覆,以为“余盐银仍解部如故”,而边饷益虚。

19 五月,丁卯朔夜,有客星见于螣蛇,历天厩,入阁道,凡二十四日而灭。

20 癸巳,月与太白同昼见。

21 上以疾,久不视朝,至是召见辅臣张孚敬等于重华殿,并观江西所进祭器及恭和宣宗御制阅舆地图诗。

22 黄绾之至大同也,有为乱卒通问鞑靼者,绾执而戮之,于是乱卒复相慑。绾大集军民,晓以祸福。罹害者陈牒,绾佯不问,而密以牒授给赈官按里核实,一日捕首恶数十人。乱卒尚钦者,曾杀一家三人,惧不免,鸣金倡乱,无应者,遂就禽。绾复图形购首恶数人,军民乃不复虞诖误。

事毕还朝,上疏极诋刘源清、郤永,请逮治。给事中曾忭言:“宸濠乱,源清有保障功,当蒙八议之贷。”上怒,下忭诏狱,逮源清治之。

狱久不决,绾以忧去,乃减死,斥为民。

23 六月,乙巳,张孚敬引疾乞休,不许。

孚敬以大同议不用,乞休疏凡三上,已而子死,请益力。报曰："卿无疾，疑朕耳。"孚敬不引咎，复上疏历诋议礼之蕚、献夫、韬、绾等。上诘责之，乃复起视事。

24　甲子，南京太庙灾。

上以南京祖宗根本之地，令礼部择日，上易服亲诣太庙祭告，专遣大臣一人往南京祭告，仍遣官祭告天地社稷山川之神，并敕群臣一体修省，应诏直言。【考异】明史五行志书"是月甲子"，据实录奏至之月日也。甲子为六月二十九日，其太庙火亦当在六月，史文不具耳。今据书之。

25　秋，七月，丁丑，建神御阁于南内。

先是上谕内阁，以"祖宗御容、宝训、实录，宜有尊崇之所，训、录宜再以褚书，总作石柜藏之"，遂有是命，加汪鋐柱国兼兵部尚书，督大工。

26　八月，丁未，重建京师太庙。

先是上欲更营太庙，命夏言等相度规制。会南京太庙灾，礼部尚书湛若水，"请权将南京太庙香火并于南京奉先殿，重建太庙，补造列圣神主"。

上召言会廷臣集议。言与辅臣张孚敬等言："国有二庙，自汉惠始；神有二主，自齐桓始。周之三都、三庙，乃迁国立庙，去国载主，非二庙、二主也。子孙之身乃祖宗所依，圣子神孙既亲奉祀事于此，则祖宗神灵自当陟降于此。今日正当专定庙议，一以此地为根本。南京原有奉先殿，其朝夕香火，当合并供奉如常。太庙遗址，当仿古坛壝墙意，高筑墙垣，谨司启闭，以致尊严之义。"言又言："京师宗庙，行将复古，而南京太庙遽灾，殆皇天列祖启佑默相，不可不灵承也。"时上虽循故事因庙灾求直言，然实喜言等缘饰之词，以灾为幸，乃谕以春和兴工。礼部请以所颁敕议刊示天下，从之。【考异】诸书记营太庙及定九庙制于十一年，据始议之年月也。三编书营太庙于是年六月，因南京庙灾类记也。今据实录月日分书之。

27 壬子，济农拥十余万骑由花马池入，将窥固原，副总兵梁震及总兵刘文拒却之。

28 九月，辛未，始议建九庙。

初，上欲改同堂异室之制，各立专庙。会南京太庙灾，上意欲中止，而夏言复以原议请。于是礼部会廷臣议，"于太庙南左为三昭庙，与文祖、世室而四，右为三穆庙，虚其上以待有功德之宗。群庙各深十六丈有奇。世室殿寝稍崇，纵横深广与群庙等，列庙总门与太庙戟门相并，列庙后垣与太庙、祧庙后墙相并。"具图进。

上以世室尚当隆异，令再议。言等"请增拓世室前殿，视群庙崇四尺有奇，深广半之，寝殿视群庙崇二尺有奇，深广如之。"制曰："可。"【考异】按建九庙之议始于十一年，兴工于十四年之二月，成于十五年之十二月，故诸书所记各不同。此据实录，为礼部定议之始事。

29 辛卯，以孟冬时享，先期命侍郎顾鼎臣、霍韬捧主。会二人皆有期功之服，有谓"古礼，期服诸侯绝，大夫降。今之公卿即古之诸侯，与祭重事，不得以私妨公。"下礼部议。

尚书夏言奏："封建法废，世无诸侯久矣。古之诸侯，建邦启土，世有其国，伯叔兄弟皆其臣也，故期服可绝。今之公卿，岂其比乎？且二臣所服非小功缌麻，皆服之重者也；太庙捧主，礼之重者也；以服之重而与于礼之重者，是岂得谓之知礼乎?”乃敕鼎臣、韬回避,以侍郎黄宗明、林廷㭿代之。

30　是月,起服阕尚书梁材仍为户部尚书,以许赞请归省,代之也。

31　冬,十月,乙未,兵部勘覆:“大同之乱,阵亡都指挥、佥事李荣等七百十九人;其忠义将士,因捕诸首恶为乱军所戕者,总旗王安等三人,全家被害,其身尚存;指挥等三十三人,身已被杀,妻子间存;俱赐赠恤,给赡荫。军士张宗等十七人,身亡世绝,宜表其门闾。”又以黄绾奏,“旌大同节妇董氏等三人,烈妇王氏一人,孝子温越一人”,俱报可。

32　己酉,南京兵部主事刘世龙,以南京太庙灾,应诏陈三事:“一杜谄谀以正风俗;二广容纳以开言路;三慎举动以存大体。”末言:“张延龄凭宠为非,法难容假。侧闻长老之言,孝宗时待之过厚,遂酿今日之祸。顾区区腐鼠,何足深惜!独念孝宗在天之灵,太皇太后垂老之景,乃至不能自庇其骨肉,于情忍乎?恐陛下孝养两宫,亦不能不为一动心也。项创造神御阁、启祥宫,特令大臣督理其事,臣以为南京太庙方被灾,工役之急,当无过此。今兴作频年,四方凋敝,正时绌举赢之会,亦宜量酌缓急而为之以渐,此皆应天以实之道也。”疏入,帝震怒,谓“世龙讪上庇逆”,械系至京,下诏狱拷掠。狱具,复廷杖八十,斥为民。

　　时夏言等以灾为幸,希旨议礼,故世龙首及之。又上以张太后故,必欲杀延龄,故世龙得罪尤重云。【考异】事见明史世龙本传。三编类记于六月南京太庙灾之下,今据实录月日。

33 十一月，甲子，免南畿被灾税粮。

34 庚午，祀天于南郊之圜丘。

35 总督河道都御史朱裳以忧去，命副都御史刘天和代之。

　　未几，河决赵皮寨，入淮，谷亭流绝，庙道口复淤，天和役夫十四万浚之。已而河忽自夏邑大丘、回村等集冲数口，转向东北，流经萧县，下徐州小浮桥。天和言："黄河自鱼、沛入漕河，运舟通利者数十年，而淤塞河道，废坏闸座，阻隔泉流，冲广河身，为害亦大。今黄河既改冲，从虞城、萧、砀下小浮桥，而榆林集、侯家林二河分流，入运者俱淤塞断流，利去而害独存。宜浚鲁桥至徐州二百余里之淤塞。"制可。

36 十二月，辛丑，逮直隶巡按御史李新芳、大名兵备副使杨彝下狱。

　　先是新芳行部至广平，以城门铳猝发被惊，笞铳手并知县周谧。又用左右谮，谓"谧居官多不法，恐见按治，故使铳手谋害"，遂执谧。谧不服，广平知府李腾霄亦不平，诣新芳辨折颇厉，新芳遂诬奏腾霄主使谧谋害。寻遣推官杨经、秦新民驰府执腾霄，腾霄拒之，稍集众自卫。新芳复劾其拒城为乱，檄彝勒兵二千往捕之。腾霄弃官走，通判吴子孝、推官侯珮、经历吴尚质皆走，郡地一空。新芳复遣数百人追执腾霄等于赵州，并子孝珮、尚质，皆笞之数十，尚质立毙。

　　于是腾霄、谧等交诉于朝，巡抚都御史周金，亦奏新芳谬妄及发兵几激变状,上命<u>新芳</u>回籍听勘。遣给事中<u>王</u><u>祯</u>、郎中<u>李楄</u>往,得实以闻。遂下<u>新芳</u>狱,与<u>彝</u>俱黜为民。

<u>新芳</u>擅作威福,调官兵,而<u>尚质</u>之死不究,时以为失刑云。

37 上以疾,又值<u>宪庙</u>妃<u>杨氏</u>薨,诏免明年元旦朝贺,并辍视朝六日。

38 南御史<u>冯恩</u>系狱待决,其子<u>行可</u>上书请代父死,不许。是年冬,事益迫,<u>行可</u>乃刺臂血书疏,自缚阙下,谓:"臣父幼而失怙,祖母<u>吴氏</u>,守节教育,底于成立,得为御史。举家受禄,图报无地,私忧过计,陷于大辟。祖母<u>吴</u>,年已八十余,忧伤之深,仅余气息。若臣父今日死,祖母<u>吴</u>亦必以今日死;臣父死,臣祖母复死,臣茕然一孤,必不独生。冀陛下哀怜,置臣辟而赦臣父,苟延母子二人之命。陛下戮臣不伤臣心,臣被戮不伤陛下法,谨延颈以俟白刃。"通政使<u>陈经</u>为入奏。上览之恻然,令法司再议,得免决。【考异】据<u>明史</u>本传在十三年之冬,正是年秋决之期,所谓"又明年"者,据<u>恩</u>上书数之也。通纪汇书于十二年下,特系之曰"甲午冬",今从之。

十四年(乙未、一五三五)

1 春,正月,壬戌朔,上不视朝。召辅臣<u>张孚敬</u>、<u>李时</u>、<u>武定侯郭勋</u>、尚书<u>汪鋐</u>、<u>夏言</u>于<u>文华殿</u>,示以元旦诗一章,令<u>孚敬</u>等赓之。

2 壬申,罢督理仓场中官。

初,<u>孙交</u>为户部尚书,请"尽罢监督仓场中官,并<u>临清</u>、<u>淮</u>、<u>徐</u>诸仓一切勿遣",上为撤其半,余如故。至是监督中官<u>王奉</u>、<u>李顺</u>,互以奸赃讦奏,下法司按问,给事中<u>管怀理</u>因言:"仓场钱谷,皆户部事。今参用内官,惟肆贪饕,无裨国计,请悉撤回。"从之。

3 癸酉,御<u>奉先殿</u>,文武百官行庆贺礼。

4 丙戌,<u>庄肃皇后夏氏</u>崩。

礼臣上丧仪,上曰:"嫂叔无服,且两宫在上,朕当服青,臣民如母后礼。"<u>夏言</u>曰:"皇上以嫂叔绝服,则群臣不敢素服见皇上,请暂罢朝参。"许之。

5 二月,己亥,始建九庙。

先是上谕阁臣曰:"今拟建<u>文祖庙</u>为世室,则皇考'世庙'字当避。"<u>张孚敬</u>言:"<u>世庙</u>著<u>明伦大典</u>,颁诏四方,不可改。<u>文</u>世室宜称'<u>太宗庙</u>'。其余群庙,不用'宗'字,用本庙号,他日递迁,更牌额可也。"从之。于是尽撤故庙,又以避渠道,迁<u>世庙</u>,悉改建之。诸庙各为都宫,庙各有殿有寝,<u>太祖庙</u>寝后有祧庙,奉祧主藏焉。太庙门殿皆南向,群庙门东西向,内门殿寝皆南向。

6 丁未,禁冠服逾制,从<u>直隶</u>提学<u>方一桂</u>之请也。

7 己酉,礼官议<u>庄肃皇后</u>尊谥,<u>张孚敬</u>言:"大行皇后,上嫂也,与累朝元后异,宜用二字或四字。"<u>李时</u>言"宜用八",左都御史<u>王廷相</u>、吏部侍郎<u>霍韬</u>等曰:"均帝后也,何殊焉!"

<u>夏言</u>集众议,因奏曰:"古人尚质,谥法简严,称美之词无几。后世增加,亦臣子至情也,生今世宜行今制。大行皇后宜如列圣元后谥二,四及八于礼无据。"

上不从，命再议。群臣请如孚敬言，上曰："得六，合阴数焉。"越月，上尊谥曰孝静庄惠安肃毅皇后。

既而上觉孚敬言非是，明年，复敕曰："孝静皇后谥不备，不称配武宗，仍改上十二字。"

8 三月，戊子，葬孝静皇后于康陵。

9 己丑，辽东军乱。

故事，辽东诸卫所，每军一，佐以余丁三，每马一，给牧地五十亩。巡抚、副都御史吕经到任，损余丁之一编入均徭册，尽收牧地还之官，众已怨之。至是经巡视辽阳，檄将吏增筑边墙，将吏承经意，督役严急。诸军大噪，群拥诣经，乞罢工及免牧地租，都指挥刘尚德叱之不退。经怒，呼左右榜诉者，众益哄，争起殴尚德及指挥李钺，经仓皇逾垣走匿。乱卒遂毁府门，火均徭册，鸣钟鼓纠众，驱途人授之械刃，尽闭诸城门。出故游击将军高大恩于狱，欲拥以为主。搜得经，尽裂其衣冠，幽之都司署。

于是镇守总兵官刘淮以状闻，兵部"请从实查勘，先令副总兵李鉴入城宣示恩威，令诸军守法归伍。一面查明生事激变之吕经、刘尚德等以闻。"

10 是月，兵部尚书王宪致仕，召提督两广军务、兵部侍郎张瓒代之，趣赴任视事。

11 夏，四月，辛卯朔，时享太庙、世庙。时方修建宗庙，暂于奉先殿、崇先殿行礼。

12 张孚敬以疾在告，屡疏乞休，不许。至是遣中官赐药饵，手敕言："古有翦须疗大臣疾者，朕今以己所服者赐卿。"孚敬得温谕,不自安,仍乞骸骨。上虽眷孚敬不衰,而与李时言,颇及其执拗,且不惜人材以丛众怨状。甲午,复请致仕,许之,命行人御医护归,有司给廪隶如制。

　　先是,上与时论孚敬,因言:"内阁乏人,朕欲取旧老费弘来与卿共事,何如?"时逊谢,称善,及孚敬罢,遣行人即其家起弘官如故。【考异】据明史本纪,召费弘入阁与孚敬致仕同日,七卿表则云七月召,八月入阁。按实录,与李时言召弘,即在孚敬致仕之前,而弘以七月至京师,亦见实录。又证之明史费弘本传,言"璁去位,帝始追念弘,四月再遣行人即家起官如故,七月至京师。"据此,则本纪书之四月甲午者近之,而年表"四"字误作"七","七"字又误作"八"字,今刊改。

13　丙申,赐韩应龙等进士及第、出身有差。

　　是年廷试,以庄肃皇后之丧,越月始行之。

14　己亥,以金都御史韩邦奇为副都御史,巡抚辽东。召吕经还。

　　先是辽阳之乱,巡按御史曾铣方按金复,闻变,亟檄副总兵李鉴抚谕乱卒,凡经所措置众不便者悉罢之,乱卒稍稍就约束,城门始开,高大恩自投于狱。铣亦驰至辽阳,分部诸乱卒令就伍,劾"刘尚德等希经指激变",而为乱卒乞原。

　　下都察院议。都御史王廷相言:"(在)〔往〕年大同叛卒戕害主将,罪在不宥,抚臣辄为请赦,盖一时苟且之计。今辽阳复抗军令,辱大臣,竟置乱卒不问,而尽劾诸将吏以娱之,恐士气益骄,无以惩后。"诏下兵部再议,皆是铣言,乃召经还朝,而以邦奇代之。

15　庚子,奉孝静皇后神主祔庙。

16 丙午,广宁兵乱。

先是吕经既被召还,入广宁治装。都指挥袁璘者,素诪事经,拟扣诸军所给草价为经饬装具,悍卒于蛮儿遂鼓众倡乱,出狱囚。因有陈孝儿者,先以积恶为经摘发,尤恨经,率众持梃突入署,执经数之,毁肤裂发,裸而置之狱。纵火爇公署,劫军器库,分其党为四部,鸣钟鼓竟日夜。寻又反接经及璘,揭白帜标其姓名,环游城市,孝儿且行且批其颊,窘辱备至,仍系之狱。胁督饷郎中李钦昊发帑给众,又胁镇守太监王纯、总兵刘淮疏劾经、璘罪,乞逮治。

于是礼部侍郎黄宗明言:"前者辽阳之变,固生于有所激。近重赋苛徭悉已厘正,复嚣然而起,又谁激之? 法不宜复赦。请令新抚臣韩邦奇勒兵压境,扬声讨罪,取其首恶,用振国威。"上不听,竟从纯、淮请,遣官(梭)〔校〕逮经、璘,止邦奇毋行,以山西巡抚任洛代之,而以邦奇代洛。

是时抚顺备御指挥刘雄,以掊克敛怨,部卒王经等见辽阳倡乱,乃乘机夜纠众突入雄署,掠其囊箧,执雄父子,幽之空馆。闭城门,鸣钟鼓,一如蛮儿等所为。

会官校逮吕经者至,广宁诸乱卒疑其诈,曰:"是伪为锦衣以脱经也。"并置诸狱。总镇官谕以祸福,乃出官校,以经付之。曾铣具以其事闻,然官校被系事,疏中未之及也。

17 五月,辛未,兵部以"辽阳、广宁连日告变,请遣大臣往勘",诏遣工部侍郎林庭㭿兼金都御史以行。已,给事中曾忭等言:"自大同以来,抚镇苛刻之过,军士骄悍之习,国家姑息之久,三者相因而成。今元恶不尽捕之,明正其罪,恐奸邪得意而乱臣接踵也。"诏庭楬勘报。

18 癸酉,祭地于方泽,上躬诣行礼。【考异】祀方泽,本纪不书,此以亲祀书也。

19 六月,己亥,大理寺丞林希元,见大同兵变以来,朝廷专务姑息,而广宁之变,曾铣奏不以实,乃抗疏曰:"自大同之变处之过宽,故诸悍卒咸有轻侮心,一有触发则攘臂而起。夫都御史天子重臣,庸隶下卒敢执缚囚辱之,是无朝廷也。近闻所遣官校亦被囚系,狂悖视大同尤甚。本兵大臣因循不振,致叛卒益无忌惮,朝廷号令不行,此不忠之大者也。"疏入,上责希元妄言,下锦衣卫,令对状。而锦衣指挥王佐等亦讳言囚系事,遂降希元外任。

20 南御史冯恩既免死,长系狱中,尚书聂贤与都御史王廷相,言"前所引律,情与法不相丽,宜用奏事不实律输赎还职",上不许。至是复言"恩情重律轻,请戍之边徼",报可,遂遣戍雷州。越两月,而汪鋐亦报罢矣。

恩后遇赦家居。隆庆初,录先朝直言臣,即家拜恩大理寺丞致仕,年八十一卒。子行可亦以孝行旌。【考异】见明史本传,盖恩之免决在去年之冬,其谪戍则在是年之六月,故传云"恩论戍而鋐亦后两月罢矣",盖鋐罢在是年九月也。今皆据实录分书之。

21 是月,济农犯大同,总兵官鲁纲督参将段堂等战败之,斩首八十级。

22 秋,七月,甲申,巡按御史曾铣讨广宁叛卒,平之。

先是有乱卒赵鬻儿者实倡乱,闻侍郎林庭楬将至,惧不免,潜诣广宁,与于蛮儿合谋为逆。刘淮侦知之,不得逞,复结死囚王杲等,欲俟庭梱至,闭城门举兵反。而是时铣已刺得二贼及抚顺为逆者姓名,密授诸将,遂同日捕获剿儿等数十人。因具奏其事,且请重治失事之吕经、刘尚德等。上以首恶既禽,乃召还庭梱,命铣勘实,悉斩诸首恶,枭示边城。全辽遂定。擢铣大理寺丞,经谪戍。【考异】辽阳之变在三月,广宁之变在四月,平在七月,明史本纪悉据实录。诸书系之九月者非。

23 是月,费弘至京师,复命入阁。

24 刑部尚书聂贤致仕,召总制三边、尚书唐龙代之。

25 八月,乙巳,召辅臣费弘等于无逸殿,因论辽东兵变事,上曰:"抚臣处置失当耳。"弘因言:"推举巡抚,内地者向由吏部会户部,边方则会兵部,恐不能尽得人材。臣欲会九卿推之,如京堂例。"上曰:"善!"命著为令。

26 丁未,诏起原任右都御史姚镆为兵部尚书,仍兼原官,总制陕西三边。

费弘初荐镆,上命廷推。既而曰:"朕既用之,安用推为!"至是遂命之。

27 是月,以林庭梱为工部尚书。时秦金改南京兵部,以廷梱代之。

28 九月,己未,汪鋐罢。

鋐长吏部,不协清议,屡为言官所劾,上眷亦衰。会御史曾翀论劾南京兵部尚书刘龙、刑部尚书聂贤等,诏吏部秉公核议,鋐言"龙等无大过,不宜遽弃。"上不悦,谓李时等曰:"近来言路不开,外廷咸归罪张孚敬。今观吏部此疏,似是爱惜人材,然亦私意耳。"

已而给事中薛宗铠、孙应奎，交论"鋐奸回误国，擅作威福。"鋐上章自理，并以宋言官结党论范、富、欧阳等事为比。于是翀复劾"鋐不畏朝廷，鸱张弥甚。"疏入，留中不报。

一日，语辅臣费弘、李时等曰："鋐六卿之长，被论如此，何颜复列班行！听致仕去。"已，复出翀等疏，责以挟私报复，乃下翀及宗铠于锦衣卫狱。一时给事御史降调外任及黜为民者凡十余人。【考异】薛宗铠，明史附冯恩传，特书云"十四年九月朔"也。是月己未朔，实录，鋐罢在己未，今据之。

29 甲申，免山西大同等府、浑源等州被灾税粮。

30 冬，十月，戊申，大学士费弘卒。

弘再入阁，上眷遇益厚，每召见，移时始出，赐银章曰"旧辅元臣"。弘承璁、萼操切之后，易以宽和，朝士皆慕乐之。

上闻其卒嗟悼，赙恤加等，赠太保，谥文宪。

弘三入内阁，佐两朝殆十年。中遭谗构，讫以功名终。

31 十一月，乙亥，冬至，祀天于南郊之圜丘。

32 十二月，壬辰，免湖广武昌府被灾税粮。

33 乙未，以冬深无雪，命顺天府官祈祷，仍遣尚书夏言等遍祭群神。

34 丁未，广西田州土目卢苏，杀本州州判岑邦相，因纠归顺州土官岑璸，构引夷兵，攻毁镇南府，居民遇害者无数。

巡按、御史曾守约以闻，兵部以"土目自相仇杀，不宜遽兴问罪之师，驱吾民于锋镝。宜先降旨诘责，宣布恩威。"乃诏守臣勘处以闻。【考异】卢苏杀岑邦相事,见明史土官传。传言"御史曾守约以闻,帝命守仁亟为勘处",误也。守仁卒于嘉靖七年,即令卢苏杀岑邦相事在前,而实录奏报乃在是年十二月,安得有命守仁勘处之事?再检实录,乃"命守臣亟为勘处",明史传写误"臣"为"仁"也。今刊改,仍据实录书之。

35 是月,总理河道都御史刘天和条上治河数事,大略言:"黄河之当防者,惟北岸为重。当择其去河远者大堤、中堤各一道,修补完筑,使北岸七八百里间联属高厚,则前勘应筑诸堤举在其中,皆可罢不筑。"从之。

十五年(丙申、一五三六)

1 春,正月,壬戌,改湖广上湖南道分巡佥事为兵备佥事,驻劄蕲州,专管汉阳,而下至蕲黄、德安等处,名曰"下江防道"。原驻岳州佥事,专管武昌,而上至沔阳、岳州、常德、长沙等处,名曰"上江防道"。各给敕书关防。从湖广巡抚、都御史翟瓒请也。

2 改刘天和兵部侍郎兼右副都御史,总制陕西三边军务,代唐龙也。

时天和总理河道候代,趣令赴镇,暂令管河郎中摄河道事。

先是济农居套中,西抵贺兰山,限以黄河,不得渡,用牛皮为浑脱渡。入山后,谙达即俺答,俱见前。亦自丰州入套,相率为边患。龙虽遣将屡败之,然蹂躏迄无宁岁。至是龙内召,遂有是命。

3 二月,癸巳,振湖广灾。

4 三月,丁巳,徙丰县于故城。

初,河决丰县,徙治华山,至是河流南徙,民怀故土,遂复之。

5 戊午,有客星见于天棓,东行历天厨,入天汉,逾月而灭。

6 丙子,上奉章圣皇太后如天寿山谒陵。免昌平今年税粮三之二,赐高年粟帛。

癸未,谒恭让章皇后、景皇帝陵。

是日,还宫,上过沙河,见居民萧条,顾谓辅臣李时等曰:"七陵在此,宜加守护。"时对曰:"昔丘濬建议,京师当设四辅,以临清为南,昌平为北,蓟州、保定为东、西,各屯兵一二万。今若于昌平增一总兵,可南卫京师,北护陵寝。"上乃下廷臣勘议,于沙河筑巩华城,为置戍焉。三编质实,巩华城在昌平东南二十里,地本名沙河店,今有同知及都司戍此。

7 夏,四月,癸巳,皇后不亲蚕,遣女官祭先蚕之神。

8 诏建山陵。

谕辅臣李时等曰:"朕法祖宗,预作幽宫。兹择地于长陵之左十八道岭,咨问臣民,皆曰吉,其议建之。"

9 丙申,行大禘礼于太庙。

10 癸卯,以建山陵,亲诣七陵行祭告礼。时礼部请遣官,不许。

是日,车驾发京师。癸丑,还宫。

11 是月,济农以十万众屯贺兰山后,分兵寇凉州,副总兵王辅御之,夺其纛,斩五十七级。又入庄浪,总兵官姜奭御之于分水岭,三战三败之。

捷闻,进刘天和右都御史。

天和赴镇,修战具,饬边备,增筑城堡。时兵车皆双轮,用二十人,遇险即困,又行运不适于用。天和乃仿前总督秦纮只轮车,上置炮枪弩戟,前树狻猊牌,左右虎盾,连二车,蔽三四十人,一人挽之,推且翼者各二人。战则护骑士其中,敌远则施火器,稍近发弓弩,又近乃出短兵,敌败则骑兵追之。复制随车小帐,令士不露宿。又毒弩矢,修墙堑,以为御敌之备。议上,皆从之。【考异】明史本纪,寇甘、凉在是月。证之鞑靼传,先寇凉州,为王辅所败,复寇庄浪,为姜奭所败,较本纪为详。三编统系之正月下,据授刘天和总制三边汇记之也,今据明史月分。

三编御批曰:兵车虽古制,亦不过施于平原,彼此伎俩相等者耳。后世地利不同,用之即难取效。房琯、陈涛之败,已事可征。至宋而李纲、宗泽,间一议行,卒未收其实用。况只轮人挽,运用钝迟,欲以此挫锐冲坚,殆如儿戏。刘天和恃为变通良法,辄用以练习边兵。不知一车之上,而弩戟牌盾错置杂陈,势必艰重难胜,所谓适用者安在?况边隅攻战,全在精骑摧锋,岂可转以连车碍其驰骋!书生迂拙之见,真不值一哂耳。

12 起前任户部尚书许赞为吏部尚书。

时赞以母忧家居,诏俟服阕赴任。

13 五月,丁巳,免顺天永平府属被灾税粮。

14 乙丑,毁禁中佛像。

禁中旧有大善殿,元时所建,藏金银诸佛像及佛骨佛牙等物。上欲撤之，以其地为皇太后宫，乃偕辅臣及郭勋、夏言等入视殿址。言请敕有司将佛骨等物瘗之中野，上曰："邪秽之物，其毁之便。"于是燔之通衢，金银佛像凡一百六十九座，函物凡万三千余斤。【考异】<u>明史纪事本末言"夏言力请焚瘗"，证之实录，"言请瘗之中野，上曰：'此邪秽之物，其焚之便。'"今从实录。</u>

15 六月，壬子，以吏部侍郎霍韬为南京礼部尚书。

韬素刚愎，佐吏部，屡与尚书汪鋐争，鋐等亦惮之。鋐既罢，上久不置尚书，以韬掌部事。

阁臣李时，传旨用鸿胪王道中为顺天府丞，韬仍循故事，列道中及应天府丞郭登庸二人名上。上以韬守成法，乃用登庸而改道中大理少卿。

未几，韬复上书言："博士行人等官，皆当由吏部考选，不宜以历俸得之。"礼部观政进士卢楩，劾其"移甲第之权，开钻刺之路"，上是楩言，令吏部照旧铨除，不必更议。寻改韬为南尚书。

16 是月，巡茶御史刘良卿上言："律例，'私茶出境与关隘失察者，并凌迟处死。'盖西陲藩篱莫切于诸番，番人恃茶以生，故严法以禁之，易马以酬之，以制番人之死命，壮中国之藩篱，断匈奴之右臂，非可以常法论也。洪武初例，民间蓄茶不得过一月之用。弘治中，召商中茶，或以备振，或以储边，然未尝禁内地之民使不得食茶也。今减通番之罪止于充军，禁内地之茶使不得食，又使商私课茶悉聚于三茶马司。夫茶司与番为邻，私贩易通，而禁复严于内郡，是驱民为私贩而授之资也，以故大奸阑出而漏网，小民负升斗而罷法。今计三茶马司所贮，<u>洮河</u>足三年，<u>西宁</u>足二年，而商私课茶又日益增，积久腐烂而无所用，茶法之弊如此。番地多马而无所市，吾茶有禁而不得通，其势必相求，而制之之机在我。今茶司居民，窃易番马以待商贩，岁无虚日，及官易时而马反耗矣。请敕三茶马司止留二年之用，每年易马当发若干正茶之外，分毫毋得夹带。令茶价踊贵，番人受制，良马将不可胜用。且多开商茶，通行内地，官榷其半以备军饷，而<u>河</u>、<u>兰</u>、<u>阶</u>、<u>岷</u>诸近番地禁卖如故。更重通番之刑如律例，<u>洮</u>、<u>岷</u>、<u>河</u>责边备道，<u>临洮</u>、<u>兰州</u>责陇右分巡，<u>西宁</u>责兵备，各选官防守，失察者以罢软论。"奏上，报可，于是茶法稍饬。

¹⁷ 秋，七月，壬戌，下顺天府尹<u>刘淑相</u>于狱。

<u>淑相</u>坐所亲赃私被鞫，疑<u>夏言</u>姻通判<u>费完</u>陷之，因讦<u>言</u>请属事。上怒，遂下诏狱。<u>淑相</u>与<u>霍韬</u>善，<u>言</u>亦疑<u>韬</u>主之，遂讦"<u>韬</u>扈跸谒<u>陵</u>，远游<u>银山寺</u>，大不敬"。<u>韬</u>自诉，因论"<u>言</u>请谥故少师<u>费弘</u>为<u>文宪</u>，'宪'乃<u>纯皇帝</u>庙号，人臣安得用！"会<u>南京</u>给事中<u>曾钧</u>骑马，不避尚书<u>刘龙</u>、<u>潘珍</u>轿，<u>龙</u>与<u>钧</u>互讦奏。<u>韬</u>劾<u>钧</u>，且请禁小臣乘轿。给事中<u>李充浊</u>、<u>曹迈</u>等，交章言"近侍之臣不当避道"，杂举公会宴次得与尚书同列以证，语颇侵<u>韬</u>。<u>韬</u>疑<u>充浊</u>倚<u>言</u>为内主，讦<u>充浊</u>为奸党，复撼<u>言</u>他事。<u>言</u>益怒，奏<u>韬</u>大罪十余事，且言"<u>彭时</u>、<u>宋濂</u>皆于<u>正德</u>间谥<u>文宪</u>，不避庙号。<u>韬</u>陋，不知故事。"上方不直<u>韬</u>，<u>淑相</u>复自狱中撼<u>言</u>他事，上益怒，命拷讯，词服<u>韬</u>主使。仍斥<u>淑相</u>为民，降<u>韬</u>俸一级。

18　丁丑，神御阁成，奉御容、祖训、实录于其中。其训、录所藏，更名曰皇史宬。

19　九月，庚午，车驾发京师，至天寿山躬祭七陵。丁丑，还宫。

20　改谥悼灵皇后为孝洁皇后，从礼官夏言之请也。

21　是月，罢奉慈殿。

　　初，孝宗建奉慈殿祀孝穆纪太后，其后孝肃周太后，孝惠邵太后皆入祀焉。至是上以"三太后别祀奉慈殿，不若奉于陵殿为宜"，下廷臣议，言："古者天子宗庙惟一帝一后，所生母荐于寝，身没而已。孝宗奉慈殿之祭，盖子祀生母，以尽终身之孝焉耳。然礼：'妾母不世祭。'疏曰：'不世祭者，谓子祭之于孙，则止以继祖重故，不复顾其私祖母也。'今陛下于孝肃，曾孙也，孝穆，孙属也，孝惠，孙也，礼不世祭，议当祧。考宋熙宁罢奉慈殿故事与今同，宜迁主陵庙，岁时祔享如故。"

　　言等又言："孝洁皇后先因祔于所亲，暂祔奉慈殿孝惠太后之侧。兹三后神主既拟迁于陵殿，则孝洁亦宜暂迁奉先殿旁室，享祀祭告则一体设馔。"从之。

22　是秋，济农复犯延绥。刘天和知西有备，寇必东，密檄延绥副将白爵宵行，与参将吴瑛合，寇果东至黑河墩，遇伏，大创而去。既，又入蒺藜川，爵尾击之，敌多死伤。寻又为爵、瑛所败，其分犯宁夏者，亦为王效所败。

　　捷闻，进天和左都御史。【考异】寇入延绥、宁夏，明史本纪系之是秋。三编据实录书之，即本纪所称"四战皆败"者也，今据三编。

23 冬,十月,戊子,皇子生。

24 戊戌,改题三后神主。

时礼官言:"奉慈殿之祀,乃子上尊号于母,孙上尊号于祖母,故有'皇太后'、'太皇太后'之称。今迁于陵殿,实在裕陵、茂陵之侧,宜去子孙之称,仍从夫妇之义。乃定制止称皇后谥号,去'睿'字'纯'字以别于嫡。"制曰:"可。"

25 己亥,更定世庙曰献皇帝庙。

先是上谕礼部夏言曰:"前以皇考庙比世室之义,名曰'世庙'。今分建宗庙,惟太宗及世室不迁。而'世'之一字,来世或用加宗号,今加于考庙,又不得'世宗'之称,徒拥虚名,不如别议。"言等议未上,上复谕曰:"皇考庙名如题曰献皇帝庙,庶别宗称,且见推尊之意。"于是言等议:"庙以谥名,既合周典,又与列圣庙号同符。请敕有司择吉题额,并宣付史馆。"

26 戊申,以三后迁陵殿礼成,车驾发京师。越日,至天寿山。壬子,还宫。

27 是月,京师及顺天、永平、保定所属州县及万全都司各卫所俱地震有声,诏修省。

28 以工部侍郎甘为霖为本部尚书,专督大工。

29 张延龄之下狱也,提牢主事沈椿等,以戚畹故宽其械系,听其奴出入,因得私通亲知往来,或置酒狱中以为乐。有狱囚刘东山者,发延龄手书讪上事,得免戍,又阴构奸人刘琦,诬延龄盗宫禁内帑。所告连数十百人,上以为实,令仍照原议处决。

30 十一月，戊午，以皇子生，颁诏赦天下。【考异】明史本纪书"是月戊午"，据颁诏之月日也。实录，皇子生在十月戊子，今分书之。

31 辛巳，冬至，祀天于南郊之圜丘。

32 是月，设宣大总督。时以边警，从御史徐九皋、胡鳌议也。事体与总制陕西三边同。寻俱更名总督。

33 十二月，辛卯，九庙成。

上奉安德、懿、熙、仁四祖神主于祧庙，太祖神主于太庙。自太宗、献庙以下，皆分日行之。

34 霍韬之议乘轿也，时夏言被劾不预。都御史王廷相会礼部侍郎黄宗明、张璧，请禁饬小臣乘轿如韬奏，而南京诸给事御史自如。韬请复加申饬，众不悦。给事中曹迈及同官尹相等，遂与韬忿争，相劾"韬迁南部怨望，擅取海子鱼，与乡人群饮郊坛松下。"韬上疏自理。下廷议，上为停韬俸四月。

韬复上书力诋言，此之李林甫、秦桧，而给事中李鹤鸣并摭韬居乡不法诸事，上两置之。

35 闰月，甲寅，以定庙制，加上昭圣皇太后徽号曰"昭圣恭安康惠慈寿皇太后"。戊午，加上章圣皇太后徽号曰"圣母章圣慈仁康静贞寿皇太后"。癸亥，颁诏天下。【考异】两宫徽号，明史本纪统系之是月癸亥，据颁诏之日也。今据实录分书之。

36 乙丑，以礼部尚书夏言兼武英殿大学士，入内阁，预机务。

张孚敬、方献夫等相继去，言宠益专，数召见谘政事，善窥上旨，有所傅会。皇子生，赐予甚渥，叠加宫衔，至是入阁。李时虽为首辅，政多自言出焉。

37　丙寅，享九庙。

38　甲戌，以道士邵元节为礼部尚书。

元节自三年召入京师，见于便殿，大加宠信，令专司祷祠，封真人，总领道教，班二品。至是以皇储生，嘉其祷祀功，遂有是命。【考异】邵元节擢礼部尚书，明史纪事本末及三编皆书之十二月。实录系之闰月甲戌，今据之。

39　是月，以严嵩为礼部尚书，代夏言也。

嵩久擢礼部尚书，至是始管部事。

40　是冬，济农复犯大同，入掠宣大塞，总制、侍郎刘天和，总督、尚书杨守礼及巡抚、都御史楚书，悉力御却之。

41　初，安南莫登庸用事，事见元年。黎譓走居清华，登庸立其庶弟廌。嘉靖五年，遣使求封，为总督张嶙所格。六年，登庸令其党范嘉谟伪为廌禅诏，篡其位，改元明德，立其子方瀛为太子，旋鸩杀廌。九年，登庸禅位于方瀛，自称太上皇。其年九月，譓卒于清华，国亡。

上自践阼，遣使诏谕其国，道不通而还。是年冬，皇子生，当颁诏安南。礼官夏言言："安南不贡已二十年，两广守臣谓'黎譓、黎廌均非黎晭应立之嫡，莫登庸、陈暠均彼国篡逆之臣'，宜遣官按问，求罪人主名。且前使既以道阻不通，今宜暂停使命。"

下兵部议，本兵张瓒等主用兵，上亦以安南久不贡，宜致讨，武定侯郭勋力赞之。诏遣锦衣官问状，中外严兵待发。

侍郎唐胄上疏谏曰："今日之事,若欲其修贡而已,兵不必用,官亦无容遣;若欲讨之,则有不可者七,请一一陈之:

古帝王不以中国之治治蛮夷,故安南不征,著在祖训,一也。

太宗既灭黎季犛,求陈氏后不得,始郡县之。后兵连不解,仁庙每以为恨,章皇帝成先志,弃而不守,今日当率循,二也。

外夷分争,中国之福。安南自五代至元,更曲、刘、绍、吴、丁、黎、李、陈八姓,迭兴迭废,而岭南外警遂稀。今纷争,正不当问,奈何殃赤子以威小丑,割心腹以补四肢?无益有害,三也。

若谓中国近境,宜乘乱取之。臣考马援南征,深历浪泊,士卒死亡几半,所立铜柱为汉极界,乃近在今思明府耳。先朝虽尝平之,然屡服屡叛,中国士马物故者以数十万计,竭三十余年之财力,仅得数十郡县之虚名而止。况又有征之不克如宋太宗、神宗、元宪宗、世祖朝故事乎?此可为殷鉴,四也。

外邦入贡,乃彼之利,一则奉正朔以威其邻,一则通贸易以足其国。故今虽兵乱,尚累累奉表笺,具方物,款关求入,守臣以姓名不符却之。是彼欲贡不得,非抗不贡也。以此责之,词不顺,五也。

兴师则需饷,今四川有采木之役,贵州有凯口之师,而两广积储数十万,率耗于田州岑猛之役。又大工频兴,所在军储,悉输将作。兴师数十万,何以给之? 六也。

　　然臣所忧又不止此。唐之衰也,自明皇南诏之役始;宋之衰也,自神宗伐辽之役始。今北寇日强,据我河套;边卒屡叛,毁我藩篱。北顾方殷,更启南征之议,脱有不测,谁任其咎! 七也。

　　锦衣武人,暗于大体,倘稍枉是非之实,致彼不服,反足损威。即令按问得情,伐之不可,不伐不可,进退无据,何以为谋? 且今严兵待发之诏初下,而征求骚扰之害已形,是忧不在外夷而在邦域中矣。请停遣勘官,罢一切征调,天下幸甚!"章下兵部,请从其议,得旨,"待勘官还更议"。

明通鉴卷五十七

江西永宁知县当涂 夏　燮 编辑

纪五十七 起强圉作噩(丁酉),尽重光赤奋若(辛丑),凡五年。
世宗肃皇帝

嘉靖十六年(丁酉、一五三七)

1 春,正月,戊子,徽王厚爝献白兔,并撰颂上之,上留之宫中,(言)〔命〕颁付史馆。

2 己丑,发太仓粮京师平粜,以振贫民,从御史韩岳之请也。

3 癸卯,皇第三子生。

4 先是廷议征安南,上命起守制副都御史毛伯温为都察院右都御史,盖欲畀以征讨事也。是月,伯温以服未阕辞,诏夺情来京,并谕吏部趣之。【考异】伯温起右都御史,当在上年之冬,实录不具,但于十六年正月书"伯温以服未阕辞新命",是起官在上年之冬明矣。且实录言"上报伯温,言将畀以征讨事",据此,则伯温初起为都御史,尚无征安南之命。诸书牵连并记,今分书之。

5 二月,辛亥,刑部奉诏,录上谪戍文武臣凡一百四十二人,内有建言之<u>丰熙</u>、<u>杨慎</u>、<u>王元正</u>、<u>刘济</u>、<u>张翀</u>等,均以大礼被罪,又<u>冯恩</u>、<u>邵经邦</u>亦预焉。诏皆不宥。

6　壬子,<u>安南</u><u>黎宁</u>遣国人<u>郑惟僚</u>等赴京师告难。

<u>宁</u>,<u>譓</u>之子也,<u>譓</u>卒,国人立<u>宁</u>为世孙,权主国事,屡驰书边臣告<u>莫登庸</u>篡弑状,俱为<u>登庸</u>邀杀。至是<u>惟僚</u>等始至,乞兴师问罪,亟除国贼。礼部<u>严嵩</u>,谓"其言未可尽信,请羁<u>僚</u>等,待勘官回奏",从之。

7　己巳,诏罢亲蚕礼。

8　癸酉,清明节,上奉<u>章圣太后</u>如<u>天寿山</u>谒陵。三月,癸未,幸<u>金山</u>。甲申,还宫。

9　壬寅,寇犯<u>甘州</u>。

10　丙午,幸<u>大峪山</u>,视<u>寿陵</u>。

11　先是上将征<u>安南</u>,命锦衣千户<u>陶凤仪</u>、<u>郑玺</u>等分往<u>广西</u>、<u>云南</u>勘事,并敕<u>四川</u>、<u>贵州</u>、<u>湖广</u>、<u>福建</u>、<u>江西</u>守臣预备兵食候征调。

及是月,<u>凤仪</u>等至<u>梧州</u>,<u>广东</u><u>廉州</u>知府<u>张岳</u>言于总督<u>潘旦</u>曰:【考异】总督潘旦,明史张岳本传作"<u>张经</u>"。按经代潘旦为两广总督,其莅任在下年,而此时张岳疏中已有"林希元请讨安南"之语,又昭代典则载其移镇、巡三司书,与此语大略同。则明史以为<u>张经</u>者,当为潘旦之误,今刊改。"<u>莫氏</u>篡<u>黎</u>,可无勘而知也。使往,受谩词辱国,请留使者毋前。"<u>旦</u>不可。

时<u>钦州</u>知州<u>林希元</u>,方上书陈讨<u>安南</u>策,<u>岳</u>私书亟止之,因上书言:"自古夷狄,惟猾<u>夏</u>则诛,逆命则诛,未闻以不通贡劳问罪之师也。今用兵之声先已传布,诚恐往勘之使,生事乐祸,迎合附会,谋动干戈。"因力陈目前事势之不可者六事。

复为书贻执政曰:"今莫登庸立黎譓之幼弟廲,卒弑之,而譓之子在清华,陈暠在谅山。安南国分为三:黎在南,莫居中,陈在西北;后谅山亦为登庸所有,陈氏遂绝。而黎所居即古日南,地与占城邻,限以大海,登庸不能逾之南,故两存。近登庸又以交州付其孙福海,而自营海东府地居之。安南诸府,惟海东地最大,即所谓王山郡也。此贼负篡逆名,常练兵备我,又时扬言求入贡,边人以非故王不敢闻。愚以为彼自内乱,未尝有所侵犯,我不若姑置之,待其乱定,责贡未晚也。"

上是时方主用兵,趣毛伯温至京师,以是执政不能决。【考异】谏征安南,诸书及三编但记唐胄力谏事。惟黄光昇昭代典则全载张岳自粤东所上疏,而末言登庸跼海东为目前事势,亦见明史岳传中。惟本传无月日,据原疏,言"勘使以是年三月初一日至梧州,请止勿行。"证之明史安南传,言"上寻召凤仪等还",则岳言未尝不纳也。盖帝亦无必讨意,特欲威服之,故伯温久而后遣,卒以抚终,此可见矣。诸书类记前后之文,年月多倒置,此据岳原疏之文确有月日可考者增入之。

12　夏,四月,壬子,上驻跸沙河,议建行宫。癸丑,还京师。

13　庚申,礼、兵二部会廷臣议,列莫登庸十大罪,请克期征讨。诏以南京刑部侍郎胡琏、原任巡抚江西、副都御史高公韶俱为户部侍郎兼副都御史,先驰云、贵、两广调度军食;以都督佥事江桓、牛桓为左、右副总兵,其大将需后命。兵部复奉诏条用兵机宜十二事,从之。【考异】此据明史安南传,然其言"是时起毛伯温参赞军务",则实录不载。盖上欲用伯温,而征讨之命未下,故明史本纪书伯温参赞军务于十七年三月癸酉,与仇鸾并命,所谓"大将需后命"者是也。今年月悉据本纪参实录书之。

14　辛酉,罢兵部侍郎潘珍,褫职闲住。

时兵部议讨安南,珍上疏谏曰:"陈暠、莫登庸,皆弑逆之贼,黎宁与其父譓,不请封入贡亦二十年,揆以大义,皆所当讨,何独徇宁请为出师耶? 且其地不足郡县,叛服无与中国。今北敌日蕃,联帐万里,烽警频闻,顾释门庭之防,劳师袭远,非计之得。宜遣大臣有文武才者,声言进讨,檄数登庸罪,赦其胁从,且令黎宁合剿,使一国之人,借我天声,壮彼士气,可坐收其功也。"上责珍挠成命,遂被黜。寻以恩诏复官,致仕。

15　壬申,罢各处私创书院。

时御史游居敬论劾王守仁、湛若水伪学私创,故有是命。

16　五月,丁亥,毛伯温至京师,上命且管院事,俟征讨安南之命。伯温因条上议处安南六事。

先是潘珍谏征安南;两广总督潘旦,亦驰疏请停前命,言"朝廷方兴问罪之师,登庸即有求贡之使,宜因而许之,戒严观变,以待彼国之自定。"严嵩、张瓒窥上旨,力言不可宥,且言"黎宁在清都图恢复,而旦谓彼国俱定,上表求贡,决不可许。"旦疏遂寝。

至是伯温复希执政旨,以旦不可共事,请易之。奏上,上意忽中变,谓"黎宁诚伪未审",令三方守臣从宜抚剿,参赞、督饷大臣俱暂停。旦调用,以副都御史张经代之。伯温在院管事如故。

于是御史何维柏请听伯温终制,不许。伯温引疾不出，服除，始起视事。【考异】"张经"，诸书作"蔡经"。据明史经传，经初冒蔡姓，久乃复也。又传言"经以兵部右侍郎总督两广军务"，而据实录，张经是时方进副都御史，及受两广之命，乃进兵侍。今仍据实录书之。

17 戊戌，雷震谨身殿鸱吻。

上问廷臣修省之宜，礼部言："谨身殿即古路寝，天子肃容之所也。上天示戒，宜求刑正之所以失者而改之。"报闻，仍诏修省如例。

时给事中谢廷茝、御史徐九皋应诏陈言，俱请罢征安南之师，而给事中朱隆禧谓"宜舍安南专事西北镇"。疏入，皆夺俸。

18 六月，癸酉，济农寇宣府，指挥赵铠战死。

19 是月，工部尚书林庭㭿以被劾致仕，许之。以吏部侍郎温仁和代。

20 秋，七月，癸卯，免宁国、太平、安庆等府被灾税粮。

21 八月，壬戌，遣官振湖广灾民。

时掌詹事府顾鼎臣言："今岁夏秋多雨，京城内外房舍倾圮，军民多压死者。又闻南、北直隶、山东、河南、陕西、江、浙各被水灾，而湖广尤甚，冲没城邑，人多漂溺。幸而存者，家产荡尽，势必聚而为盗，请敕行优恤。湖广灾重，仍宜遣大臣遍祀山川，循行郡邑，振救安辑，分遣有司掩骼埋胔。"诏从之。寻遣成国公朱希忠祭告显陵。

22 甲子，免顺天、永平、保定、河间四府税粮，仍命有司振之。

23 甲戌，济农寇大同，拥四万骑从偏头关东入，副总兵郝镗、中路参将张世忠等，各率所部与三关军合御之。两镇兵共一万四千人,众寡不敌,乃调延宁游兵分布要害,又选保定汉、达官军三千保偏头关。是时寇复分兵再犯宣府,杀参将张国辅。

24 是月,云南巡抚汪文盛,以获登庸间谍及所撰伪大诰上闻,上大怒,命守臣仍遵前诏征讨。

　　时文盛招纳黎氏旧臣武文渊,得其进兵地图,谓登庸必可破,上之朝。广东按臣余光言:"莫之篡黎,犹黎之篡陈,不足深较。但责以久不修贡,不必远征,罢敝中国。臣已遣使宣谕。彼若来归,宜因而抚之。"上以光轻率,夺俸一年。

25 九月,己丑,免江西被灾税粮。

26 辛卯,命咸宁侯仇鸾挂印充总兵官,镇守宁夏。——鸾,钺之孙也。

27 癸卯,南京应天府进呈乡试录,上阅其策题,以国家祀、戎大事为问,所对语多讥讪。考官谕德江汝璧、洗马欧阳衢,令锦衣官校逮至京师。寻谪汝璧福建提举市舶司,衢广东南雄府通判。并敕所取贡士不许会试。

28 冬,十月,乙卯,免山东被灾税粮。

29 十一月,丙戌,冬至,祀天于南郊之圜丘,以足疾,遣郭勋摄行。

30 是月,逮故昌国公张鹤龄下狱。

　　初,鹤龄既削爵,降南京锦衣指挥。至是有奸人班期、于云鹤,诬告"延龄兄弟挟左道咒诅",辞及太后。鹤龄遂自南京坐逮,瘐死狱中,期、云鹤亦坐诬谪戍。【考异】明史本纪系逮<u>张鹤龄</u>于是月，<u>明史稿</u>系之是月丁亥。证之<u>实录</u>，统叙于明年正月，而以<u>班期</u>、<u>云鹤</u>之告追书去年冬事，是<u>本纪</u>系之十一月者正合。今并瘐死事统系之十一月之末。

31　十二月，癸亥，以<u>顺天</u>、<u>永平</u>二府灾尤重，诏发太仓银二万两、<u>通州</u>仓米二万石振之，都御史巡抚顺天<u>党以平</u>请之也。

32　是月，工部尚书<u>甘为霖</u>，以陵工稽迟，为<u>武定侯郭勋</u>所劾，褫职闲住。以右都御史<u>毛伯温</u>代之。

33　是冬，诏开地<u>丘店</u>、<u>野鸡冈</u>诸口上流四十余里，由<u>桃源集丁家道</u>口入旧<u>黄河</u>，截<u>涡河</u>水入<u>河济洪</u>，从总河副都御史<u>于湛</u>议也。

34　初，<u>田州岑邦相</u>之立也，其庶兄<u>邦彦</u>有子曰<u>芝</u>，依大母<u>林氏</u>、<u>瓦氏</u>居，官给养田。会<u>卢苏</u>之乱，_{苏杀邦相事见嘉靖十四年。}<u>邦相</u>又侵削二氏原食庄田，二氏遂与<u>苏</u>合谋，以<u>芝</u>奔<u>梧州</u>，赴军门求袭。寻<u>瓦氏</u>与<u>苏</u>构杀<u>邦相</u>，国遂无主。是岁，巡按、御史<u>诸演</u>，以"<u>芝</u>承袭未定，致令邻封觊觎，请给札付令<u>芝</u>管事。"是时<u>苏</u>亦悔罪，请给<u>芝</u>冠带，而己愿裹粮立功及追补累年逋赋。疏入，部议以"土蛮自相仇杀，当从末减，皆令立功方准赎罪复官"，从之。

十七年（戊戌、一五三八）

1　春，正月，丙申，下巡视东城御史<u>陈让</u>于狱。

初，奸人<u>刘东山</u>，以射父坐死戍边，复亡命，<u>让</u>檄兵马司捕获之。<u>东山</u>复谋脱己罪，乃诬告<u>张延龄</u>，并构<u>让</u>及<u>遂安伯陈鏸</u>数十人，冀以悦上意。奏入，下锦衣卫穷治。

让在狱中上疏言："东山扇结奸党，图危宫禁。陛下有帝尧既睦之德，而东山敢为陛下言汉武巫蛊之祸；陛下有帝舜底豫之孝，而东山敢导陛下以暴秦迁母之谋；离间骨肉，背逆不道，义不可赦。"疏入，上颇悔悟。

指挥王佐典其狱，钩得东山情奏之，乃械死东山，赦让、鐩等，而延龄长系如故。

2　是月，广西道御史吴悌，疏"请宥应天中式贡士，容赴礼部试"，上怒其违旨奏扰，命锦衣卫执送镇抚司拷问，寻宥之。

后南京事竣，礼部复以诸生为请，乃诏送国子监肄业。

3　二月，癸丑，免顺天府被灾税粮。

4　戊辰，以清明节，谒天寿山陵。是日，车驾发京师。壬申，还宫。

5　三月，壬辰，赐茅瓒等进士及第、出身有差。

6　辛丑，命咸宁侯仇鸾佩征夷副将军印，充总兵官，兵部尚书毛伯温参赞军务，讨安南莫登庸也。

先是云南巡抚汪文盛传檄安南："登庸如束身归命，籍上舆图，待以不死。"于是登庸父子遣使奉表乞降，且投牒文盛及黔国公沐朝辅，具述"黎氏衰乱，陈暠叛逆，己与子方瀛有功，为国人归附。所有土地，已载一统志中。乞贳其罪，修贡如制。"

至是朝辅等奏闻。而黎宁承前诏，惧天朝竟纳其降，备以本国篡弑始末及军马之数、水陆进兵道里来。上俱下兵部集廷臣议，佥言"莫氏罪不可赦，亟宜进师"，遂有是命。

7 是月，礼部尚书<u>梁材</u>致仕。诏仓场侍郎<u>李廷相</u>回部代之。

8 是春，<u>三卫</u>入寇<u>大清堡</u>，总兵<u>马永</u>击却之。

先是指挥<u>徐颢</u>诱杀泰宁部九人，故<u>三卫</u>复叛。

9 夏，四月，庚戌，如<u>天寿山</u>。

癸丑，躬祭<u>太宗</u>圣迹亭。——亭在<u>天寿山</u>之东，<u>太宗</u>昔年驻跸地也。

甲寅，还京师。

10 戊午，罢征<u>安南</u>。

先是<u>张经</u>至<u>粤</u>，上言："<u>安南</u>进兵之道有六，兵当三十万，一岁之饷需百六十万，舟马制器犒军之费又须七十余万。况我调大众，涉炎海，与彼劳逸殊势，不可不审处也。"疏方上，<u>钦州</u>知州<u>林希元</u>复力陈<u>登庸</u>可取状。兵部不能决，复请廷议。

及议上，上不悦曰："朕闻卿士大夫私议，咸谓不宜兴师。尔等职司邦政，漫无主持，悉委之会议。既不协心谋国，其已之！"<u>仇鸾</u>、<u>毛伯温</u>，令在京别用。

11 <u>武定侯郭勋</u>，请"复各处镇守内臣，命取矿课以资国用"，上命于<u>云南</u>、<u>两广</u>、<u>四川</u>、<u>福建</u>、<u>湖广</u>、<u>江西</u>、<u>浙江</u>、<u>大同</u>各用一人。

都给事中<u>朱隆禧</u>等言："前此罢革内官，中外臣民，一时称快。<u>勋</u>因取矿一事而欲并复镇守，诚恐黩货殃民，自此无已也。"上是其言，竟已之。

12 甲子，以春久不雨，上亲诣郊坛行大雩礼。戊辰，雨。

13 辛未，寇犯大同，参将张世忠等御却之。

14 是月，命毛伯温以兵部尚书仍管右都御史事，以刑部侍郎杨志学为工部尚书，督工。

15 诏户部拨银米振京城内外饥民，旱故也。

16 五月，改杨志学刑部尚书，以右都御史周叙代为工部尚书。

17 六月，丙辰，始定明堂大享礼。

初，洪武定郊祀大典，别无明堂祀上帝及配位之制。至是有致仕扬州府同知丰坊，熙之子也，上疏言："孝莫大于严父，严父莫大于配天。宜建明堂，尊皇考为宗以配上天。又，天下郡邑宜各立明堂，岁时祝拜君上以尊朝廷，勿寄位释宫亵体统。"下礼部议。

尚书严嵩上言："诸儒论礼不一。臣惟明堂、圜丘，皆以事天地，今大祀殿在圜丘之北，正应古之方位，明堂秋享之礼，即此可行，不必更建。至于侑享之礼，传以为万物成形于秋，故秋祀明堂，以父配之，自汉武迄唐、宋诸君，莫不皆然，主亲亲也。至于钱公辅、司马光、孙抃、程、朱诸贤所论，主祖宗之功德，今以功德则宜配文皇，以亲则宜配献皇。第揆以严父之旨，以皇考而不得配，陛下庸有所弗宁矣。至于称宗之礼，则未有称宗而不祔太庙者，臣不敢妄议，惟圣明裁择。"

上以示夏言，言不敢议。上曰："明堂秋享，宜于奉天殿行之。其配享皇考称宗，不为过情，何在为不宜也？"复命集议。

户部侍郎唐胄疏争之曰："三代之礼,莫备于周。孝经曰:'郊祀后稷以配天,宗祀文王于明堂以配上帝。'又曰:'严父莫大于配天,则周公其人也。'说者谓周公有圣人之德,制作礼乐,而文王适其父,故引以证圣人之孝,答曾子之问而已,非谓有天下者皆必以父配天,然后为孝。即周公归政之后,未闻成王以严父之故,废文王配天之祭而移于武王也,及康继成,亦未闻以严父之故,废文王配天之祭而移于成王也。后世祀明堂皆配以父,此乃误识孝经之意而违先王之礼。故有问于宋儒朱熹者曰:'周公之后,当以文王配耶? 当以时王之父配耶?'朱熹曰:'只当以文王配。'又问:'继周者如何?'熹曰:'只以有功之祖配之,后来第为严父说所惑耳。'由此观之,明堂之配不专于父明矣,皇上嗣统之初,廷臣执为人后之说,于是力正大伦。惟张孚敬、席书诸臣及何渊有建庙之议,陛下嘉答诸臣,亦云'朕奉天法祖,岂敢有干太庙!'顾今日乃惑于丰坊之说乎? 臣谓明堂之礼诚不可废,惟当奉太宗配,于礼为宜。若献皇帝得圣人为之子,不待称宗议配,【考异】三编"待"作"得",武英殿底本作"待",似作"待"文义为顺,今从之。而专庙之享百世不迁矣。"疏入,上大怒,下胄锦衣狱,黜为民。

尚书嵩乃上言："考秋享成物之旨,严父配天之文,皇考侑享,允合周道。"上嘉纳之。【考异】明史本纪书定明堂大享礼于是月丙辰,据实录也。诸书皆系之九月,据睿宗祔太庙及配位之月日也。明书及通纪并系之六月,实据议礼之始,而实录所载,则并称宗祔庙皆类记于六月。惟本纪、三编分书定大享礼于六月,称宗祔太庙于九月,今悉据之。

18 是月,寇犯宣府,都指挥周冕死之。

19 秋,七月,辛卯,开云南大理等府、河南宜阳等县银矿。

上初即位,闭大理银场,其后蓟、豫、齐、晋、川、滇,所在进矿砂金银。会大工频兴,复议开采,遂有是命。

20 癸巳,慈宁宫成,即毁禁中佛殿为之也。

21 八月,甲辰,济农犯河西,总督刘天和率部卒御之,斩首八十余级。

上嘉天和功,进兵部尚书。

22 丙辰,礼部尚书、掌詹事府事顾鼎臣兼文渊阁大学士,预机务。

时李时为首辅,而夏言荷上眷,专甚,鼎臣素柔媚,不敢与抗,惟充位而已。

改工部尚书温仁和于礼部,掌詹事府。

23 九月,戊寅,免畿内顺天、保定、河间、真定、广平、顺德、大名、永平诸府被灾秋粮。

24 辛巳,上太宗文皇帝庙号曰成祖。同日,上献皇帝庙号曰睿宗。遂奉睿宗神主祔太庙,跻武宗上。

先是上既定明堂大享配位,乃命议称宗祔庙之礼,集文武大臣于东阁。严嵩等初议称宗,不及祔庙,上大不悦,乃著明堂或问以难之。嵩等惶恐,尽改前说,乃言:"古者父子异昭穆,兄弟同世次。故殷有四君,一世而同庙,宋太祖、太宗同居昭位,前事可据。今皇考与孝宗当同一庙。"奏上,群臣无敢异议。

上又念太宗永无配享,无以谢廷臣,至是复谕曰:"文皇帝与高帝同创大业,宜同称祖号。献皇帝躬备大德,延及朕躬,宜荐宗称。"于是议遂定。

辛卯,大享上帝于元极宝殿,奉睿宗配。时议撤大祀殿,建大享殿,未成,权于元极殿行之。——殿在宫右乾隅,即旧钦安殿也。

初,张璁之议大礼也,有同年生胡铎,意亦主考兴献王,与璁合,璁要之同署,铎曰:"主上天性固不可违,天下人情亦不可拂。考献王不已则宗,宗不已则入庙,入庙则当有祧。以藩封虚号而干治世之宗,可乎?且入庙则有位,将位于武宗上乎,武宗下乎?生为之臣,死不得跻于君。然鲁尝跻僖公矣,恐异日不乏夏父之徒也。"至是果如其言。

25 乙未,如天寿山行秋祭礼,车驾发京师。丁酉,还宫。

26 是月,以南京工部尚书蒋瑶为工部尚书。

27 冬,十月,甲子,上以天垂景云,祭告元极宝殿。旋诣南郊,恭上上帝尊号曰"皇天上帝"。

先是上将举大享,有云祥。于是礼部尚书严嵩奏"庆云见,请受群臣朝贺",又为庆云赋及大礼告成颂上之。上悦,命宣付史馆,寻命礼部择日进册表。

28 十一月,辛未朔,上诣南郊,恭上皇天上帝册表。还,诣太庙,加上高皇帝、高皇后尊号。是日,皇后捧高皇后主同诣太庙行亚献礼,文武官及命妇皆陪祀。【考异】上皇天上帝尊号,明史本纪、三编皆系之十一月,据上尊号之月日也。其庆云见及祭告南郊,据实录在前月甲子,故三编目中系以"先是"二字,今分书之。

29 乙酉,振湖广武昌府属灾,户部"请将京库折银停征,而以本年京库折米银及太和山香钱、荆州抽分料银、仓库银谷相兼振之。"

30　辛卯,祀天于南郊之圜丘。诏赦天下。

31　乙未,免江西被灾税粮。户部仍请振之,报可。

32　十二月,癸卯,章圣皇太后蒋氏崩。

33　乙巳,诏议大行皇太后合葬礼。

先是上营寿陵于大峪山,欲迁显陵改葬焉。至是太后崩,谕礼、工二部曰:"大峪山在成祖长陵之西南,林木茂郁,冈阜丰衍,别在诸陵之次,实为吉壤。朕欲奉皇考山陵迁祔于此,其详议以闻。"

寻又谕礼部曰:"兹事重大,不可缓。其即奏遣重臣,于天寿之大峪山建造显陵,一面南奉皇考梓宫来山合葬。"于是武定侯郭勋、大学士夏言等议,以"皇考山陵远在江汉,每廑陛下岁时之感。兹慈驭上宾,圣情中切。合葬之事,揆之古礼而正,即之圣心而安,此皇上大孝举也。"

丁未,命驸马都尉崔元、尚书张瓒等为奉迎礼仪使。

壬子,上素服亲诣大峪山相视山陵。甲寅,还京师。

34　乙卯,李时卒,赠太傅,谥文肃。

35　戊午,振宁夏灾。

36　方车驾之发京师也,直隶巡按御史陈让上言:"合葬之举,出自陛下诚孝之一心。然臣闻葬者藏也,欲人之不得见也。今出皇考体魄于所藏之地,窃非所宜。昔黄帝衣冠之陵,在陕西者曰桥陵;舜葬九疑,二女不从。古人事死之礼,先庙而后坟,重魂而后魄。臣以为宜奉睿宗皇帝遗衣冠与章圣皇太后合葬于大峪山,又以章圣皇太后遗冠帔奉以合葬于<u>显陵</u>，如此则体魄不动，陟降有归，仁之至，义之尽也。"疏入，上责其阻挠成议，黜为民。

已而上自<u>大峪山</u>还，己未，谕辅臣曰："迁陵一事，朕中夜思之，皇考奉藏体魄将二十年，一旦启露于风尘之间，撼摇于道路之远，朕心不安，即皇考亦必不宁，圣母尤大不宁也。今欲决以礼之正，情之安，莫如奉慈宫南诣，合葬穴中。其令礼臣再议以闻。"<u>严嵩</u>等言："灵驾北来，慈宫南诣，共一举耳，宜如初议。"

上意终不决，因止<u>崔元</u>等且勿行，而令指挥<u>赵俊</u>南往，启视幽宫。于是亲幸<u>承天</u>之议起。【考异】<u>陈让</u>此疏，<u>实录</u>书于上幸<u>大峪山</u>之下。虽以阻挠被黜，而上意中变，欲奉慈宫南诣合葬<u>显陵</u>。观<u>让</u>疏所论衣冠合葬数语，精当不易，不知诸书何以遗之，今据<u>实录</u>增入。

37 丙寅，上大行皇太后尊谥曰<u>慈孝献皇后</u>。

38 以大行皇太后之丧，罢明年元旦朝贺。

时礼部以十二月三十日已当二十七日除服之期，仍复疏专请是日御殿受朝，奉旨诘责。然犹素服御殿，百官行八拜礼，鸣钟，鼓鞭，奏堂下乐，上以服除，令如议行，皆<u>严嵩</u>等所请也。

十八年(己亥、一五三九)

1 春，正月，辛未，上谕辅臣考定丧服冠裳衰绖之制，绘图注释，编辑成书上之。并命礼部择日恭奉大行皇太后梓宫南祔。

2 丁酉，礼部以上帝尊号及皇祖谥号礼成，奏遣使诏谕<u>朝鲜</u>。上曰："<u>安南</u>亦朝贡之国，未可以迩年叛服之故，不使预闻。"逾月，起侍郎黄绾为礼部尚书，充正使，谕德张治副之。

3　是月，以尊号礼成，武定侯郭勋进封翊国公。晋夏言特进光禄大夫、上柱国、少师。旧制，人臣无加上柱国者，言所自拟也。又晋顾鼎臣少保兼太子太保。

4　总河都御史胡缵宗，请"开考城孙继口、孙禄口黄河支流以杀归、睢水患，且灌徐、吕，因于二口筑长堤及修筑马牧集决口。"报可。

5　二月，庚子朔，立皇子载壑为皇太子，封载垕为裕王，载圳景王。辛丑，颁诏天下，大赦。

6　壬寅，起旧辅臣翟銮为兵部尚书兼右都御史，充行边使，以将南狩故也。

7　丁未，祈谷于元极宝殿。

初，上定祈谷之祭，奉太祖高皇帝配。至是礼部严嵩等请以皇考配，上难之，自此遂停配祀。

8　遣官致祭先师孔子。诏授先贤曾子裔孙质粹为翰林院，世袭五经博士。

9　壬子，辽东饥，户部请"以本镇采买银一万二千余两及旧振余银一万六千余两振之"，报可；并给辽东等卫官衣服，各折银有差。

10　癸丑，安南莫方瀛遣使款镇南关乞降，并籍其土地户口，听天朝处分。诏纳之，下礼、兵二部协议。

11　乙卯，上幸承天。

先是赵俊自承天还，言"显陵不吉"。上欲亲诣承天，周阅卜兆,九卿大臣许赞、吕楠等皆谏,上曰:"朕岂空行哉! 为吾母耳。"

已而给事中曾烶、御史刘贤、郎中岳伦皆谏。伦及听选岁贡陈良弼言:"陛下之孝,当在于爱养斯民,不在乎躬亲送葬之末。"上怒,俱下锦衣卫逮讯。

于是命宣城伯卫錞、遂安伯陈鏸及大学士顾鼎臣等辅皇太子监国。是日,车驾发京师,夏言、严嵩扈从。

12 辛酉,次真定,望于北岳。

13 丁卯,车驾次卫辉。夜四鼓,行宫火,从官仓猝不知上所在。锦衣指挥陆炳排闼负上出御乘舆,后宫及内侍有殒于火者。——炳之母,上乳媪也,自是炳益爱幸。

先是上过赵州及临洺镇,皆于驾发后行宫火,乃命有司严捕治之。

14 初,张孚敬既致仕逾年,上复遣官赍手敕视疾,趣其还。行至金华,疾大作,乃归,至是卒。

孚敬以大礼、大狱丛诟没世,然上终始眷礼,廷臣卒莫与二,尝称"少师萝山"而不名。既卒,嗟悼不已。礼官请谥,上取危身奉上之义,特谥文忠,赠太师。

孚敬以刚果不避嫌怨,既遇主知,亦时进谠言,如清勋戚庄田,罢天下镇守内臣先后殆尽,皆其力也。

张延龄之狱,孚敬以恐伤昭圣皇太后心,强诤之,上恚,责曰:"自古强臣令主非一,若今爱死囚令主矣。当悔不从廷和事敬皇帝邪!"盖欲以危语愒止孚敬,而孚敬意不已,以故终昭圣皇太后世,延龄得长系云。【考异】张孚敬以是月卒,见明史本传,实录亦系之是月乙巳。惟实录所载大臣卒多据奏报月日,而孚敬之卒,本传言"帝在承天,闻之伤悼不已",似奏至当在三月后,实录所记,据其赴至京师也,今从之。

15　车驾之南巡也,武定侯郭勋兼领后府兵扈从。勋恃宠,请以五世祖英侑享太庙,廷臣持不可,侍郎唐胄诤尤力,不纳。英竟得侑享。

16　三月,己巳朔,车驾渡河,祭大河之神。

17　辛未,至钧州,望祭中岳。

18　甲戌,免畿内被灾税粮。

19　庚辰,车驾至承天府。

辛巳,谒显陵,还,御龙飞殿。

20　甲申,享上帝于龙飞殿,奉睿宗配。礼成,遂秩于国社、国稷及境内山川、河渎,遍于群祀。颁胙于陪祀诸臣。

21　丁亥,作显陵新宫。

22　戊子,以大享礼成,御龙飞殿,受群臣朝贺,颁诏天下。

初,礼臣请表贺行在,辅臣夏言谓"宜俟乘舆至京",上乃报罢,意大不怿。至是嵩复以为请,上曰:"夏言请俟回京,是也。虽然,礼乐自上出,何害!"乃受之。

诏赦天下,给复承天三年,免湖广明年田赋五之二,畿内、河南三之一。

23　庚寅,辞显陵。

壬辰,车驾发承天。

24　夏,四月,戊申,车驾还都,过尧母墓。监察御史谢少南言:"庆都县城外有尧母墓,当时祀典失于纪载,乞修建,与历代帝王陵寝三年一遣祭为定制。"从之。

寻谕礼部曰:"帝尧父母异陵,可征合葬非古也。"自是迁陵议遂寝。

25 庚戌夜,彗星见,芒长三尺许,光指东南,扫轩辕北第八星,旬日始灭。

26 壬子,车驾还京师。

27 壬戌,免湖广被灾税粮。

28 癸亥,太白昼见。

29 甲子,幸大峪山,驾发京师。丙寅,还宫。

先是上欲葬皇太后于大峪山,至是周历审视,召严嵩于行宫,谕曰:"大峪不如纯德。"——纯德者,即承天之松林山更名也,于是奉梓宫南祔之议遂定。

30 是月,山西闻喜、安邑、平陆、猗氏、夏县各地震,有声如雷。越二日,复震。

31 五月,己巳,夏言罢,寻谕留之。

言为首辅,郭勋害其宠。严嵩与言同乡,谨事之,而言畜以门客,嵩恨甚;至是以言在承天失上意,遂与勋交构之。会上还京,复幸大峪山,言进居守敕稍迟,大怒,责言"怠慢不恭",命还前赐银章、并累降手敕。言惶惧谢罪,请"免追银章手敕,为子孙百世荣",词甚哀。上怒不已,疑言毁损,令礼部追取。言乃以手敕四百余并银章上之。寻削言勋阶,令致仕。

越数日,上怒解,命止其行,复谕以礼部尚书、武英殿大学士入阁。言疏谢,谕以"秉公持正,毋为众怨"。言知所云"众怨"者勋辈也,再疏谢,谓"自处不敢后他人,一志孤立,为众所忌",上复不悦,诘责之,惶恐谢,乃已。未几,以所追银章、手敕还之。

32 己卯,寇犯辽东。

33 甲申,大行皇太后梓宫南行,由运河水道达承天。

34 是月,复以梁材为户部尚书,代李廷相也。

材初长户部,以力除宿弊忤权贵,失上眷,遂以侍郎闲住。至是上知其廉,廷臣复交荐之。会廷相致仕,召复原官。未几,考察京官,特命材监之,又命兼掌刑部事。上尝曰:"尚书得如材者十二人,无忧天下矣。"

35 六月,丁酉朔,雷震奉先殿左吻及东室门楣。同时,皇城北鼓楼毁。诏诸司修省三日,并条时政得失。

越日,都御史王廷相应诏自陈曰:"人事得而后天道顺,大臣法而后小臣廉。今廉隅不饬,贿赂公行,大小效尤,内外征利。每遇一官有缺,必有数人争之,要路权门,终日十至。且都御史职在纠察百僚,振肃风纪。臣叨兹任,既不能正身格物,使弊绝风清,复不能抗疏论列,乞赐罢黜以徼有位。"疏意盖指斥严嵩、张瓒辈也。上但谕留而已。

36 是月,以右都御史周期雍为刑部尚书,以杨志学致仕也。

37 秋,七月,庚午,颁御制大狩龙飞录于文武群臣。

38 壬午,免山东滨州、德州等处被灾税粮。

39 是月,召南京吏部郎中邹守益为司经局洗马。

时霍韬长南吏部,以"皇太子幼,未能出阁,惟日闻正言，见正事，可为养正之助"，乃与若水上圣功图，自神尧茅茨土阶、文王为世子及上在西苑耕稼、蚕桑，凡为图十有三。奏入，上以为谤讪，几得罪。久之，以韬故得解。【考异】事见明史湛若水传，月日据实录也。(贤)〔实〕录详载十三事，实蒙养之切要，诸书遗之，今据增。

40 闰月，己亥，辽东军复乱，总兵官马永讨平之。

辽东自十四年军变，但禽首恶数人，而遗孽未尽，时有不逞心。至是因岁饥，纠恶少四十余人，乘夜倡众为乱，城中人无应者。永率家丁三百余人捕之，千户张斌先登，被杀；众兵继进，斩首四十级，生禽二贼，无一人得脱者。

事闻，赐敕奖励，升永左都督。

41 丙午，免浙江被灾税粮。

42 庚申，葬献皇后于显陵。

43 辛酉，罢礼部尚书黄绾，复议征安南。

绾之奉使安南也，上方幸承天，趣赴行在受命。绾惮往，至徐州，以疾请缓期，奉旨诘责，宥之。绾数陈便宜，"请得节制两广、云贵重臣，又请遣给事、御史同事，仍择郎官二人备任使"，上悉从之。至是又为其父母请赠，且援建储恩例，请给诰命如其官，上怒，遂寝新命，令以侍郎闲住。

上既责绾，谓"征南之议发自夏言，众皆随之。今乃讪上听言计，共作慢词。此国应弃应讨，何无定议耶？"于是张瓒及廷臣惶惧，"请如前诏仍命仇鸾、毛伯温南征。如登庸父子束心归命无异心，则待以不死"，从之。【考异】此据实录月日也。事见明史黄绾〔传〕，参安南传书之。传言"绾至七月尚未行"，而七卿表言"伯温以四月回任，七月征安南。"证之本纪，是绾罢及命伯温皆在闰月,今据之。

44 八月,辛未,奉慈孝献皇后神主祔睿宗献皇帝庙。

45 癸巳,免河南及陕西被灾税粮。

46 九月,乙未朔,日食三分,诏免救护。【考异】明书,"是月乙未朔,日有食之",本纪不书,以免救护也。今据实录。

47 免畿内被灾税粮。

48 辛酉,以奉安成祖陵碑诣天寿山。

是日,车驾发京师。敕驸马都尉崔元、刑部尚书周期雍居守。

49 以河南灾甚,请遣大臣赍帑往振,上命推素有才识者,乃遣户部侍郎王杲往。

杲上言:"河南已奏报死亡十万有余,其存者旦夕冀得升合以延残喘。彼处仓库所贮钱谷,恐不足用,待其查勘往返,动淹累旬。救荒如救焚,未可稍缓,请先发内帑银十万两,会抚按官分行振济。"

下户部议。户科给事中郭鋆等亦以为言,诏"发临清仓粮价银五万两"。杲以"民饥甚,仅足资两月之用,来春青黄未接,势难坐视,必增银十五万两乃可。"户部议"发德州仓银五万二千七百余两及河南布政司库解京银并开封府河道赃罚银八万两与之",诏从之。【考异】明史本纪,"九月辛酉,振河南(畿)〔饥〕",据实录也。实录,"八月免河南税粮","九月遣王杲振之"。三编统系之闰七月,盖据巡抚之请也,今从本纪。

50 是秋,寇两犯宣府,军卒杨思忠等六人战死。又犯榆林,总兵官周尚文败之。

51 吏科都给事中蒋廷宠,以考察劾尚书严嵩、张瓒等,上曰："嵩、瓒，朕所简用也。"嵩等以被论自陈，崇言"今日之臣，必使主孤立自劳，率皆观望祸福。"上以为然，命"尽心供职，不必辞避。"

52 冬，十月，乙丑朔，上躬祭长陵。丙寅，还京师。

53 十一月，丙申，冬至，祀天于圜丘。

54 己亥，免江西被灾税粮。

55 癸卯，免山西被灾税粮。

56 十二月，乙亥，免浙江被灾税粮。

57 是冬，大同五堡成。

大同自五堡之役杀张文锦，寻又杀总兵李瑾，由是兵益骄，文武大吏不敢要束。廷议以为忧，移陕西总兵官梁震往镇大同。震畜健儿五百人，至则下令申约束，无不帖服。寇至，累破之。会毛伯温督师巡边，震议修五堡，不数月工成。

至是震卒。先以功赠太子太保，寻加赠太保，谥武壮。嘉靖间，西北推名将者，震为首，次及马永、周尚文。震死，健儿无所归，守臣请编之行伍，边将犹颇得其力云。

十九年(庚子、一五四〇)

1 春，正月，甲午朔，上以疾不视朝。

壬寅，始受群臣朝贺，严嵩等请之也。是日，上拜于元极殿，礼毕，遂御朝。

2 丙午，翟銮行边还，诏以原职太子少保、礼部尚书兼武英殿大学士，预机务。

銮之行边也，文武大吏俱囊鞬郊迎，馈遗不赀；既事归装用以遗贵近，遂复入阁。

3 辛亥，济农寇大同，以五百骑伏大庙湾，而遣四十余骑分掠。参将张世忠等追之，伏发，杀指挥周岐等二十九人。【考异】明史本纪，"是月辛亥"，实录系之五月之末，盖据兵部议功罪之月日也。原奏称"正月十八日寇入大同"云云，是月甲午朔，正正月十八日也。实录多据奏报月日，而原奏所载胜负月日之可据者，史家多因之，纪实也。周岐等二十九人，亦见实录中。

4 二月，辛未，振河南、湖广饥。

时侍郎顾璘督理显陵工程，因言："河南、湖广旱灾，会显陵兴工，饥民皆赴工就食。至是工竣，失所之民不振，将有啸聚之患，请量留二省无灾府县兑运正粮济之。"户部议覆："兑运正粮许量折每石七钱。"

湖广清军御史姚虞，因上流民图，极言"承天工所流民宜行拯恤"，诏璘"会同抚按官设法振济，毋使流亡失业。"

5 己卯，罢武科乡试。

时兵部请开武科，上以累科未见得人，遂报罢。给事中王梦弼，"请以六年一试，著为令"，上责其妄议，夺俸二月。

6 三月，戊戌，诏修西苑仁寿宫。

7 是月，济农寇延绥，总兵周尚文迁道会援，副总兵杨信称病不出，寇大掠而去。【考异】明史稿作"戊戌"，实录系之壬寅，似皆据奏报月日也。今系之三月下。

8 夏，四月，庚辰，上以入春雨泽愆期，躬祷宫中，复行所司祈祷。

癸未,雨。于是辅臣夏言、尚书严嵩等皆表贺。

9　五月,丙申,国子司业王同祖言:"世禄之家,鲜克由礼,失教故也。请敕两京公、侯、伯子弟,凡未仕者悉入成均,俟学有成,方请叙荫,不率者治之。"上是其言,寻命已任事者亦送监肄业。自是少年勋戚颇以入学为荣。

10　是月,工部尚书蒋瑶,以逾七十令致仕,仍敕驰驿归。

瑶既改工部,会大工频仍,岁募民充役,费二百余万,瑶以为言,请停不急者。又营建率役京军,多为豪家占匿,瑶清出之。上亦浸不悦,遂以老罢。

瑶既归,僻处陋巷,以清介称。卒年八十九,赠太子太保,谥恭靖。

11　瑶之罢也,同时南京兵部尚书湛若水亦以年逾七十致仕。

若水与王守仁同讲学,后各立宗旨,守仁以致良知为宗,若水以随处体认天理为宗。守仁言"若水之学为求之于外",若水亦谓"守仁格物之说有不可信者四"。又曰:"阳明与吾言心不同。彼所谓心,指方寸而言。吾所谓心者,体万物而不遗者也,故以吾之说为外。"一时学者遂分王、湛之学。

卒,年九十五。

12　六月,丁卯,户部尚书梁材罢。

时大工频兴,役外卫班军四万六千人。翊国公郭勋,籍其不至者,责输银雇役,廪食视班军。当李廷相在户部,尝量给之。材既代,坚持不予,勋遂劾材,上命补给。勋又以军不足,籍逃亡军布棉折饷银募工。<u>材</u>言"今京班军四万余已足用,不宜借口耗国储",上从其奏。<u>勋</u>益怒,劾<u>材</u>变乱旧章。

先是宫中醮坛须龙涎香,<u>材</u>不以时进,上衔之。至是遂责<u>材</u>沽名误事,落职闲住。

<u>材</u>归,寻卒。<u>隆庆</u>初,赠太子太保,谥<u>端肃</u>。

<u>嘉靖</u>中岁,大臣多阿上取宠,<u>材</u>独不挠,以是终不容。自<u>材</u>去,边储国用大窘。上乃叹曰:"<u>材</u>在,当不至此!"

13　庚午,增设镇守<u>江淮</u>总兵官。

上即位之八年,<u>江</u>(洋)〔<u>淮</u>〕盗发。时<u>夏言</u>为兵科给事中,奏请专设镇守<u>江淮</u>总兵官,督兵剿捕。未几,贼平,兵部奏革,以其重任仍归操<u>江</u>武臣如故。凡浙江粮运,自<u>苏州</u>、<u>常州</u>里河取道者,由<u>镇江京口闸</u>抵<u>仪真</u>,其闸河土疏易淤,府县必岁时浚治,然后粮运无阻。是年,<u>京口闸</u>淤阻,漕运咸拨民船,多为海寇所掠,甚至执戮官吏。

<u>南京</u>兵科给事中<u>杨雷</u>以其事闻,下兵部,以设官本末查覆,因请"设总兵官,命以旗牌敕符俾驻扎<u>镇江</u>,提督沿江上下兵防,西自<u>九江</u>、<u>安庆</u>,东及<u>淮</u>、<u>扬</u>、<u>苏</u>、<u>常</u>诸郡。凡备倭守备卫所及有司巡捕官,悉受节制。"从之。已而<u>金山</u>、<u>仪真</u>守备官各加以将领之号,分领<u>江南</u>、<u>江北</u>地方,凡卫所掌印巡捕诸官,悉令服属。

14　辛巳,<u>卫拉特</u>_{即瓦剌,见前。}部长款塞。

初,<u>卫拉特</u>既衰,其酋仍称太师,遣使朝贡。<u>土尔番</u>之据<u>哈密</u>也,故都御史<u>许进</u>以金帛啖<u>卫拉特</u>,令以兵击走之。

正德十三年，土尔番复犯肃州，副使陈九畴复遗卫拉特綵币，使乘虚袭土尔番三城，杀掠以万计，土尔番畏逼，与之和。其后复以议婚相仇隙，土尔番益强，卫拉特数困败，又所部辄自残，多归中国。

于是卫拉特部长卜六王者，以西番侵掠不支，亦求内附。下兵部议。已，甘肃巡抚丁汝夔，疑其诈与土尔番交恶，为合势内侵之计，兵部并上其事，诏遣之出关。后遂不知所终。

15 是月，改南京工部尚书李如圭为户部尚书，以户部侍郎张润为工部尚书。

先是蒋瑶在工部，以"节年营建，兵部拨军，户部支粮，工部止于办料。迩年以军数不足，议令工部雇夫津助，计内外工程共用银六百三十四万七千余两，中间办料约四百二十余万，其余尽系雇夫车价之数。请将各衙门工程悉暂停止。"上不许，令工部会户、兵二部详议以闻。

润既代瑶，乃复上四事："一议工部节慎库见贮止六万余两，而所欠夫匠物料尚二十七万，无从措办，拟借户部每年扣省通惠河脚价及崇文门税、皇庄草场子粒等项银两。一议户、兵二部见食粮官军宜赴工者，计各营锦衣卫等处共六万余名，查拟分拨，可省雇役之费。一议暂停西苑仁寿宫及鼓楼等，俟前工告完，以次举行。一议四郊所费银两不过四十六万，慈宁宫不过四十八万。乃今慈宁宫已用银七十一万有奇，一号等殿已用银七十六万有奇，费渐侈矣而工犹未完，乞敕内外搏节。"

疏入,惟西苑及殿工宜并力速成,余暂停止。

16　秋,七月,癸卯,济农寇万全卫,总兵官白爵与战于宣平,败之,追至北庄,又大败之。壬子,寇涉桑乾河,官军半渡急击,三败之,斩百余级。

捷闻,兵部以为宣府数十年未有之功,诏进爵都督同知。【考异】明史本纪,寇万全在是月癸卯。实录系之八月,据奏捷月日也。原奏称"七月十四日",是月庚寅朔,癸卯正十四日也。又云,"二十三日败敌于桑乾河",正壬子也,今据书之。

17　戊午,振江西水灾。

时南昌府及新建等县俱水,户部议,"以新建等县兑运正米内量改折色十一万石,并留派剩南粮四万石振之。"

18　八月,壬戌,礼科给事中曾钧言:"用人之术,莫先于端士习。士习之敝,则廉污之介弗严也,静躁之分不明也。今之下僚,多以挟赀得显擢,一有员缺,则自衒求进,交争而不惭。至于大臣之自处,尤有可议者。古者大臣虑周四方,今则守局循常矣;古者大臣恭俭率物,今则穷奢竞靡矣;古者大臣被论,惶恐待罪,今则强辨伤体矣;古者大臣同寅协恭,今则交恶相倾矣。故夫忠佞之辨,在陛下加之意而已。"疏入,上以钧所论深中时弊,嘉纳之。

19　甲戌,寇犯平凉,流劫岢岚、石州等处。

20　丁丑,杖太仆卿杨最死。

上好神仙术,给事中顾存仁、高金、王纳言皆以直谏得罪。会有方士段朝用者,以所炼白金器百余,因郭勋以进,云"以盛饮食物,供斋醮,即神仙可致也"。上立召与语,大悦。朝用因言上,"深居无与外人接,则黄金可成,不死药可得”，上益悦，谕廷臣，“令太子监国，朕少假一二年，亲政如初”，举朝愕不敢言。最抗疏谏曰：“陛下春秋方壮，乃圣谕及此，不过得一方士，欲服食求神仙耳。神仙乃山栖澡练者所为，岂有高居皇屋，衮衣玉食，而能白日翀举者！臣虽至愚，不敢奉诏。”上大怒，立下诏狱，重杖之，杖未毕而死。寻监国议亦罢。【考异】杨最事见明史本传。通纪、明书或系之去年八月，或系之六年十月。惟明史本纪书杖杨最于是年八月丁丑，而实录不具，疑漏脱，否则史臣讳书之也。然证之实录，“是年七月，赐段朝用紫府宣忠高士名号，并加郭勋禄米岁百石。”又“八月丁丑，指挥同知刘永昌言：‘伏闻皇上欲命东宫监国，暂摄圣躬，此盛德事。而诸大臣乃固争之如此，则当幸承天时监国亦非也。’上以‘监国重事，朝廷自有处分，非永昌所宜言’，下镇抚司拷问”云云，据此，则明史系之八月丁丑，盖同时事也，不知实录何以遗之，今据明史。

21 甲申，以秉一真人陶典真子世同为太常寺丞，婿吴濬孙、陶良辅俱食博士俸。

典真后更名仲文，初受符水诀于罗田万五山，复与邵元节善，随秩满黄梅县吏至京师，遂寓元节邸舍。元节年老，因荐仲文于上，以符水噀剑绝宫中妖，庄敬太子患痘，祷之而愈，益见宠异。去年南巡，元节病，以仲文代。次卫辉，有旋风绕驾，上问何祥，对曰：“主火。”已而果验，上益异之，授秉一真人。至是上欲命太子监国，专事静摄，杨最杖死，廷臣震慑，大臣争谄媚取容，而神仙祷祀日亟矣。

22 是月，江西浮梁景德镇民以陶为业，聚佣至万余人。会大水食绝，遂肆虏掠，村镇为墟。

守臣以闻，诏巡抚、都御史王暐抚戢，因请“增设府佐一人,驻镇督理",从之。

23 九月,己酉,召仇鸾还。

鸾奉使南征,至粤,陵轹镇守;令总兵安远侯柳珣以戎服见,珣不听,遂互讦于朝。上以鸾轻傲,命珣代佩征夷副将军印,会同毛伯温议处安南事。

24 是月,以南京户部尚书钱如京为刑部尚书,以周期雍致仕,代之也。

先是郭勋以风霾,"请如先年策免大臣故事,各令自陈,仍听科、道拾遗。"于是阁部诸臣皆引咎乞罢;温旨谕留,独期雍准致仕。——勋构之也。

25 济农寇固原,总督刘天和令总兵官周尚文与战于黑水苑,大败之,斩济农子锡沙王。旧作小十王。寇遁,延绥总兵任杰追击于铁柱泉,又败之。

是役也,三镇斩获至四百四十余级。捷闻,上大嘉之。进天和太子太保,尚文以下皆(陛)〔陞〕赏有差。【考异】黑水之战,实录系之是年冬月,据奏捷论功之月日也。原奏称"寇以八月二十一日入境,九月十二日始去",故明史本纪、明史稿皆系之是月,无日,今从之。

26 冬,十月,甲子。顾鼎臣卒。

27 是月,霍韬卒。

韬与夏言攻讦不胜,最后见郭勋与言有隙,乃阴庇勋,与共龉龁言。上虽置不问,然亦颇厌之。及卒,赐祭葬如例。

韬举进士,出毛澄门下,既以议礼不合,遂请削门生籍。初诋司马光,后议薛瑄从祀,至追论光不可祀孔庙,其不顾公论如此。

28　十一月,壬寅,冬至,祀天于圜丘,郭勋摄行。

是日,太白昼见。

29　丙午,以巡抚宁夏副都御史杨守礼总督陕西三边军务。

时以边寇甫退,恐其积忿报复,命推久任边方谙练戎务者,廷臣咸荐守礼,遂任之。

30　壬子,上以久疾有瘳,嘉陶仲文祈祷有功,进少保、礼部尚书。

31　丙辰,慈庆宫成。

32　是月,晋辅臣夏言少师,翟銮及尚书张瓒皆少保,以边功叙录也。

33　十二月,戊辰,以冬深无雪,命有司祈祷。

34　乙亥,以沙河行宫成,免顺天八府明年税粮三之一。

二十年(辛丑、一五四一)

1　春,正月,戊子朔,上以疾不御殿,百官于奉天门外,朝觐官、外蕃使于午门外行礼。

是日,雪。

2　丙申,上以阳九日拜天于元极殿。尚书严嵩等请拜毕御殿受群臣朝贺,从之。

3　壬寅,免南畿被灾州县税粮。

4　丙午,海西部长卜尔噶旧作卜尔孩,与额布讷先后窜西海者,见前卷。遣人献金牌、马匹款塞。兵部尚书张瓒等言:"卜尔噶据海西二十余年,为甘肃腹心之患。若果输诚,则河西可转危为安。第其诚伪不可知，宜敕总督<u>杨守礼</u>勘议以闻。"从之。

5 二月，乙丑，<u>显陵</u>成，给复承天三年。

6 丙寅，下监察御史<u>杨爵</u>锦衣卫狱。——<u>爵</u>，富平人。

时上经年不视朝，日事斋醮，工作烦兴，<u>严嵩</u>等务为诇谀。

<u>爵</u>拊膺太息，乃上疏曰："今天下大势，如人衰病已极，腹心百骸莫不受患，即欲拯之，无措手地方。且奔竞成俗，赇赂公行，遇灾变而不忧，非祥瑞而称贺。谲诡面谀，流为欺罔，士风人心，颓坏极矣。诤臣拂士日益远，而快情恣意之事无敢龃龉于其间，此天下大忧也。

去年自夏入秋，恒旸不雨，畿辅千里已无秋禾。既而一冬无雪，元日微雪即止，民失所望，忧旱之心，远近相同。此正撤乐减膳忧惧不宁之时，而辅臣<u>夏言</u>等方以为符瑞而称颂之，欺天欺人，不已甚乎！<u>翊国公郭勋</u>，中外皆知为大奸大蠹，陛下宠之，使稔恶肆毒，群狄趋附，善类退处。此任用匪人，足以失人心而致危乱者一也。

臣巡视南城，一月中冻馁死八十人，五城共计，未知有几？孰非陛下赤子，欲延须臾之生而不能！而土木之功，十年未止，工部属官增设至数十员，又遣官远修雷坛。以一方士之故，朘民膏血而不知恤，是岂不可以已乎？况今频年灾沴，上下交空，尚可劳民糜费，结怨天下哉！此兴作不已，足以失人心而致危乱者二也。

陛下即位之初，励精有为，尝以敬一箴颁示天下矣。

乃数年以来,朝御希简,经筵旷废。大小臣庶,朝参辞谢,未得一睹圣容;敷陈复逆,未得一聆天语。恐人心日益怠媮,中外日益涣散,非隆古君臣都俞吁咈,协恭图治之气象也。此朝讲不亲,足以失人心而致危乱者三也。

左道惑众,圣王必诛。今异言异服,列于朝苑,金紫赤绂,赏及方外。夫保傅之职,坐而论道,今举而畀之奇邪之徒,流品之乱莫以加矣。陛下诚与公卿贤士日论治道,则心正身修,天地鬼神莫不祐享,安用此妖诞邪妄之术列诸清禁,为圣躬累也!臣闻上之所好,下必有甚。近者妖盗繁兴,诛之不息,风声所及,人起异议,贻四方之笑,取百世之讥,非细故也。此信用方术,足以失人心而致危乱者四也。

陛下临御之初,延访忠谋,虚怀纳谏。一时臣工言过激切,多有获罪。自此以来,臣下震于天威,怀危虑祸,未闻复有犯颜直谏以为沃心助者。往岁太仆卿<u>杨最</u>出言而身殒,近日赞善<u>罗洪先</u>等皆以言罢斥。国体治道,所损甚多,臣为<u>最</u>等惜也。古今有国家者,未有不以任德而兴,拒谏而亡。忠荩杜口,则谗谀交进,安危休戚无由得闻。此阻抑言路,足以失人心而致危乱者五也。

望陛下念祖宗创业之艰难,思今日守成为不易,览臣所奏,赐之施行,宗社幸甚!"

上震怒,立下诏狱拷掠,血肉狼藉,关以五木,死一夕复苏。所司请送法司问罪,上不许,命严锢之。狱卒以圣怒不测,屏其家人,不许纳饮食,屡滨于死,处之泰然。

7 庚午,下方士段朝用于狱。

初,朝用以术进,复因陶仲文进银万两,授紫府宣忠高士,并请岁进数万金以资国用,上益悦之。已而其术不验,会朝用有徒王子岩者,发其诸诬秽隐恶事,仲文惧为所累,上章自理,诏下朝用镇抚司拷讯,而置仲文不问。

8 三月,乙巳,赐沈坤等进士及第、出身有差。

9 壬子,以久旱,亲祷雨于西苑,仍诏顺天府祈祷。

10 是月,张润以忧去。

先是甘为霖以工部尚书督工,至是令回部管事,仍督大工。

11 是春,济农寇甘肃之兰州,参将郑东以二百余骑驰援,力战被创,还营,卒。寻又寇镇朔堡,宁夏总兵李义等迎敌,斩首四十九级。

捷闻,赐敕奖励。逾二年,按臣核东死事状,请赐赠恤。【考异】明史稿系寇甘肃于二月,寇镇朔于三月乙巳。证之明史鞑靼传及实录所载,俱云"是春",无月日,今并系之是春下。

12 夏,四月,己未,安南莫登庸纳款请降,许之。

先是兵部尚书毛伯温奉命讨安南,至广西,征集两广、福建、湖广狼、土官兵,并檄云南守臣及诸司俱集议。分正兵为三哨,分奇兵为二哨,乌雷山等处兵为海哨,又将云南别集之兵分三哨。与黔国公沐朝辅、安远侯柳珣、提督军务侍郎张经、巡抚都御史汪文盛等部署已定,乃驰檄安南臣民,谕以朝廷兴灭继绝之意,"讨罪止于莫登庸父子,有能举郡县来降者,即以其郡县授之;禽斩莫登庸父子来降者,赏二万金,官显秩。"申告再三。又谕<u>登庸</u>父子:"果能束身归罪,尽籍其土地人民纳款听命,亦待以不死。"

<u>伯温</u>等驻师近边,<u>登庸</u>闻之惧,遣使诣军门乞降,词颇卑切,<u>伯温</u>等承制许之。时<u>登庸</u>子<u>方瀛</u>已死,乃留孙<u>福海</u>守国,<u>登庸</u>与侄<u>文明</u>并酋首<u>阮如桂</u>等四十余人入<u>镇南关</u>,各尺组系颈,徒跣匍匐,稽首上降表。复诣军门,尽籍国中土地军民职官,悉听处分。于是<u>伯温</u>等宣谕朝廷威德,暂令归国俟命。

<u>伯温</u>乃与诸守臣会疏言:"安南畏威,束身归罪。其<u>黎宁</u>自称<u>黎</u>氏之后,谱系不详,无以为据。乞宥纳<u>登庸</u>,削故爵,量授新秩。"疏闻,上大喜。诏"改安南国为安南都统使司,授<u>登庸</u>都统使,秩从二品,银印,旧所僭拟制度悉除去。改其十三道为十三宣抚司,各设宣抚同知、副使、佥事,听都统黜陟,仍三岁一贡以为常。并令核<u>黎宁</u>真伪,如果<u>黎</u>氏后,划所据四府,俾奉其祀事,否则已之。"<u>伯温</u>受命岁余,不发一矢而安南定。

是役也,功成于<u>伯温</u>,而伐谋制胜,则巡抚云南<u>汪文盛</u>功为多。方<u>文盛</u>至<u>滇</u>,即檄安南所部来归,谕以威福。其<u>登庸</u>部众降者,<u>文盛</u>分地处置,皆当<u>交</u>、<u>广</u>水陆之冲。安南惧逼,请降,<u>伯温</u>至<u>南宁</u>受之,卒如<u>文盛</u>议。及是论功,<u>伯温</u>及两广镇巡官皆进秩,而<u>文盛</u>止赍银币。

13 辛酉,九庙灾。

是日薄暮,雨雹,风霾大作。入夜,火从<u>仁宗庙</u>起,延烧<u>成祖庙</u>及太庙、群庙,一时俱烬,惟<u>睿宗庙</u>独存。其<u>成</u>

祖、仁宗二庙,帝后神主皆毁焉。

上亲祭告南北郊、宗庙,青服,御西角门视事。丙子,颁诏天下,行宽恤之政,敕群臣修省。

14 壬午,杖户部主事周天佐,下狱死。

天佐,晋江人,以杨爵下狱,欲论救之。至是因庙灾,诏百官言时政得失,乃上疏曰:"陛下求言之诏,示人以言耳。国家置言官,以言为职,今爵系狱数月,而圣怒弥甚,一则曰小人,二则曰罪人。夫以尽言直谏为小人,则为缄默逢迎之君子不难也;以秉直纳忠为罪人,又孰不能为容说将顺之功臣哉!爵身非木石,命且不测,万一溘先朝露,使诤士饮恨,直士寒心,损圣德不细。"上览奏大怒,杖之六十,下诏狱。

天佐与爵无生平交,入狱时,爵第隔扉相问讯而已。天佐体素弱,不胜楚。狱吏绝其饮食三日,即死。尸出狱,有大兴民祭而哭之恸者。或问之,民曰:"吾伤其忠之至而死之酷也。"

天佐既死,复有文登浦鋐者,时巡按陕西,驰疏谏曰:"天下治乱,在言路通塞,言路通则忠谏进而化理成,言路塞则奸谀恣而治道隳。爵以言事下狱,幽囚已久。臣行部富平,皆言爵诚信孚乡里,孝友式风俗。且爵本以论郭勋获罪,今勋奸大露,则爵言未为妄也。乞赐矜释。"上大怒,趣缇骑逮之。秦民远近奔送,舍车下者万人,皆号哭曰:"愿还我使君!"

鋐赴征,业已病,下诏狱,榜掠备至。除日,复杖之百,锢以铁桚。爵迎哭之,鋐息已绝,徐张目曰:"此吾职也,子无然。"系七日而卒。

隆庆初,赠天佐光禄卿,鋐少卿。【考异】周天佐、浦鋐事,俱见明史本传,三编据书于质实中。证之本传,天佐谏在四月九庙灾后,明史稿系之是月壬午,是也。鋐事,据传同在是年,而本纪及实录皆不载。惟传只有"除日复杖"之语,且正郭勋获罪之后,是与天佐下狱死皆是年事也。今牵连并记于天佐下狱之下。

15 五月,丁亥,以兵部侍郎王以旂总理河漕。

是时黄河南徙,决野鸡冈,由涡河经亳州入淮,旧决口俱塞,徐、吕二洪亦竭,漕舟胶。总河郭持平久治不效,降俸戴罪,乃命以旂往治之。

以旂至,上言:"国初漕河惟通诸泉及汶泗,黄河势猛水浊,迁徙不常,故徐有贞、白昂、刘大夏力排之,不资以济运也。今幸黄河南徙,诸闸如旧,宜浚山东诸泉入野鸡冈新开河道以济徐、吕,而筑长堤沛县以南,聚水如闸河制,务利漕运而已。"诏以旂便宜行之。

16 戊子,以修建九庙,遣工部侍郎潘鉴、左副都御史戴金等采木于湖广、四川。

17 壬辰,三卫入犯开原,参将孙继祖率兵御之,斩首二十三级,指挥金潮死之。【考异】明史稿,"五月壬辰寇犯开原。"证之实录,盖三卫求增入贡人数不许,遂肆劫掠。原奏称"五月七日",即壬辰也。金潮之死,亦见实录,今据之。

18 甲寅,振辽东饥。

19 六月,庚申,以顺天府所属州县灾伤,诏免税粮,仍发太仓银二万两、通仓米二万石及各州县预备仓银谷相兼振之,复出太仓米一万石,减价平粜。又以<u>永平</u>大饥,发太仓库银六千两、<u>通仓</u>米六千石振之。

20 戊辰,<u>三卫</u>复犯<u>太康堡</u>,参将<u>赵国忠</u>败之,斩首一百二级。

21 壬申,振<u>山西</u>饥,并蠲免本年夏税。

22 秋,七月,丁酉,<u>谙达</u>即俺答,见前卷。及其属<u>阿布噶</u>旧作阿不孩。遣其使<u>石天爵</u>款<u>大同阳和塞</u>求贡。

<u>天爵</u>,本中国人,被掠入寇中为间谍。至是声言,许贡当趣令一人归报,彼即约束其下,不敢犯边,否则徙帐北鄙,率精骑南下。

巡抚都御史<u>史道</u>以闻。兵部议,以"北部自<u>弘治</u>后不入贡且四十年,岁入边侵暴,果其诚心归款,未必非中国利。惟寇情多诈,或示和以缓我师,或乘间以扰我境,其却之便。"从之,仍敕严加防御。以尚书<u>樊继祖</u>督理<u>宣</u>、<u>大</u>军务,并悬赏格购谙达、阿布噶首以振国威。

23 是月,以<u>山东</u>灾伤,复留<u>临</u>、<u>德</u>二仓小麦各二万石及动支仓库钱粮相兼振之。又免<u>山东</u>及<u>河南</u>、<u>陕西</u>被灾税粮。

24 左都御史<u>王廷相</u>罢。

初,<u>廷相</u>居宪职,请以六条考察差还御史,上允行之。及九庙灾,诏廷臣修省,因责<u>廷相</u>曰:"卿总宪有年,自定六条后,不闻考黜一人,宜痛加修省。"<u>廷相</u>皇恐谢。

<u>武定侯</u><u>郭勋</u>横甚,<u>廷相</u>督团营,与<u>勋</u>共事,逡巡其间,不能有所振饬。会奉敕清军役,令<u>勋</u>与<u>廷相</u>核实奏闻,敕书既具,<u>勋</u>久不领。于是给事中<u>章允贤</u>劾<u>勋</u>肆慢,并劾<u>廷</u>

相稽留四十余日不覆为畏勋权势而慢朝廷。上以责勋，勋奏辨，有"何必更劳赐敕"之语，上大怒，言官复交章劾勋。上以廷相扶同抗违，遂褫职，黜为民。勋亦自此得罪。【考异】廷相之罢，诸书俱系之九月郭勋下狱之后，明史廷相本传亦同，惟七卿表书廷相罢为民在七月。证之实录，亦书于九月郭勋下狱中，然其所载勋事本末，皆系以"先是"二字。如清军役在是年之春，章允贤劾稽敕事在四月庙灾应诏陈言疏中。据此，则廷相之罢，表以为七月者似得其实，而毛伯温时在安南，以八月召回管院事，则廷相之罢在前尤可证也。今据七卿表，与郭勋下狱分书之。

25　八月，辛酉，昭圣皇太后张氏崩。

26　甲子，巡抚大同史道，言"谙达、阿布噶以求贡不允，将入犯山西"，诏保定副总兵周彻率所部守紫荆、倒马等关，复发京营兵三千，命参将任凤领之。

命甫下，山西巡抚陈讲奏"北寇分道入犯，谙达、阿布噶下石岭关，趋太原，济农由平虏卫入，掠平定、寿阳诸处。"

时寇众骤至宁武关石湖岭，山西副总兵丁璋，遇敌死之。游击周宇御于太原之塌地沟，鏖战移日，斩获颇多，以援兵不至，死之。

事闻，命总兵官赵卿率京营二千往援。寻起原任都御史翟鹏督理畿辅、河南、山东军务，兼理粮饷。【考异】明史本纪，"是月，谙达等分道入寇，"不书日。证之实录，是月甲子，巡抚史道奏"寇将犯山西"，此亦据奏报月日耳。是月警报迭至，原奏称"八月十七日寇入宁武关"，是月甲寅朔，十七日则庚午也，明史稿系寇犯宁武于甲子者亦非。今但据实录所书，牵连并记，统系之甲子下，又参之明史鞑靼传书之。

27　丁丑，上大行皇太后尊谥曰孝康敬皇后。

28 庚辰，夏言罢。

言与郭勋交恶日甚。九庙灾，言以疾在告，自陈乞罢，不允。昭圣皇太后崩，诏问太子服制，言报疏有讹字，上切责言，言谢罪，且乞还家治疾，上以"方庙灾修省之初，昭圣大丧之际，不念主忧，敢于求逸"，因令致仕去。

29 是月，召毛伯温还，掌院事。

30 九月，乙未，郭勋有罪下狱。

先是四月庙灾，给事中戚贤劾"勋擅作威福，网利虐民"，勋遂引疾在告。京山侯崔元新有宠，直内苑，忌勋。会夏言亦在告，上从容问元曰："言、勋皆朕股肱，相妒何也?"元不对。上问："言归何时?"曰："俟圣诞后乃敢请。"又问："勋何疾?"曰："勋无疾，言归即出耳。"上颔之。言官窥上眷言而恶勋，因共劾勋。

会敕书之狱，上恶勋无人臣礼，于是给事中高时因尽发勋贪纵不法十数事，上大怒，遂下勋锦衣卫狱，然犹念勋曾赞大礼，谕镇抚司勿加刑讯。奏上，当勋罪斩，上以奏当不明，令法司复勘。会给事中刘天直复劾勋未尽奸恶，并数其紊乱朝政凡十二事。于是法司更当勋不轨罪论斩，没入妻孥田宅，奏上，留中不下。上意在宽勋，屡示廷臣指，而诸臣恶勋甚，谬为不喻指者，勋坐是逾年死狱中。

31 癸卯，免浙江台州府被灾税粮，仍敕巡按御史设法振之。

32 辛亥，寇犯山西，入石州。

先是山西、直隶巡按御史所报，皆言"寇从容出关，所调延绥、大同兵并未见敌”,于是给事中龙遂,御史傅镇请遣官勘实报闻。寇遂于是月七日复自平虏卫入山西,犯朔州;至是复犯石州,饱掠而去。

33 是月,以南京〔户部〕尚书刘天和为兵部尚书。时樊继祖督师宣大,以天和代之,并提督团营。以刑部侍郎吴山为本部尚书,以钱如京致仕,代之也。

34 冬,十月,癸丑,以山西连被寇患,诏复徭役二年,仍发帑银六万两,遣户部侍郎张汉往振之。

35 丁卯,复召夏言入阁。

先是言将出都,诣西苑斋宫叩首谢,上闻而怜之,特赐酒馔,俾还私第治疾,俟后命。会郭勋下狱,复有是命,且令疾愈入直。然言虽在告,阁事多取裁决,勋之狱皆其指授也。

36 是月,以寇出边,山西解严,召翟鹏、赵卿还。

37 吏部尚书许赞,以四月九庙灾,自陈免。居半岁,上难其代,至是复起赞任之。

38 十一月,辛卯,葬孝康皇后于泰陵。

39 丙申,免四川被灾税粮。

40 乙巳,太白昼见。

41 丁未,冬至,祀天于圜丘。

42 十二月,甲戌,诏发通州仓米十万石于宣府,十五万石于大同,并敕户部遣官督解。是时两镇旱荒,米价翔踊,从抚臣之请也。

43 是月,礼科给事中章允贤,劾奏“总督蓟州、兵部侍郎胡守中，当郭勋势盛之时，甘心比附，同恶相济。及勋之败，复观望以图反噬。今勋当会审之际，他无一言，惟言'守中负我'，此其为党明甚。"因条列守中在蓟州诸不法状。上方恶勋，得旨，"守中监候处决。"

明通鉴卷五十八

江西永宁知县当涂 夏　燮 编辑

纪五十八 　起玄黓摄提格（壬寅），尽柔兆敦牂（丙午），凡五年。

世宗肃皇帝

嘉靖二十一年（壬寅、一五四二）

1 春，正月，壬午朔，御奉天殿。以昭圣皇太后未祔庙，免百官称贺，赐文武节钱钞，免宴。

2 戊子，吏部尚书许赞，以"边报屡警，军需匮乏，请发内帑，借百官俸，并解山东、河南各赃罚以济军储。"得旨，"内帑不必发"，余俱报可。赞又请"括富民之财，开鬻爵之令"，上以非盛世事，不允。

3 是月，户部尚书李如圭条上盐法四事。

先是上以"变乱盐法由于余盐"，敕"罢之。淮、浙、长芦悉复旧法，夹带者割没入官，变卖者以时估为准。并令户部详议以闻。"至是如圭议请："一革余盐；一禁权势嘱托及占窝买卖之弊；一商人报中俱置印信簿籍，行各边郎中或巡抚收掌收纳，事完转行巡盐御史查验；一各边急缺粮草者,方令商人上纳,其孤城远堡,不得以兑支为名,致多侵冒。"是时御史吴琼,又请"各边中盐者皆输本色",诏皆从之。然令甫下,而尚书许赞复请"开余盐以足边用",部议从之,于是余盐卒不能禁。【考异】据<u>明史食货志</u>,敕罢余盐事在二十年,<u>实录</u>统系之是年正月,今从之。

4　二月,癸亥,启蛰,行祈谷礼于<u>元极宝殿</u>,遣<u>成国公朱希忠</u>代。命建春祈大斋于<u>朝天宫</u>三日。

5　丙子,诏暂罢耕藉。遣官祭先农。

6　三月,壬午,以佥都御史<u>翟鹏</u>为兵部右侍郎兼都察院佥都御史,总督<u>宣大</u>军务,兼理粮饷。

时<u>樊继祖</u>被劾罢,<u>宣大</u>总督员缺,吏、兵二部会推<u>毛伯温及鹏</u>。上以<u>鹏</u>方督三省军务,遂用之。

7　壬辰,<u>承天</u>督工、工部尚书<u>顾璘</u>还,进所辑兴都志书,诏付史馆取<u>实录</u>删定之。

8　是月,内阁<u>夏言</u>以九年考满,复少师、吏部尚书、华盖殿大学士勋阶,兼官悉如旧,仍赐宴,礼部给予诰命。

自<u>郭勋</u>之败,上复向用<u>言</u>,而<u>严嵩</u>之构起矣。【考异】复<u>夏言</u>少师等官,<u>明史宰辅表</u>系之二月。证之<u>实录</u>则三月壬申也。今改系之三月下。

9　夏,四月,丙辰,建<u>大享殿</u>。

先是上命撤大祀殿以为明堂大享之所。至是谕礼部曰:"周之明堂,与郊祀并重。曩以季秋享地未定,特祭于<u>元极宝殿</u>,朕心歉焉。兹朕自作制象,立为殿以祀上帝,配以皇考<u>睿宗</u>恭荐,名曰'大享',行礼如南郊,陈设如祈谷。其令工部速济大工,以称朕寅奉上帝之至意。"

10 庚申,大高元殿成。

先是上欲别祀天神,为民祈福,命于西苑建殿,举安神大典。至是成。诏:"自初十日始,停刑止屠,百官斋戒行香,至二十日止。仍令英国公张溶等分诣朝天宫及祠庙行礼。"【考异】明史本纪系之是月庚申,即实录所称初十日是也。是月辛亥朔。

11 丙子,振顺天永平府饥。

12 是月,总督两广军务右侍郎张经,会同总兵安远侯柳珣讨思恩九姓土司,平之。

初,思恩既设流官,遂有土目王受及田州卢苏之乱。新建伯王守仁一意招抚,檄受等破八寨之贼,因请列思恩地为九土巡检,管以头目。其后九司头目日恣,所辖蛮民不堪,于是土民刘观、卢回等因之煽诱,声称"尽除九司之官,复流为土",至是乱且三年。

经、珣会督田州土兵遣副使翁万达等进剿。万达因有事安南,计禽卢回,杀之,招抚从乱者三十余人。思恩遂平。

13 五月,辛巳,张经、柳珣奏:"剿广东琼州黎贼,禽斩五千有奇,歼其贼首三十八人,俘获男女一千二百余人,招抚余党七千有奇。"捷闻,诏加珣少保,升经兵部尚书。【考异】沈氏从信录以为论平安南之功。明书记平琼州贼于五月,与实录同。据实录,二人加官皆以平黎州贼功,非安南也,今从之。

14 丁酉,以久旱、夏疫,令太医院及顺天府惠民药局措置药物,散给居民。

上躬祷雨于太素殿。戊戌,雨,数日乃止。诸臣表贺,优诏答之。

15 闰月，戊辰，谙达复遣使石天爵款塞求贡，巡抚大同龙大有欲掩以为功，诱天爵而缚之，诡言用计禽获。

诏下兵部议，以"天爵本华民，为寇驱使。去年守臣失计放还，遂至涂炭山西，震惊畿辅。兹复凭借故智，叩关申请，宜禽斩以振国威。"诏磔天爵于市。自大有以下文武将吏，皆升赏有差。于是边患复炽。【考异】诸书皆系之六月谙达入寇之下，牵连并记也。明史本纪系诱杀谙达使于闰五月戊辰，据实录也。本纪但言"遣使"，证之鞑靼传，即石天爵也。实录所载较详，今参书之。

16 庚午，总督宣大侍郎翟鹏奏："顷据降虏言，寇已集兵三十余万，将入犯，乞亟调陕西、蓟辽各兵赴镇防御。并敕户部多发盐银，分委召籴，以备兵需。"

鹏自莅任以来，三请皆不许。至是，兵部复奏："鹏尚驻宣府，宜令速赴朔州，以便调度。"上以"鹏新受命，首索银币，举措已乖。又出京日久，尚驻宣府，抗命怠事，深负委任，令革职闲住。其边务由兵部亟行各边抚镇戮力建功，总督官且罢设。"

17 六月，辛巳，上以久雨伤禾，切责内阁，因发夏言欺谤舞文各罪状。

初，言复入阁，上虽优礼，然恩眷已不如初。慈庆、慈宁两宫晏驾，郭勋尝请改其一以居太子，言不可，与上意合。至是上猝问："太子当何居？"言忘前语，念兴作费烦，对如勋指，上不悦。又疑言官劾勋出言意。及建大享殿，命中官高忠监视，言不进敕稿。入直西苑诸臣，上皆令乘马，又赐香叶、束发巾，用皮帛为履，言谓非人臣法服，不受，又独乘腰舆。上积数憾欲去言，因手敕历数其罪，而严嵩之间遂行。

嵩久恨言，会言失上意，嵩日以柔佞取宠。言惧斥，呼嵩与谋，嵩则已潜造陶仲文第，谋齮言代其位。言知，愠甚，讽言官屡劾嵩，上方怜嵩，不听也。两人遂大隙。一日，嵩燕见，顿首雨泣，诉言见凌状。上使悉陈言罪，嵩因振暴其短。自是上不直言矣。【考异】此据明史夏言本传，诸书多系之七月下。盖罢言在七月，而先期责言罪状并严嵩诉言见凌云云，传中皆书于六月，证之实录同。今分书之。

18　辛卯，谙达因石天爵被杀之怨，遂率众寇山西，驻朔州。

先是兵科给事中钱亮等言："龙大有撤大同兵以守雁门，是舍门户而御堂室也；宜留大同兵以遏敌冲，调陕西兵以备雁门。本兵议撤宣大兵而守居庸，是支东而倾其西也；宜留宣大兵以守藩篱，增调辽东兵以备居庸。"又言："井陉乃河北诸郡襟喉，平阳为山西全省要害，俱宜增戍。请调山东、河北民壮以守井陉，调河南、徐、邳军壮以守平阳。而博访将才，尤为急务。"兵部覆议，从之。

上以"宣、大二镇，凡戍重兵，正为山西、畿辅藩篱，宜专责之守臣，协力战守。"诏甫下而寇已入山西境矣。

19　上既历数夏言之罪，复曰："郭勋已下狱，而言犹千罗百织。言官为朝廷耳目，专听言主使。朕不早朝，言亦不入阁。军国重事，取裁私家。王言要密，视等戏玩。欺谤君上，怒及神鬼。"言大惧，请罪。

居十余日，丙申，值睿宗讳辰，犹召言入拜，候直西苑。言因谢恩，乞骸骨，语极哀。疏入，留中八日。【考异】此亦六月事,而实录不具。今据明史本传,言以七月朔日罢,而上疏乞骸骨在前八日。六月小建,则二十三日也。又考言七月再乞致仕疏,中言"六月十六日蒙皇上口宣,召臣入拜皇考忌辰。"证之实录,睿宗忌辰在丙申,为六月十七日,则以先一日召言入拜也。传中所记六月日分,皆与实录符,今从之。

20 壬寅,寇入雁门,犯广武,官军败绩。

丁未,犯太原,山西抚、按告急。兵部议拨宁武兵守省城,复调延绥、固原兵应之。寇至城外无所掠,大肆焚烧,遂引兵南下。

21 秋,七月,己酉朔,日有食之。

22 夏言罢。

言再疏乞骸骨,会日食,乃下手诏曰:"食过分,正坐下慢上之咎。其落言职闲住。"

已,又降敕谕礼部,自引三失。"自明日为始,修省三日,躬告于元极宝殿。期大小臣工各宜洗洁乃心,修举职业,并令部臣刊刻,颁告天下。"

于是御史乔佑、给事中沈良才等皆具疏论言,且请罪。上大怒,凡贬黜十三人。而高时以劾郭勋故,遂同谪远边。【考异】十三人,据实录所载,降一级谪边方者四人,乔佑、钱应扬、杨僎及高时也。对品调外任者九人,何允魁、章檗、白贲、朱篪、黎循典、焦琏、李臻、余燧、龙遂也。此外又有夺俸半年之王珩等三十六人,夺俸两月之贾太亨等二十四人,以皆留用,故不在贬黜之列。而沈良才不预于贬黜十三人之数,疑亦从轻夺俸耳。又,实录言"高时初拟对调,上特改入降级调边",则传中所言"以劾郭勋故"者是也。今附识于注中。

23 庚戌,寇自太原南下,欲犯平阳、泽潞,山西抚、按请发京兵赴援。上以京兵未可轻动,下兵部议。

部言:"寇既下平阳,则省城固已解严,各路阻隔官兵亦随至矣。请将见在主客官兵摘发二枝,专守省城以固根本。至于寇入平阳,盖有三路:中由灵石泠泉口趋霍州以入;东由介休趋沁州经岳阳、浮山以入;西由石州趋隰吉、石楼等处以入。窃计灵石天险,势难突至。其中郭家沟、韩信岭三四百里险甚,分兵伺之,寇可图也。或由泽、潞冲突太行,越入怀庆,北去临清、真定仅数百里,宜令诸路守臣伏兵堵截,使敌不得过太行,乃为无虞。盖潞安、黎城等处与河南武安接境,一下武安,则地旷难守,河南、山东、北直隶一带俱为可虑也。或知有备不至,又将由隰州入石州,趋偏头、宁武,亦宜备之。诸凡赏格,宜各行榜谕以励人心。"从之。

是日,我军遇寇骑于孝义县师同桥,斩首十三级,寇方移营北走。

会延绥巡抚万潮奏:"顷得降者言,虏谋不独寇山西,直欲趋卢沟桥以窥京师。"兵部言:"都城备豫久矣。傥卢沟桥有警,不得不调援宣、蓟兵马。除赴援别镇外,余即整搣以待。"上以"近日军情警急,凡本兵题请奏讨,许各部先发后闻,不必往复稽迟,以致误事。"

24 乙卯,兵部言:"寇在山西,势甚猖獗。各镇守、巡官军,因无总督大臣调度,未免各分彼此,不肯戮力。往年辽东、两广、河套有警,俱用总督专征,戎事有赖。近虽奉旨裁革,但今日边事方殷,事权不一,乞敕吏部会同府、部、九卿、科、道,推举在廷大臣忠诚有将略者,复令为总督,则节制归一,而边患可无虞矣。"上从其请,令闲住侍郎翟鹏复任。

25 己未,寇犯潞安,大掠沁、汾、襄垣、长子等处。诏:"河南、山西巡抚各选精兵,趋山西之潞、黎及河南之磁州、临洺等处以为声援。仍令翟鹏兼督山西、河南,巡抚以下俱听节制,事宁之日如故。"

26 丙寅,寇复回太原,由忻、崞、代州而北,屯祁县。参将张世忠督兵力战,敌围之数重,自巳至申,所杀伤相当。已而世忠矢尽见杀,百户张宣、张臣俱中流矢死。寇遂从雁门关故道去。【考异】明史本纪,"是月己未,寇犯潞安,掠沁、汾、襄垣、长子,参将张世忠战死。"鞑靼传于寇潞安下,云"复从忻、崞、代而北,屯祁县,张世忠力战死",据此,则世忠之死在祁县也。实录系寇回太原于丙寅,赠张世忠于丁卯,盖亦据奏报之文耳。世忠之死,当在己未以后,丙寅以前,今据实录书之。张宣、张臣之死,亦见鞑靼传中。证之实录,言"宣、臣中流矢死",今据书之。

事闻。赠世忠右都督,谥忠愍。

27 八月,辛巳,诏募兵于直隶、山东、河南,"有忠勇愿赴军门立功者,各抚臣具籍奏闻。"从给事中李徵议也。

28 壬午,振山西被寇军民,发太仓银十万两,并免残害地方田租二年。

29 戊子,寇复以四万余骑犯朔州。

时翟鹏方报寇已北遁,会延绥警报继至,上曰:"寇拥众入境,未及一舍遂北遁,此诈也。且亟檄陕西守臣谨备之,无堕其计。"

时方募兵,因敕翟鹏"遍谕大同三关之民,能斩敌首一级者,赏银四十两,所得人畜悉以予之。"

30 癸巳，礼部尚书严嵩加武英殿大学士，入阁预机务。

嵩自夏言罢后，上日益亲信之。时上方修玄教，醮祀青词，非嵩无当意者。嵩入阁，年已六十余，不异少壮，朝夕直西苑板房，未尝一归洗沐，上益嘉其勤。而嵩无他才略，惟一意媚上，窃权罔利。上英察自信，果刑戮，颇护己短，嵩以此得因事激上怒，戕害人以成其私，诛斥者不可胜计云。

31 乙未，吏科都给事中沈良才等，【考异】据此，则良才前以夏言事不在贬黜十三人之列，其为夺俸留用可知也。劾奏"大学士严嵩，贪污奸诡，屡经论劾。一旦首膺简命，恐失天下仰望之心。"嵩自陈乞休，不允。

32 是月，户部尚书李如圭罢，吏科给事中周怡劾之也。

时周府奏增禄米，如圭为题覆，许之。怡劾其受周府之赂，诏令回籍听勘。

怡并劾提督团营、兵部尚书刘天和年老，天和乞休，许之，令驰驿归。

33 九月庚申，巡按山西、御史童汉臣论劾吏部尚书许赞，以"山西寇患，临事依违，至有经年不选正官。而其所选补者，又多不堪策励之州佐县贰。"并劾"严嵩贪恶，不堪辅臣之任。"于是嵩及赞上疏申辩，并乞罢黜，俱优诏慰留，不允。

34 癸亥，作雷坛，用真人陶仲文之请也。

仲文以玄教干上宠，因请建祐国康民雷坛于太液池西。而所司希上意，务为弘侈，程工峻急。

工部员外郎刘魁欲谏,度必得重祸,先命家人鬻棺以待。乃上疏曰:"前营大享殿、大高元殿诸工,尚未告竣,内帑出入不支。而一役之费,动至亿万。土木衣文绣,工匠班朱紫,道流所居,拟于宫禁。国用已耗,民力已竭,而复为此不经之事,非所以示天下后世。"上震怒,命杖于廷,锢之诏狱。

35 是月,以总督漕运、右都御史王杲为户部尚书,李如圭罢。

上以边备急务,命吏部速推大臣有才望者。部臣会推前工部尚书张润、兵部尚书王廷相及杲,上特用杲。

刘天和既罢,兵部奏请推提督团营。上以提督官非祖宗旧制,罢之,仍命兵部兼督。

36 河道侍郎王以旂条治河四事。

先是总河、副都御史郭持平,"请浚孙继口及崑运口、李景高口三河,使东由萧、砀入徐济运。"至是以旂复"请于孙继口外别开一渠,泄水以济徐、吕。"凡八月,三口工成。

【考异】据明史河渠志,郭持平请浚孙继口在是年之春。以旂复请别开一渠,同在一时,凡八月工成,故志中系之是年之秋。今据实录,在九月。以旂、持平皆被奖。遂召以旂还。

37 冬,十月,己卯,举崇报岁成大典于大高元殿,遣成国公朱希忠行礼。并命停刑禁屠。

38 癸未,雪。百官表贺。

谕曰:"朕为民祈祷,非梁武、宋徽之比。卿等宜益竭忠诚以邀天眷。"

39 戊子，免直隶、真定、保定等府被灾税粮。

40 丁酉，上宿端妃曹氏宫，宫婢杨金英等谋逆，伺上熟睡，以组系上项为死结，得不殊。有张金莲者，知事不就，走告皇后，后驰至解组，上得苏。

后立命内监张佐等捕宫人杂治，言王宁嫔实首谋，又言端妃亦预知。时上病悸不能言，后传旨收端妃、宁嫔及金英等同谋者，不分首从，悉磔于市。仍剉尸枭示，并收斩其族属十人，余给付功臣家为奴。

时诸婢为谋已久，上几危，中外震恐。次日，始知圣躬无恙，群心乃定。久之，上始知端妃冤甚，悯之。自是上移御西苑，不复还大内矣。

41 戊戌，巡按四川、御史谢瑜上疏言："昔尧、舜诛四凶而天下服。今郭勋、胡守中、张瓒、严嵩，圣世之四凶也。陛下旬月之间，诛殛其二，天下翕然称圣明矣。二凶尚存，何不放之流之，以全尧、舜之功！"并劾大学士翟銮昔年行边受馈遗事。疏入，不报。

已，銮因瑜言乞休，不允。而严嵩疏辩，以为"臣虽不肖，何至侪之四凶之列！"上曰："此中伤之计耳。"

同时，南京给事中王煜、御史陈继等并劾"嵩子世蕃，招权纳贿，将为国祸。"嵩复疏辩求退，皆慰留不允。

42 是月，刑部尚书吴山罢。

时法司列上应决重囚，上以方修崇报大典，有碍行刑，因以奏决过期诘责。于是严嵩希旨论劾，山遂坐罢，改南京尚书闻渊代之。

兵部尚书张瓒卒。

43　十一月,丁未朔,以宫闱之变,遣官祭告天地、宗庙、社稷。辅臣严嵩,谓"事出仓猝,中外惊疑,更乞涣发纶音以安天下。"从之。

44　壬子,冬至,祀天于圜丘,命成国公朱希忠摄行。

45　是月,以都御史毛伯温为兵部尚书,仍兼督团营。

46　十二月,改南京兵部尚书熊浃为兵部尚书兼都察院右都御史,掌院事,代毛伯温也。时右都御史潘鉴,以采木赴四川,遂简用浃。

47　是岁,免陕西、福建被灾税粮。

二十二年(癸卯、一五四三)

1　春、正月,丙午朔,日有食之。

上御奉天殿受朝,免贺。赐百官节钞,免宴。

2　甲寅,诏:"各抚、按等官通将所属大小官员课第殿最,汇进揭帖,封送吏部,以备朝觐考察之黜陟。著为令。"

3　辛酉,贵州铜仁平头苗首龙子贤、镇箪苗首龙桑科等作乱,流劫湖广、麻阳等处。上以诸苗再叛,责激乱者,而起都御史万镗讨之。

镗未至,二苗已就抚。会麻阳知县朱崇方以勘事取道辰溪,遇苗人,拘执之,收其所遗筐簧。苗愤甚,遂聚众拒崇方,杀其从役,追至麻阳,围之,遂劫掠巡司,乡寨复叛。

【考异】实录所载二苗再叛,即龙子贤、龙桑科也。明史土司传以为桑科先作乱,镗讨平之,未几,龙子贤复叛,似误也。传中"诸苗再叛"之语,本据实录,其为子贤、桑科明甚。且一为平头,一为镇箪,传亦未析。其言"未几子贤复叛",盖已降而复叛,传亦少申叙,今据实录书之。

4　二月,丙申,七陵工成,奉安神位。上初欲亲行,已而不果,乃遣英国公张溶、安平侯方锐等分祭。【考异】明史本纪不具。明书则云"上如天寿山,五日乃还",盖据野史之误也。证之实录,言"上初欲亲往,不果行",今据书之。

5　己亥,方士段朝用下狱,论死。

初,朝用术既败。其所献银多出郭勋。勋既得罪,朝用执勋奴榜掠,且告曰:"归语尔主,馈我金十万,当为免追赃。"勋不应,乃系其奴,捶之至死。其家人上诉,朝用诬勋奴欲行刺,为己所觉,邂逅致死。上怒朝用不悛,擅以私事杀人,下镇抚司拷讯,具得其实。法司请加显戮,没其妻子财产,从之。未几,朝用瘐死狱中。

6　是月,改南京礼部尚书张璧为礼部尚书。

7　三月,庚戌,复遣工部尚书樊继祖采木于湖广。

8　甲子,宣大总督翟鹏奏:"二镇军饷议发本色,而大同道路险远,转输实难。乞将大同粮米尽留宣府以给客兵,将宣府粮草价银移支大同,度彼此通融,两镇俱便。其宣府所留前米应发各城堡者,仍酌道里远近,量予脚价,亦于客兵银内动支,永为定制。"从之。【考异】诸书皆系之正月,今据实录月日。

9　癸酉,奉安列圣神位,配祀大高元殿,遣成国公朱希忠祭告。

10　是春,谙达屡寇延绥诸边。

时济农即吉囊,见前。已死,诸子朗台吉等旧"朗"作"狼"。散处河西,势既分,而谙达独盛云。

11 夏,四月,庚辰,张璧至自南京。

严嵩请解部事,许之,仍赐之钞币、羊酒、御馔。

12 福建福州、兴化、泉州、漳州四府地震。

13 乙未,安南都统使莫福海遣其宣抚同知阮典敬等谢恩修贡。

是时莫登庸已死,礼臣以"安南既黜王爵,则入贡官员非异时陪臣比,宜裁其赏赉。"上曰:"福海既纳贡输诚,其赍使宜如故,第赐宴稍减供馈耳。"

14 庚子,严嵩家起堂室,以尊藏宸翰为名,奏乞赐额,诏赐堂曰"忠弼",楼曰"琼翰流辉",供奉玄像曰"敕赐延恩之阁"。

15 六月,癸未,吏部奉诏裁革冗员,奏言:"各衙门官原系额设及随事添设,各有职掌者,俱应存留。其添设官,独户、工二部、钦天监、太医院为多。但今边疆多事,庙工甫兴,户、工二部难遽裁革。钦天监、太医院当咨行礼部考选去留。南京并在外应裁官员,行南京吏部及各省抚、按官会议具奏。"诏从之,仍令查各衙门添注官见在员数以闻。

已而吏部查户、工二部、太常、太仆、鸿胪寺、尚宝司、中书科、顺天府、上林院监、制敕诰敕房、文华、武英殿办事各添注官员,具名数疏以进。上曰:"各官既有添注,每遇实缺,何乃不行推补,却往往别推,以致冗食者多。自今内外官遇有实缺,即以添注者补之,违者该部即时纠举。著为令。"

16 乙酉,虏驻套中。

先是，虏犯山西，率以四月出套东渡，时将近秋复入套，遣轻骑掠延绥中路等边。守臣告急，以"本镇守备单弱，乞量拨附近兵马应援，或撤回本镇游兵调赴山西者。"

兵部议，以"寇往来无定，调撤纷纭，两无所济。宜量摘发所调游兵一枝赴延绥，令总督杨守礼屯花马池，别敕陕西巡抚屯固原，相与控扼险要，归翟鹏节制。如山西无警，陕西当援，即以便宜先发后闻。再，千里征兵，兵家所忌。近因山西然眉之急，故为此被发缨冠之计。若遂踵为故常，不惟河东馈饷日难，且使河南精锐日就消疲。宜谕鹏等严督宣大偏保镇、巡诸臣，各将本镇之兵及时蒐辑，务充原额以整秋防，免致纷纷征调。"得旨，"如议"。

17 戊子，遣兵科给事中杨上林、河南道御史沈越清京卫、京营官军力士、匠役冗滥者。

先是诏裁中外冗食，兵部因条其所当革者数事，上乃别简风力科、道官按疏稽核，定其去留者以闻。

18 壬寅，下吏科给事中周怡于狱。【考异】明史周怡传作"二十三年六月"，今据实录刊正。

时许赞长吏部，而翟銮、严嵩柄政，多所请托。郎中王与龄劝赞发之，嵩奏辩，上方眷嵩，切责赞，赞乃不敢言。

怡因上疏，力诋"二辅凭藉宠灵，恃恩修怨"。且言："朝廷以礼让为先，而礼让以大臣为首。朝廷者万方之所宗仰，大臣者群臣之所楷模。朝廷有违言之隙，则谗谮之衅开；大臣有动色之争，则攻击之祸起。今嵩等在内阁则有违言失色，见陛下则有私陈背诋，是大臣已不和矣，又安望其率下事上也?"又言:"陛下日事祷祀而四方之水旱灾伤未能消,岁开纳银之例而府藏未能实,蠲租之令数颁而百姓未能苏,选将练士之命时下而边境未能宁。所以然者,陛下焦劳于上而下无奉命之臣,凡所以利国家,惠民生,安边徼者,曾无远虑,惟知背公营私以市威福。嵩以盛气陵轹百司,中外之臣,但知畏嵩而不畏陛下;翟銮依违其间,苟取充位。今许赞以两世居吏部,不敢复辨,其弱已甚。臣恐大小臣工,无复有直言敢谏者矣。"

疏入,上以"怡言诸臣不和,论非不正,然其本意直是谤讪。至其所论祷祠等事,咎在朕躬,何以不先言之? 令具实对状。"

怡复具疏请罪,诏杖之阙下,命如杨爵例,锢之诏狱。十三道御史徐宗鲁等论救,皆坐夺俸。

19 是月,寇入汤站堡,指挥孙胜战死。【考异】明史本纪不具,此据实录增。

20 秋,七月,丙午,太白昼见。

21 时以久旱,上亲祷雩坛。癸丑,大雨。百官表贺。学士费寀撰颂奏献,优诏答之。

22 壬戌,免陕西被灾税粮。

23 戊辰,以逾月万寿节,建大醮于朝天宫七日,以去年宫闱之变,谢神佑也。

24 八月,丙子,山东泰安知州马逢伯献瑞麦嘉禾。上曰:"禾麦之祥,民食所关。"命择日奏谢于元极宝殿,献于祖庙。

25　是月，寇以三万骑犯延绥，自波罗响水堡深入，及绥德州，延绥游击张鹏击却之。寇引去，总兵官吴瑛等复追击出塞，又败之。【考异】明史本纪吴瑛败敌事。明史稿言"寇入延绥，张鹏击却之；吴瑛追击，又败之。"实录系奏捷于十月，据原疏则八月事，与明史稿同，今从之。

26　九月，丙午，行季秋大享礼于元极宝殿，命英国公张溶摄行。

27　庚戌，免浙江湖州等府被灾税粮。

28　戊午，免应天等府被灾税粮。

29　逮山东巡按御史叶经，严嵩以私憾构之也。

初，嵩官礼部，以秦、晋二藩宗人袭封事受重贿，经奏劾之，嵩惧甚，力弥缝，得免。是科，山东进乡试小录，上览第五策防边一问，语含讥讽。嵩乃嗾张璧等，谓"今岁虏未深入，辄以餍饱为词，请逮考试官周镤等。"会经时为监临御史，嵩密言于上，谓"御史实主试事"，上乃降旨斥经狂悖，杖八十，黜为民，创重卒。镤及提调陈儒等皆谪官。嵩之借事激上怒以杀异己，自经始也。

先是，谢瑜劾嵩，见上。嵩以初得政，未敢显为挤陷，上虽谯让瑜，未深罪也。自经之死，嵩益肆志报复，其后卒以大计嘱主者黜瑜，遂除名。于是给事中王鏐、沈良才、陈瓒、御史喻时、陈绍及山西巡抚童汉臣、福建巡按何维柏等相继得罪，皆与瑜先后劾嵩者也。【考异】此据三编书之，盖皆嵩杀经先后事，类书之。

三编发明曰：叶经初以秦、晋二藩受贿事劾嵩，嵩疏辩，遂付袭爵事于廷议而置嵩不问，朝廷固已失刑矣。越二年,嵩遂得挟宿憾害经,其为报复,情亦显然。而世宗不知,致嵩由此得以尽锄异己之人,流毒忠良,实自经始。姤之初六曰:"羸豕孚蹢躅。"程传谓"羸弱之豕,其中心在乎蹢躅。虽阴微在下,而有渐盛害阳之象焉。"嵩之杀经,殆将尝试其蹢躅之技乎!

30 冬,十月,壬申朔,上欲更新太庙,诏阁臣及礼、工部儒臣会议庙制。廷议,"睿宗、孝宗并居一庙,同为昭",上以诸臣不能竭忠任事,寝其议。

已而左庶子江汝璧,请"迁皇考庙于穆首,以当将来世室,与成祖庙并峙。"礼部覆议,以"世室未至递迁之期,未可预建。"于是议亦寝。

31 庚辰,免直隶真定等府被灾税粮。

32 甲午,免河南开封等府被灾税粮。

33 是月,朵颜三卫入寇昌平州北之慕田峪,杀守备陈舜。副总兵王继祖赴援,斩三十余级,乃退。【考异】明史本纪系朵颜入寇于是月,三编同。实录系之十一月乙卯,据奏报之月日也。原奏称"前月",今从之。

34 十一月,丙午,贵州道御史何赞言:"京师苦寒,小民冻馁枕藉,乞多方振救,并行江北诸郡,加惠以广德意。"上曰:"今岁严寒,困穷可悯。所奏宜亟行之。仍行各省一体振恤。"

35 丁巳,冬至,祀天于圜丘,遣朱希忠摄行。罢庆成宴。

36 壬戌,上以诸臣议庙制之不协礼意,复命礼、工二部相度旧基,自东垣外拓至河沟仅八十丈有奇,规制狭隘,至是仍复前代同堂异室之制。

谕曰："礼非天降,乃起人情。祖考列圣,欢聚一堂,斯实时义之顺者。兹当建立新庙,仍复旧制。前为太庙,后为寝,又后为祧,以藏迁主。定制,太祖居中,群庙分为左右。每时祫祭享,奉太祖正位南向。而奉迎成祖及群庙及皇考睿宗神主,俱同堂而序祭。祭毕,奉列庙主归寝。庶昭穆以明,世次不紊。"自是庙制始定。【考异】诸书皆系之二十四年太庙成下。明史礼志书于二十二年,据议建太庙之年月也。十月始诏廷臣会议,故志据之。证之实录,则定议在"十一月壬戌,上谕礼、工二部"云云,今据之。

37 十二月,甲戌,以冬月少雪,祷于雷殿,禁屠停刑六日,遣张溶等分祭朝天等宫庙。

38 上以采木工完,加湖广采木工部尚书樊继祖太子少保,川贵采木右都御史潘鉴为工部尚书。召鉴还,解任院事。

39 乙亥,贵州叛苗平。都御史万镗奏"龙母叟罪大,宜置重典",诏安置辽东。

40 乙酉,免苏、松、常、镇四府被灾税粮。

41 辛卯,雨雪。廷臣以上常露祷,各具疏表贺,上以非坛庙礼祷,却之。

42 是月,诏旌表山西孝子张钧、烈妇白氏等凡十三人。

钧,石州人。父赦,国子生,隐居州城北不仕。钧以正德末举于乡,以亲老亦不仕,读书养亲,远近皆称其孝。嘉靖二十年,谙达犯石州,钧虑父遭难,自城中驰一骑赴救。寇至,射中其肩,裹创疾驰,至则父已遇害。钧陨绝,尽餂父血,水浆不入口三日,不胜悲痛而卒。至是有司上其状,诏特旌之。

是时杀掠甚惨,石州为亲死者十一人。其最著者张承相、于博、张永安云。

承相少孤,长为诸生,养母二十余年,以孝闻。寇至,负母出逃,为所得,叩头号泣,乞免其母。寇怒,并杀之,抱母首死。

博二岁而孤,奉母尽孝。寇抵城下,博方读书城中,母居村舍,亟下城号泣求母。母已被执,遇于途,博取石奋击寇,寇杀博,剖其心,母得逸去。年止十有八。

永安,石州吏也,父为寇所逐,永安持梃追击之,伤二贼,趣父逸去而身自卫之,被数十创死。

又有温继宗者,沁州诸生,父卒,不能葬,日守枢哀(泫)〔泣〕。二十一年,寇入犯,或劝继宗出城避难,以父殡不肯去。寇至,与叔父渊等击伤一贼,中矢死枢旁。渊等皆死。

同时妇女之死,最著者凡八人。

白氏,安勋妻也。寇至,从夫匿土穴。寇攻穴急,度不免,趣夫逸去。白遂被执,骂贼不屈,被十余创死。

李氏,牛宗近妻也,居四坞村,家贫,随夫佣作。寇至,走山谷中,为所得。李伏夫身求代,贼并杀之山下。

吴氏,侯景儒妻也,寇至,见邻妇被掠,度不免,乃推两儿山下,自投沟水。贼曳出,载之马上,吴自刑其面,不屈,遂被杀。

郭氏,乔甫妻也,母家富而夫甚贫,然奉其舅姑绝孝。

贼至,亦不屈死。

李氏,典膳张环妾也,年老寡居。冯氏,张兰妻也,年二十而寡,守志三十余年。皆骂贼不屈死。

烈女贺氏,年十七未嫁。贼至,从父匿山洞,被执,骂贼死。

温氏,年十六,与母俱被虏。伏地不肯从贼死。

有司先后以闻,至是皆旌之。【考异】张钧等五人,均见明史孝义传。其白氏等八人,同时旌表,皆据实录旌表之年书之。

二十三年(甲辰、一五四四)

1 春,正月,庚子朔,上不视朝,文武百官及蕃使皆诣奉天门行礼。

2 丁未,总督宣大、侍郎翟鹏,以"边报旁午,请调各镇援兵。"兵部谓,"尽挈全陕、蓟、辽之兵独守宣大、山西,不知各镇有警,何以待之?且望援之心重,则自励之心轻。除延绥游兵二枝外,余皆不得征调。"诏如部议。

3 丙寅,谙达犯黄崖口,官军击败之。【考异】据明史本纪,寇犯黄崖口在正月丙寅。实录书于三月,据奏报之月日也。原奏称寇犯在正月二十七日,是月庚子朔,丙寅正二十七日也,今从之。

4 二月,丙子,改巡抚山东、副都御史曾铣以原秩提督雁门关等处,兼巡抚山西。

5 戊寅,谙达又犯大水谷,官军射死数人,遂退。【考异】原奏称犯大水谷在二月初九日,即戊寅也。实录同,系之三月。今据本纪。

6 辛巳,太白昼见。

7 三月,癸丑,谙达复犯龙门所。

时<u>宣府</u>征军修筑墩堡,寇以五百余骑入,总兵官<u>郤永</u>等击却之,追及<u>庆阳口</u>,禽斩二十七级。

8 丁巳,赐<u>秦鸣雷</u>等进士及第、出身有差。

9 夏,四月,礼、工二部方新太庙,左赞善<u>郭希颜</u>言:"周建四亲庙,我<u>太祖</u>创造之初因之。今宜立太庙以祀<u>太祖</u>,立世室以祀<u>成祖</u>。<u>成祖</u>世室居左,其右则但立四亲庙,祀<u>皇高祖</u>以下至皇考<u>睿宗</u>,而祧<u>孝宗</u>、<u>武宗</u>。"礼臣力斥其妄,上以"<u>希颜</u>所陈亦臣子之心,然庙制已定,毋庸更议。"于是论劾<u>希颜</u>之御史<u>刘存德</u>夺俸半年,<u>希颜</u>三月。

未几,太仆寺丞<u>吴宠</u>复请更定庙制,上恶其渎扰,诏:"自今有妄议庙制者罪之。"

10 五月,丙午,赠<u>建州</u>死事之都指挥<u>赵奇</u>、<u>佟勋</u>等。

初,寇以八百余骑入犯<u>鸦鹘关</u>,提调都指挥<u>康云</u>乘醉出堡,遇伏,败死;<u>奇</u>、<u>勋</u>及把总<u>王镇</u>往援,皆死之;我军死者八十人,被杀者一百二十余人。至是巡抚<u>孙襘</u>言:"<u>云</u>使醉轻敌,死有余辜。而<u>奇</u>等奋勇赴援,忠义可录。"诏<u>奇</u>、<u>勋</u>等三人各赠秩二级,予世袭。

11 六月,戊寅,免<u>南直隶凤阳府</u>被灾税粮。

12 丙申,礼部以淫雨不止,请行<u>顺天府</u>祈祷。

13 秋,七月,庚子,以大理寺右丞<u>朱方</u>为右金都御史,整饬<u>蓟州</u>边备,兼巡抚<u>顺天</u>。【考异】此据实录月日,为<u>朱方</u>下狱张本。

14 甲子,免<u>福建福</u>、<u>兴</u>、<u>泉</u>、<u>漳</u>四府被灾税粮。

15 是月,<u>谙达</u>犯<u>大同</u>,总兵官<u>周尚文</u>战于<u>黑山</u>,败之。【考异】<u>明史</u>本纪系之是月,实录系之二十四年正月,巡按<u>李天宠</u>勘上大同斩虏功,原奏称"二十三年七月",与<u>明史</u>(今)〔合〕,盖奏报在逾年也。今据<u>本纪</u>,不书日。

16 八月,壬申,<u>西苑嘉禾生</u>,一茎双穗,凡六十有四,<u>上以为修玄之应</u>。礼官因请表贺,许之。

17 癸酉,免畿内被灾税粮。

18 甲午,翟銮罢。

<u>严嵩</u>入阁,<u>銮</u>以资地居其上,嵩恶之。会<u>銮</u>子<u>汝俭</u>、<u>汝孝</u>,与其师<u>崔奇勋</u>、姻亲<u>焦清</u>同举进士,嵩遂属给事中<u>王交</u>、<u>王尧日</u>劾其有弊。下吏部都察院会勘,<u>銮</u>疏辩。上怒曰:"<u>銮</u>被劾待勘,敢先渎扰耶? 二子纵有才,何至与其师并进!"遂勒<u>銮</u>父子及<u>奇勋</u>、<u>清</u>并分考官编修<u>彭凤</u>、<u>欧阳焕</u>俱为民,而下主考<u>江汝璧</u>及乡试主考<u>秦鸣夏</u>、<u>浦应麟</u>诏狱,杖六十,褫其官。

<u>銮</u>自以行边起用,通贿赂,得再柄政,声誉日衰。至是复为其子所累,讫不复振。逾三年卒。

19 是月,户部言:"<u>江南</u>灾甚,请以<u>应天</u>等十一府州今年各项粮收事例银两与本处赃罚解边余银俱籴谷备振。"并议<u>应天</u>巡抚<u>丁汝夔</u>所条振荒事宜,皆报可。

户部又言:"天下灾伤过半,而太仓积贮粮米有余。请将今年粮米四百万石,征本色七分,折色三分,以苏民困。"诏俱从之。又以<u>大同</u>军饷支用不给,敕户部预发明年年例银六万两,以补官军月饷之需。

20 九月,癸卯,免<u>浙江</u>被灾税粮。

21 丙午,免畿内<u>顺天</u>、<u>永平</u>二府被灾税粮。

22 丁未,以吏部尚书<u>许赞</u>兼文渊阁大学士,礼部尚书<u>张</u>

璧兼东阁大学士,并预机务。

　　严嵩为首辅,大权一归之,赞、璧入阁,不得预票拟。赞常叹曰:"何夺我吏部,使我旁睨人!"因屡乞休,不允。

23　壬子,以湖广旱甚,户部请"发本省赃罚事例及云南借用支剩等银九万七千八百余两,与预备仓谷、太和山香钱相兼备振,不足则量准兑军粮米十万石,照改兑支运事例折银",从之。

24　是月,晋严嵩兼吏部尚书、谨身殿大学士。改兵部尚书、掌都察院事熊浃为吏部尚书。逾月,以总督漕运、副都御史周用为都察院左都御史。

25　冬,十月,戊辰,免河南开封、卫辉等府被灾秋粮。

26　甲戌,小王子等寇万全右卫,【考异】是年入寇,明史本纪及鞑靼传皆作"小王子"。翟鹏传作"谙达",三编据之。今按是时北寇,自小王子外,谙达最强,或分道而入,或互为声援,一时边谍往来,称号不一。据实录所载,亦称"小王子",今据之,于小王子下加"等"字。总兵郤永不能御,遂毁边墙。

　　乙亥,至顺圣川。戊寅,掠蔚州,至完县,京师戒严。

　　上命兵部议防守事宜,部臣请"敕宣、大二镇力守三关,以遏敌内犯",给事中戴梦桂请"敕翟鹏亟部宣府二枝兵马赴京保卫,郤永部大同军马由紫荆关取道出城之南以遏其南下,周尚文领三关兵马由倒马关自西而东,王继祖领蓟州兵马自东而西,以遏寇之左右。"诏:"兵部先檄二镇士马急赴畿辅,随寇所在,分布截杀。一切机宜,审其缓急行之。"

27　乙酉,逮宣大总督翟鹏,巡抚蓟州佥都御史朱方。

先是寇以春入,诏调各镇兵至大同防秋,会寇退,方建议掣之。鹏在朔州闻警,夜半至马邑调兵食,复趋浑源遣诸将遏敌。于是御史杨本深劾"鹏逗留,致震畿辅",给事中戴梦桂亦劾"方掣兵太早,借口惜费,使寇得以乘间深入。"上方倚鹏殄寇,所请无不应,闻之,大怒,立遣官械鹏及方至京师。而御史舒汀等复劾"兵部尚书毛伯温用职方郎中韩最议,朦胧题覆。况方建议撤蓟州客兵,乃并宣、大二镇客兵一律罢遣,则本兵之罪也。"诏"褫伯温职,杖最八十,戍极边。"【考异】明史本纪、三编但记翟鹏、朱方坐逮事,不及兵部。据实录,伯温褫职同在一时,明史七卿表系之十月。今据伯温本传增入。

28 以兵部侍郎张汉总督宣大,大理少卿郭宗皋巡抚蓟州、顺天;皆兼右佥都御史。

29 己丑,叛人王三伏诛。

王三者,大同左卫指挥王铎之子也。铎素与济农通,即吉囊,译见前。遣子三遗之酒物,济农因留之,妻以部女,遂为寇用,频年入寇,皆三导之。至是为大同顺圣川卒刘玘所禽,并其党三人。

巡按御史李天宠以闻,上大悦,命赏玘银一千两,加升五级。三械系至京师,命磔于市。

30 是月,以副都御史管大理寺事戴金为兵部尚书,兼提督团营。

31 十一月,庚子,京师解严。

上以为修玄获神佑,归功于真人陶仲文,特加仲文秩少师。

上自遭宫婢之变，移居西内，日求长生，郊庙不亲，朝讲尽废，君臣不相接，独仲文得时见，见辄赐坐，称之为师而不名。于是小人顾可学、盛端明、朱隆禧辈皆因缘以进。仲文前加保、傅，至是兼领三孤，前此未有也。

32 丙午，以获叛人王三，遣官祭告南郊宗庙社稷。

先是三至京师，礼部请择日献俘，上以为非外寇之比，命已之。至是请修告谢礼，百官表贺，从之。

33 癸丑，免大同被灾秋粮。

34 癸亥，冬至，祀天于圜丘，朱希忠摄行。

35 是月，翟鹏、朱方至京师，俱下诏狱拷讯。鹏坐永戍。以方情罪重，械至午门外杖八十，死。

鹏行至河西务，借宿民家，为所窘，告之钞关主事，杖之。民家诉之，厂卫以闻，复命逮至京师，瘐死狱中，人皆惜之。

36 十二月，丙子，振江西灾。户部"请以正改兑米折银备振，不足则以九江钞关税银、赣州盐税银拨给"，报可。

37 壬午，以兵部侍郎翁万达兼右佥都御史，总督宣大。

先是，张汉代翟鹏暂莅宣大，至是寇已出境，乃命万达，而以汉专督畿辅、山东、河南诸军。【考异】汉督畿辅、山东、河南诸军事，见明史翟鹏附传，为明年汉下狱张本。

二十四年（乙巳、一五四五）

1 春，正月，乙未朔，上不视朝，文武百官仍于奉天门行庆贺礼。

2　乙巳，以恭录皇史宬所贮列祖御制文集及四书、五经、性理大全、二十一史等书成，自总裁监修官以下俱升赏有差。

3　是月，上以春多疾疫，命施药于朝天门外，溥济贫民。吏部侍郎孙承恩言："宣大、山西等处疲于征伐，疾疫尤多，请一体施济"，诏"遣锦衣千户赍赴各边，会同抚、按官立法给散，以广同仁。"

4　闰月，戊辰，辅臣严嵩请"有宣召乞与成国公朱希忠、京山侯崔元并许赞、张璧偕入，如祖宗朝塞、夏、三杨故事。"时嵩为首辅，欲示厚同列，且塞言者意，因以显夏言短。上虽不纳，而心益喜嵩。

5　戊寅，太白昼见。

6　甲申，总督陕西三边张珩、总兵官仇鸾，奏"去年十一月追寇于永昌，斩其酋朗台吉。"即狼台吉，见前卷，济农子也。下兵部议，以"奏捷夸张，且朗台吉首级未有明验。而疏内叙功，鸾兄弟与其掾史家丁皆预焉。"因劾"鸾妄奏希恩，请下巡按御史详核"，不听。诏升珩右都御史，加鸾太子太保。

7　是月，兵部尚书戴金罢。

先是刑科给事中张永明，劾"金尝为巡盐御史加增余盐羡银，沮坏边计，不宜更主部事"，金疏辩乞休，不允。至是给事中杨上林复劾"金器小才偏，不堪重任"，得旨，"令金致仕。"改南京吏部尚书唐龙为兵部尚书，龙未至，命兵部侍郎路迎暂署部事。【考异】罢戴金，任唐龙，俱在是月。明史七卿表系龙任于正月，金罢于闰月，误也。证之实录，张永明劾金在正月，金请致仕不允,闰月,复为杨上林所劾,乃罢,今从之。

8　二月,甲午,逮总督直隶、河南、山东、兵部侍郎张汉于狱。

汉尝条陈选将、练兵、信赏、必罚四事,且请"申严军令,大将得专杀偏裨,而总督亦得斩大将。如此则人知退怯必死,自争赴敌。"上不欲假臣下权,恶之。兵部言"汉老边事,言皆可用",上令再议。部臣乃言"汉议皆当,惟专杀大将一事,与会典成制有违",上姑报可。至是以考察拾遗、都给事中卢勋等劾"汉刚愎自用",遂命锦衣官械系下诏狱,谪戍镇西卫。

后数年,边警,御史陈九德荐汉,上怒,斥九德为民。汉居戍所二十年卒。【考异】明史本纪于是年三月壬午。今据明实录,系之二月甲午,逮在先也。惟汉是时已改督畿辅、山东、河南军务,故实录据书之,与明史本传同,本纪仍作"总督宣大",误也,今刊正。

9　壬寅,以顺天永平府属饥,发通州仓粳米万七百石、太仓银二千两振之。

10　戊申,诏:"天下有司招抚流民复业,给牛具种子,有能开垦闲田者,蠲赋十年",从山东巡按、御史刘廷仪议也。

11　三月,丙寅,复以保定府饥,发临清广积仓银万一千两振之。【考异】三编目中作"一千两",脱"万"字,今据实录补。

12　己卯,以风沙日作,二麦失滋,谕礼部择日祈祷。

13　癸未,应天等府十一州县相继告饥,诏抚、按官督有司以南京诸司及后湖库贮无碍银钱分振之。

谕户部诸臣曰:"今岁以来,天时少顺,若有旱火之虑,所应振恤诸务宜亟行之。"又诏曰:"近来水旱灾伤,皆由官不得人,甚至贪残害民,致干和气,令抚、按具奏处治。"

14 夏,四月,丙申,上祷雨于神祇坛,命百官斋戒修省。

15 升尚宝司少卿严世蕃为太常寺少卿,掌尚宝司事。时严嵩请为其子改别职,遂命兼官。

16 戊申,赠去年十月宣府死事指挥李彬,从勘事给事中何云雁之请也。

17 五月,壬戌朔,日有食之。

18 甲子,南京考功郎中薛应旂调外任。

时常州知府符验以考察降调,福建道御史桂荣讼其冤,因劾"应旂常州人,恣行胸臆,敢为报复。其所考察,多非在任之人。乞复符验职,罢斥应旂。"上以"考察重典,不容轻变,以起后来援引救护之端,验仍依原议降调。惟被黜人员,多系升迁事故去任之人,前有旨禁革此弊,而部、院全不遵守,聊取塞责。"乃置部、院不问而特谪应旂。

初,严嵩入阁,南京给事中王煜首劾之,言者踵至。会大计京官,嵩令所私尚宝丞诸杰移书应旂使黜煜,应旂执杰使,欲以闻,南京尚书张润止之。而杰先为南京御史,有贪声,润及都御史王以旂并黜之。至是荣希嵩指劾应旂,并及润、以旂等。嵩之逞私憾报复,皆此类也。【考异】据实录,但及符验被劾,桂荣论救,因劾应旂降调事。至应旂执诸杰使及杰为张润、王以旂所黜,皆见纪事本末。今证之实录,言"应旂调外任,张润、王以旂姑不查究",是纪事本末必有所据,而实录不详也。然润是时以忧去,以旂任都御史在二十六年,似非一时事,盖亦牵连并书耳。

19 戊子,免山东济南等五府被灾夏税。

20 六月,壬辰朔,新太庙成。礼部奏上奉安神主仪注,先期祭告,从之。

贵州道御史周冕言:"大典初成,皇上宜于奉安之日,秋祭之期,亲致孝享,上以对越祖考,下以仪刑百辟。不宜更遣官代摄,以负神人之望。"疏入,上怒,命锦衣卫执送镇抚司拷讯。

21 庚申,以太庙成,遣官祭告南北郊社稷。

22 是夏,免畿辅、山西、陕西被灾税粮。

23 秋,七月,辛酉朔,奉安太祖、列圣神主于太庙,遣成国公朱希忠、大学士严嵩行礼。

先是礼部尚书费寀等,以太庙安神,请定位次,上曰:"太祖居中,则左右之次定。"乃定左四序成、宣、宪、睿,右四序仁、英、孝、武,皆南向,德、懿、熙、仁四祖为祧庙,亦南向。于是奉睿宗于太庙之左第四序,跻武宗上,而罢特庙之祀。

24 壬戌,礼成,颁诏天下,赦徒罪以下。文武百官皆于奉天门上表称贺。

25 是月,以新太庙成,自内阁六部以下皆升赏赐荫有差。

初,工部匠作官郭文英,积功升至工部侍郎,荫其子文思院副使。至是以庙工,加恩再升俸级。文英复以荫子请,准授其子鸿胪寺序班。于是给事中张元忠劾奏,"文英徒以绳墨斧斤奔走冬官之府,既带俸窃衔,仍复渎请恩荫。此于国体名器,所关非细。"上不悦,曰:"名器固不可滥,工役亦需得人,何至遽坏国体! 有再论者罪之。"

26 致仕谨身殿大学士毛纪卒。

纪历仕四朝,守正不阿。以明伦大典成,追论夺官,后数年,遇恩诏叙复。嘉靖二十一年,年八十,抚、按以闻,诏遣官存问,再赐夫廪。至是卒。赠太保,谥文简。

27 八月,壬辰,以万寿节,加严嵩少师。又欲加真人陶仲文伯爵,仲文疏辞。请赠荫,许之,诏追赠其三代,给与诰命,荫其孙入国子监。于是嵩亦三上疏请辞少师,皆许之。

【考异】严嵩先以太庙成加太子太师,至是复加少师,俱见明史宰辅表。据实录,言"嵩三上疏辞免少师,许之"。陶仲文辞伯爵,证以是年十二月夏言至,始同加少师,则八月之辞是也。今据实录。升通政使顾可学为工部尚书,带俸,皆以供奉玄教升赏云。

28 辛丑,大享殿成。

礼部请行秋享于新殿,上命是秋仍于元极宝殿行礼。自是,岁遣官行之以为常。

29 壬寅,释御史杨爵、给事中周怡、工部员外郎刘魁于狱,赦其罪,放还原籍。时上惑于卟仙,会有神降卟言三人冤,立出之。未几,尚书熊浃言卟仙之妄,上怒曰:"我固知释爵,诸妄言归过者纷至矣。"复令东厂追执之。

爵抵家甫十日,校尉至,与共麦饭毕,即就道。尉请处置家事,爵呼其妻告之,去竟不顾。魁未抵家,缇骑先至,系其弟以行。魁在道闻之,趣就狱。于是与怡三人复系之诏狱三年。【考异】事见明史爵等本传。实录言严嵩请并赦刘魁而不及卟仙事,疑修实录者讳之也,今据本传书之。"卟"传作"乩","乩"即"卟"之俗字,说文作"卟",云,"卜以问疑也。书云稽疑。"据此,则"卟"与"稽"同。盖古文尚书字,后遂从俗作"乩"耳。诸书作"筭"(字)〔字〕,尤误,今订正。

30 丙午,诏瘗京城九门暴骸。

31 庚戌，寇犯辽东松子岭。暧阳守备张文瀚死之。

久之，御史刘廷仪始发其事，并劾巡抚都御史卢蕙、总兵官赵国忠等。上以蕙视事未久，宥之。【考异】据明史本纪系之是月庚戌。实录系之十一月，据廷仪劾奏也。原奏称"八月二十日"，是月辛卯朔，盖本纪据入寇之日也，今从之。

32 是月，寇犯大同中路，总兵官张达拒却之。又犯鹁鸽峪，参将张凤率指挥刘钦、千户李瓒及生员王邦直等各殊死战。凤挺先陷阵，中流矢死。钦等与其所部将士二十八人皆战没。

邦直，河南人。先是诏求天下武力之士，邦直应募。至宣府鹁鸽之战，我军寡不敌众。守者趣之，且激邦直曰："若素以勇闻，奈何见敌不杀？"邦直耻之，大呼入阵，奋大刀杀数十人，力竭死。边人壮而哀之。【考异】明史鞑靼传书于是年之秋，实录书于九月，原奏称八月，是九月乃奏报之月也。今据原疏，系之八月下。

33 张璧卒。

璧在位无所表见。入阁后，以庙工加太子太保。寻病疟，不能视事，遂卒。

34 九月，庚午，以南畿、江西、湖广、河南所属州县旱灾，所有税粮悉改征折色。

35 丁丑，起原任大学士夏言复故官。

严嵩既柄政，许赞数求罢。会张璧死，上微觉嵩横，乃起言，并赐手敕趣之行。

36 楚王世子英燿，以弑父事发伏诛。

英燿，王显榕长子也，性淫恶。烝楚王宫人，又使卒刘金纳妓别馆。王知之，欲罪金，金遂劝英燿谋逆。会是年元夕，张灯置酒享王，别宴王弟武冈王显槐于西室。酒半，金等从坐后以铜瓜击王，中脑立毙。显槐奔救被伤，得免。英燿徙王尸宫中，以中风报。

王从者抉门出告变，抚、按官以闻。上命驸马都尉邬景和等往鞫，得实，逮至京师。至是遣官告太庙，磔英燿于市，焚尸扬灰。逆党悉伏诛。【考异】英燿弑父事，诸书或系之正月，据弑逆之月日。或系之五月，据诏逮之月日也。是月丁丑伏诛，见实录。三编书之九月，与实录同。惟此系正月元夕事，故明书于正月己酉。而明史传作十八日，未知何据。

37 冬，十月，庚子，免山西大同税粮。

38 十一月，戊辰，冬至，祀天于圜丘，朱希忠摄行。

39 癸酉，巡按、御史贾太亨言："今年河决，南入凤阳，沿河诸县，议徙五河蒙城避之，而临淮当祖陵形胜，不可徙。请敕河臣亟浚砀山河道，引入二洪以杀南注之势。"从之。

40 辛巳，大学士许赞、吏部尚书熊浃皆罢。

赞居吏部，以发严嵩事受诘责，自是慑嵩不敢抗，亦颇以贿闻。及翟銮罢，嵩以赞柔和易制，引之入阁。而赞耻不预票拟，屡疏乞休。至是复以老请，上责其忘君爱身，遂落职闲住。

浃以谏卜仙事忤上意，以事再夺俸，不自安，遂称病乞休。上大怒，褫职为民。【考异】明史本纪，"是月辛巳，许赞罢。"又七卿表，浃于十一月罢为民。证之实录，二人罢皆同日，今据之。

41 壬午，有客星出天梧，入箕宿，越三日，转东北行，逾月始没。

42 癸未，以雹灾，免宣府诸卫及直隶保安州税粮。

43 是月，寇犯榆林，官军击却之，追至塞外，斩首七十余级。

44 十二月，甲午，祈雪。

45 戊申，夏言至京师，复入阁。

言自罢归后，每遇元旦圣寿，必上表贺，称"草土臣"，上亦渐怜之。至是召还，尽复少师诸官阶，亦加严嵩少师，若与言并者。言至，直陵嵩出其上，凡所批答，略不顾嵩，嵩嗫不敢吐一语，而衔之次骨。自是二人之隙大起。【考异】嵩加少师在是时，实录及明史言、嵩二人传皆同。惟嵩传言"加嵩少师以慰之"，言传则言"加嵩少师，若与之并者。"据此，则嵩八月辞少师，至是始受也。宰辅表遂误入之七月，今刊正之。

46 是月，改兵部尚书唐龙为吏部尚书，升兵部侍郎路迎为兵部尚书，兼提督团营。

47 赠正德间死事之主簿贾得山。

初，正德六年，流贼刘六等攻西平，知县王佐率本邑义民御之。得山以义民摄主簿，督城中兵力战三日夜，杀贼数百人。城陷，得山与佐俱没于贼，一门遇害者三十七人。至是有司上其事，得旨追赠，仍从祀王佐祠。【考异】王佐死事在正德六年，见明史忠义传。贾得山追赠在后，史轶之，今据实录补。

二十五年（丙午、一五四六）

1 春，正月，己未朔，上出御奉天殿，文武群臣及蕃使行庆贺礼。罢群臣宴，赐节钞。

是日，雪，廷臣皆表贺。

2 丙戌，谪降贵州道御史周冕。

初，皇太子年十岁，礼部尚书费寀等上冠读礼仪，因言："古制，文王十二而冠，成王十五而冠。今皇太子尚幼，且暂停冠礼，先以童服出阁讲读。"上令缓之。至是寀复请东宫出阁，引贾谊保傅篇，谓"天下之本系于太子，太子之善在于早谕教与选左右，乞早赐施行。"上怒，以"典礼自上出，寀奏渎，令降边方杂职，有再言者加罪之。"乃谪寀云南典史。

3 二月，丙申，总督宣大、侍郎翁万达奏："济农子驻牧河西，谙达引兵渡河。除调客兵应援外，请募山东长枪手三千以备山险。"兵部议："三千之数，但取长枪，不无老弱充数。且调延绥游兵二枝，宁夏、固原、辽东游兵各一枝，务满三千人。期以五月初旬赴宣大听候调遣。"诏从之。

4 是月，翁万达奏"请修筑边墙，议自大同东路阳和口至宣府西阳河，须工费银二十九万"，上已许之。兵部挠其议，以"大同旧有二边，不当复于边内筑墙"，上不听。

乃自大同东路天城、阳和、开山口诸处，为墙百二十八里，堡七，墩台百五十四。宣府西路西阳河、洗马林、张家口诸处，为墙六十四里，敌台十，斩崖削坡五十里。工五十余日成，进万达右都御史。

5 三月，庚申，谪巡按湖广、御史包节戍边。

初，承天守卫太监廖彬，擅作威福，节欲以法绳之，而语先泄。彬乃(仍)〔伺〕节谒陵，献膳，遽使撤去，而诡称节麾出之，复劾"节不以正旦谒陵，次日始至。"上怒节欺慢不敬，遂坐谪。

6 戊辰，<u>四川</u>白草番乱，攻陷<u>平番</u>堡，杀百户<u>耿爵</u>，流劫村寨，副总兵<u>高冈凤</u>不能御。刑科给事中<u>诸葛岘</u>，荐"<u>何卿</u>前镇<u>松潘</u>有威望"。时以北警，召<u>卿</u>入卫，至是命<u>卿</u>充总兵官，仍镇<u>松潘</u>，讨之。

7 庚辰，以<u>应天</u>等十一府旱灾，诏留解京银三万两振之，从巡抚<u>应天</u>欧阳必进之请也。寻又以<u>淮扬</u>灾重，诏发两淮运司余银二万五千两振恤灶丁，从巡盐御史<u>刘存德</u>之请也。

8 夏，四月，乙未，以提督<u>雁门关</u>、巡抚<u>山西</u>、兵部侍郎<u>曾铣</u>总督<u>陕西</u>三边军务。

先是上已起用前总督<u>两广</u>、尚书<u>张经</u>，旋为给事中<u>刘起宗</u>所劾。上以"<u>经</u>简自廷推，已有成命"，下廷臣议。兵部尚书<u>唐龙</u>执奏<u>经</u>可任，上以<u>经</u>既论劾，令更推可用者，乃以命<u>铣</u>。

9 五月，戊辰，<u>谙达</u>复遣使诣<u>大同</u>塞求贡。

自<u>龙大有</u>诱杀<u>石天爵</u>，事见二十一年。寇频年入犯，信使不通。会<u>玉林卫</u>百户<u>杨威</u>为寇所掠，诡言能定贡市。<u>谙达</u>乃遣使三人，并释<u>威</u>还，请"自议和后牧马塞外，不敢侵扰。"行至<u>双庙山墩</u>，墩卒纳之。适总兵巡边家丁<u>董宝</u>等狃<u>天爵</u>前事，复杀之，以首功报。

总督<u>翁万达</u>言："北敌<u>弘治</u>前岁入贡，疆场稍宁。自<u>虞台岭</u>之战，我师覆败，寇渐轻中国，侵犯四十余年。<u>石天爵</u>之事，臣尝痛边臣失计。今复通款，即不许，宜善为谕遣，诱而杀之，此何理也！请亟诛<u>宝</u>等，榜示塞上，明告以朝廷德意,解其蓄怨构兵之谋。"上不听。

10　是月,工部尚书甘为霖罢,以南京都御史王以旂代之。

11　六月,甲辰,寇犯宣府,千户汪洪战死。

12　是月,给事中何光裕,劾"兵部尚书路迎,怠废戎务。"疏甫下,迎辄投劾乞休;上责令陈状,迎言"臣才不胜任,以亟赐罢归为幸。"上怒,令革职闲住。改礼部尚书管通政司事陈经于兵部。

时吏部先推侍郎万镗、韩邦奇,继推尚书王(杲)〔杲〕等,上俱不允,特旨用经。给事中宋伊,言"经小心退抑,仅能自守,非折冲御侮之材。"上以经用出自特简,责伊妄奏。经寻疏辞,不允。【考异】路迎之罢,陈经之代,明史七卿表系之六月。实录既书之于五月辛亥,又书之于六月癸巳,盖传写重复也。今据明史七卿表,不书日。

13　秋,七月,丁卯,免河南被灾夏税。

14　戊辰,翁万达复上言:"谙达再三陈款,持有番文印信。并据降人言,虏性贪利,入寇则利在部落,通贡则利在酋长。迹其所请之急,意在利吾赏赍耳。使处之当而不拂其情,可以及时抚定。否则旦夕之变,不无可虞。臣职守封疆,惟知战守,贡亦备,不贡亦备,时时戒严,似无可乘之隙。"

疏入,兵部及科臣皆疑敌情多诈。会巡抚郭宗皋奏称"寇已祭旗,请亟发京营人马策应。"兵部复言,"寇入犯以牵我师,求贡以缓我备,宜行边臣悉心战守,毋堕彼计中。"于是通贡议复寝。

15　癸酉,谕礼部:"今年夏末秋初,醴泉出承华殿。虽不可恃以自怠,亦不可不敬谢。其自二十五日至于八月望,诸司停常封奏事。"自是遇庆贺斋祀,辄停封奏以为常。

16　是月,蓟州巡抚郭宗皋奏报,"寇四十万在宣府独石,欲东西分犯。"已,侍郎翁万达奏,"寇于七月十一日犯宣府北路,龙门所守备陈勋死于阵。"万达又奏,"七月中,寇以十余万骑由宁塞营入犯保安,西掠庆阳、环县等处,指挥崔桂死于阵。总督三边侍郎曾铣率参将李珍等出塞,直捣敌巢于马梁山后,斩首百余级而还。"

　　捷闻,巡按御史盛唐言:"寇深入几及千里,驻内地且半月,庆阳一带,断绝人烟。幸阴雨浃旬,泥陷马滑,弓胶弦解。又以庆阳山路深峻,寇乃杀谍者自引去,未可以为铣功。"上以铣、唐所奏功罪各别,遣御史勘实以行赏罚。

【考异】明史本纪,是月,谙达犯延安、庆阳,不及犯宣府事。证之实录,犯宣府在八月,延安、庆阳在十月,皆奏报之月日也。原奏一称"七月十一日",一称"七月中",今据之。崔桂死事据实录增。

17　吏部尚书唐龙罢。

　　龙居官著劳绩,及长吏部,每事咨僚佐,年老多疾,辄为所欺。御史陈九德,劾前选郎高简罔上行私,并论龙衰暮。乃下简诏狱;龙引疾,未报。科臣复论简,诏杖六十遣戍,黜龙为民。龙时已有疾,舆出国门卒。龙故与严嵩善,其罢也,实夏言主之云。

18　改左都御史周用为吏部尚书,以南京兵部尚书宋景为左都御史。

19　八月,癸巳,以万寿,加辅臣夏言正一品俸,严嵩特进光禄大夫。又加封真人陶仲文为"神霄紫府阐范保国弘烈宣教正法通真忠孝秉一真人",掌道教事,给诰印。升带俸尚书盛端明、顾可学俱为礼部尚书。

20　戊戌,南方有流星,大如碗、赤色,光大,起自中天,西南行至近浊。

21　是月,京师淫雨,诏修九门城垣。

22　九月,己卯,免南直隶凤、淮、扬三府被灾税粮。

23　寇以七十余骑自义州、清河入犯锦义,参将周益昌御之。明日,复以万余骑至,益昌被围,指挥钟世威率所部及游击武铠并力攻之,益昌夺围出,寇寻去。【考异】明史本纪不具,据实录系之十月。据辽东巡抚奏报,在九月二十五日。是月乙卯朔,今据之。

24　是月,寇犯宁夏。

25　冬,十月,丁亥,寇犯清平堡,游击高极遇伏死,亡士卒十五人,创二十二人,寇亦引去。

　　总督、侍郎曾铣请严边将失律罪,兵部议从之。【考异】明史本纪书寇犯清平堡于是月丁亥,实录书于十二月,原奏称"十月初三日",盖奏报在后也。是月乙卯朔,与本纪合,今据之。

26　癸巳,代府奉国将军充灼谋反伏诛。

　　初,充灼以劫夺大同知府财物坐夺禄,心怀怨望,乃结昌化五府宗室及大同奸人张文博等,谋引寇围大同,约为内应。总督宣大翁万达获其伪书、旗帜以闻,命械充灼等至京师,司礼监、锦衣卫会科、道官鞫讯得实;充灼首倡逆谋,磔于市。诸宗室从逆者及文博等凡三十人,俱依谋反律弃市。

27　甲午,故建昌侯张延龄决于西市,胡守中亦伏诛。

28　十一月，己未，总督宣大翁万达奏，"请自今各边有妄杀降人冒功者，按实后不必解京，许巡按、御史于秋后就地枭首示众，以杜奸人玩法之心。"刑部覆议，从之。

29　癸酉，冬至，祀天于圜丘，朱希忠摄行。

上久不御朝贺，礼部费寀等希指上言："积雪初霁，天气凝寒，冬至朝贺，有烦圣躬。请如昨岁例，廷臣各具朝服于奉天门行礼。"上以为忠，报可。一时朝论薄之。

30　十二月，庚子，总督三边曾铣建复河套议。

铣素以功名自喜，及总督三边，感上知遇，益图报称。念寇居河套久，终为边患，乃会巡抚谢兰、张问行等上疏，略曰："寇据河套，侵扰边鄙将百年，孝宗欲复而不能，武宗欲征而不果。使济农据为巢穴，出套则寇宣大、三关以震畿辅，入套则寇延、宁、甘、固以扰关中，深山大川，势顾在敌而不在我。封疆之臣，曾无有以收复为陛下言者。盖军兴，重务也，小有挫失，媒孽踵至，鼎镬刀锯，面背森然。臣非不知兵凶战危，而枕戈汗马，切齿痛心有日矣。窃尝计之，秋高马肥，弓矢劲利，彼聚而攻，我散而守，则彼胜。冬深水枯，马无宿稿，春寒阴雨，壤无燥土，彼势渐弱，我乘其弊，则中国胜。臣请以锐卒六万，益以山东枪手二千，每当春夏交，携五十日饷，水陆交进，直捣其巢。材官驺发，炮火雷激，则寇不能支。此一劳永逸之策，万世社稷所赖也。"遂条八议以进。

是时铣与延宁抚臣欲西自定边营、东至黄甫川一千五百里，筑边墙御寇，请帑金数十万，期三年毕功。

疏并下兵部,部臣难之,请令诸镇文武将吏协议。诏
报曰:"寇据套为中国患久矣。朕宵旰念之,边臣无分主忧
者。今铣倡恢复议甚壮,其令铣与诸镇臣悉心上方略,予
修边费二十万。"于是铣锐意行之。

31 乙巳,延绥巡抚张问行罢。

曾铣既建复套之议,诸巡抚皆难之,问行与谢兰及宁
夏巡抚王邦瑞等迁延不应。铣怒,请于上,上为责让诸抚
臣。于是问行引疾乞休,上以"延绥有事之秋,托疾规避",
斥为民,调山西巡抚杨守谦代之。【考异】据实录,铣会谢兰、张问
行等具奏,而三编目中亦有"偕奏"之语。惟明史铣传谓"铣既上疏,诸抚臣久
不会奏",似铣上疏时问行等未尝会衔也。然问行引疾,必铣咨照时许之会
奏,既知其难,是以求罢,实录下文以为"迁延不应"者似得之。今参传中语,
而易去"久不会奏"四字。

32 丁未,免河南归德、开封等府被灾税粮。又振陕西被
寇军民,从巡按、御史盛唐之请也。

33 是岁,土尔番求通贡。

时莽苏尔死,子沙嗣,而其弟玛哈穆旧作马黑麻。亦称苏
尔坦,即速坛,译见前卷。分据哈密。已而兄弟仇杀,玛哈穆乃
结婚卫拉特以抗其兄,且垦田沙州,谋入犯。其部下来告,
玛哈穆乃叩关复求内地安置。边臣谕还故土,仍许其贡。

明年,定令五岁一贡,而贡期如制,来使益多;终嘉靖
之世,番文至二百四十八道,朝廷辄羁縻之。

明通鉴卷五十九

江西永宁知县当涂 夏　燮 编辑

纪五十九 起疆圉协洽(丁未),尽上章掩茂(庚戌),凡四年。
世宗肃皇帝

嘉靖二十六年(丁未、一五四七)

1 春,正月,甲寅朔,不御殿,百官于奉天门行礼。

2 初,杨守谦巡抚山西,上言:"偏头老营堡二所,余地千九百余顷,请兴举营田,堪以内省京运,外资防守。"且举副使张镐为提调,以本官兼摄。上以为忠,诏行之。至是守谦移抚延绥,仍请久任镐终其事,镐卒成之。诏以其法行之九边。

3 是月,吏部尚书周用卒,改刑部尚书闻渊于吏部。逾月,以南京刑部尚书屠侨代渊为刑部尚书。

4 寇犯永昌,总兵萧汉败绩,总督曾铣奏请逮问。

5 二月,总督宣大都御史翁万达,会宣大、山西镇、巡官议上边防修守事宜,复请帑银六十万两,修大同西路、宣府东路边墙凡八百里,诏许之。

时曾铣建复套之议，辅臣夏言实主之。万达数以通贡议请，不许。其在边也，上以其更事久，深倚之，所请无不从，独言谙达事与上意左。上既力绌贡议，乃以复套事行边臣议之。

万达议曰："河套本中国故壤，成祖三犁王庭，残其部落，舍黄河，卫东胜，后又撤东胜地以就延绥，套地遂沦失。然正统、弘治间，我未守，彼亦未取，乃因循画地而守，遂捐天险，失沃野之利。弘治前，我犹岁搜套，后乃任彼出入，盘据其中，畜牧生养，譬之为家成业久矣。

今欲一举复之，提军深入，山川之险易，途径之迂直，水草之有无，皆未熟知。我马出塞三日已疲，彼骑一呼可集。我军数万众，缓行则持重，疾行趋利则辎重在后，即得小利，归师尚艰，倘失向导，全军殆矣。彼迁徙远近靡常，一战之后，或保聚，或佯遁，掎角时动，壁垒相持，已离复合，终不渡河。我军于此，战耶？退耶？两相持耶？数万（山）〔众出〕塞，亦必数万众援之，又须兼通饷道，是皆至难而不可任者也。

夫驰击者彼所长，守险者我所便。弓矢利驰击，火器利守险，舍火器守险，与之驰击于黄沙白草间，大非计也。议者徒见近时捣巢恒获首功，然捣巢因其近塞，胜则倏归，举足南向即家门。若复套，则深入其地，后援不继，事势迥殊。若令彼有其隙，我乘其敝，从而图之，未尝不可。今塞下喘息未定，边卒创夷未起，横挑强寇以事非常，窃所不解也。"

时上方向铣议，不省。

6 都御史宋景卒，改工部尚书王以旂代之，以工部侍郎文明为尚书代以旂。

7 三月，庚午，赐李春芳等进士及第、出身有差。

8 上以久旱，祷雨于宫中。

己卯，大雨。诏举醮谢典，停封止刑三日。

9 夏，四月，丙戌，逮巡抚山西、都御史孙继鲁下诏狱。

先是总督翁万达议撤山西内边兵，并力守大同外边，诏从之。会继鲁代杨守谦抚山西，抗章言："紫荆、居庸、山海诸关，东枕溟渤；雁门、宁武、偏头诸关，西据黄河；天设重险以藩卫国家，岂可聚师旷野，洞开重门以延敌？夫紫荆诸关之拱护京师，与雁门诸关之屏蔽全晋，一也。今议者不撤紫荆以并守宣府，岂可独撤雁门以并守大同耶？况自偏头、宁武、雁门东抵平硎关，为山西长边；自右卫双沟墩至东阳河镇口台，为大同长边；自丫角山至双沟百四十里，为大同紧边；自丫角山至老牛湾百四十里，为山西紧边。论长边则大同为急，山西差缓，论紧边则均为最急，此皆密迩河套。譬之门阆，山西守左，大同守右。山西并力守左，尚不能支，又安能分力以守大同之右？近年寇不敢犯山西内郡者，以三关备严故也；使三关将士远离堡戍，欲其不侵犯难矣。全师在外，强寇内侵，即紫荆、倒马诸关不将徒守哉！"

万达闻之，不悦，上疏言："增兵摆边，始于近岁，与额设守边者不同。继鲁乃以危言相恐，复遗臣书，言'往岁建云中议,宰执几不免;近年撤各路兵,督抚业蒙罪',其诋排如此。今防秋已逼,乞别调继鲁;否则早罢臣,无误边事。"

兵部是继鲁言,上不从。下廷议,廷臣请如万达言。上方倚万达,怒继鲁腾私书引往事议君上,而夏言亦恶继鲁,不为地,遂逮下诏狱,疽发于项,瘐死。

继鲁耿介,所至以清节闻,然好刚使气,为巡抚仅四月,遽以非罪死,论者惜之。

10 乙巳,四川白草番平。

总兵官何卿至镇,会巡抚张时彻议,分所部兵为三哨,更调马湖及建昌诸卫土兵助之。生禽首恶数人,斩首六百九十三,克番寨四十七,毁碉房四千八百七十余,获牛马器械储积以万计。

白草为四川东路生羌,最强,至是悉平之。于是松潘、威茂间,终嘉靖世,边境稍宁,卿之功为多云。【考异】明史四川土司传"斩首九百七十余级",与实录小异。其白草为四川东路生羌,亦见传中,今参实录书之。

11 己酉,谙达复求贡。

总督翁万达,以"边墙之役,版筑方兴,宜羁縻使毋侵扰。"时上方趣曾铣出塞,不允。

12 五月,总督三边曾铣袭套寇,败之。

先是,铣以初春出塞掩击,败还,匿不以闻。至是复选锐卒击之,斩首二十七级,生禽一人,余毙于矢石者甚众,获马牛驼器械以千计。寇移帐渐北,间以轻骑入掠,铣复督诸军驱之,遂远徙不敢近塞。

捷闻,升铣俸一级,赐银币。铣复列上诸臣功罪,论功则参将李珍、韩钦为最。又请恤阵亡之千户郑稍、百户徐相，皆从之。

铣又奏，"边方守令，所系甚重，乞于进士、举人、监生内选年力精锐材干强敏者铨补，称职者特加奖擢。仍慎选监司以为表率，勒限到任以豫秋防。"上是其言，诏两广、四川、云、贵边方皆用此例。【考异】明史铣传书于奏复套之前，今据实录系之五月，据奏报月日也。三编言"铣以初春出塞掩击，败还不以闻"，疑在萧汉败绩之前后间事。

13 六月，戊戌，免南直隶凤阳、扬州、淮安三府被灾夏税。

14 庚子，曾铣奏"延宁寇警，议调庄浪鲁经兵三千，暂驻兰州适中之地以备应援，而甘肃总兵仇鸾及巡抚杨博，以本镇兵寡为词，不听调遣。"上曰："孙继鲁首肆阻挠，鸾复效尤，何以一事权而申军令！"诏夺鸾禄米半年，博亦停俸三月。

15 是月，谙达诸酋与小王子有隙，小王子欲寇辽东，谙达以其谋来告，请与中国夹攻之，且以此立信，为通贡地。翁万达以屡奉严旨，不敢辄为请求，乃于请催抚臣赴镇奏中及之，亦不省。

16 秋，七月，丙辰，河决山东曹县，水入城二尺，漫金乡、鱼台、定陶、城武，冲谷亭，漂没庐舍，人民死者甚众。工科都给事中刘天直劾河道都御史詹瀚，诏巡按御史查勘以闻。

17 丁巳，改巡抚南赣、汀、漳、都御史朱纨巡抚浙江，兼管福建福、兴、漳、泉、建宁五府海道。

初，日本以嘉靖二十三年来贡，部臣以其未及期，且无表文,却之。其人利互市,留海滨不去,而内地奸人利其交易,商富豪贵争趋之,沿海遂有倭患。

先是六月,巡按御史杨九泽言:"浙江宁、绍、台、温皆滨海,界连福建之福、兴、漳、泉诸郡。虽有巡海副使、备倭都指挥,而海寇出入无常,两地官弁不能通摄,制御为难。请如往例,特遣巡视重臣,尽统海滨诸郡,庶事权一而威令易行。"廷议善之,遂以命纨。【考异】纪事本末、昭代典则皆系倭寇于二十五年,盖自二十三年入贡未去也。明史日本传系杨九泽上书于是年之六月,朱纨传巡抚浙江在七月,皆据实录。惟诸书皆云"兼福、兴、泉、漳等处",证之日本传,则兼建宁为五府也,今据日本传增。

18 是月,陕西澄城麻陂山、界牌岭昼夜吼数日,山忽中断,移走东西三里,南北五里。

19 八月,丙戌,免陕西被灾税粮。

20 是月,兵部尚书陈经罢。

经以七月秩满,加太子少保。未几,南京给事中张思诚、御史宋治各劾其庸鄙不职,遂令致仕,给驿归。【考异】明史七卿表,经以七月加太子少保,致仕。证之实录,则加宫衔在七月,致仕在八月,今据实录。

21 罢礼部侍郎许成名、崔桐,少詹事王用宾、黄佐。

先是吏部左侍郎缺,例用翰林资深者推补。尚书闻渊,初拟成名,桐忿争,乃并舍之而用祭酒王道。未几,道卒,渊仍拟桐及佐名上。给事中吕时中言:"桐始以与成名争,舍之而用道。今复用桐,是赏争也,何以抑躁竞?"给事中徐霈、御史艾朴又言:"桐与成名诟争成隙,而用宾、佐复从中觊觎。宜俱释勿用,而别选雅望者。"上是之,乃有是命。仍夺渊俸半年。

22　九月,己未,免南直隶徐、沛、萧、宿、五河、虹各州县被灾秋粮。

23　戊辰,免江西抚州、吉安、瑞、袁、临五府被灾税粮。

24　户部尚书王杲罢。

先是礼科给事中马锡,劾"杲与巡仓御史艾朴私受两淮运司解官黄正大贿,勒管库员外郎余善继私纳低银",上怒,下杲镇抚司究问。杲奏辩,请与该科面质,不省。

寻户科给事中厉汝进等奏:"近日交通关节,自杲外如太常少卿严世蕃、顺天府丞胡奎、总督尚书王暐等,皆有踪迹,宜尽法穷治。"严嵩上疏自理,言"欲污蔑臣,故借臣子世蕃肆其巧诋。"上益怒,执汝进至阙下,杖八十,会奏之给事中查秉彝、徐养正、刘禄,杖六十,俱降边方杂职。杲、朴从重发极边卫充军。杲竟卒于戍所。

25　是月,以湖广、贵州苗连年行劫,虏参将杨钦,杀沅州卫百户陈恩等,湖广都御史姜仪上章自劾,请与贵州巡抚王学益订期进剿。上以"苗寇播恶,屡敕二省协剿,而学益愆期玩寇,令巡按官据实参奏,逮京重治。"

26　改左都御史王以旂为兵部尚书,兼督团营。改刑部尚书屠侨为左都御史。以南京户部尚书夏邦谟为户部尚书。

27　闰月,丙午,振成都饥。

28　是月,以总督漕运兼巡抚凤阳右都御史喻茂坚为刑部尚书,代屠侨也。

29　冬,十月,甲寅,免畿内被灾税粮。

30 丙辰,巡抚延绥都御史杨守谦言:"激劝军士在重赏。令甲,'斩一首者升一级,不愿者予白金三十两,'赏未免薄。又文移察勘,动涉岁时,以故士心不劝。近宣大事棘,请加赏格,倍增其数,镇、巡官验明即给。盖增级袭荫,有官者利之,穷卒觊赏而已。"

兵部以为然,定"斩首一级者,予五十两。著为令。"守谦以前山西修边功,增俸一级,赐金币有加。"请给新设游兵月饷,发仓储贷饥卒。"皆报许。

31 是月,湖广道试御史陈其学劾锦衣卫掌事、都督同知陆炳。

先是炳以"京师流寓人多,恐潜藏奸宄,乞行禁戢",从之。至是其学劾"炳肆行威福,矫下逐客之令",又以盐法劾"炳与京山侯崔元加抽病民,且受奸商徐二请托,请一并究治。"诏"执二下镇抚司拷讯,炳与元各对状"。寻炳等引罪,竟宥勿问。

32 十一月,己卯,冬至,祀天于圜丘,朱希忠摄行。

33 壬午,大内火。释前御史杨爵等三人于狱。

是夜,大高元殿灾。上祷于露台,火光中若有呼三人忠臣者,立传诏释爵,并给事中周怡、员外刘魁。

爵等再下狱,桎梏加严,饮食屡绝,会有天幸,得不死。

爵归二年,一日晨起,大鸟集于舍,爵曰:"伯起之祥至矣。"果三日卒。隆庆初,赠光禄卿,谥忠介。

爵之初入狱也,上令东厂伺爵言动,五日一奏,校尉周宣稍左右之,辄受谴。其再至,治厂事太监徐府奏报,上以密谕不宜宣,亦重得罪。先后系七年,日与<u>怡</u>、<u>魁</u>切劘讲论,忘其困。所著周易辨说、<u>中庸解</u>,则狱中作也。【考异】实录但书释<u>爵</u>,不及怡、魁,亦不言空中神降事,今据<u>明史</u>爵本传书之。

34 乙未,皇后<u>方氏</u>崩。

诏曰:“皇后比救朕危,奉天济难。其以元后礼,令礼部议丧仪。”

35 是月,总督三边<u>曾铣</u>会同抚、按官疏陈边务十八事,曰“恢复<u>河套</u>;修筑边墙;选择将材;简练士卒;买补马骡;进兵机宜;转运粮饷;申明赏罚;兼备舟车;多置火器;招降用间;审度时势;防守<u>河套</u>;营田储蓄。”及“明职事;息讹言;宽文法;处孳畜。”又上营阵八图,曰<u>立营总图</u>及<u>遇敌驻战</u>、<u>选锋车战</u>、<u>骑兵迎战</u>、<u>步兵搏战</u>、<u>行营进攻</u>、<u>变营长驱</u>、<u>获功收兵</u>各图。上览而嘉之,下兵部会廷臣集议,皆言“<u>铣</u>先后所上方略,俱可施行。”上乃下<u>铣</u>前后诸疏,令廷臣定策以闻。

36 巡抚浙闽<u>朱纨</u>既至,讨<u>覆鼎山</u>贼,平之。

会<u>日本</u>遣使<u>周良</u>等复先期求贡,用舟四、人六百泊海外,以待明年贡期。守臣沮之,则以风为解。至是事闻,上以“先期非制,且人船逾额,敕守臣勒回。”

37 十二月,辛酉,逮甘肃总兵官<u>仇鸾</u>。

<u>鸾</u>在边久,贪纵酷虐,恣为不法,总督<u>曾铣</u>劾其不听调遣,诏“姑夺俸,令按臣查核以闻。”<u>鸾</u>知不可掩,益狂悖无顾忌,<u>铣</u>复上疏劾<u>鸾</u>不法数事。上大怒,命锦衣差官校械系来京师鞫治。

38 戊辰,册谥大行皇后曰孝烈皇后。

39 乙亥,倭犯宁波、台州,大肆杀掠,官军莫有御者。巡按御史裴绅以闻,诏逮分守参议郭世威等,令所司严备之。

【考异】实录但云海寇,故明史本纪据之。证之日本传,即倭也,今据传书之。

二十七年(戊申、一五四八)

1 春,正月,戊寅朔,不御殿。百官朝贺如前例。

2 癸未,夏言罢,并逮陕西三边侍郎曾铣。

言素以经济自许,思建立不世功,会铣请复河套,遂赞决焉。初,江都人苏纲者,言继妻父也,雅与铣善,为延誉于言,言遂密疏荐之,谓群臣无如铣忠者。铣鸠兵缮塞,数破敌,上亦雅向之,令言拟旨优奖者再。铣益锐志出师,条上方略,廷议一如铣言。

及是上下铣议于九卿科道,覆奏甫上,上意忽中变,谕辅臣曰:"今征逐河套,不知出师果有名否? 兵食果有余,成功可必否? 一铣何足言,如生民荼毒何!"

严嵩知上意,遂极言"河套必不可复",廷臣王以旂等亦如嵩指,尽反前议。于是嵩力攻言,谓"向拟旨褒铣,臣皆不预闻。"言大惧,谢罪,且言"嵩初并无异议,今胡乃尽诿于臣!"而上已入嵩谮,怒不可解,乃遣锦衣官校逮铣,而尽夺言官阶,令致仕。

初,言再召,陵嵩甚,而海内士大夫方怨嵩贪愎,谓言能压制之,深以为快。而言以废弃久,务张权;唐龙之罢,高简之戍,许成名、崔桐、王用宾、黄佐之斥逐,以及王(果)

〔杲〕、孙继鲁之狱，皆言主之，以上事皆见前。朝士因之失望。

最后御史陈其学劾崔元、陆炳，亦见前。言拟旨令陈状。二人惧，皆造言请死，炳长跽，乃得解。于是二人日与嵩比而构言，言未之悟也。上数使小内竖诣言所，言傲岸奴视之；及诣嵩，嵩必延坐，亲纳金钱袖中；以故日誉嵩而短言。言进青词晚失上指，嵩愈精治其事，由是嵩益被宠而言眷渐移。至是嵩复从中构之，以至于败。

上既谴言，复以科、道官无一人论言者，命锦衣官悉逮至，杖之于廷，各夺俸四月。【考异】据明史陆炳传，言"炳骤贵，能得夏言、严嵩欢，言故昵炳。一日，御史劾炳诸不法事，言即拟旨逮问。炳窘，行三千金求解不得，长跪泣谢罪乃已。"证之实录，"御史陈其学劾炳盐法事，诏责炳陈状，炳等引罪乃已。"核与言本传合，并无逮问之语，今仍据夏言传书之。

3 己亥，振陕西饥。

时巩昌、汉中二府大饥，凤翔府汧阳县为水所没。巡抚谢兰以闻，诏"发太仓银五万两于巩、汉充振，徙汧阳县治于城东三里外，并蠲冲决地租三千石。"

4 是月，改王以旂兼都察院右都御史，总督三边，以南京户部尚书赵廷瑞为兵部尚书。

先是兵部缺，推总督仓场户部尚书刘储秀。储秀上疏辞谢，且力赞复套之议，上怒，遂坐免。

5 总督河道都御史詹瀚，以"河决曹县，请于赵皮寨等处多穿支河，修筑堤岸，以捍水患"，从之。

6 寇犯广宁，参将阎振死之。【考异】明史本纪作"把都儿"，实录称"永宁酋"，今从明史稿书寇。实录系之二月，盖奏报月日也，今据原奏。

7 二月，癸丑，作永陵。

时大行皇后将葬，上以陵名未定，下礼官议。于是尚书费寀言："太祖葬孝慈皇后于孝陵，成祖葬仁孝皇后于长陵，皆命名在先，卜葬在后，载之实录中。"上乃自定孝烈皇后陵曰永陵，命朱希忠告太庙。

8 三月，癸巳，杀总督陕西三边、侍郎曾铣，并逮致仕尚书夏言。

铣既就逮，上初无意杀之。会仇鸾为铣所劾，逮问入狱，严嵩欲以陷铣者并及言，乃代鸾狱中草疏，诬"铣掩败不闻，侵克军饷巨万，遣其子曾淳属所亲苏纲赂当途。"其言绝无左验，而上深入其说，立下淳、纲诏狱。于是给事中齐誉等见上怒铣甚，疏称"法司议铣罪，律无正条，且比守边将帅失陷城寨者论斩。"上责誉党奸避事，镌级，调外任。法司见上必欲依正条，乃当铣交结近侍律斩，妻子流二千里，决不待时。报可，即日斩铣西市。铣既没，家无余赀，妻子狼狈远徙，天下闻而冤之。

时夏言罢归，方抵通州。上既诛铣，即遣官校逮言。言闻逮，大惊堕车，曰："噫，吾死矣！"自是嵩构之益急。

9 癸卯，释仇鸾于狱。

严嵩以鸾发曾铣边事，德之；鸾复厚贿嵩，相为表里。久之，恃上宠，复陵嵩出其上，以及于败。

10 夏，四月，丁未，夏言逮至京，下镇抚司拷讯。

言上疏讼曰："臣之罪衅，起自仇家，恐一旦死于斧钺之下，不能自明。今幸一见天日，沥血上前，虽死不恨。往者曾铣倡议复套，仇鸾未尝执以为非。既而上意欲罢兵，敕谕未行而鸾疏已至。此明系在京大臣为之代撰，借鸾口以陷臣，肆意诋诬，茫无证据。天威在上，仇口在旁，臣不自言，谁复为臣言者！"又言："嵩静言庸违似共工，谦恭下士似王莽，父子弄权似司马懿。在内诸臣受其牢笼，在外诸臣受其钳制，皆知有嵩，不知有陛下。臣生死系嵩掌握，惟归命圣慈，曲赐保全！"凡再疏入，皆不省。

狱具，刑部尚书喻茂坚、都御史屠侨等议："言罪当死；惟直侍多年，效有劳勚，据律宜在议能议贵之条。"上切责茂坚等，夺其俸，犹及言前不带香冠事。于是言竟坐与铣交通律论斩，系狱待决。【考异】诸书皆系之十月杀言之下。证之实录，言以四月丁未至，狱具即在是时，盖曾铣决不待时，言俟秋决，故以十月诛也。明史言传谓"言逮至京师，再疏讼冤"，实录但载其前疏，而"劾嵩静言庸违"以下，似系再上之疏，今据本传连书之。

11 丁巳，太白昼见。

12 是月，直隶巡按、御史吴相言："边兵戍守之劳，锋镝之忧，既无恒产，而所得月饷，不才将领又从而脧削之。彼朝夕自救之不暇，何暇御寇！臣以为各边民田，自原额粮亩外，余者尚多，宜下所司勘实，给军佃种，宽其租庸。其无余田者，许军民以附边屯田参伍为业。"部议从之。

13 五月，丙戌，葬孝烈皇后于永陵。

14 是月，寇犯宣府，官军败绩。【考异】实录系奏至于七月，据原奏称"五月"，今从之。

15 六月，丁未，湖、贵苗乱，贵州巡抚李义壮以闻。

初，湖、贵间有山曰蜡尔，诸苗居之。东属镇溪千户所箄子坪长官司,隶湖广;西属铜仁、平头二长官司,隶贵州;北接四川酉阳;广袤数百里。诸苗数反,官兵不能制,万镗征之四年不能克,乃授其魁龙许保冠带;湖苗渐息,而贵苗反如故。镗班师,许保及其党吴黑苗复乱。义壮请设总督,节制三省,兵部议从之。

初,张岳总督两广,平连山贼李金及贺县贼倪仲亮等,莅镇四年,巨寇悉平,召拜兵部侍郎。至是命以右都御史充湖广、贵州、四川总督,三省镇、巡官皆听节制。

16 戊申,日本贡使周良等六百余人,驾海舟百余艘入浙江界,求请诣阙朝贡。

巡抚朱纨以闻,礼部议:"旧例,贡以十年为期,来者无得逾百人,舟无得过三艘。今舟数人数皆数倍于前,宜令仍循十八年例,起送五十人赴京,余留嘉宾馆,量加犒赏,谕令归国。若互市防守事宜,在纨善处之。"报可。

17 秋,七月,甲戌,诏改巡抚浙闽等处为巡视,从御史周亮、给事中叶镗之请也。

初,明祖定制,片板不许入海。承平久,奸民阑出入,勾倭人及佛郎机诸国入互市,闽人李光头,歙人许栋,踞宁波之双屿,为之主司其质契,势家护持之,漳、泉为多,或与通婚姻。假济渡为名,造双桅大船,运载违禁物,将吏不敢诘也。或负其直,栋等即诱之攻剽,负直者胁将吏捕逐之,泄师期令去,期他日偿,他日至,负如初,倭大怨恨,益与栋等合。而浙、闽海防久隳,战船哨船,十存一二;漳、泉巡检司弓兵,旧额二千五百余,仅存千人。倭剽掠辄得志,益无所忌，来者接踵。

纨巡海道，采金事项高及士民言，谓“不革渡船，则海道不可清；不严保甲，则海防不可复”，上疏具列其状。于是革渡船，严保甲，搜捕奸民。闽人资衣食于海，骤失重利，虽士大夫家亦不便也，欲沮坏之。

纨既至，平覆鼎山贼。逾年，将进攻双屿，使副使柯乔、都指挥卢镗会兵由海门进，而倭使周良已先期至。纨度不可却，录其船，延良入宁波宾馆防范之，计不得行。

是年夏，四月，镗遇贼于九山洋，俘日本国人稽天等，许栋亦就禽，栋党汪直等收余众遁，镗筑（塞）〔寨〕双屿而还。番舶后至者不得入，分泊南麂、礁门、青山诸岛。势家既失利，言被禽者皆良民，因胁有司引轻比律；纨上疏，请悉以便宜行戮，执法既坚，势家益惧。

会周良安插已定，闽人林懋和为主客司，宣言宜发回其使；纨力争之，且曰：“去外国盗易，去中国盗难；去中国濒海之盗犹易，去中国衣冠之盗尤难。”闽、浙人咸恶之，而闽尤甚。

亮，闽产也，至是与镗上言：“纨以一人兼辖二省，遥驻福建。而倭夷入贡者舣舟浙江海口，纨一身奔命，已不能及。今闽浙设有海道专司，苟得其人，不必更用都御史。”部议竟从之，乃复巡视旧例。自是事权不一，纨遂不得行其志，卒以此得罪。【考异】朱纨授浙江巡抚在二十六年七月，平覆鼎山贼即在是年，双屿之役在二十七年四月，改巡视即在其后。明史纨传所载年月，皆与实录合。诸书记倭事，前后参错，今悉据明史朱纨、日本两传、参实录书之。

18　丙子，免南直隶凤阳府被灾州县税粮。

19　戊寅，京师地震，顺天、保定二府俱震。诏以灾重，遣官祭告郊庙、社稷。

20　庚子，西苑进嘉谷，遣官荐于太庙，百官俱于奉天门称贺。

21　八月，癸丑，京师复震，辽东广宁卫、山东登州府同日地震，祭告如初，仍敕"百官修省，各条时政得失以闻。"逾月，京师复地震有声。【考异】明史本纪，京师地震，但书于七月，五行志则并载八月京师地震。三编地震目中，又据实录增入"九月京师复震有声"语，今据之。

22　丁巳，谙达犯大同，指挥顾相等死之。寇攻大同边墙不克，退犯五堡，总兵周尚文追败之于次野口。

23　九月，辛巳，免淮、凤、扬、徐被灾税粮。

24　壬午，寇犯宣府东路，深入永宁、怀来等处，畿辅震动。

　　是役也，守备鲁承恩等死之，官军败绩。寇屠堡数百，杀掠人民数万。怀、永之间，流血成川，积尸满野。诏逮总兵赵卿等。【考异】寇犯大同于八月，犯宣府于九月，月日皆见明史本纪。实录书于明年正、二月，据勘报功罪之月日也。原奏一称"八月终"，一称"九月初十日"。九月癸酉朔，壬午正初十日也。今据明史。

25　乙未，免陕西被灾税粮。

26　是月，逮参将李珍等。

　　上既诛曾铣，怒不已，遣给事申价等往勘冒功通贿状。珍起自徒中，为铣录用，功最多；至是价等希指劾"珍与指挥田世威、郭震为铣爪牙"，遂坐逮，连及巡抚谢兰、张问行、御史盛唐，皆贬黜。又请勒曾淳、苏纲赃，恤阵亡军士及居民被难者。铣尝檄府卫银三万两制军仗,亦责偿于淳。既下狱,酷刑拷珍,令实克饷行赂事。珍几死,卒不承,淳用是得免。逾年,珍竟论死,世威、震坐谪戍。

27 冬,十月,癸卯,杀前大学士夏言。

言既下狱,严嵩数以边警激上曰:"此夏言、曾铣开边衅,故报复耳。"上不悟,然尚无意杀言。会有蜚语闻禁中,谓"言怨望讪上",上怒,趣命决于西市。或曰,"蜚语即嵩所构",或曰,"嵩以灾异,密疏引汉诛翟方进故事,上意遂决",然其事秘,世莫得知也。

言既诛,妻苏氏流广西,从子主事克承、从孙尚宝丞朝庆皆坐削籍。

言强直自遂,初与嵩共事,辄遇事裁抑之,世多称言。及大用后,颇修恩怨,物议遂不悉协。及嵩挤言至死,专权黩贿,祸及天下,久乃多惜言者。

隆庆初,其家上书白冤状,诏复其官,赐祭葬,谥文愍。【考异】此据明史言传,而严嵩以蜚语及灾异构言二事,参实录书之。

28 丙辰,寇入隆庆八达岭,距天寿山仅七十余里。巡按御史王应钟闻警,夜驰赴昌平。时守臣俱不设备,应钟怒,执守陵诸军校鞭之,寇寻退。

应钟劾奏守备石美中等,并及提督太监王敏;敏亦劾"应钟乘夜突至,未谒陵而先鞭挞戍卒,不敬。"诏以应钟有功免究,美中革任,敏亦降级闲住。【考异】明史稿,寇犯隆庆在是月丙辰,据实录也。明史本纪系之九月,所谓"深入永宁、怀来、隆庆等处"是也。今据史稿分书之。

29 十一月,甲戌,免山东被灾税粮。

30　丙子,诏议**孝烈皇后**祔庙,既而罢之。

先是部臣以后丧且期年,神主宜祔享,乃援**孝洁皇后**故事,请权祔**奉先殿**东夹室。上曰:"非正也,可即祔太庙。"

于是辅臣**严嵩**等"请设位于太庙东皇妣睿皇后之次,后寝藏主,则设幄于**宪庙**皇祖妣之右,以从祔于祖姑之义。"上曰:"安有享从此而藏彼之礼? 其祧**仁宗**,祔以新序,即朕位次,勿得乱礼。"**嵩**曰:"祔新序,非臣下所敢言。"上命"姑已之,且俟再期以闻。"

31　甲申,冬至,祀天于**圜丘**,**朱希忠**摄行。

32　丙戌,太白昼见,凡十日。

33　乙未,**顺天府密云县**进生沙金五十两,诏入内库,仍行各抚、按官多方采献。

34　十二月,礼部尚书**费寀**卒。

二十八年(己酉、一五四九)

1　春,正月,壬申朔,不御殿,百官庆贺如前例。

2　是月,寇犯**永昌镇**羌,官军击却之。

3　二月,乙巳,振**陕西**饥,发太仓银四万两,并蠲**临洮**、**巩昌**等府州县税粮。

4　辛亥,以**南京吏部尚书张治**为礼部尚书兼**文渊阁**大学士,国子监祭酒**李本**为少詹事兼翰林学士,入内阁,并预机务。

自**夏言**得罪后,**严嵩**独相且年余矣。至是**治**、**本**皆以

明通鉴

2000

疏远入阁,益不敢预可否,嘿嘿而已。

5　壬子,谙达入寇宣府滴水崖,指挥董旸、把总江瀚、唐臣、张淮等皆战死,全军覆焉。寇遂东犯永宁,关南大震。

乙卯,总兵周尚文率大同兵万骑至南路,御于曹家庄,大败之,斩其酋四。会翁万达自怀来赴援,鼓噪而东。寇知大兵众,谋东走。丙辰,宣府总兵赵国忠又败之于大濡沱,寇狼狈夜遁。

是役也,战功为数年之最,而尚文功尤多。捷闻,加太保兼太子太傅,自万达以下皆升赏有差。【考异】明史本纪月日皆据实录,惟"董旸",本纪作"董赐",误也,今据三编。又据实录增入死事之唐臣、张淮二人,又有赴援之延绥游击徐仁、保定都指挥陈机、达官杨璋、军门指挥白钦等,附识之。

6　是月,以吏部侍郎徐阶为礼部尚书。

初,费寀卒,以孙承恩代,寻被劾免,升阶代之。

7　三月,辛未朔,日有食之。

8　乙酉,皇太子冠。越二日丁亥,薨。

9　是春,巡视浙闽朱纨疏言:"臣整顿海防,稍有次第,而御史周亮欲侵削臣权,致属吏莫肯用命。"已,又陈"明国是、正宪体、定纪纲、扼要害、除祸本、重断决"六事,语多愤激。而中朝士大夫先入浙、闽人言,亦有不悦纨者。

先是纨讨闽海之贼,连战三月,大破之。而是时浙人通番出入于宁波定海间,闽人通番出入于漳州浯屿间,纨以为"非严禁通番,则沿海无宁日。"会是年三月,佛郎机国人行劫至诏安,纨遣副使柯乔、都指挥卢镗,捕获通番渠首李光头等九十六人,纨以便宜立决之于演武场。具状闻,语复侵诸势家。未几而劲者踵至矣。【考异】诸书记倭寇事,皆无月日,而其叙改巡视于诏安之役以后,尤误也。惟明史朱纨本传书改巡视于去年,捕通番九十六人于是年,皆与实录合。实录虽据奏报,月分参差,而所书诏安之捷,部议谓"贼发于二月而奏报于三月,非临阵之比。"据此,则明史纨传书诏安之捷于三月者是也。纨以四月被劾,亦见实录,今分书之。

10 夏,四月,庚戌,朱纨捷奏至,部臣请下巡按勘核。御史陈九德,劾"纨不俟奏覆,擅专刑戮,请治纨罪",并逮柯乔、卢镗。下兵部会三法司杂议,佥以"纨不俟得旨行刑,及乔、镗等率请正法,皆不得为无过。然事难遥度,请遣风力宪臣往按之。"乃遣给事中杜汝桢往会巡按、御史陈宗夔勘实以闻,并令纨罢职待勘。

11 是月,兵部尚书赵廷瑞以疾罢,升兵部侍郎范鏓代之。鏓疏辞忤旨,黜为民。

12 谙达等复犯永昌镇羌,参将蔡勋等击退。

总督宣、大翁万达言:"是年春,寇犯宣府,射书入我营中,言求贡不得,当以秋间大举入边,直犯畿辅。臣阅其言词桀骜,颇肆要挟,与数年前遣使情状殊异。"上命"整秋防以俟,勿堕敌计中",未几,竟如其言。

13 五月,己卯,礼科给事中沈束以请恤总兵官下狱。

初,总兵周尚文,以战功擢都督同知兼佥后府事。时严嵩为礼部尚书,子世蕃官后府都事,骄蹇不法,尚文面叱,将劾奏之,嵩谢,得免,调世蕃治中以避尚文,遂衔之。

其后尚文历功加至太保,嵩谋倾陷之,而连年谙达寇边,上方倚以抗强敌,故谗不得入。至是春曹家庄之役,录功,兼太子太傅,赐赉有加。

未几卒。嵩欲格其恤典不予，束乃上言："尚文为将，忠义自许。迩者寇骑深入，闻警疾驰，奋勇先登，多所杀获，此亦一时奇功也，宜加封爵延子孙。又如董旸、江瀚，撄北寇之锋，遏南奔之势，援兵不至，继之以死，虽已庙祀，宜加赐祭以彰死事。今当事之臣，任意予夺，冒滥者幸恩，忠勤者捐弃，何以鼓士气而激军心？"疏入，上大怒，诏廷杖，锢之诏狱，遂长系。

尚文恤典卒不行。穆宗立，始赠太傅，谥武襄。

14 是月，召翁万达还，任兵部尚书。

15 六月，日本国复求贡，许之。

16 秋，七月，乙亥，总督湖、贵、四川、都御史张岳言："贵州诸苗旋抚旋叛，湖苗因之贰心，若贵苗不诛，则湖苗之抚不固"，因条上会兵讨苗事宜，期以八月集兵会剿，诏以便宜行之。

17 庚寅，免河南、陕西被灾夏税。

18 是月，浙江海盗起，寇浙东。

初，祖制设浙江市舶提举司，中官主之，驻宁波，海舶至则平其直，制驭之权恒在上。及上撤天下镇守中官，并市舶司罢之，而滨海奸人遂专其利。初犹市商主之，及通番禁严，遂移之贵官家，复屡负其直，倭使互市者留海滨，辄丧其资，不得返国，大恨。而大奸若汪直、徐海、陈东等，遂窟其中，以内地不得逞，悉逸海岛为主谋。倭听指挥，相煽入寇，而海中巨盗，亦袭倭服饰旂号，分艘掠内地。

自朱纨至，始稍稍治之。纨既罢，海禁益弛，乱滋甚。

时海上承平日久，民不知兵，闻警则窜走一空。终嘉靖之世，遂无宁岁。【考异】明史本纪、明史稿皆作"海贼"，盖是时倭寇既起，通番奸人率假其名以掠财物，其实不尽倭寇也。实录亦言"诸奸勾引岛夷及海中巨盗，所在劫掠，乘汛登岸，动以倭贼为名，其实真倭无几也。"故今仍据海盗之文书之。○是年浙东之役，据明史日本传，起自贵官家负直不予，激之入寇。而据实录所载，言"海上之事，初起于内地奸商汪直、徐海等，常阑出中国财物，与番客市易，皆主于余姚谢氏。久之，谢氏颇抑其直。诸奸索之急，谢氏度负多不能偿，则以言吓之曰：'吾将首汝于官。'诸奸既恨且惧，乃纠合徒党及番客，夜劫谢氏，火其居，杀男女数十人，大掠而去。县官仓皇申闻上司，辄云倭人入寇"云云。此与明史所载大略相同，而谢氏即所称"贵官家"者，始也商负其直，及移之豪贵，则并倭与商而吞噬之。故倭寇之来，以南始，以商终，汪直、徐海之等，皆奸商也。并附识之。

19　八月，己亥，诏"户部核天下出纳之数以闻"。

是时边供繁费，加以土木祷祠之役，月无虚日。帑藏匮竭，司农百计生财，甚至变卖寺田，收赎军罪，犹不能给，乃遣部使者括逋赋。百姓嗷嗷，海内骚动。给事中张秉壶以为言。

于是户部覆议："天下财赋，每年实征起存之例，夏税、秋粮、马草、屯田、地租、食盐、钱钞、税课、盐课、门摊之类，各有定数。成化以前，各边宁谧，百费省约，一岁出入，沛然有余。今则不然。京、通仓粮岁入三百七十万石，嘉靖十年以前，每岁军匠支米二百八十万石，廪中常余八九年之积。十年以后，岁支加至五百三十七万石，抵今所储仅余四年。太仓银库岁入二百万两，先年各边额用，一年大约所出一百三十三万，常余六十七万。嘉靖八年以前，内库积有四百余万，外库积有一百余万。近岁来除进用、修边、给赏、赈灾诸项外，一年大约所出三百四十七万，视之岁入，常多一百四十七万。及今不为之所，年复一年，将至不可措手矣。且今生财之道既竭，计惟节用。请敕中外诸臣就职论事，专意清理，务求节财助边。仍令两京户部并工部、太仆、光禄及各直省司、府、卫、所以及辽、蓟、宣、大、陕西诸边，每岁终将一年出纳钱谷修成会计录，分为四目：一曰岁征，如府库监局仓场额派钱谷几何；一曰岁收，如收过本年、先年额征钱粮完欠几何；一曰岁支，如本年用过各项钱粮于岁派额数增减相多几何；一曰岁储，如本年支剩存积钱粮几何；务令简明，以为通融撙节之计。"从之。【考异】三编系之七月下，今据实录月日。

20 乙卯，寇犯大同。

先是寇入大城，在大同之东，官兵守之，不能入，寇佯西北去。至是乘官兵懈，复由松树墩毁墙入大同右卫及平虏、威远等处，凡攻毁堡寨村庄五十余，戕杀官军三千五百余人。

兵部言："边臣报大同修筑墙垣可恃以守，一旦复毁垣冲入，宜治其罪。"诏巡按御史勘实以闻。【考异】明史本纪不具，史稿系之是月乙卯。证之实录，原奏称"八月初十日，寇犯大城，在大同之东，官兵守之，不得入，寇佯西北去。我兵遂懈。十八日，寇复由松树墩掘墙而入"云云。是月戊戌朔，初十日丁未，十八日乙卯，史稿月日盖据实录也，今从之。

21 九月，戊辰，寇复以余骑犯榆林，参将刘继先等击却之。

22 庚辰，免浙江嘉、湖二府被灾秋粮。

23 壬午,谙达复犯大同,总兵陈凤等击却之。

24 是月,朵颜三卫导北寇犯辽东,入沙河堡,守将张景福死之。

初,诏罢三卫马市,并新设木市亦罢之。自此三卫数为鞑靼向导,而朵颜部下哈舟儿、陈通事实主之。二人皆中国人被虏,遂为之用。【考异】明史本纪,"是月,朵颜三卫犯辽东",明史稿则以寇书之。证之明史三卫传,盖三卫导鞑靼入寇也。实录系奏报于十一月,原奏称"九月",并张景福之死俱见九月奏中。惟三卫传误列之二十一年之秋,盖连罢马市书之,未及分析耳。又据实录,死事之员尚有百户陈策、李松,附识于此。

25 吏部尚书闻渊引年致仕,刑部尚书喻茂坚引疾致仕,皆许之。改户部尚书夏邦谟于吏部。

26 冬,十月,辛丑,免顺天、河间、保定、真定、大名五府被灾州县税粮。

27 是月,以吏部左侍郎潘潢为户部尚书。兵部尚书翁万达以忧去,升吏部右侍郎丁汝夔代之。改南京〔刑部〕尚书刘讱为刑部尚书。

28 十一月,甲申,孝烈皇后神主祔太庙。

是时上欲祧仁宗,设新序,以廷臣执奏,乃命藏孝烈神主于皇姒献皇后之侧。

29 乙酉,太白昼见,凡五日。

30 己丑,冬至,祀天于圜丘,朱希忠摄行。

31 乙未,免湖广沔阳、荆门等被灾州县秋粮。

32 是月,工部尚书文明卒。

33 十二月,以提督仓场、侍郎李士翱为工部尚书。

二十九年（庚戌、一五五〇）

1 春，正月，丙寅朔，不御殿。

2 癸未，山东盖州等卫地震，有声如雷，逾月乃止。【考异】明史五行志佚，三编据实录增，今从之。

3 二月，宣府谍报，寇移帐驻威宁海子；已，复报寇朔州。兵部议："寇入宣府，则冲黄花、白马、古北等隘。今日庙谟所当先定者，惟亟备蓟镇，屏蔽京师。请发河间兵一枝驻密云，保定兵一枝驻通州，俱听蓟州抚、镇节制。"从之。

4 三月，乙丑，礼部以亢旱，请行顺天府祈雨。上曰："去冬无雪，今春不雨已百五十日，其亟行之毋忽。"

辛未，上躬祷雨于禁中。

5 壬午，赐唐汝楫等进士及第、出身有差。

6 是月，贵州苗贼龙许保袭思南府之印江县，执知县徐文伯及石阡推官邓本忠以去。

初，王学益、李义壮相继巡抚贵州，皆主抚议以附严嵩。张岳至，集两省官议，皆言"抚之无益，不如以兵戍守之，使毋出掠可也。"未几，许保猖獗，岳坐夺俸，乃决计讨之，大集土、汉官兵，期以秋举。

7 广东黎贼平。

初，琼州五指诸山黎贼，剽掠崖州等处，伪置总兵，攻围城邑。是年之春，提督两广、侍郎欧阳必进会剿，前后禽斩首从贼五千余名，遂平之。

奏言："琼州孤悬海外，地大且远，非一副使所能弹压。请增设分守一人于儋州，参将一人于崖州，而复设守备一人于琼州。"部议以"分守官不便，第设参将，择知兵者任之。"乃以钦州守备俞大猷充右参将，镇守儋、崖。

8　夏，四月，己亥，以久旱，遣官祭告郊庙，并敕群臣修省。

9　辛亥，下河南巡抚都御史胡缵宗于狱，刑部尚书刘讱坐免。

初，上幸承天，缵宗抚河南，迎驾时，有河间人王联，任阳武知县，缵宗尝以事笞之，寻为巡按御史陶钦夔劾罢。联素凶狡，尝殴其父良论死，久之以良请出狱，复坐杀人，求解不得。知上喜告讦，乃摭缵宗迎驾诗中"穆王八骏"语为谤诅，言"缵宗命己刊布不从，乃属钦夔论黜，罗织成大辟"，遂以去年长至日，令其子诈为常朝官，阑入阙门讼冤。凡所不悦，若副都御史刘隅，给事中鲍道明，御史胡植、冯章、张洽，参议朱鸿渐以及知府项乔、贾应春等百十人，悉构入之。上大怒，立遣官捕缵宗等下诏狱，命讱会法司严讯。讱等尽得其诬罔状，仍坐联死，当其子诈冒朝官律论斩，而为缵宗等乞宥。上既从法司奏，坐联父子辟，而心嗛缵宗，多所诘让，复下礼部都察院参议，严嵩为之解。会京师灾异数见，上以咨陶仲文，仲文对言："虑有冤狱，得雨方解。"上稍动，乃从轻典革缵宗职，杖四十，讱坐市恩，亦除名。法司正、贰停半岁俸，郎官承问者悉下诏狱。嵩以对制平狱有功，令兼支大学士俸。嵩辞，乃允。

时法司率骫法徇上意，稍执正，谴责随至。讱于是狱独持法，故身虽黜而时论多之。【考异】此据明史刘讱传。传言冬至日遣子讼冤，是缵宗之逮在去年，至是下狱。实录系之是月辛亥，今据之。

传言"穆王八骏"语,见之实录,则"穆王八骏空飞电,湘竹英皇泪不磨"之句,据此,则帝之谴缵宗,非无自也。此等不祥之语,传布在外,有似谤诅,王联之讦,其亦缵宗有以自取之乎!

10 癸丑,大雨。百官称贺,优诏答之。

11 壬戌,封陶仲文为恭诚伯,以祷雨、平狱功也。给事中张秉壶,劾"仲文贪天之功以为己力",于是仲文疏辞,不允。【考异】明史本纪及恩泽表,仲文封伯在八月丙寅,证之实录,在是月壬戌,若八月丙寅,则以万寿节加禄米也。明书亦系之四月。

12 是月,河决入淮,逼泗州祖陵。总漕副都御史龚辉,巡按御史史载德,请"开直河口以通下流,筑二陈庄、刘家沟二口以防冲决",从之,仍遣官修治陵寝。

13 五月,辛卯,重修大明会典成。

14 是月,改李士翱于刑部,以户部侍郎胡松为工部尚书。

15 六月,戊申,太白昼见。连日阴云,凡昼见者七日。

16 丁巳,免畿南及山东被灾州县夏税。

17 戊午,谙达寇大同。

时谙达移驻威宁海子,势将南下,乃由墩口溃墙而入,悉精兵伏林箐中,而以羸师往来诱我。总兵官张达意轻之,兵未合,遽率麾下驰击之,伏发,围之数匝,达马蹶,遂遇害。副总兵林椿,方击余骑于弥陀山,闻达被围,亟引兵西救。会矢下如雨,椿亦中流矢,死之。

达、椿皆骁勇善战,寇得二将首,辄引去。

18 闰月,乙丑,免山西平阳、潞安、太原等府被灾夏税。

19 大同败问至,上以张达、林椿忠勇遇害,俱加赠赐谥。

时咸宁侯仇鸾坐废家居,以贿严世蕃,属之兵部,荐其谋勇可任，即日复太子太保，充总兵官，镇守大同，以署都指挥佥事徐珏副之，俱令星驰赴镇。

20 戊辰，免河南被灾夏税。

21 癸酉，逮总督宣大侍郎郭宗皋、巡抚大同都御史陈耀。

先是大同之败，宗皋、耀各奏言"张达、林椿虽败于阵，而寇亦旋退。"给事中唐禹，言"达、椿效死先登，全军陷没，独达二子张世杰、张俊以血战溃围得出。此数十年边关未有之大衄。而宗皋等不自席稿待罪，乃敢蔓语弥缝，冀逃罪谴，死何以见达、椿，生何以谢二子？乞明示赏罚以昭激劝。"上以禹奏公平，赐达二子同荫。命锦衣官校械系宗皋、耀，既至，命各杖于廷。耀死杖下，宗皋谪戍边。

22 丙子，起复翁万达总督宣大，闲住都御史赵锦巡抚大同。万达家广东，未至，遣侍郎苏祐摄其事。

23 戊子，免南直隶被灾夏税。

24 己丑，免畿内被灾夏税。

25 秋，七月，戊申，谙达自威宁移驻断头山，并调集套虏，聚众十余万，谋深入关南。宣大守臣以闻，诏戒严防御。

26 壬子，逮巡视浙闽、都御史朱纨并副使柯乔、都指挥卢镗等。

纨既罢职听勘，给事中杜汝桢、巡按御史陈宗夔勘上，悉如陈九德言，遂坐逮。方按问，趣纨对簿，纨闻之，慷慨流涕曰："吾贫且病，又负气不能相下。纵天子不欲死我，闽、浙人必杀我。吾自决之，不须人也。"制圹志，作绝命词，仰药死。镗、乔等皆论死，系按察司狱。

自纨死，并巡视亦罢不设，中外诸臣自此摇手不敢言海禁事。

27 己未，免陕西西安等八府被灾州县夏税。

28 是月，户部尚书潘潢，以议边饷忤旨调南京，改李士翱于户部，以南京兵部侍郎顾应祥为刑部尚书。

29 八月，甲子，谙达犯宣府，不克。

先是谙达大举入寇，将拥众窥大同。时仇鸾方受命莅镇，惶惧无策，其厮养时义、侯荣者，说鸾曰："勿忧，吾为主解之。"乃为鸾持重赂赂谙达，令移寇他塞，毋犯大同。谙达受货币，遗之传箭以为信，而与之盟，遂东去。及至宣府，有备不得入，遂寇蓟镇。

己巳，寇自独石边外东行至大兴州，去古北口百七十里，仇鸾知之，率所部驰至居庸关南。而顺天巡抚王汝孝驻蓟州，误听谍者，谓寇向西北。兵部尚书丁汝夔信之，请敕鸾还备大同，勿东。未几，兴州报至，始命鸾壁居庸，汝孝守蓟州。

30 乙亥，寇果循潮河川南下至古北口，遂拥众薄关城，总兵官罗希韩、卢钺不能却。

丁丑，寇攻古北口，以数千骑绕墙而军，汝孝悉众出，发火炮矢石攻之。寇乃阳督兵缀蓟师，而别遣精骑从间道溃墙而入，蓟镇兵大溃。寇遂由石匣营达密云，转掠怀柔，围顺义城，闻保定兵驻城内，乃解而南，于是益谋内犯矣。

31 戊寅，寇至通州。

先是寇将南下，巡按顺天御史王忬闻报，度官军弱，无能御者。夜，草疏言："潮河川有径道，一日夜可达通州。敌兵剽悍若风雨，而古北口距京师仅七舍，漫衍无卫戍瞭望，神京陵寝万一荡摇，事系非小。请速集廷臣议战守策。"而身出驻通州，召吏民，给兵仗，听约束，收漕舟舣潞河西，勿使为敌用。事甫毕，而夜半敌兵果至通州，阻白河不得渡，营于河东二十里，分兵剽昌平，犯诸陵，杀掠不可胜计。京师戒严。

32 诏"檄诸镇兵勤王"。分遣文武大臣各九人守京城九门，定西侯蒋傅、兵部侍郎王邦瑞总督之，而以锦衣都督陆炳、礼部侍郎王用宾及给事、御史各四人，巡视皇城四门。

诏"大小文臣知兵者，许尚书丁汝夔委用。"于是汝夔条上八事，"请列正兵四营于城外四隅，奇兵九营于九门外，近郊正兵营各一万，奇兵营各六千。急遣大臣二人经略通州、涿州，且释罪废诸将，使立功赎罪"，上悉从之。

然是时所籍皆虚数，禁军册籍尤缺额，仅四、五万，又半役内外提督、大臣家，不归伍者；在伍者半皆老弱，涕泣不敢前。仓猝从武库索甲仗，主库太监勒常例不时发，久之不能军。诏"城中居民及四方入应武举者，悉登陴守，命都御史商大节率五城御史统之"，又悬赏格募壮士。军事益旁午。

33 己卯，寇营白河东，分遣游骑四掠，去都城仅三十里。

时仇鸾率副总兵徐珏、游击张腾等自居庸至通州，营于河西，保定巡抚杨守谦、副将朱楫等营于东直门外，各路援兵颇集。

议者率谓"城外有边兵足恃，城内虚，宜移京军入备内衅。"于是侍郎王邦瑞"请以巡捕官军营东、西长安街"，而尚书丁汝夔亦"量请挈兵入，营十王府庆寿寺前"，从之。

34　辛巳，寇自通州渡河而西，前锋七百骑驻安定门外教场。壬午，薄都城，分掠西山、黄村、沙河、大、小榆河，畿甸大震。

初，寇薄通州，城中所遣侦卒出城不数里，道遇伤者辄奔还，妄言诳汝夔，既而言不雠，汝夔弗罪也；募他卒侦之，亦如前；以故敌之众寡远近皆不得知。

成国公朱希忠掌城中营务，恐以兵少获谴，乃东西抽挈为掩饰计，士疲不得息，出怨言，而调者不得主名，则争詈汝夔。仇鸾兵无纪律，掠民间，上方向鸾，戒勿治，汝夔亦容忍之，以故军民益解体。

上见诸镇兵先后至，无统摄，而中官陆炳等争誉鸾，乃拜鸾为平虏大将军，节制诸路兵马；进杨守谦兵部左侍郎，提督军务。【考异】明史本纪，"壬午，薄都城，拜仇鸾为平虏大将军。"又丁汝夔传言"辛巳，寇前锋驻安定门外教场，明日，薄都城"，皆据实录日分。惟仇鸾始以贿严世蕃总督宣大，实录不具，三编盖据纪事本末书之。若陆炳等请以鸾节制各路兵马，具见实录，今参书之。

35　是日，上御西苑，召严嵩、徐阶入议军事。

会寇至东直门，执御厩中官八人去，不杀；谙达踞坐帐中，语曰："若归见天子，好为我致书！"乃以谩语求入贡，解送归，嵩等既入，上出书示之，嵩曰："此礼部事。"复以问阶，阶曰："寇深矣！不许恐激之怒；许则彼厚要我。请遣使者绐缓之，我得益为备。援兵集，寇且走。"上称善者再。

阶出,传上谕集廷臣议。国子监司业赵贞吉抗言曰:"此不必议。后生懦夫,暗于事势,见寇急而许之入贡,何异城下之盟!"又曰:"今朝廷所急在收摄人心,若使追论周尚文之功,释沈束于狱,则寇退易易耳。"

上遣中使往觇会议,闻贞吉言而心壮之,宣入左顺门问计。贞吉"请宣谕诸军,悬赏格以激士气",从之。擢贞吉左谕德兼河南道监察御史,并给赏军银五万两,令随宜区处。

36　癸未,上御奉天殿。

先是,各路援兵至,诏兵部核数赏赉。而勤王兵先后至者五六万人,皆闻变即赴,未赏糗粮。及制下犒师,牛酒无所出,越二三日,援军始得数饼饵,益饥疲不任战。

上久不视朝,军事无由面白,吏部尚书夏邦谟等,"请上躬御正朝,延见廷臣,以振威武,从民望",礼部尚书徐阶复固请。是日,文武昧爽集阙下,日晡,上始出御殿,不发一词,但谕"阶奉敕至午门集廷臣切责"而已。上以"本兵举措周章,令吏部别推曾历边方,娴将略者",部臣以都御史杨守礼名上。于是丁汝夔不自安,乃请躬督诸将出城御寇,以侍郎孙应奎专督军饷。

37　甲申,寇退。

先是上趣诸将战甚急,丁汝夔以咨严嵩,嵩曰:"塞上败,可掩也;失利辇下,上无不知,谁执其咎?寇饱,自飏去耳。"汝夔遂承嵩指,戒诸将勿轻举。杨守谦以孤军薄寇营,而阵无后继,亦不敢战,于是皆坚壁不发一矢,辄以汝夔及守谦为词。

寇遂毁城外庐舍，火光烛天。城之西北隅，内臣园宅在焉，环泣上前曰：“将帅为文臣制，故寇得纵横至此。”上怒甚，命逮丁汝夔、杨守谦于午门外廷鞫。

寇掠内地凡八日，本无意攻城，且所虏获已过望，遂整辎重趋白羊口去。

38　逮副都御史王仪。

初，王忬自通州告急请援，诏仪率兵二千往。至是忬奏“仪纵士卒虐大同军”。——大同军者，仇鸾兵也。——仪坐逮，乃超擢忬右佥都御史代之。

39　丙戌，京师解严。

侍郎王邦瑞，“请蹑寇归路击之。”时京师大雨弥日，京畿千里之内，泥淖竟尺。谕德赵贞吉奉使劳军，趣仇鸾乘雨袭寇，不应；又犒赏及鸾军，亦不受。贞吉见寇已引去，计无所出，乃赍敕遍谕城外诸营而还。上怒其处分未当，轻率复命，又追论其讼周尚文、沈束为代人怀怨，乃命杖五十，谪荔波典史。

先是贞吉廷议罢，盛气谒严嵩，嵩不见，贞吉怒，叱门者。会世蕃趋入，顾谓贞吉曰：“公休矣！天下事当徐议之。”贞吉愈怒，骂曰：“汝权门犬，何知天下事！”嵩父子衔之，卒得罪。

40　丁亥，仇鸾败绩于昌平。

时寇以白羊口道狭，恐我军邀袭，乃取昌平东北古北口旧路出。鸾军猝与之遇，敌纵骑蹂击，杀伤千余人，鸾几为所获,被救得免。敌遂长驱至天寿山,总兵官赵国忠列阵红门前,不敢入,遂循潮河川旧道去。【考异】明史本纪书仇鸾败绩于白羊口,此微误。盖寇以白羊口路狭,恐为官军所邀,乃改道取昌平东北古北口旧路,鸾军遇之而败。是鸾之败乃在昌平至古北口之路,非白羊口也。明史稿记寇至白羊口于甲申,正改道至昌平之前四日,此与实录合,今悉据书之。

41 杀兵部尚书丁汝夔、侍郎杨守谦。

时法司坐汝夔“守备不设”,守谦“失误军机”律,俱秋后处决。上以“汝夔罔上毒民,守谦党同坐视,皆死有余辜”,趣命即日斩于市。汝夔仍枭示,妻子流三千里。以刑部侍郎彭黯、左都御史屠侨、大理寺卿沈良才议狱迟缓,各杖四十,降俸五等。刑科张侃等循故事覆奏,各杖五十,斥侃为民。

初,上欲行大诛以惩后,汝夔窘,求救于辅臣严嵩,嵩曰:“我在,必不令公死。”及见上怒甚,竟不敢言,汝夔临死,始知为嵩所卖。

守谦临刑,慨然曰:“臣以勤王反获罪。谗贼之口,实蔽圣聪。皇天后土,知臣此心,死何恨!”

守谦在边,得将士心,位至开府,清廉如寒士。然性迟重,客有劝之战者,应曰:“周亚夫何人乎?”客曰:“公误矣,今日安得比汉法?”守谦不纳,竟得罪。边陲吏士闻守谦死,无不流涕。

42 是月,户部尚书李士翱以各营军饷不时给,被劾罢。

时侍郎孙应奎暂摄户部事,逾二月,始代之。【考异】士翱以八月革职,九月始罢。明史七卿表系之是月,今从之。

43　九月，辛卯朔，谙达悉众出塞，由石城匣及张家、古北等口而去。

仇鸾掩败不闻，令诸将收斩遗尸，得八十余级。捷上，优诏答之，寻加太保，赐金币。

44　诏"振畿内被寇之民，并蠲免税粮，令户部核实以闻。"已而顺天府尹郭鋆，"请于伤重之各州县，先蠲免而后查核"，报可。又敕"京师城外及蓟州、昌平等处广瘗暴骸。"

45　乙未，罢团营，复三大营旧制。

谙达之内犯也，兵部核营伍，不及五、六万人，驱之出城，皆流涕不敢前，诸将领亦相顾失色。至是丁汝夔既诛，辅臣严嵩请振刷以图善后。

时吏部侍郎王邦瑞摄兵部，【考异】明史七卿表，兵部尚书丁汝夔诛，召翁万达，未至罢。十一月，王邦瑞任兵部尚书。证之明史邦瑞本传，"邦瑞始以兵部侍郎改吏部，及谙达犯都城，命邦瑞总督九门。及汝夔下狱，乃命邦瑞摄其事。"据此，则邦瑞初以吏侍总督九门，节制京军，迨汝夔下狱，始摄兵部兼督团营，而本职仍系吏部。直至复三大营旧制，始改邦瑞为兵部侍郎。又两月，翁万达不至，乃以邦瑞任之。诸书或言吏部，或言兵部，未经分析，又有径作尚书者，今据兵志所载附识之。因言："国初京营禁旅，不减七、八十万。自三大营变为十二团营，又变为两官厅，浸不如初，然额军尚三十八万有奇。今营政废弛，见籍至十四万，而操练者不过五、六万，支粮则有，调遣则无。比寇骑深入，战守俱困，此其弊不在逃亡而在占役，不在军士而在将领。盖提督以下诸官，多世胄纨袴，平时占役营军，率以空名支饷，临操则集市人呼舞博笑而已。乞遣官精核。"

上是其言，下兵部议，"悉罢团营两官厅，复三大营旧制。设总督京营戎政一员，以武臣为之，协理京营戎政一员，以文臣为之。"时上方向用仇鸾，乃以为总督京营戎政，复改邦瑞为兵部左侍郎，专督营务。

丁酉，邦瑞复条上兴革六事，中言"宦官典兵，古今大患，请尽撤提督、监枪中官"，报可。

46　戊申，免畿辅被灾税粮。

47　壬子，废郑王厚烷为庶人。

厚烷，仁宗子，郑靖王瞻埈之裔孙也。初，上修斋醮，诸王争遣使进香，厚烷独不遣。前年七月，上书请上修德讲学，因进居敬、穷理、克己、存诚四箴，演连珠十章，以神仙土木为规谏，语切直。上怒，下其使者于狱。

至是宗室有孟津王见㵐子祐橏，规复郡王爵，怨厚烷不为奏，乃乘上怒，撼厚烷四十罪，以叛逆告。诏驸马中官往勘无验，乃傅会其所建宫室名号拟乘舆为大不敬。遂削爵，锢之凤阳高墙。【考异】据实录所载厚烷得罪，多勘奏中文致语，今悉据明史诸王传书之。

48　乙卯，免山西被灾夏税。

49　是月，诏起复翁万达回部管事，苏祐总督宣大。

50　冬，十月，壬申，免畿内、河南、南畿被灾秋粮。

51　甲戌，大学士张治卒。

时辅臣多赞玄修，治不自得，悒悒而病。及卒，上不悦，赐谥文隐。隆庆改元，更谥文毅。

52　辛巳，下刑部郎中徐学诗于狱。

时方寇退，诏廷臣陈制敌之策，诸臣多掇细事以应。学诗愤然曰："大奸柄国，乱之本也；乱本不除，能攘外患哉！"

即疏劾严嵩，略曰："外攘之备，在于内治；内治之要，在于端本。今大学士嵩，辅政十载，奸贪日甚；内结勋贵，外比群臣；文武迁除，悉要厚贿；致此辈掊克军民，酿成寇患。国事至此，犹复敢谬引佳兵不祥之说以谩清问。近因都城有警，密输财贿南还，大车数十乘，楼船十余艘，水陆载道，骇人耳目。又纳夺职总兵官李凤鸣二千金，使镇蓟州；受老废总兵官郭琮三千金，使督漕运。举朝莫不叹愤，而无一人敢言之者，诚以内外盘结，上下比周，积久势成。而其子世蕃，又凶狡成性，擅执父权；凡诸司章奏，必先关白，然后上闻，掩罪饰非，乘机构隙。故凡论之者，虽不能显祸之于正言直指之时，莫不假事因人，阴祸之于迁除考察之际，天下痛心，视为鬼蜮。伏愿陛下罢嵩父子，别简忠良，则内治既清，外患自宁矣。"

上览疏，颇感动。方士陶仲文密言："嵩孤立尽忠，学诗特为所私修隙耳。"上于是发怒，下学诗诏狱，削其籍。

【考异】徐学诗下狱，明史本纪不具。原修三编及辑览皆系之九月，重修三编据实录改入十月，又签明系十月辛巳，叙于张治卒之下，今据之。

53 甲申，巡视京营兵部主事申旞，劾"仇鸾恃宠弄权，更张营政。"鸾疏辩，谓："旞意不过侵官揽权，束缚臣等，使不得行事耳。且京营巡视官，近已添设科、道二员，今益之主事，又以兵部之势临之，臣等惧罪之不暇，何暇御敌！"诏下旞镇抚司拷讯，遂罢京营巡视官。

时鸾请"驻师宣、大间，整饬兵甲，俟冬月大举以雪国耻。"已，又请"广集兵粮，以明年大举北征"，上皆从之。

54 十一月，癸巳，分遣御史魏谦吉等选边军入卫。

先是仇鸾总戎政，请"调宣大、延绥各边兵更番入卫，分隶京营。"下兵部议，"各边均属重地，使患在心腹，则肢体固轻，若尽撤藩篱，则堂奥之守何赖？今不权时势，辄行调取，命使四出，非计之得也。"鸾固执前议，上特许之。乃诏选各边兵六万八千人与京军杂练，复令京营将领分练边兵。自是塞上有警，边将不得征调，边事日坏矣。

55 甲午，冬至，祀天于圜丘，朱希忠摄行。

56 壬寅，祧仁宗，祔孝烈皇后于太庙。

时上终欲祔孝烈入庙，而自为一世，复下礼部议。尚书徐阶抗言："女后无先入庙者，宜祀之奉先殿。"礼科给事中杨思忠亦以为然。上大怒，阶等皇恐谢罪。

会孝烈忌日，请祭，上曰："孝烈继后，所奉者又入继之君，忌不祭亦可。"于是阶等上祧祔仪注如上指，而祔孝烈于太庙之第九室。

57 辛亥，免浙江、四川被灾税粮。

58 是月，升侍郎王邦瑞为兵部尚书。

先是起复翁万达，未至，上以问严嵩，嵩言"寇患方殷，诸臣不无观望"，上怒，遂罢之，于是邦瑞始受代。

未几，万达至，降兵部侍郎兼右佥都御史，守易州。

59 十二月，丙寅，兵部尚书王邦瑞条上安攘十二事。

时仇鸾构邦瑞于上，上眷渐移。会鸾奏革蓟州总兵官李凤鸣、大同总兵官徐珏任，而荐京营副将成勋代凤鸣，密云副将徐仁代珏，旨从中下，兵部不预闻。邦瑞因言："朝廷易置将帅，必采之公卿，断自宸衷，所以慎防杜渐，示臣下不敢专也。且京营大将与列镇将不相统摄，何缘京营乃黜陟各镇！今曲徇鸾请，臣恐九边将帅悉奔走托附，非国之福也。"上不悦，下旨谯让。于是鸾益憾之。

60 是岁，元江土舍那鉴作乱，杀云南左布政使徐樾。

初，那鉴杀其侄土知府那宪，夺其印，巡抚应大猷以闻，诏黔国公沐朝弼讨之。朝弼会副使李维、参政胡尧时等，集土、汉兵分五哨，破之于木龙寨。那鉴势蹙，遣人诣南羡监督王养浩所乞降。

会樾督饷至南羡，以那鉴计穷求款，信之，令面缚出城来降。左右谓"夷诈不可信"，樾不听，至期，率百人往城下受降。鉴纵象马夷兵突出冲之，樾及左右皆死焉。

事闻，上切责朝弼、养浩等，各带罪捕贼。

明通鉴卷六十

江西永宁知县当涂 夏　燮 编辑

纪六十 起重光大渊献（辛亥），尽阏逢摄提格（甲寅），凡四年。
世宗肃皇帝

嘉靖三十年（辛亥、一五五一）

1　春，正月，己丑朔，不御殿。

2　辛卯，大风扬尘蔽天，昼晦。

3　辛丑，谪锦衣卫经历会稽沈炼于边。

初，赵贞吉请勿许谙达求贡，廷臣无敢是贞吉者，炼独大言以为是，吏部尚书夏邦谟目之曰："若何官？"炼曰："锦衣经历沈炼也。大臣不言，故小吏言之。"

炼愤国无人，致寇猖獗。"请以万骑护陵寝，万骑护通州军储，合勤王师十余万击其惰归，可大得志。"上不省。

时严嵩用事，边臣争致贿遗，及失事惧罪，益犇金贿嵩，炼时时扼腕。一日，从尚宝丞张逊业饮，酒半及嵩，因慷慨詈骂，流涕交颐。

遂上疏曰："昨岁谙达犯顺，陛下欲乘时北伐，此文武群臣所共当戮力者也。然制敌必先庙算,庙算必先为天下除奸邪,然后外寇可平。今大学士嵩,当主忧臣辱之时,不闻延访贤豪,咨询方略,惟与子世蕃规图自便。忠谋则多方沮之,谄谀则曲意引之。要贿鬻官,沽恩结客。朝廷赏一人,曰'由我赏之',罚一人,曰'由我罚之',人皆伺严氏之爱恶而不知朝廷之恩威,尚忍言哉!姑举其罪之大者言之:纳将帅之贿以启边陲之衅,一也;受诸王馈遗,每事阴为之地,二也;揽御史之权,虽州县小吏,亦皆货取,致官方大坏,三也;索抚按之岁例,致有司递相承奉,而闾阎之财日削,四也;阴制谏官,俾不敢直言,五也;妒贤嫉能,一忤其意,必致之死,六也;纵子受财,敛怨天下,七也;运财还家,月无虚日,致道途驿骚,八也;久居政府,擅宠害政,九也;不能协谋天讨,上贻君父忧,十也。"因并论吏部尚书夏邦谟谄谀黩货状,请均罢斥以谢天下。上大怒,搒之数十,谪佃保安。

4 二月,己未,礼部尚书徐阶请早建储,立太子。不允。

5 戊辰,兵部尚书王邦瑞罢。

初,仇鸾声言大举捣巢,"请广集兵粮以备北征,命户部遣使尽括南都及各省布政司储积,且督历年逋赋",又欲罢蓟镇边墙,邦瑞皆以为不可。鸾衔甚,益构之于上。

会邦瑞复陈安攘大计凡五事,末言:"京师之大防在蓟州,蓟镇修边墙,为御寇第一义。顷因甲可乙否,遂弃而不举。敌之窥伺无时,边兵岂可常调?"

疏入,上怒其摭拾虚词,责令自陈状。邦瑞引罪,诏落职,以冠带办事。居数日,<u>邦瑞</u>因考察自陈,竟除名,以兵部侍郎<u>赵锦</u>代之。于是<u>鸾</u>益横。

6　是月,吏部尚书<u>夏邦谟</u>、工部尚书<u>胡松</u>俱以考察罢。刑部尚书<u>顾应祥</u>改南京。

7　三月,壬辰,<u>宣大督抚</u>奏:"<u>谙达</u>自去冬叩<u>宣府</u>求贡,廷议不许。入春以来,复遣其子<u>托克托</u><small>旧作<u>脱脱</u>。</small>贡马求款,并乞开西北马市,<small>【考异】三编作"<u>小王子托克托</u>"。按实录及<u>明史鞑靼</u>传,皆言"<u>谙达</u>遣其子<u>托克托</u>",又据三编<u>武英殿</u>底本,亦云"<u>谙达</u>义子<u>托克托</u>",今据之。惟<u>小王子</u>与<u>谙达</u>为叔侄,互相争雄,未必有同贡之事,今并"<u>小王子</u>"三字亦删之。</small>边臣请许之。"

下兵部议,<u>仇鸾</u>会兵部尚书<u>赵锦</u>等言:"<u>永乐</u>、<u>成化</u>间,皆常设马市于<u>辽东</u>,以待<u>海西</u><u>三卫</u>之众。今仿其例,与<u>谙达</u>约,永不犯塞,许于<u>大同</u><u>五堡</u>边外,每岁春秋两市,以边马易中国货物,简练习边事之文职大臣领之。"

疏入,上意未决,以问<u>严嵩</u>,<u>嵩</u>谓"边臣计虑周详,用以缓彼之入,修我之备,事属可行。"诏"亟取侍郎<u>史道</u>来京,令以原职兼佥都御史,前赴<u>大同</u>经略边事。"

8　癸卯,兵部主事、署员外郎<u>容城</u><u>杨继盛</u>闻开马市,以为仇耻未雪,示弱辱国,乃抗疏陈十不可、五谬。

其略曰:"互市者,和亲之别名也。<u>谙达</u>蹂躏我陵寝,虔刘我赤子,大仇也;今不惟不能声罪致讨,而反与之为和议之事,此忘天下之大仇,一不可也。

下诏北伐,日夜征缮兵食,乃翻然有开马市之议,则平日所以选将练兵者为何?此失天下之信义,二不可也。

堂堂中国,而为此市易之事,此损国家之重威,三不可也。

海内豪杰争磨砺待试，今马市一开，忘赤子之仇，厌兵甲之用。异日复欲号召，谁肯兴起！此隳豪杰效用之志，四不可也。

使边镇将帅日弛封守之防，益滋偷安之气。废弛既久，一旦有急，何以整顿？此懈天下修武之心，五不可也。

边卒私通境外，例率裁禁。今马市一开，则彼之交通者，乃王法所不禁，将来勾引之祸，可胜言乎！此开边方私通之渐，六不可也。

盗贼伏莽，畏国家之威而不敢动也。今马市一开，则彼皆以为天下兵威已弱，睥睨之变必开，此起百姓不靖之渐，七不可也。

谙达往岁深入，乘我无备故也。今备之一岁，以互市终，彼谓国有人乎！此长敌人轻中国之心，八不可也。

或谙达负约不至，至矣，或阴谋伏兵突入，或今日市，明日复寇，或以下马索上直，是我不能羁縻乎彼，而彼反得愚弄夫我矣。此堕谙达狡诈之计，九不可也。

以马与银数计之，每年市马约数十万匹，四、五年间须得马数百万匹，每年约用银数百万两，四、五年间须费银数千万两，永久之计，将安在乎！此财与马两难相继，十不可也。

议者曰：'吾外为市以羁縻之，而内修我甲兵'，此一谬也。夫寇欲无厌，其以衅终明甚。苟内修武备，安事羁縻！

又曰：'吾因市以益吾马'，此二谬也。夫和则不战，马将安用？且彼安肯以自乘之良马而市于我乎！不过痩弱不堪之物，不服水草，将不日俱毙而已。

又曰：‘市而已，彼且入贡’，此三谬也。夫贡之赏不赀，是名美而实大损也。市马则获小利而无名，开贡则虽有名而费大。市马固不可许，贡亦岂可哉？

又曰：‘谙达利我市，必无失信’，此四谬也。吾之市能尽给其众乎？能信不给者之无入掠乎？纵使少有羁縻，不过暂保一、二年无事耳，不知二、三年之后，将何如处之哉？

又曰：‘佳兵不祥’，此五谬也。敌加己而应之，何佳也？人身四支皆痈疽，毒日内攻，而惮药石，可乎？

此盖必有为陛下主其事者，故公卿大夫知而莫为一言。宜奋独断，悉按诸言互市者。”

疏入，上颇心动，下鸾等会议。鸾攘臂詈曰：“竖子目不睹寇，宜其易之！”诸大臣遂言“遣官已行，势难中止。”上尚犹豫。鸾复进密疏，乃下继盛锦衣狱，敲挦一百，贬狄道县典史。

9 丁未，免昌平、顺义、怀柔、密云去年被寇秋粮。【考异】明史本纪不具，史稿系之是月壬午。壬午乃四月日分，非三月。证之实录，乃是月丁未，今从之。

10 是月，以吏部侍郎李默为本部尚书，南京礼部尚书万镗为刑部尚书，南京右都御史欧阳必进为工部尚书。

11 夏，四月，庚午，贵州铜仁叛苗龙许保、吴黑苗等攻破思州，执知府李允简，中途释之归，允简竟死。巡按御史董威以闻。

初，总督三省张岳奏：“自举兵以来，未阅四月，禽斩贼一千八百有奇,惟贼首龙许保未获。"至是许保、黑苗复要结残苗七、八千人,扮永、保二司兵衣甲出哨者,遂入之。

严嵩奏:"岳言湖苗听抚,而许保仍在湖苗寨中,与之攻劫思州,请逮治岳。"徐阶持不可。乃夺岳右都御史,仍以侍郎衔戴罪任事。

12 庚辰,振畿内保定等六府饥。

13 壬午,下左副都御史商大节于狱。

大节经略京城内外,为仇鸾所制,乃上言:"臣初无重兵,而鸾督京营,分布人马,但留营军柔脆者防守九门,而自以精锐五万中途截掠。一旦寇至,以一队冲鸾军,又以一队趋京师,在鸾则进退无据,在京师则救援无兵。昨年之事,为鉴不远。且臣奉命所得节制者,参将麻宗等及巡捕官军耳,鸾又任意分调,不令臣知。一旦奸宄窃发,仓猝之间,束手坐困。请敕兵部详议,或从敕谕所开载,或从仇鸾所分布。麻宗诸人,或属之臣,或属之鸾,或属之兵部。其修筑城堡,操练兵马,所需粮饷,应属何人,乞早赐裁断以便遵行。"

疏入,上怒其当秋防在迩,诿过避难,命锦衣卫械送镇抚司杖讯。法司希指,当大节失误军机论斩,严嵩为之申请,不许。

明年,鸾诛,大节故部曲数百人伏阙讼冤,兵部侍郎张时彻等言:"大节为逆鸾掣肘以抵于法,乞顺群情宥之。"上怒,镌时彻二秩。又明年,竟卒于狱。【考异】明史本纪系大节下狱于是月壬午,史稿系之辛未,盖明史据实录改,今从之。

14 丙戌，开马市于大同镇羌堡，谙达之众共易马二千七百余匹。

御史喻时言："寇欲无厌，饵之以利，终非长策。乃侍郎史道，往逾旬月，各镇边防，未闻经理。敌情诡诈，惟有备者无患耳，乞敕各巡镇官早为区处。"疏入，报闻。

15 五月，乙巳，侍郎史道奏大同马市竣。仇鸾请加赏赉以坚其向化之心，并请开市宣府，如大同例，从之。

初，鸾大言北征，其实驽怯畏寇，潜遣人持货币与谙达结好。马市之开，盖鸾授意使请之也。

16 庚戌，宣府开马市于新开堡、巴图台吉等五部，共易马二千余匹。

17 六月，壬戌，史道奏获妖人萧芹、乔源等。

芹、源素持白莲教，出入边境，与北寇通。至是谍报寇入大同右卫，诘之谙达，则以芹、源等诱致为词。道恐败和议，乃执妖党五十余人并芹、源妻子；然芹、源皆潜寇寨中，索之不得，诏悬赏格购之。

18 乙亥，贵州苗平。

先是贼破思州，复纠诸寨残苗攻石阡府，张岳率总兵沈希仪、石邦宪等屡败之。岳遍搜山箐，余贼惧，乃缚许保并思州印以献，湖广兵亦破禽首恶李通海等。岳以捷闻，请械许保至京，诏就地枭示。

而是时吴黑苗未获，严世蕃督趣之。未几，邦宪竟得黑苗以献。自是苗患乃息。

岳卒于沅州。丧归，沅人迎哭者不绝。以叙功复右都御史,赠太子少保,谥襄惠。

19 秋,七月,癸巳,谙达执萧芹等以献。

芹匿寇中,诡称有术堕城,寇试之不验,遂献之。诏侍郎史道械送法司狱,寻伏诛。

上嘉诸臣功,加鸾太子太傅,道兵部尚书。

20 八月,壬戌,召侍郎史道还。

初,马市既开,议以边马易中国缎匹。至是谙达以执送妖人萧芹等,因言彼国富者能以马易帛,贫者唯有牛羊,请易菽粟。道以上闻,并请许之,廷议不可。会宣大总督苏祐等言:"彼之牛羊众,而塞下之粟以备军士饷需,不可许。"上询之严嵩,嵩忮鸾宠,因言:"今日征兵四集,正宜决意战守。若任其要挟,只以示弱。"上然之,乃罢道领马市事。

21 九月,乙未,京师地震有声,诏修省三日。

22 戊戌,都给事中何光裕、御史龚恺等,劾奏"史道任马市之责,不能宣布恩威以弭寇患,乃敢曲为陈请。马市开矣,即欲易米谷;米谷不许,又欲请封号。且彼意在要乞,而道以为谢恩。无厌之请,惟命是从。以致人怀两可之疑,士无必战之志。亟宜罢黜,以为谋国不忠者戒。"

疏入,上谓"史道业已召回,诸臣逆探朝廷意指,且欲借以论仇鸾",诏"光裕、恺各廷杖八十,余俱夺俸"。

23 是月,免南畿、江西、湖广被灾税粮。

24 冬,十月,己巳,总督蓟辽侍郎何栋,禽获朵颜逆酋哈舟儿、陈通事于白马等关,诏械送京师,磔于市,仍祭告郊庙。

25　是月，免畿内及山东、山西、贵州被灾税粮。

26　吏部尚书李默，以会推辽东巡抚忤旨，被劾罢，改刑部尚书万镗代之。

27　十一月，庚寅，以获哈舟儿等功，加仇鸾、何栋及阁部严嵩、徐阶等升衔。

28　己亥，冬至，祀天于圜丘，张溶摄行。

29　是月，升吏部侍郎应大猷为刑部尚书。

30　十二月，以入冬无雪，上亲祷于斋坛。乙丑，雪，廷臣上表称贺，优诏答之。

31　是冬，谙达数犯大同边塞。

初，史道还京师，寇欲牛羊易谷豆者，久不得命，遂分道肆掠无虚日。十一月间，大入边三次，抢虏人畜甚众。边臣遣人诘问，则曰："诸部贫者无所得食，禁之不可。中国法虽严，能禁民间无盗窃耶？我自不犯，焉能禁部下之不为盗也！"及十二月，谙达之众与别部争市，夺其马匹，掠人口而去。

事闻，上以非时开市，诘责巡抚何思等，下巡按御史勘状。

会谙达又遣人以马三百余匹求互市，请驻牧弘赐堡，御史李逢时，以非时，叱之去，逮诸通事于狱。于是谙达纵部下入掠，攻堡杀人，数日之间，凡三犯双沟、团山及张家堡，官军数败。

事闻，廷议咸追咎马市非计。仇鸾虑见谴，上疏"请选死士万人以待，如寇入犯，且令蓟镇古北口诸将纵之南下，臣当率士死战，而别出精兵捣其巢。内外夹攻，寇不足平也。"又言："臣欲开马市，实阴修边备。而内外诸臣计欲杀臣，乃故弛备以招寇，欲其早负市约而因以中臣。"

疏入，兵部尚书赵锦言："畿辅重地，岂可纵之深入！即使聚而歼旃，而震惊内地，摇动根本，所丧固已多矣。况我军积弱之后，虽严法重赏以驱之战，犹恐不前，而可预令以勿遏乎？"上是其言，仍敕鸾加意防边。

是时鸾实无意讨贼，第为大言以自解。而辅臣严嵩，见上宠信深，亦欲因事间之，乃请"核鸾用兵以来各项粮饷帑银，令户、工二部籍其出入以闻。"【考异】明史本纪系寇犯大同于十一月，纪事本末记三犯大同于十二月。证之实录，皆以正月奏报，而原奏所称，十一月三犯，十二月亦三犯。其入犯之本末，诸书多不具，今据实录原奏书之。

32 是岁，户部通计京、边岁用至五百九十五万，尚书孙应奎蒿目无策，乃议于南畿、浙江等州县增赋百二十万。——加派于是始。嗣后京、边岁用，多者过五百万，少者亦三百余万，岁入不能充岁出之半。由是度支为一切之法，其箕敛、财贿、题增、派括、赃赎、算税契、折民壮、提编、均徭、推广事例兴焉。其初亦赖以济匮，久之诸所灌输益少。又四方多事，有司往往为其地奏留或请免，浙、直以备倭，川、贵以采木，山、陕、宣、大以兵荒，不惟停格军兴所征发，即岁额二百万且亏其三之一。而内廷之赏给，斋殿之经营，宫中夜半出片纸，吏虽急，无敢延顷刻者。

三十一年(壬子、一五五二)

1 春,正月,甲申朔,不御殿。

2 丙戌,太白昼见,凡十一日。

3 丁亥,谙达犯大同。壬辰,掠威远城。甲午,入弘赐堡。

巡按御史李逢时言:"谙达于岁初拥众入犯,可见马市之羁縻难恃。今日之计,惟大集兵马,一意讨伐。宜行各边臣合兵征剿,仍敕京营大将仇鸾训练甲兵,专事征进,勿再隐忍顾忌,酿成大患。"诏下其章于戎政、兵部。

4 辛丑,寇复犯大同,上曰:"此平日恃和不戒,为敌所窥耳。"于是仇鸾内不自安,请率京营出边。

5 是月,户、工二部奉旨奏上各边军饷用银实数。户部奏:"自二十九年十月至于是月,所入正税加赋余盐五百万有奇,外项搜括四百余万,计九百九十余万。所出自年例各边主客兵银二百八十万外,新增军饷二百四十五万有奇,及修边、振恤诸费共八百余万。"工部奏:"计工食料价银共三十四万五千两。"上以"费用过多,其中必有虚冒侵克者",乃分遣给事中王国祯、御史徐绅等各勘实参劾以闻。

6 二月,癸丑,振宣、大饥。

时二镇大饥,人相食,兵部请量借军饷银振济。诏督饷侍郎马坤往,仍发库钱二十万,坤请加给十万,报可。

7 丁巳,寇复犯弘赐堡。

辛酉,掠怀仁川,指挥佥事王恭率兵御于平川墩,不克,死之。

乙丑,复犯平虏堡。

时总督苏祐奏敌兵三万,上趣兵部遣人驰视,还报“寇前后无过二千骑”,乃以侦报不实切责祐等。又闻恭战死甚烈,逮参将孙麒、游击刘潭。

寇且犯且请开市,无敢应者。至是复遣使来,诏斩之大同市,枭首各镇,遂罢大同马市。【考异】明史本纪,“是月辛酉,掠怀仁川,王恭战死。”据实录,寇以初五日复犯弘赐堡,初九日掠怀仁川,十三日犯平虏堡,系兵部遣人驰视还报寇犯月日,见原奏中。是月癸丑朔,辛酉初九日,乙丑十三日。王恭之死,据原奏,系寇掠怀仁,恭败绩于平川,今据原奏书之。

8　己巳,建内府营。上以营制既定,命改旧内教场为之,以操练内侍。

　　三编发明曰:明之末造,营务尽领于中官,而宿卫禁军之制渐就隳废。史称内臣之势,惟嘉靖时为少杀,乃忽创为内府营以练诸内侍,实则惩于庚戌之变,京兵不足御敌,而为此苟且之计。夫兵之怯弱,由于将帅非人,改弦而更张之,岂无良法?区区内侍,即使简练有方,又岂足以厚拱卫而备寇警?徒使阉侍习兵,贻患来世。厥后魏忠贤遂有内操之事,盖实托(明)〔防〕于此。作法于凉,弊将若之何!

9　三月,癸未朔,裕王、景王冠。

10　戊子,诏仇鸾率师赴大同。

时代府饶阳王奏言:“国家与虏为市,本一时羁縻之术。乃总兵徐仁,自以和戎无事,平时侵克军饷,战守不

明通鉴

2034

设,猝遇寇至,一筹莫施,辄称疾求避。巡抚何思,复以游言诳阙下银币,遣使络驿在道。副总兵王怀邦,为寇所禽,投贿乃免。迩日诸酋往来,且禁士卒毋杀,杀者如杀人之罪。至使右卫怀仁东至阳城、天和间,烟尘四起,淫掠万状,将来地方,莫知终极。乞陛下亟垂省问,以拯北门切肤之灾。"上怒,命逮仁下诏狱,思、怀邦罢任听勘。改驻守昌平、都御史於敖巡抚大同,副总兵孙时雍暂摄大同总兵事。

11 辛卯,以礼部尚书徐阶兼东阁大学士,预机务。

初,阶掌礼部事,撰青词独称旨,屡与阁臣同召直无逸殿,并赐飞鱼服及上方珍馔、上尊无虚日。廷推吏部尚书,不听,不欲阶去左右也。严嵩仇夏言,置之死,而阶为言所荐,嵩以是忌之。及阶以请立太子拂上意,复以冠婚请先裕王,后景王,上皆不怿。嵩因谓阶可间也,中伤之百方。一日,嵩独召对,语及阶,徐曰:"阶所乏非才,但多二心耳。"盖指请立太子事也。阶危甚,度未可与争,乃谨事嵩,而益精治斋词迎上意,左右亦多为地者。上怒渐解,寻加少保,遂入阁。

时上起前礼部侍郎欧阳德为礼部尚书。德守制,令服阕赴任。仍命阶掌礼部事。

12 夏,四月,乙卯,仇鸾败绩于镇川堡。

鸾率师出塞,行二百余里,遇伏于猫儿庄,我军阵亡二百余人,伤二百十二人,失马二百余匹。

鸾报斩首五级,获寇马三十匹,请赏,上姑许之,自是知鸾不足恃矣。【考异】鸾败绩于镇川堡,明史本纪不具。三编且中书之。据实录，鸾奏报四月初三日。是月癸丑朔，乙卯即初三日也。

13　丙寅，寇以二万余骑犯辽东塞，围百户常禄、指挥姚大谟、刘栋、刘启基等于三道沟，四人皆战没。备御指挥王相赴援，大战于寺儿山，杀伤相当，敌引去。千户叶廷瑞率百人助相，明日，相裹创，复邀敌于蜡黎山，殊死斗，矢竭，遂与麾下将士三百人皆死之。廷瑞被创死复苏。敌亦寻退。

【考异】王相死见明史本纪，常禄等四人之死见鴂鴖传，诸书皆不载，今据增。又三百人中有指挥张策、百户陈克政、胡镇三人姓名，见实录，附记之。

　　是役也，寇谋犯锦义，侦知有备，乃乘虚突入辽东前屯。时守兵不过四百人，而赴援者皆观望不至。

　　朝廷闻相之死，深为叹异，故恤典亟下。而廷瑞已报遇害，绝而复苏，遂并赏功之典亦不及云。

14　丙子，倭寇浙江，大掠舟山、象山等处，复登岸流劫温、台、宁、绍间。台州知事武暐追之于钓鱼岭，力战死。浙东骚动。【考异】武暐之死，纪事本末系之是月温、台之役下。据明史忠义传，乃台州知事战死于钓鱼岭，今参书之。

15　五月，甲申，召仇鸾还。时谙达纠各部及朵颜三卫之众，出没塞上，势张甚，诸边相继告急。而自马市既开，边墙为寇坏者十之五六，鸾怔怯无计，乃请以七月防秋之际，调宣、大二镇选兵分布于保安、怀来间，以卫畿辅。

　　兵部议："宣、大为京师门户，未有门户不守，而堂宇能固者。且合二镇之兵力以自守，犹恐不足，一旦简其精锐，留其羸弱，则门户必不能支，必待其深入而后图之，晚矣。"上深然之，乃敕鸾暂还京师议事。

16　丙午，寇以八百骑围陕西红城等堡，越二日乃退。

17　戊申，倭寇浙江黄岩县，陷之，纵掠城中，七日乃去。

18　是月，户部尚书孙应奎被劾，改南京工部。

19　六月，己未，免南畿被灾夏税。

20　是月，仇鸾复请调固原、宁夏、甘肃每镇新兵三千人，延绥二千人入卫，不许。

21　以户部侍郎方钝为本部尚书。

先是孙应奎罢，以兵部侍郎韩士英代之，未至，为南京科道官所劾，遂不用。至是复以命钝。

22　秋，七月，丙申，免陕西被灾夏税。

23　壬寅，以倭警，命巡抚山东、都御史王忬巡视浙江兼辖福建滨海诸府。

自朱纨罢后，巡抚并巡视官不设者四年，倭患益炽。于是给事中王国祯、御史朱瑞登交章言：“海氛不靖，自裁革巡视后，三省军民无所钤辖。虽设有海道副使，而权轻不便行事，往往狼狈失职，请复设都御史便。”吏部议：“既设巡视，必当兼总督、巡抚，使之节制诸军，方可责其成功。”上从其言，且令暂复巡视，遂以命忬。

初，国初沿海要地，建卫所，设战船，董以都司、巡视、副使等官，控制周密。迨承平久，船敝伍虚，及遇警，乃备渔船以资哨守。兵非素练，船非专业，见寇舶至，辄望风逃匿，以故贼帆所指，无不残破。忬至，乃任参将俞大猷、汤克宽为心膂，分隶诸将，布列沿海各镇堡，严督防御。

而是时内地居民，勾引向导，益以大奸汪直、徐海之等为之主谋，遂至不可扑灭云。【考异】诸书多系王忬任巡抚于是月，三编牵连前后书之,然亦不言先命忬为巡视官。惟明史纪事本末与明史本纪皆作巡视,证之忬传,盖始命忬巡视,明年始以王国祯请改巡抚也。实录亦云,"上命且设巡视。其兼管巡抚,俟贼平议处",今分书之。

24 是月,寇犯蓟州。仇鸾病疽甚,疏请舆疾赴军,诏止之。【考异】明史本纪不具。语见纪事本末。证之实录,八月己未,收仇鸾大将军印绶,以蓟州告急也。实录并书之己未下。今从纪事本末,为下文收鸾印绶张本。

25 八月,己未,兵部尚书赵锦言:"强寇压境,大将乃安危所系,而仇鸾病不能军,使寇得志,长驱南下,贻患非细,臣愿亲往代鸾。"上以本兵未可遽出,乃诏鸾纳还大将军印绶,命侍郎蒋应奎暂掌戎政。

26 壬戌,仇鸾死。

鸾病甚,犹恋大将印不肯上。会大学士徐阶密疏发鸾罪状,诏收其兵。鸾大患恨,疽益剧,遂死。

初,鸾与严嵩约为父子,已,鸾挟寇得专宠,嵩浸恶之,乃密疏毁鸾。鸾亦陈嵩、世蕃贪横状,上稍疏嵩,嵩入直,不召者数日,至在第中父子对泣。时陆炳掌锦衣,方与鸾争宠,嵩乃结炳共图鸾。会鸾病死,炳尽发其通虏纳贿状,上大怒,命炳会三法司(提元)〔拟,于〕是法司奏"鸾谋反,律当追戮。"乙亥,诏暴鸾罪,追戮其尸,传首九边,其党时义、侯荣等皆伏诛。

27 戊寅,命丰城侯李熙总督京营戎政。

28 己卯,谙达犯大同,寻由红土堡出边。

29 九月,庚辰朔,寇自弘赐堡复出,三万骑溃墙入,散掠大同左右及安东十七卫,寻自镇川堡遁。复以万余骑入犯平虏卫,仍散掠朔、应、山阴、马邑地方。【考异】明史本纪统系之前月己卯,盖八月己卯晦,九月庚辰朔。实录分书之,原奏谓"八、九月间三犯大同"是也。今据实录。

30 癸未,以仇鸾诛,遣官祭告郊庙,颁诏中外。

31 免畿内被灾夏税,河南被灾秋粮。

32 乙酉,寇分犯山西三关。壬辰,犯宁夏。

33 丁酉,河决徐州房村集,至邳州新安,运道淤阻五十里。诏"督理河、漕大臣先议通运船,以次塞决疏浅,命条列次第以闻。"

时总河、副都御史曾钧上治河方略,言:"自刘伶台至赤晏庙凡八十里,乃黄河下流,淤沙壅塞,疏浚宜先。次则草湾老黄河口,宜筑长堤以防冲激。并增筑高家堰长堤及新庄诸闸甃石,以遏横流。"从之。

34 庚子,兵部侍郎蒋应奎、左通政唐国卿,为其子以边功请升赏。给事中凌汝志,言"二臣身为大臣,冒功垄断。"下兵部覆议,如汝志言。上怒,命锦衣卫逮应奎、国卿,杖之阙下,黜为民。【考异】"国卿",实录作"国相",今据明史本纪。

35 癸卯,罢各边马市。

先是大同马市罢,边臣以宣府守约,仍互市不绝。至是寇益骄,开市次日,即肆掠不已。巡按御史蔡朴以闻,上恶之,诏:"各边马市悉行禁止,有敢建言开市者斩!"

36 是月,免山西旱灾、南畿水灾秋粮,仍振济凤阳、淮安、扬州、徐州各被灾州县。

37 刑部尚书应大猷被劾罢,以侍郎何鳌代之。

38 是秋,宣大总督苏祐等遣兵追寇出塞,行三日,遇寇于凉城,转战二百里,把总刘钦、旗牌范世杰死之,士卒亡者二百人。

御史蔡朴上言状,诏赠恤钦等。【考异】明史纪事本末系之十月,盖蔡朴奏至月日也。实录系之是年八月,是时苏祐等见上方怒仇鸾,不以闻,故朴劾之,今据书于是秋之下。纪事本末作"刘钦等七人",今据实录。

39　冬,十月,癸丑,欧阳德至任。徐阶解掌礼部事。

40　戊午,南京御史京山王宗茂,到官甫三月,即上疏劾严嵩,略曰:"嵩本邪诡之徒,寡廉鲜耻;久持国柄,作福作威,薄海内外,罔不怨恨。如吏、兵二部每选请属二十人,人索贿数百金,任自择善地。至文武将吏,尽出其门。此嵩负国之罪一也。

任私人万寀为考功郎,凡外官迁擢,不察其行能,不计其资历,唯贿是问,致端方之士不得为国家用。此嵩负国之罪二也。

往岁遭人论劾,潜输家资南返,辇载珍宝,不可数计,金银人物多高二三尺者,下至溺器亦金银为之,不知陛下宫中亦有此器否耶?此嵩负国之罪三也。

广市良田,遍于江西数郡,又于府第之后积石为大坎,实以金银珍玩,为子孙百世计,而国计民瘼,漫不措怀。此嵩负国之罪四也。

畜家奴五百余人,往来京邸,所至骚扰驿传,虐害居民,长吏皆怨怒而不敢言。此嵩负国之罪五也。

陛下所食大官之馔不数品,而嵩则穷极珍错,殊方异产,莫不毕致,是九州万国之待嵩,有甚于陛下。此嵩负国之罪六也。

往岁寇迫京畿，正上下忧惧之日，而嵩贪肆益甚。致民俗歌谣，遍于京师，达于沙漠。海内百姓，莫不祝天以冀其早亡，嵩尚恬不知止。此嵩负国之罪七也。

募朝士为干儿义子至三十余辈，若尹耕、梁绍儒，早已败露。此辈实衣冠之盗，而皆为之爪牙，助其虐焰，致朝廷恩威不出于陛下。此嵩负国之罪八也。

夫天下之所恃以为安者，财也，兵也。不才之文吏以赂而出其门，则必剥民之财，民奈何不困！不才之武将以赂而出其门，则必克军之饷，兵奈何不疲！迩者四方地震，其占为臣下专权。试问今日之专权者，宁有出于嵩右乎？陛下之帑藏，不足支诸边一年之费，而嵩所蓄积可赡储数年。与其开卖官鬻爵之令以助边，盍去此蠹国害民之贼，籍其家以纾国患也！"

疏至，通政司赵文华密以示嵩，留数日始上，嵩得预为地，遂以诬诋大臣谪平阳县丞。

方宗茂上疏，自谓必死，及得贬，恬然出都。到官半岁，以母忧归。嵩无以释憾，夺其父桥官，桥悒悒卒。

嵩既罢相，宗茂亦卒。隆庆初，赠光禄少卿。

41 己未，兵部尚书赵锦罢。

初，锦自大同巡抚召入本兵，仇鸾有力焉。其后议分团营，开马市，锦亦赞成之。既，见边事日非，鸾败状露，乃稍持两端以自解。至是鸾诛，给事中郭钥追论锦党鸾事，上是之，诏谪口外为民。

42 己巳，小王子寇辽东，锦州指挥柏凤、千户张勇、程世禄等死之。寇杀掠千余人，寻引去。

时谙达犯边屡得志，故小王子亦乘间内犯云。【考异】明史本纪不具，史稿但云"寇犯辽东"，证之实录，乃小王子，非谙达也。明史鞑靼传但书明年寇宣府、赤城事，今据实录增。

43　是月，免畿内水灾及江西旱灾税粮。

44　十一月，乙酉，冬至，祀天于圜丘，朱希忠摄行。

45　是月，兵部尚书翁万达卒。

先是赵锦罢，上以万达久历兵事召之，未至而卒。初，庚戌之变，上趣召万达，久且至，至则严嵩以谒谢迟媒孽之，遂坐废，悒悒而卒。隆庆初，追谥襄毅。

万达在边久，南北征讨，所计画深远周详，无不措之有功，守之可久。驾驭将士，能尽其才而得其死力。嘉靖中叶以后边臣，首屈一指云。

46　十二月，丁巳，下光禄寺少卿马从谦于锦衣卫狱。

时提督光禄寺中官杜泰，干没岁巨万，为从谦奏发，泰因诬从谦诽谤。巡视给事中孙允中，御史狄斯彬，劾泰如从谦言。上方恶人言斋醮，而从谦奏颇及之，怒，下从谦及泰诏狱。所司言诽谤无左证，上益怒，下从谦法司，以允中、斯彬党庇，谪边方杂职。法司拟从谦戍远边，上命廷杖八十，戍烟瘴，竟死杖下，而泰以能发谤臣罪宥之。久之，光禄寺灾，上曰："此马从谦余孽所致耳。"

隆庆初，恤先朝建言杖死诸臣，中官追恨从谦，沮之。给事中王治、御史庞尚鹏力争，诏以从谦所犯比子骂父，终不许。

47　是月，工科给事中李用敬奏开胶、莱新河，其略言：

“胶、莱新河,在海运旧道西,王献凿马家壕,导张鲁、白现诸河水益之。今淮舟直抵麻湾,即新河南口也,从海仓直抵天津,即新河北口也。南北三百余里,潮水深入,中有九穴,潮大,沽河皆可引济。其当疏浚者百余里耳,宜急开通。”给事中贺泾、御史何廷钰亦以为请。诏廷钰会山东抚、按官行视,既而以估费浩繁报罢。<small>王献请凿马家壕,在十九年,详志中。</small>

三十二年(癸丑、一五五三)

1　春,正月,戊寅朔,日有食之,阴云不见。有顷,大雪,百官救护,罢朝贺。越日,仍朝服行礼于奉天门如初。

　　三编发明曰:史书日食阴云不见多矣。日食有常度,而阴云遮蔽止于一方,所谓不见者,独京师不见耳。宋绍兴三十一年正月朔,太史奏日当食不食,然当时犹以日食免朝,读史者赧焉。嘉靖惑于瑞应,惟以粉饰治象为心。一时诸臣,迎合意旨,纷纷讳饰,具表称贺,导谀贡媚,相习成风,几不可胜责。至因表贺之故奏谢郊庙,则是愚人而并以愚神,其谁欺,欺天乎!

2　己卯,遣刑部侍郎吴鹏振淮、徐水灾。

　　时河决徐州,凡淹没十七州县。户部请发淮、徐等仓存留米麦及运司余盐银两,遣大臣往振,乃以命鹏,并敕巡抚及河道官,“急将黄河下流设法疏浚,使水归故道,以苏民困。”

3　庚辰，逮礼科都给事中杨思忠，于午门外杖之百，罢为民。

初，思忠议孝烈皇后不宜祔庙，上衔之，后吏部屡以资序拟升，不许。至是科臣表贺正旦，上摘其表中“元禧申锡”一语，以为不顺，遂坐罢，科臣悉夺俸。

4　庚子，下兵部员外郎杨继盛于狱。

初，上既诛仇鸾，罢马市，乃思继盛言，自典史四迁至兵部员外郎。时严嵩方用事，恨鸾初凌己，善继盛首攻鸾，欲骤贵之，复改兵部武选司。而继盛恶嵩甚于鸾，且念起谪籍，思所以报国。抵任甫一月，即草奏劾嵩。

斋三日，乃上奏曰：“臣孤直罪臣，蒙天地恩，超擢不次，夙夜祗惧，思图报称，盖未有急于请诛贼臣者也。请以严嵩十大罪为陛下陈之：

祖宗罢丞相，设阁臣，备顾问，视制草而已。嵩乃俨然以丞相自居，百官奔走请命，直房如市，无丞相名而有丞相权。是坏祖宗之成法，大罪一。

陛下用一人，嵩曰‘我荐也’；斥一人，曰‘此非我所亲’；陛下宥一人，嵩曰‘我救也’；罚一人，曰‘此得罪于我’。伺陛下喜怒以恣威福。是窃君上之大权，大罪二。

陛下有善政，嵩必令子世蕃告人曰：‘主上不及此，我议而成之。’欲天下以陛下之善尽归于嵩。是掩君上之治功，大罪三。

陛下令嵩票拟，盖其职也，嵩何取而令世蕃代之？题疏方上，天语已传，故京师有‘大丞相、小丞相’之谣。是纵奸子之僭窃,大罪四。

严效忠、严鹄,乳臭子耳,未尝一涉行伍,皆以军功官锦衣。两广将帅欧阳必进、陈圭,俱以私党躐府部。是冒朝廷之军功,大罪五。

逆鸾下狱,贿世蕃三千金,嵩即荐为大将。已,知陛下疑鸾,乃互相排诋以泯前迹。是引悖逆之奸臣,大罪六。

谙达深入,击其惰归,大机也,嵩戒丁汝夔勿战。是误国家之军机,大罪七。

郎中徐学诗、给事中厉汝进,俱以劾嵩削籍。内外之臣,中伤者何可胜计!是专黜陟之大柄,大罪八。

文武迁擢,但论金之多寡。将弁惟贿嵩,不得不朘削士卒;有司惟贿嵩,不得不掊克百姓,毒流海内,患起域中。是失天下之人心,大罪九。

自嵩用事,风俗大变。贿赂者荐及盗跖;疏拙者黜逮夷、齐;守法度者为迂滞;巧弥缝者为才能。是敝天下之风俗,大罪十。

嵩有是十罪,而又济之以五奸:以左右侍从之能察意旨也,厚贿结纳,得备闻宫中言动,是陛下之左右,皆贼嵩之间谍。以通政司之主出纳也,以赵文华为使,凡有疏至,必先送嵩阅竟,然后入御,是陛下之喉舌,乃贼嵩之鹰犬。畏厂卫之缉访也,即令子世蕃结为婚姻,是陛下之爪牙,皆贼嵩之瓜葛。畏科道之多言也,非其私属,不得与台谏,有所爱憎,即授之论刺,是陛下之耳目,皆贼嵩之奴隶。惧部寺之犹有人也,择有才望者罗致门下,联络盘结,深根固蒂。是陛下之臣工,皆贼嵩之心膂。陛下奈何爱一贼臣而使百万苍生毙于涂炭哉!

愿陛下听臣之言,察嵩之奸,或召问二王,或询诸阁臣。重则置之宪典以正国法,轻则谕令致仕以全国体。"

疏入,上已怒。嵩见"召问二王"语,喜,谓可指此为罪,密构于上。上益大怒,下继盛诏狱,诘"何故引二王?"继盛曰:"非二王,谁不慑嵩者?"狱上,杖之百,移刑部定罪。

侍郎王学益,嵩党也,欲坐继盛诈传亲王令旨绞;郎中史朝宾持之,嵩谪之外。于是尚书何鳌竟如嵩指成狱。

时继盛下狱将杖,或遗之蚺蛇胆,却之,曰:"椒山自有胆,何蚺蛇为!"——椒山,继盛别号也。——及入狱,创甚,夜半而苏,碎甆碗,手割腐肉,肉尽,筋挂膜,复手截去。狱卒执灯颤欲坠,继盛意气自若。

5 是月,以兵部侍郎聂豹为本部尚书。

6 二月,癸亥,工部尚书欧阳必进奏辨杨继盛所论严效忠冒功事,诏兵部核覆。

于是武选司署郎中周冕言:"臣奉诏检嘉靖二十七年通政司状:'严效忠时年十六,因武会试未第,咨送两广军门听用。未及年余,总兵官陈圭、都御史欧阳必进奏黎贼平,遣效忠报捷,授锦衣卫试所镇抚。未逾月,严鹄言:'兄效忠曾斩首七级,并功加赏,应得署副千户。今效忠身抱痼疾,鹄请代职。'

臣心疑其伪,方将核实以闻,嵩子世蕃,乃自创一稿,属臣依违题覆。臣观其稿，率诞谩舛戾。如效忠曾中武举，何初无本籍起送文牒，今又称民人而不言武举？如效忠果鹄之兄，世蕃之子，则世蕃数子俱幼，未有名效忠者。如效忠果斩首七级，则当时状称年止十六，岂能赴战？何军门诸将俱未闻斩获功，独宰相一孙乃骁勇冠三军？如曰'效忠对敌，胫臂受创'，计临阵及差委相去未一月，何以万里军情，即能驰报？如曰'效忠到京，以创甚疾故'，何以鹄代职之日，止告不能受职？如曰'效忠镇抚当代'，则奏捷功止及身，例无传袭。如曰'效忠功当并论，例先奏请'，何止用通状而逼令司官奉行？

臣悉心廉访，初未有名效忠者赴军门听用；鹄亦非效忠亲弟，其姓名乃诡设；首级亦要买，非有纤毫实迹。必进既嵩乡曲，圭又世蕃姻亲，依阿朋比，共为欺罔。且累朝以来，未闻有宰相之子孙送军门报效者。乞特赐究正，使天下晓然知朝廷有不可幸之功，不可犯之法。"

疏入，下冕诏狱拷讯，斥为民。

7 丙寅，倭寇温州，参将汤克宽等率舟师破之，俘十一人，斩获二十八级。

巡视王忬请定海防赏格四事，部议从之。【考异】明史本纪作"是月甲子"，史稿作"丙寅"，与实录同。此奏报月日，故先后稍异。

8 戊辰，以陆炳发仇鸾密谋功，加少保兼太子太傅，岁支伯爵禄。

9 己巳，以大同被寇，又连岁饥馑，遣给事中徐纲勘实振之。

10 辛未,太白昼见,凡四日。

11 壬申,寇犯宣府新开口,参将史略御之,败没,寇亦引去。

12 是月,徐、邳复决。

初,督漕都御史应栻,请开三里沟新河口以利漕运。及曾钧论治河方略,则请开老河口,暂闭新口。至是挑浚将讫工,一夕,水涌复淤。上用严嵩言,遣官祭河神。

侍郎吴鹏等谓"三里沟新开河口迎纳泗水清流,可以避黄河之冲,宜建闸以时启闭。"从之。

13 三月,丁丑,振陕西饥,诏发本省布政司仓谷,复以本省开纳事例银佐之。

14 辛巳,寇犯延绥,攻墩台,副总兵李梅出御之,战没。官军死者四十八人,伤者一百二十九人。【考异】诸书及三编皆作"谙达"。明史本纪作"吉能",即吉囊,亦谙达纠之也。今以寇书之。

15 壬午,遣兵部侍郎杨博以右佥都御史巡边。

16 甲申,振山东饥,诏发临清仓粟,以泰山香钱佐之。

17 丁亥,巡按云贵御史赵锦驰疏劾严嵩,略曰:"臣伏见日食元旦,变异非常,又山东、徐、淮,仍岁大水,四方频地震,灾不虚生。

昔太祖高皇帝罢丞相,散其权于诸司,为后世虑至深远。今之内阁,无宰相名而有其实,非高皇帝本意。

今严嵩怙宠张威,窃权纵欲,事无巨细,罔不自专,人有违忤,必中以祸,百司望风慑息。天下事未闻朝廷,先以闻政府,白事之官班候于其门,请求之赂辐辏于其室。铨司黜陟,本兵用舍,莫不承其意旨。边臣失事,率朘削军资,纳赇嵩所,无功可以受赏,有罪可以逭诛。至宗藩勋戚之袭封,文武大臣之赠谥,其迟速予夺,一视赂之厚薄。以至希宠干进之徒,妄自贬损,称号不伦,廉耻扫地,有不忍言者。

自庚戌之后,陛下尝募天下武勇以足兵,竭天下财力以给饷,搜天下遗逸以任将,而封疆之臣,卒未有为陛下宽宵旰忧者。盖缘权臣行私,将吏风靡,以掊克为务,以营竞为能。致朝廷之上,用者不贤,贤者不用,赏不当功,罚不当罪。财用已竭而外患未见底宁,民困已极而内变又虞将作。愿陛下立斥罢嵩,以应天变。"

会周冕以争冒功事下狱,而锦疏适至,上震怒,谓"锦欺天谤君",遣使逮锦下诏狱拷讯,榜四十,斥为民。

18 甲午,赐陈谨等进士及第、出身有差。

19 甲辰,谙达犯宣府深井堡,副总兵郭都战没,官兵伤者甚众。

御史蔡朴以闻,诏切责苏祐及巡抚刘玺,"其失事之总兵官吴鼎,发军门取死罪状,令戴罪立功。"都所赐恤典,一如张达例。

20 闰月,乙丑,筑京师外城。

初,嘉靖二十一年,边报日至,都御史毛伯温等,言"古者有城必有郭,宜筑外城。"下户、工二部议,以时绌停止。至是给事中朱伯辰复言:"高皇帝定鼎金陵,于时即筑外城,圣虑弘远,盖为万年计也。文皇帝移都北平,密迩边塞,顾有城无郭者,则缔造方始,未暇尽制耳。臣窃见城外居民繁夥,无虑数十万户,且四方万国商旅货贿所集,不宜无以围之。矧今边报屡警,不可不为及时之图。臣尝履行四郊,咸有土城故址,环绕周规,可百二十余里。若仍其旧贯,增卑培薄,补缺续断,即可事半而功倍矣。"

疏入,诏工部相度。外城周围共七十余里,择以是日兴工,命锦衣都督总督京营戎政平江伯陈圭等董其役。【考异】原修三编及辑览系之三十一年十月。重修三编据实录参之日下旧闻、春明梦余录,乃三十二年闰三月事。明史地理志作"嘉靖二十三年",盖"三""二"字倒误也,今从之。实录"闰三月十九日兴工",即乙丑也,今据兴工日分。

21 甲戌,海贼汪直纠群盗勾集各岛倭夷,大举入寇,连舰百余艘,蔽海而至,自台、宁、嘉、湖以及苏、松,至于淮北,滨海数千里同时告警。

22 乙亥,倭攻破浙江昌国卫,屯踞凡五日,参将俞大猷以舟师攻之,始去。

23 是月,释前福建副使柯乔于狱。

24 夏,四月,丙子朔,以久旱,祷雨于内殿,停刑禁屠六日。

25 戊子,倭犯太仓州,攻城不克,分众四掠。复有他舟载倭四十人,突至浙江乍浦所,遂及平朔、海盐、海宁之境,肆其焚掠,官兵前后遇之辄败。凡杀指挥四,把总一,千户一,百户六,县丞一,所伤官军数百人。凡十六日,始徜徉夺舟去。

26 癸巳,倭攻上海县,破之。丁酉,分掠江阴县。

王忬请释指挥卢镗于狱,寻复条上海防八事,俱从之。

27　五月，己酉，倭寇海盐。参将汤克宽等守城，寇四门攻之，不克，焚城楼及城外民舍数百间而去。

28　癸丑，倭寇复入上海，烧劫县市，知县喻显科逃匿。指挥武尚文与战于市中，不克，与县丞宋鳌俱死之。贼屯城中凡七日，焚官民庐舍而去。【考异】四、五两月，倭两入上海。武尚文等之死，从信录系之四月，今据实录，在五月再入上海时。"宋"，沈氏作"宗"。

29　壬戌，倭攻浙江乍浦所，陷之，寻去，流劫海上。参将汤克宽等追围之于独山，斩首千余，余众浮海东遁。

30　谙达五百余骑犯辽东榆林堡，官军击却之，追奔四十里。

31　庚午，南京兵科给事中贺泾言："倭寇泊守宝山，据海为险，乘风肆虐。窃以留都根本重地，实密迩海洋。其镇江、京口，为江、淮之咽喉，瓜步、仪真，为漕运之门户，宜仿嘉靖八、九等年例，添设总兵官驻劄镇江，俾整饬上下江洋，总制淮海，并辖苏、松诸郡。"兵部议从之，诏暂设副总兵提督海防，以参将汤克宽任之。

32　六月，丁丑，南京科道祁清、徐栻等各奏言："今天下被灾之地，不独山东、徐、邳为然。若南畿、山西、陕西、湖广、浙江，水旱频仍，非破格蠲振，不足以苏民困。乃京师之帑藏既虚，各省之搜括已竭，额外之征求未已，军需之供亿尤繁，工作之役频兴，挑河之费日广。司农懔懔，朝不给夕，蠲振之费，将何所取？臣等计无所出，且请于汰冗费，省繁文,加意撙节。"疏下户部议,部臣亦以"度支之烦,实无余裕以佐百姓之急,惟通行各省抚按官勘处而已。"

33 是夏,寇犯甘肃及大同,守将御之辄败,边报日急。而朵颜三卫之众,挟以恐愒中国,索赏不及,守臣请留山海税银佐之。诸夷骄肆,中国遣卒入塞,辄捕而束缚之,以叩关取赎,诸将校苟幸无事,每敛军资贿之去。

巡按御史以闻,上欲闭关以绝之,兵部奏"请令该将领于抚赏时宣布朝廷恩威以谕之。"然是时谙达、小王子之等,已拥众集边塞,谋大举矣。

34 秋,七月,乙巳,宣府、蓟镇守臣,各报谙达将入寇,兵部议。"蓟州密迩京师,备豫宜急,乞令提督时陈统入卫兵分布昌平、怀柔、顺义等处,遏其自古北口入犯之路。仍简京营及入卫边兵,九门列营以备战守。"——惩庚戌之变也。

35 戊申,巡抚应天都御史彭黯,巡视浙闽都御史王忬,各以倭寇出境浮海东遁闻。

倭自闰三月登岸,至六月中,温、台、宁、绍、杭、嘉、苏、湖、扬、淮十郡各州、县、卫、所,被其攻破焚掠者凡二十余,留内地三月,饱而去。

忬奏"将士逐毁其船五十余艘",于是先所夺文武将吏俸皆得复。又请"筑嘉善、崇德、桐乡、德清、慈溪、奉化、象山诸县城,而恤诸府被寇之民",诏皆从之。已,给事中王国祯,请改敕"加忬巡抚衔以重事权",亦从之。

时国祯上善后三事,末言奖才杰:"访得入寇之初,凡

守土诸臣,无不心丧胆落,相率奔逃。而松阳知县罗拱辰,
六合知县董邦政,乃能以孤军当勍敌,立有战功,宜趣擢用
之沿海地方,以资激劝。"诏:"拱辰、邦政,俱添注浙江按察
司金事。"

36 丁巳,谙达纠诸部入寇,分道由大同弘赐堡等边入。
戊午,合众下浑源州,东犯灵丘、广昌等处。

37 己巳,寇散略峪南沟等处,急攻插箭、浮图等峪,皆在
广昌之东南,于是关南大震。

38 庚午,河南柘城盗师尚诏作乱,陷归德府。

尚诏本盐徒,以私贩作奸,剽掠远近,官军不能制。前
巡抚谢存儒,苟幸无事,假以总保长,令总诸镇民捕盗。尚
诏肆为威虐,守臣欲诛之,遂反。结剧盗数千,薄归德城,
其党启门纳之,乃劫狱囚,掠帑藏去。越日,复攻破柘城、
鹿邑等县。

巡按、御史霍冀以闻,诏河南抚、按官督官军讨之。【考
异】明史本纪系之是月庚午。实录系之八月丙戌,盖奏报之月日也。原奏称
"七月二十六日陷归德,次日陷柘城、鹿邑"。是月乙巳朔,庚午正二十六日
也。三编系之九月,据平贼之月日牵连并记耳。

39 辛未,固原游击陈凤,宁夏游击朱玉,率兵赴援紫
荆关。

时寇方越浮图峪而南,凤、玉夹击之,追及于三家村,
大战竟日,敌大败。壬申,寇自广昌之石门峡、大金井等处
北遁。

是役也,寇氛甚恶,中外戒严。上以凤、玉等力战退
敌,大悦,不俟勘报,辄升二人署都督金事,并赐金币。

40 八月,乙亥,寇分兵东犯蔚州,西掠代州及繁畤等处。

41 丙子,小王子寇宣府,由独石入犯赤城、滴水崖等处,攻毁屯堡,焚掠四日,驱所掠人畜而去。

42 己卯,吏部尚书万镗罢,兵科给事中朱伯辰黜为民。

先是抚治郧阳都御史员缺,吏部会推通政赵文华,伯辰奏劾"文华邪媚奔竞,宠赂日彰,不宜复玷台宪",有旨令别推。于是文华上言:"通政一官,例不推外。镗意在出臣,又嗾所亲论劾,期必去臣而后快。"又劾镗前进尚书考满不及俸为欺罔。时文华为严嵩所庇,遂激上怒,罢镗,并伯辰黜之,文华供职如故。

43 丙戌,寇驻鄜、延。二十日,延、庆诸州县屠掠几遍,乃移营中部以瞰泾原。会霖雨连日夜,乃引去。

44 丙申,河南贼师尚诏攻围太康县,官兵与战于鄢陵,败绩。

45 戊戌,免山东被灾税粮,并命有司振之。

46 初,广西桂林、平乐猺、獞踞险肆乱,杀知县张士毅,伤百户曹恩,焚劫岁无虚月。诏提督两广、侍郎应槚督兵进剿,至是平之,凡禽斩四百八十四人,俘获男妇三百四十余人。

捷闻,赐槚荫一子入监读书,余论功给赏有差。

47 庚子,赠恤浙江被倭死事指挥陈善道、把总马呈图及千、百户、典史等官十九人,从巡安御史赵炳然之请也。

48 辛丑,官军击河南贼于霍山,前锋被贼围,后军无敢进者。副使曹邦辅挺刃驱之,斩其最后者,士卒竞进,贼遂溃,斩首四百余级。贼由西华奔入太康,势复振。

49　是月,复起李默为吏部尚书。

50　九月,丙午,谙达自大同平虏卫入犯山西神池、利民等堡,巡抚、都御史赵时春率马步军御于广武。谍报"敌二十余骑去此仅两舍,疾掩之,可败也。"时春擐甲欲驰,总兵李涞止之,不可;寻遇敌于大虫岭,伏寇四起,涞曰:"公速去,吾死于此矣。"时春弃众而奔,寇追之,涞等殊死遮斗。须臾,敌骑益众,涞与其子松及大同参将冯恩等皆力战死,全军覆没。时春投一墩,守哨卒以绳引之上,得免。寇寻引去。【考异】李涞、冯恩战死,见明史本纪。从信录言"涞与其子松死之"。证之实录,又有游击李桂、神池守备孔宾、偏头守备高廷、太原指挥陈金、中军尹忠、把总俞辉六人,皆力战死之,盖是时全军皆没也。又诸边奏恤有阵亡千总李时、(表)〔袁〕鐺、土官萧文见、镇抚张第、史书等,地方月日皆无考,附识之。

51　河南贼师尚诏引众自永城而东,掠宿州,欲乘虚袭凤阳,取高墙罪宗奉之。官兵追及于五河县,破其水陆各营,贼遂四散不能军。

52　辛酉,以谙达寇退,告谢郊庙,边臣文武皆升赏有差。

先是宣大巡按、御史毛鹏言:"寇自七月十六日入境,至八月七日始去,此指寇入大同至山西之役。以二十余万之众,经二十余日之久,地方遭其屠戮抢掠,殆已无余。总督苏祐、总兵李涞等,合营广昌,为寇冲击;而大同总兵吴瑛壁黄土沟,宣府总兵刘大章壁黑石岭,皆闭垒观望,莫敢犄角,致寇长驱入山西,荼毒之惨,殆不忍言。及寇饱欲而还,捷书连上,其败丧则减百而为一,斩获则增十而为千,效尤欺罔,因循不改,将不知疆事所终矣。"

已,<u>山西巡按御史李一翰</u>,劾"<u>巡抚赵时春</u>玩寇无谋,以兵予敌;<u>繁峙</u>之创夷未复,西路之溃败继闻;大将骈亡,匹骑不返。乞行逮问,治以军法。"

时上方喜于寇退,兵部因希指言:"寇入虽不无虏掠,而诸臣力战,所杀伤过当,俾之失利引去,实上天眷佑,陛下威灵所致。请择日告庙,论功行赏。"诏如议行。部臣复请"以告祭之次日,百官贺捷于<u>奉天门</u>外",命已之。

53 癸亥,<u>河南</u>诸军分道追贼于<u>蒙城</u>、<u>商丘</u>等处,斩获有名贼首多人,<u>师尚诏</u>乃弃军械,变服遁去。

54 是月,免<u>南畿</u>、<u>河南</u>被灾税粮。

55 冬,十月,甲戌,振<u>河南</u>、<u>山东</u>饥。

户部以"两省岁荒盗起,请发<u>临清</u>仓米七万石,以二万石自<u>卫河</u>达<u>卫辉</u>,振<u>河南</u>,以四万石振<u>山东</u>,仍敕抚、按官出官银数万两,于邻近州县籴粟振民,及立均粜之法以平时值",从之。

会吏部侍郎<u>程文德</u>上言:"今<u>直隶</u>、<u>河南</u>、<u>山东</u>、<u>徐</u>、<u>邳</u>、<u>淮</u>、<u>扬</u>等处方数千里,水灾异常,民不聊生,流离载道,言官陈振恤,未见旦夕亟行。臣闻救荒莫便乎近其人,莫不便乎拘以常格。请于两<u>直隶</u>二省,各遣行人赍诏谕宣布德意,慰拊颠连,令各州县自为振给,听其便宜处置。凡官帑、官廪、赎纳、劝借,苟可以济民者,概不限制。又,近日户部申明开纳事例,亦暂许本地上纳,随其所有粟黍麦菽之积,可救饥者,皆得输官计直,视其合例者,官为请部札而授之。自抚、按以下,凡诸常事,悉暂停辍,一意振恤,督责诸守令夙夜从事。仍令造册登记全活之数，定为等则，以课殿最。"疏入，下部议行。

56 己卯，副总兵汤克宽督兵击倭于南沙，败绩。

倭自东遁，江上稍宁，惟崇明南沙泊失风倭三百人，舟坏不能去，克宽及佥事任环列兵守之。至是与战，不利，亡卒四百余人。【考异】据明史纪事本末书崇明南沙之役，言"任环所率新募兵三百人，皆励以必死，相守不下，贼潜出没，环常夜追之，出其前后。有宰夫佩恐有失，衣环衣，介马而驰。环被追急，遇死士以死捍环。环被伤，舁之至水滨，梁已彻丈余，超而过，遂得免。宰夫留御，死焉，环求其首，为流涕，亲爵之。"按宰夫佩不知何人，而明史环传亦有"宰夫捍环出，死之"之语，疑据野史，附识于此。

57 免畿内被灾秋粮，仍发京、通二仓米三万石振顺天府，临、德二仓米三万石振保定诸府，各以本处赃罚银佐之。

58 免浙江被灾被寇秋粮，其海盐、平湖二县各兑运米准折银征解，仍命有司发仓粟振之。

59 戊子，倭寇移舟泊宝山，汤克宽引舟师追击之，及于高家嘴。【考异】实录及纪事本末皆作"高家嘴"。明史日本传"高"作"南"，疑误字。毁其舟，斩首七十三级。

60 戊戌，上以各省灾伤甚，民多入京求食，一时米价腾贵，命煮粥给钱以振之。辅臣严嵩请发太仓米数万石平粜。上又曰："荒年饿莩，必有毙诸途者。"乃敕户部"行五城御史及在外抚、按官各督率有司查视瘗之。"又令"太仓出粜之米，于十万石内分四万石，委官运赴城门外各厂，每早召集军民，人给米一升；俾沾实惠。"

61 庚子，河南贼平。时官军获师尚诏于山东莘县，诏即所在斩之。

贼起四十余日,破府一,州二,县八,屠戮十余万人,三省大震。

62 辛丑,京师外城成。

63 是月,有倭舟失风,漂至兴化府南日寨,登岸流劫,杀千户叶巨卿、百户张养正等。【考异】张养正死事,据王忬奏中增。指挥张栋督舟师冲击,倭走据山,知府董士弘纠民兵会栋等合围歼之。

是时海洋岛岸,有真倭阻风不获归者,有沿海居民自江南归候来岁倭至者。未几,南日寨复有三舟登岸,士弘击之,引去,禽贼数人,皆倭也。比泉州舟师攻贼于石珊澳、深泥湾等处,凡再战,禽贼四十余人,则皆浙之临海,闽之漳州,粤东之揭阳人,盖真倭仅十之三而已。

64 十一月,甲辰,谕工部铸洪武至正德九号钱,每号百万锭,嘉靖钱千万锭,每锭五千文。

先是民间行滥恶钱,率以三、四十文当银一分。后益杂铅锡,薄劣无形制,至以六、七十文当一文,翦楮夹其中不可辨。于是给事中李用敬,"请以制钱与前代杂钱相兼行,上品者俱七文当银一分,余视钱高下分为三等,下者二十一文当银一分。私造滥恶钱,悉禁不行,犯者置之法",从之。

而是时税课抽分诸厂,专收嘉靖制钱,民苦钱少。乃用严嵩等议,"发内库新旧钱八千一百万文,折给俸粮",又令"通行历代钱,有以新、旧钱及铜销为造像制器之用者,按盗铸律论罪。"

65 庚戌,冬至,祀天于圜丘,朱希忠摄行。

66 是月,倭自崇明逸至常熟,扰及上海,复流劫南汇所、吴淞江所及嘉定地方,凡十九日始去。

67 十二月,乙亥,严嵩言:"户、工二部,核计铸钱一千九百万锭,需工料银三千二百八十二万七百七十两有奇。今户部太仓库贮银仅一百五十三万六千两,已不敷京、边岁用之数;工部节慎库贮银仅七十万,尽数铸钱,尚不及十分之一;行之各省,又恐扰民。今时值灾荒,无从筹措。请嘉靖通宝量为依式制造,陆续进用。"从之。

68 是月,蠲苏、松、常、镇四府被寇者积逋,自嘉靖二十七年至三十一年悉停征,从应天巡抚彭黯之请也。

69 是岁,云南元江平。

初,元江土舍那鉴之乱,逾年,沐朝弼集土、汉兵会监督王养浩攻之,贼大败,鉴乞降。会瘴毒起,大兵复撤。上怒,责以克期进剿。

会新授云南巡抚鲍象贤至镇,调集土、汉兵七万人,广集粮运,期分哨进兵元江,为必取计,那鉴惧,伏药死。象贤檄百户汪辅入城抚谕其众,禽其贼首之戕那宪、杀徐樾者,皆斩其首以献,遂平之。

三十三年(甲寅、一五五四)

1 春,正月,壬寅朔,不御殿。

2 杖六科给事中张思静等于廷,各四十,以元旦贺表中失抬"万寿"字故也。

　　三编御批曰:嘉靖酷待言官,力加摧抑,锢狱杖死者接踵于廷,已非政体。至贺表违式,其事尤微,何亦重加遣责! 盖自严嵩柄用,群臣异论纷如,嘉靖听嵩之怂恿,蓄怒以待者已久。而众喙仍然不已,则益务先事施威,欲以怵其心而钳厥口耳。尔时台谏陈言,固不必尽中事理。而嘉靖借端抒愤,至以元日尽挞科臣,乖妄更甚矣!

3　壬子,康妃杜氏薨。

妃,裕王母也。时王已成婚,诏主其丧。遵孝慈录,斩衰三年,以日易月,二十七日而除。

4　戊辰,倭自太仓南沙溃围出,转掠苏、松各州县。贼据南沙五阅月,官军列舰于海口,围之数重,不能破。军中疾疫作,乃开壁西南陬,贼遂逸出。

5　二月,庚辰,倭寇松江府,官军败绩,县丞刘东阳死之。
【考异】东阳之死,明史本纪不具,见从信录。证之实录,是也,今据增。

是月,诏赠恤河南死事归德府检校董纶、举人陈闻诗。

初,师尚诏入归德,知府及守卫官皆遁。纶率民兵巷战,被执,垂死犹手刃数贼,妻贾及童仆皆从死。

闻诗,柘城人,举于乡。以亲老绝意仕进,亲没,居丧哀毁。贼陷归德,闻其名,欲劫为帅。已,陷柘城,拥之至,诱说百端,闻诗不屈,乃引其家数人斩之,曰:"不从,灭尔族。"闻诗绐曰:"必欲吾行,毋杀人,毋纵火。"贼许诺,拥以行。闻诗遂不食,至鹿邑自经死。

至是有司以闻，诏赠纶归德同知，闻诗凤阳同知，并立祠死所。【考异】事具明史忠义传。实录所载，盖追赠月日也。"纶"，传作"伦"。

7　三月，甲辰，以南京兵部侍郎屠大山兼佥都御史，巡抚应天，提督军务。

时应天巡抚彭黯丁忧，寻被劾罢。初以江西布政使陈洙代之，上令再推忠谨可任者。会吏部尚书李默言："苏松巡抚所辖一十二府州，地远不便兼辖。况当军兴之际，调兵转饷，难责一人，请增设提督军务大臣一员，专责剿贼，而令巡抚专督军饷。"兵部言："兵粮两分，行事不便，不若依近年浙江添设提督军务都御史例，令提督、巡抚合为一人，以专责任。"上然之，乃令洙别用，而改大山于应天。——巡抚之兼提督，自大山始也。

8　戊申，复议钱法。

时方严私造滥恶之禁，而民间行用小钱已久，骤革之颇称不便。又出内库钱给文武官俸，不论新旧美恶，悉以七文折算；诸以俸钱市易者，悉以七文抑勒予民，民亦骚然。属连岁大祲，四方流民就食京师，死者相枕藉，论者谓钱法不通所致。

于是御史何廷钰奏"请许民用小钱，以六十文当银一分。"户部尚书方钝、郎中刘尔牧皆执不可，廷钰因讦奏"尔牧谤及朝廷，用财如泥沙，盖斥斋醮也。"并及钝。上大怒，命廷杖尔牧一百，黜为民，钝姑贷之。

因略采廷钰议，令民自便。仍定嘉靖制钱七文当银一分,<u>洪武</u>等号十文,前代三十文。时小钱以初禁之严,竟不复用,而民间乃竞私铸<u>嘉靖</u>钱,与制钱通行矣。

9 壬戌,<u>倭</u>分掠<u>苏</u>、<u>松</u>等处,<u>汤克宽</u>逆战于<u>采淘港</u>,斩首八百余级。

时<u>克宽</u>以<u>南沙</u>纵贼罪夺官,戴罪剿贼,乃以<u>通泰</u>参将<u>解仁道</u>代之。寻<u>王忬</u>复荐<u>克宽</u>为<u>浙西</u>参将。

10 乙丑,<u>倭</u>自<u>苏</u>、<u>松</u>掠民舟入海趋<u>江北</u>,登岸薄<u>通</u>、<u>泰</u>等城,焚掠各盐场,余众有剽入<u>青</u>、<u>徐</u>界者,<u>山东</u>震动。【考异】诸书皆系之三月,<u>实录</u>书是月乙丑。而<u>明史</u>本纪误入乙丑于二月下,二月无乙丑,盖乙丑上脱"三月"二字耳,今刊改。

11 是月,<u>倭</u>复寇<u>浙江</u><u>宁波</u>之<u>普陀山</u>,参将<u>俞大猷</u>率将士攻之。半登,贼突出,官兵败绩,阵亡武举<u>火斌</u>等三百人。【考异】见<u>明史</u><u>俞大猷</u>传。传书三十三年,<u>实录</u>系之三月之末,盖与<u>苏</u>、<u>松</u>入寇之<u>倭</u>为两事也。<u>明史</u>本纪不载,今据增。

12 <u>倭</u>之掠<u>苏</u>、<u>松</u>也,有<u>莒州</u>人<u>孙镗</u>,商贩<u>吴</u>、<u>越</u>间,<u>倭</u>扰<u>松江</u>,<u>镗</u>谒郡守,请输赀佐军。守荐之参政<u>翁大立</u>,试以双刀,若飞跃,遂录为土兵。击走<u>倭</u>,出参将<u>任环</u>于围中,遣人还<u>莒</u>括家赀,悉召里儿为爪牙,<u>吴中</u>倚<u>镗</u>若长城。<u>倭</u>舟渡<u>泖</u>淀,<u>镗</u>突出,酣战竟日,援兵不至,还至<u>石湖桥</u>,半渡遇伏,中刀堕水死。

逾年,巡按御史<u>孙慎</u>以闻,与同时阵亡之巡检<u>李丛禄</u>、千户<u>董元</u>俱赐赠荫。【考异】<u>孙镗</u>死事,见<u>明史</u>忠义传。据<u>实录</u>三十四年<u>孙慎</u>请恤奏中,自<u>镗</u>以下凡三人。奏称"三十三年<u>苏</u><u>松</u>之役",今据书之。<u>李丛禄</u>、<u>董元</u>阵亡,同在一奏中,并录之。

13 礼部尚书<u>欧阳德</u>卒,升吏部侍郎<u>王用宾</u>代之。

14 夏,四月,甲戌,以今春雨泽少,雷未发声,遣官祭告各坛庙,停常封九日。

诏"发京、通二仓米振顺天府属饥民,其流民就食者振以粥。"

15 乙亥,都城内外大疫,命"太医院给医药,户部发米五千石振粥,死者令官民收瘗之。"【考异】见明史五行志。实录作"成都",误也。盖"都城"二字倒写,又误"城"为"成"耳。

是日,始雷。

16 倭犯嘉兴,参将卢镗等御之,稍却。次日,复战于孟宗【考异】实录"宗"作"家",疑"宗"字是也。堰,伏发,杀官军四百人,溺死五百人,都司周应祯、指挥李元聿、千户薛纲、宗应澜等俱死之。【考异】周应祯死见明史本纪,李元聿死见从信录,余二人据实录增入。又据实录,与周应祯等同请恤者,有百户梁喻、赵轩、朱玺等,其阵亡地方月日无考,并附识之。

17 戊寅,倭寇嘉善,陷之。辛巳,复攻嘉兴,副使陈宗夔率兵御却之,焚其舟,贼遁入乍浦,寻掠海宁等县。

18 壬午,倭攻通州,扬州千户洪岱,中所千户文昌龄,泰州所千户王烈,督兵赴援,遇贼于西门外三里桥,力战,俱死之。

19 乙酉,倭夜袭崇明,陷焉,知县唐一岑死之。

一岑建新城,议徙居之,为千户高才、翟钦所沮。至是倭突入,一岑且战且詈,遂被杀。

20 甲午,诸达寇宣府,溃墙,大掠去。

21 五月,壬寅,倭自崇明薄苏州,大掠至昆山,百户刘爱臣死之。【考异】据实录增。丁未,犯崇德。

22 丁巳,给事中王国祯等,以"倭寇猖獗,逼近留都,请设总督大臣督理南直隶、浙江、山东、两广、福建等处军务,俾调兵饷,得以便宜从事。"

先是南京兵部尚书张经言:"洪武间,以倭寇不靖,命信国公汤和经略海防,凡闽、浙滨海之区,陆有城守,水有战船,故百余年来,寇不为害。其后法弛弊生,军士有纳料放班之弊,于是强富者放遣,老弱者充役,战船损坏,亦弃不修,以致寇得而入。请行各巡抚严督所属,预集兵船以守要害,追捕纳料军士以实行伍,清理积岁料银以造战船。"朝议是之。至是廷臣交荐,乃以命经。

23 癸亥,彗星见北斗天权星旁。逾月,西北行,犯文昌,入近浊,凡二十七日而灭。

24 是月,给事中王国祯,言招抚降贼非计。

是时有议招汪直之等,故国祯言"胁从之贼犹可抚,而贼首必不可抚。降一汪直,未必不生一汪直,是赏以劝恶也。"上从之,然犹敕张经等:"剿抚并行,毋误事机。"

25 六月,癸酉,谙达犯大同。

时总兵官岳懋巡边,遇寇于五堡,迎击之,深入陷伏中,遂力战死焉。指挥佥事薛泰突围出,闻懋被戕,复冒阵入,死之。

事闻,赠懋、泰官。懋赐谥立祠如张达例,泰祔祀懋祠。【考异】诸书不载薛泰从死事。实录于明年追赠泰官,始及其阵亡之本末。今据增。

26 己丑,逮宣大总督苏祐,大同巡抚侯钺,以岳懋败没故也。

寻以刑部侍郎陈儒兼佥都御史,振恤大同军士,户部发太仓银十万两给之。

27 壬辰,擢徐州兵备副使李天宠以佥都御史巡抚浙江,代王忬也。

时上已命张经总督南直隶、浙、闽等凡六省,专任剿倭事。会宣大告警,乃改忬右副都御史,巡抚大同。而浙设巡抚如旧制,乃以命天宠。

忬受巡抚浙闽之命,方视师闽中,而贼复大至,犯浙江,卢镗等频失利,御史赵炳然请逮治,上特宥之。然忬在浙闽,严侦哨,谨斥堠,起用卢镗及荐擢汤克宽、俞大猷之等,后皆为名将。至是去,而海上复骚然矣。

28 戊戌,以京师淫雨,漂没民居,诏户部发银振济,工部浚渠泄水。

29 是月,倭自苏州转掠嘉兴,都指挥夏光御之,背王江泾而阵,倭鼓噪而前,官军大溃,光中流矢溺死。

事闻,赠都指挥同知,立祠祀之。【考异】嘉兴之掠,明史本纪不具。明史稿系之是月甲申,见实录,今从之。

30 秋,七月,丙午,苏州倭寇流劫至嘉善,将趋吴淞江出海,参将俞大猷邀击,败之于吴淞所,禽七人,斩首二十三级。

31 是月,总督张经"请调广西狼、土兵五千人,至苏、浙等处御倭",从之。

32 上崇奉玄修益笃,以赞玄勋戚惟朱希忠一人,特命驸马都尉邬景和、安平伯方承裕同入直西内。又于辅臣严嵩外,特命吏部尚书李默、礼部尚书王用宾及左都督陆炳皆入直,复以侍郎程文德、闵如霖、郭朴、吴山供撰青词。

景和以不谙玄理辞,上不悦,遂罢入直;已而责在直诸臣,景和犹预焉,景和辞免,且言:"臣愿洗心涤虑,效马革裹尸之报。"上怒其怨讪,出不祥语,黜为民。

33 八月,癸未,倭自嘉兴还屯采淘港、柘林等处,进攻嘉定县城。会山东募兵,参将李逢时、许国,以山东民枪手六千人至,与贼遇于新泾桥。逢时率麾下先进,败之,贼退据罗店,官兵追及之,斩八十余级。

已而国恨逢时与同事不约己,乃别从间道击贼。庚寅,复战,追至采淘港,乘胜深入,伏起,大溃,指挥刘勇等死之。【考异】明史本纪"八月癸未,倭犯嘉定,官军败之。庚寅复战,败绩。"庚寅之败,即许国追至采淘港之役也,今据本纪分记之。又据实录,采淘阵亡,自刘勇外,有千户孙升、胡应麒、镇抚李继教、义勇官徐荼等,并附记之。

34 乙未,谙达犯宣府。

35 九月,戊申,免山东东昌、兖州二府被灾税粮。

36 下工部侍郎谈相于狱。

先是相丁忧,乞假归葬,上谕以事毕亟返。既而相屡称病,请缓期,上怒其违命,命锦衣卫送法司论斩,相竟死狱中。

37 乙卯,倭以七十余人犯海门县,焚舟登岸,淮扬兵备副使张景贤御之于吕泗场,尽歼其众。

38 己未,谙达入寇平虏城,至山西,官兵击走之。乙丑,犯潮河川。丁卯,掠古北口。

39　免湖广被灾税粮。

40　是月，工部尚书欧阳必进以忧去，升刑部侍郎吴鹏代之。

41　冬，十月，己巳，寇攻蓟镇墙，百道并进，总督杨博，总兵周益昌，率军士擐甲登陴，宿止古北口垣上，寇攻之，不克。

时上遣厂、卫卒校往诇之，归报将士据墙守御状，上喜，遣官奖犒，并赐博、益昌各服色衣一袭。

42　庚午，寇北遁，关南解严。

是时寇薄墙，攻四昼夜不克，退屯古城川。次日，复南旋，驻虎头山，夜，火满野，连亘数十里。杨博募死士执锐潜入敌营，中夜齐发，寇惊扰，至旦乃解去。【考异】明史本纪，"九月丁卯谙达犯古北口，总督杨博御却之。"史稿，"十月庚午，寇犯蓟州，杨博御却之。"证之实录，寇以九月晦掠古北口，遂攻蓟州，十月庚午始退，所谓"攻四昼夜"者是也。今分书之。

43　乙亥，倭犯海门健跳所。

44　辛巳，改张经为右都御史兼兵部侍郎，专办讨贼。以南京吏部尚书周延代经为兵部尚书，参赞机务。

时倭二万余据柘林、川沙洼，其党方踵至。经日选将练兵，为捣巢计，以江、浙、山东兵屡败，欲俟狼、土兵至用之。

于是给事中李用敬，劾其纵贼误国四事，下兵部议，"经本以南京参赞之职节制东吴，内外掣肘，不便行事。乞量改一官，专以平寇为务；其参赞之任，更遣一人代之"，遂有是命。【考异】经授侍郎，据实录在是月。明史本传系之十一月，据命下之月日也。又经前授总督,仍用南京兵部尚书原衔,至此始命周延代之。本传言"五月命经总督,解部务",与后改兵部侍郎矛盾矣。证之实录,授经总督有"不妨部务"之语,是解部务在十月也,今据实录。

45　十一月,乙卯,冬至,祀天于圜丘,朱希忠摄行。

46　壬戌,倭自柘林分掠嘉、湖二府,都指挥刘恩败之于嘉兴县,贼遂攻嘉兴府。

47　是月,兵部尚书聂豹等汇奏蓟镇及山西、宣大各守臣所上御寇功次,诏边臣杨博以下,阁部严嵩、豹以下,俱升赏有差。

48　十二月,壬申,以冬深无雪,遣文武大臣英国公张溶等祭祷各宫庙。

　　是日,礼部汇奏天下灾异,乃敕廷臣以祷雪之日为始,各青衣视事,修省九日。

　　癸未,复以祷雪不应,命百官斋戒,停常封三日。

49　是月,倭寇围嘉兴,不克,遂分劫秀水、归安,巡抚李天宠遣副使陈宗夔、都指挥刘恩御之,战不利。会百户赖荣华统福兵六百人至,鼓行直前,贼却,敛兵登舟,荣华乘胜薄之,中炮死。【考异】赖荣华死见明史李天宠附传,从信录系之是年十二月。证之胡宗宪明年二月勘上去年十二月嘉湖御倭功罪,荣华之死即在流劫秀水、归安时,与从信录月分合。至荣华死事本末,具见原奏中,今据书之。寻掠嘉善,知县邓植弃城走。

明通鉴卷六十一

江西永宁知县当涂 夏　燮 编辑

纪六十一 起旃蒙单阏（乙卯），尽著雍敦牂（戊午），凡四年。
世宗肃皇帝

嘉靖三十四年（乙卯、一五五五）

1 春，正月，丁酉朔，不御殿。

2 倭自柘林夺舟犯乍浦、海宁，攻崇德县，陷之，又转掠塘栖、横塘等处。复攻德清县，杀把总梁鹗，指挥周奎、孙鲁，百户陆陵、周应辰，理问陶一贯等。巡按御史胡宗宪以闻。

时张经所调狼兵及保靖兵俱未至，持重不发，杭城数十里流血成川。经驻嘉兴，李天宠守杭州，倭攻之不克。

【考异】据胡宗宪原奏，倭陷崇德，攻德清，在正月之朔。实录书之三月，据奏至之月日也。明史本纪据失事月日，今据之。

3 甲子，振华亭、上海、嘉定、崇明四县被兵灾者，并蠲苏、松二府去年税粮。

4 是月，以倭警，命南京左军都督丰润伯曹松专督孝陵卫军,防护陵寝,南京都督佥事万表(克)〔充〕总兵官,提督漕运,镇守淮安。

5 以南京兵部尚书周延为左都御史。

6 二月,丙戌,遣工部右侍郎赵文华祭告海神兼区处防倭事。

先是文华疏陈备倭七事:"一祭海神,请遣官望祭于江阴、常熟;次令有司掩骼轻徭;次增募水军;次苏、松、常、镇民田一夫过百亩者,重科其赋,且预征官田税三年;次募富人输财力自效,事宁论功;次遣重臣督师;次招通番旧党、并海盐徒,易以忠义之名,令侦伺贼情,因以为间。"兵部议"行其五,惟增田赋、遣重臣二事不可行",上切责,尚书聂豹等坐免。礼部议覆:"请遣官祀神,如文华言。"

上以问辅臣严嵩,嵩言:"贼扰苏、松二载,调兵未见实效,奏报或多失实。宜如部覆遣大臣往祭,并宣布朝廷德意,即令察视贼情。请以文华任之。"乃有是命。

7 壬辰,以淮、徐灾伤重大,诏折征漕粮十分之三,每石征银六钱。

8 是月,谙达分道寇宣府龙门、赤城等处,寻寇蓟镇马兰峪。参将赵倾葵率众御之,败绩,与指挥褚文明、李湘、周宦,千户黄世勋、段启元,百户孙世爵等俱死之。总兵周益昌驰援,分扼诸隘口,寇闻大兵至,始引去。【考异】明史本纪,寇蓟镇在是月,实录奏报在三月,今仍据原奏月日。其赵倾葵以下之死事者,俱据实录增。

9 三月,甲寅,苏松兵备副使任环邀击倭于南沙,败之。

10 是月,召总督蓟辽、保定都御史杨博入为兵部尚书,以巡抚大同王忬代博。忬以秋防事竣进兵部右侍郎，至是迁左。

11　张经请调狼、土兵，至是田州瓦氏兵先至，诸将欲速战，经不可。已，东兰兵继至，经以瓦氏兵隶总兵俞大猷，以东兰、那地、南丹兵隶游击邹继芳，以归顺及思恩、东莞兵隶参将汤克宽，分屯金山卫、闵港、乍浦，犄贼三面，以待永顺、保靖兵之集。未几，赵文华至，经遂以不时进兵得罪。【考异】诸书多系之五月，盖因王江泾之捷类记耳。明史张经传书狼、土兵至于是年三月，今据之，为张经被逮张本。

12　夏，四月，辛未，工部侍郎赵文华至松江，祭海神。

　　时狼兵甫至，人心稍安，总兵俞大猷遣将会瓦氏兵邀击贼于金山卫，颇有斩获。文华遂趣经进兵，且厚犒狼兵，激之进剿，至漕泾，遇倭数百人，与战不利，头目钟富、黄维等十四人俱死焉。于是贼知狼兵不足畏，益纵掠沿海等处。

13　乙亥，倭犯江北淮、扬诸府，扬州同知朱裒击败之沙河。未几，复大至，薄城东门，裒督兵奋击，兵溃，死焉。贼由通州、海门登岸，流劫狼山、利河等镇及通、泰盐场。

14　戊子，谙达寇宣府，参将李光启等御之于青边口堡，败绩。光启被执至墩下，寇索金帛取赎，光启大骂，寇戳杀之。指挥黄添祥、尚真、蔡隆，千户郝廉、贾玺、尚志，百户郭勋、王永，同时遇害。

　　事闻，逮参将张问政等六人，把总百户孟云汉等七人，下按臣论罪，总督许论等夺俸。追赠光启都督佥事，立祠死所,添祥等八人俱衬祀。【考异】明史本纪系之是月戊子,实录系之五月,据奏报月日也。原奏称"四月",与本纪合,今据之。

15　倭自三丈浦分掠常熟、江阴。

初,常熟知县王鈇,修城练民兵御倭,倭至辄为所败。至是参政任环,檄鈇与指挥孔焘分统官民兵三千破其寨,斩首百五十有奇,焚贼艘二十七。其至江阴者,游击白泫邀击,亦败之,斩首三十七级,贼遂东遁。

16　五月,甲午朔,总督张经大破倭贼于王江泾。

时柘林倭纠新倭四千余人突犯嘉兴,经遣参将卢镗督狼、土等兵水陆击之。会保靖、永顺兵俱至,保靖宣慰使彭荩臣遇贼于石塘湾,败之。贼将北走平望,副总兵俞大猷会永顺宣慰使彭翼南兵邀击,又败之。贼奔回王江泾,永顺兵攻其前,保靖兵蹑其后,参将汤克宽引舟师由中路蹴之,贼遂大败,斩首一千九百余级,焚溺死者称是。余众奔柘林,纵火焚其巢,贼遂驾残舟出海遁。

自军兴以来,战功称第一,而赵文华劾经之疏已先至矣。

17　戊戌,川沙洼倭贼流劫昆山石浦等镇,佥事董邦政、游击周藩引兵追击,遇伏惊溃,藩被创死之。

18　乙巳,倭率舟三十余艘,约千余人,自海洋突犯苏州,登岸肆劫,复有新倭千余,合犯苏州之陆泾坝。南京都督周于德引兵赴援,一战而败,镇抚孙宪臣被杀。

贼遂分其众为二,一北掠浒墅关,一南掠吴县横塘等镇,延蔓常熟、江阴、无锡之境,出入太湖,莫能御者。

19　己酉，逮总督张经及参将汤克宽。

初，赵文华视师，恃严嵩党庇，所至辄颐指大吏，广纳文武贿赂。时经方议征兵大举，自以位在文华上，心轻之。巡按御史胡宗宪，亦与经议军事不协，文华乃与之比而倾经。

屡趣经进兵，经欲待永顺、保靖兵至以取万全。文华再三言，经守便宜不听，且虑文华轻浅泄师期，竟不以告。文华怒，密疏劾"经养寇失机"，方拜疏而永、保兵已至，即有石塘湾之捷。

比大败倭贼于王江泾，文华欲攘其功，谓己与宗宪督师所致。上以问严嵩，嵩对如文华指，且言："狼兵初至，经不许战，苏、松人咸怨经。"上怒，即下诏逮经，并及克宽。寻改应天巡抚周珫为兵部侍郎，代经总督。

20　癸丑，张经捷奏至，兵科给事中李用敬、阎望云等言："王师大捷，倭夺气，宜乘势捣柘林、川沙洼之巢以歼丑类，不宜临阵易帅。"上大怒曰："经欺诞不忠，闻文华劾方一战。用敬等党奸，不可贷。"乃命锦衣卫执用敬等，各廷杖五十，黜为民。

已而上疑之，以问严嵩，嵩言："徐阶、李本，江浙人，皆言经养寇不战。文华、宗宪合谋进剿，经冒以为功。"因极言二人忠。上深入其言，遣使赐文华、宗宪银币。然狼兵素服经威名，经去而狼、土兵复为民害，东南事愈不可为矣。

21　乙卯，任环、俞大猷率永顺土官彭翼南，败苏州之贼于陆泾坝,斩首二百七十有奇,焚贼舟三十余艘。

22 丁巳,倭寇常熟,知县王鈇率兵乘城御之,不克。会邑人钱泮字鸣声者,以江西参政里居,忿倭爇其父枢,乃集乡官耆长助鈇,移舟泊三里桥,败之,追及于上仓港。倭掩击之隘中,鈇陷淖,瞋目大呼,腹中刀死,泮被数枪,杀三贼而死,耆长数人皆力斗死。

事闻,诏赠鈇太仆少卿,泮光禄卿,有司立祠祀之。【考异】王鈇死事见明史忠义传。传于阵亡地方未详,今据实录增入"三里桥、上仓港"等语。又传特书云"三十四年五月",今日分据实录。

23 是月,升浙江按察使曹邦辅以右佥都御史巡抚应天,提督军务。

24 六月,庚午,倭犯浙东,自上虞爵溪所登岸,犯会稽之高埠,夺民楼房踞之。知府刘锡、千户徐子懿等分兵围守,贼缚木筏渡河,遂溃围出,家居御史钱鲸遇害于蛏浦。贼遂流劫杭州,而西历於潜、西兴、昌化等处。

25 丙子,倭踞江阴之蔡泾坝,分众犯塘头,知县钱錞提狼兵御于九里山。薄暮,雷雨大作,伏四起,狼兵悉奔,錞战死。

事闻,赠錞光禄少卿,立祠祀之。

26 庚辰,任环、俞大猷复败倭于马迹山,斩首九十三级。

27 壬午,罢总督南直隶浙闽等处都御史周珫、巡抚浙江都御史李天宠。

先是赵文华劾天宠嗜酒废事,遂荐宗宪。而珫任总督,为文华所制不得展,坐夺俸,至是与天宠并黜为民。珫在官仅三十四日耳。寻改南京户部侍郎杨宜代珫,而宗宪遂代天宠。未几，御史叶恩以北新关之败劾天宠，而宗宪亦言其纵寇，遂逮天宠下狱。

28　是月，山西矿贼宋爱等为乱，流劫直隶定州，越阜平、曲阳、行唐等县。官兵追剿，败绩，阵亡百户屈伸等十七人。诏两省镇、巡官亟剿平之。

29　秋，七月，乙巳，倭陷南陵。

先是高埠之贼自杭州西掠者，沿途伤亡，至严州淳安县，仅六十余人，以浙兵逼急，遂逾山突入歙县，流劫绩溪。至旌德，典史蔡尧率民兵千余御之，不克，贼焚掠南门外。过泾县，知县丘时庸引兵追击于埠塘，败绩。

贼遂趋南陵，官民守分界山，闻风奔窜，贼至，陷县城，纵掠城内外。是时建阳指挥廖印、当涂县丞郭耿郊、芜湖县丞陈一道、太平府知事郭章，各率兵赴援，与贼遇于县东门，印等引弓射之，贼悉手接其矢反射，众皆惊溃。惟一道所率多江湖骁健，乃麾众独进，力战不克，遂被杀。一道子陈子义横身捍贼刃以蔽其父，亦死焉。【考异】陈一道之死，诸书皆不载，惟从信录有"杀芜湖县丞"一语，亦不著姓名，今据实录增。又与一道同请赐恤者有把总朱顶鹤，其阵亡地方月日无考，并附识之。

30　丙辰，倭犯南京。

先是倭自南陵流劫芜湖，渡河入北岸肆掠。各商民义勇登岸，击以瓦砾，又烧石灰罐掷而下，贼多伤者，遂趋太平府，城中人断河桥以守。贼遂引而东，犯江宁镇，指挥朱襄率众迎拒，不克。襄力战，身被数枪堕马死，官兵死者三百余人。

贼遂直趋南京。其酋皆黄衣红盖，率众犯大安德门及夹冈,不克,乃趋秣陵关而去。

31 丁巳,总督张经逮系至京,诏下法司议罪。经上疏自理,言:"臣任总督半载,前后斩首五千有余,乞赐原宥。"不省,遂与总兵汤克宽俱论死,系狱。

32 八月,壬辰,巡抚应天金都御史曹邦辅,歼倭寇于浒墅关。

先是倭自南京出者,由溧水流劫溧阳、宜兴,闻官兵自太湖出,遂越武进,抵无锡,驻惠山,一昼夜奔百八十余里,遂抵浒墅关。是时柘林倭遁入海,遭风,坏三舟,余贼三百有奇,登岸至松江之陶宅镇,据之。

邦辅虑二贼合为患也,乃亲督副使王崇古,会集各部兵扼其东路,四面蹴之。会金事董邦政、把总娄宇督兵守陶宅,邦辅计陶宅贼据险且众,未可遽进,乃檄邦政、宇合剿浒墅之贼,败之,斩首十九级。贼始惧,欲潜走太湖,为官军所遏,追及于杨林桥,歼焉。

是役也,贼不过六七十人,而经行数千里,杀戮战伤者几四千人,历八十余日乃灭。

赵文华欲攘其功,而邦辅捷奏已先上,文华衔之。【考异】据明史日本传,邦辅及董邦政等合剿浒墅关之贼,而据曹邦辅传,似是剿陶宅之贼;然以上下文义绎之,实浒墅也。明史本纪,"是年八月,邦辅败倭于浒墅",下文九月乃书"赵文华、胡宗宪等击倭于陶宅,败绩。"据此,则八月所剿非陶宅之贼明矣。今据本纪,参日本传书之。

33 九月,乙未,赵文华进剿陶宅倭,败绩。

文华耻不预浒墅功,又意陶宅乃柘林余孽,乘邦辅之胜可取也,乃大集浙、直二省之兵,与胡宗宪、曹邦辅夹攻之。

文华、宗宪以浙兵营于松江之砖桥,约邦辅以直兵会,各分三道,东西并进。贼悉精锐冲浙兵,诸营皆溃,失亡军士一千余人。邦辅率直兵进剿,亦遇伏而败,死者二百余人。

是役也,浙兵指挥邵昇、姚弘,直隶领兵千户刘勋,俱没于阵,自是贼势益张。

34 乙巳,免凤、淮、扬三府及徐、滁二州被灾秋粮。

35 丙午,谙达寇大同、宣府。

36 戊申,倭以三舟泊台州海洋之螺门,备倭指挥王沛等引舟师邀击,败之,贼弃舟登山走。会参将卢镗以大兵至,入山搜剿,禽真倭八十四人,斩首三十余级,三舟之倭歼焉。

37 庚戌,免山东济南、东昌、青州等处蝗灾秋粮。

38 甲寅,杭嘉湖兵备副使刘焘,督兵五千余,分三道攻陶宅倭巢,不克。倭以二百余人迎敌,诸军望见,皆溃而走,焘仅以身免。

39 戊午,谙达复自宣化龙门入寇,遂犯怀来、保安,关南戒严。【考异】明史本纪,"是月戊午,犯怀来",不言保安。史稿书"辛酉犯保安",不言怀来。证之实录,犯保安、怀来,同系之戊午下,今从之。

40 辛酉,寇自保安出,至东岭,参将马芳,率家丁、通事千余人夜袭其营,寇大惊,乃西奔张家口出境。

41 是月,户科给事中杨允绳上御倭三策:曰制,曰谋,曰法。又言:"今日之患,不专在外攘而重于内修。近者督抚命令不行于有司,非官不尊,权不重也。督抚莅任,例赂权要,名曰'谢礼';有所奏请,佐以苞苴,名曰'候礼'。及俸满营迁,避难求去,犯罪欲弥缝,失事希庇覆,输贿载道,为数不赀。督抚取之有司,有司取之小民,有司德色以事上,督抚腼颜以接下,上下相蒙,风俗莫振。不肖吏又干没其间,指一科十,孑遗待尽之民,必将挺而为盗,其隐忧不止海岛间也。"语颇指斥赵文华等。未几,允绳竟得罪。【考异】见明史杨允绳本传。传特书云"三十四年九月",为允绳下狱张本。

42 谙达之犯宣、大也,复分寇山西。参将丁碧,提孤军数百,遇于马家窊,奋刀大呼,突入陷阵,矢贯头颅而死。

至是,巡按以闻,诏赠碧都督同知,立祠祀之。

寇自春入秋,数犯宣、蓟,连失三大将。谓赵倾葵、李光启及丁碧也。上愤甚,再下赏格,购谙达首者赐万金,爵伯;获丘富、周原者三百金,授三品武阶。

富、原,即白莲教萧芹之党未获者,因在敌招集亡命,居丰州,筑城自卫,构宫殿,垦水田,号曰"板升"。——板升,华言屋也。赵全亦党中人,教敌习攻战事,敌益爱重之。每入寇,必置酒舍所问计,以此势益张,边塞无宁日。【考异】丁碧死见明史鞑靼传。实录言"寇入大同、宣府,分犯山西",疑即丙午之役也,今据书之。

43 冬,十月,丙子,减免山西各府被灾税粮。

44 巡抚应天曹邦辅方报浒墅关之捷,不数日而陶宅败问至。

于是赵文华奏劾:"邦辅及金事董邦政,不能协力进兵,顾乃避难击易,致师后期。"兵部议:"二寇多寡虽殊,然以流劫者之慓悍，济以屯聚者之繁众，若使合而为一，益复滋蔓难图。今苏州之贼既灭，陶宅之势自孤。宜令邦辅、邦政亟图进兵，俟陶宅寇平，徐议功罪可也。"乃宥邦辅，逮邦政，敕总督杨宜按问。

45 丁丑，曹邦辅亲督水陆兵攻倭于周浦，败绩。

先是陶宅倭见我兵四集，夜走周浦，屯永定寺中，而柘林放洋之贼，复以九舟至，巢于川沙洼。邦辅分五哨攻之，四哨俱溃，惟中哨以邦辅阻水而阵得免。

46 庚寅，杀前任总督南直浙闽等省都御史张经、巡抚浙江都御史李天宠，并及兵部员外郎杨继盛。

严嵩既庇赵文华而构经等，遂坐大辟。继盛时系狱三载，上初无意杀之也。已，有为继盛营救于嵩者，其党胡植、鄢懋卿怵之曰："公不观养虎者邪？留之将自贻患。"嵩颔之。至是嵩揣上意必杀经、天宠，比秋审，因附继盛名并奏，得旨，俱决于市。

初，继盛系狱，每当朝审，观者塞衢，见继盛囊三木，辄愤叹曰："奈何不以囊嵩！"言者或至泣下。及继盛临刑，赋诗曰："浩气还太虚，丹心照千古。平生未报恩，留作忠魂补。"天下涕泣传诵之。

继盛当刑，其妻张氏上书言："臣夫某，误闻市井之言，尚狃书生之见，遂发狂论。圣明不即加戮，俾从吏议，两经奏谳，俱荷宽恩；今忽阑入张经疏尾，奉旨处决。仰惟圣德，昆虫草木，皆欲得所，何惜一回宸顾，下垂覆盆！倘蒙末减，不胜大幸，若以罪重必不可赦，愿即斩臣妾首以代夫诛。夫虽远御魑魅，必能为疆场效死以报君父。"疏上，嵩格之。

是岁，论决当刑者凡百有余人，诏决九人，而经、天宠预焉，并及继盛。由是天下恶嵩父子及文华益甚。

47 是月，倭贼二百人自浙江乐清县登岸，流劫宁、绍、台三府。【考异】明史本纪，"十月辛卯，倭掠宁波、台州，犯会稽"，即日本传所称"历五十余日，连犯三府"者是也。其所犯黄岩、仙居、奉化、余姚、上虞、会稽等县，据胡宗宪奏报，皆在十一月中。而日本传所谓"歼之于嵊县"者，据原奏在十二月十四日。今分书之，为下文连犯三府张本。

48 十一月，壬辰朔，日有食之。

49 乙未，倭二百余人犯福建莆田县及镇东卫，千户戴洪、高怀、张鸾等俱战死。

50 戊午，倭五十余人犯温州之平阳县，杀指挥祁嵩、平阳所百户刘愍。又倭八十余人犯舟山，进屯谢浦，参将卢镗遣兵御之，不克，指挥闵溶死之。【考异】闵溶之死，见明史卢镗本传。余俱据实录增。

51 庚申，冬至，祀天于圜丘，朱希忠摄行。

52 倭复犯福建之兴化平海卫，正千户丘珍、白仁，副千户杨一茂死之。已，复犯福清海口，泉州卫指挥佥事董乾震【考异】"董"一作"童"。直入其垒，杀十余贼，亦遇害。

事闻，诏各立祠祀之。

53 是月，巡抚应天曹邦辅言："川沙洼之贼集至四十余艘，而继至者未已，恐与陶宅之倭合而为一。请治副总兵俞大猷拥兵观望罪，革职使戴罪立功。"从之。

是时，赵文华以陶宅后期，请罢邦辅，上亦从之。给事中孙濬言："邦辅督大猷进剿陶宅在九月十一日,浙兵以次日至,则后期之罪不在直兵。矧苏、松士民金称邦辅实心任事,何况留都流劫之倭,一旦殄灭,功绩显然。而(以)〔文〕华遽请罢黜,臣不知其何心!"兵科给事中夏栻亦言之。上乃申饬文华,"秉公视师以图大效",而浒墅之捷,赏竟不行。

54 是月,乐清登岸之倭,流劫至黄岩、仙居、奉化、余姚、上虞诸县,官兵后至者多陷贼伏中,慈溪主簿毕清、乡兵监生谢志望、生员胡梦龙、儒士金应旸、绍兴知事何常明,皆中伏死之。

贼由上虞渡曹娥江,犯会稽,典史吴成器引兵遮击之,禽斩三十余人。【考异】此所犯地方及死事之毕清等,皆见实录,盖胡宗宪原奏也。原奏系之十一月,今从之。

55 闰月,癸亥,周浦之贼被官兵围攻日急,乘夜东北奔,统领川兵游击曹克新邀击之,斩首百三十级,遂与川沙洼之贼合。四川、山东诸兵日夕伺击之,乃焚巢载舟出海。

己巳,副总兵俞大猷,兵备副使王崇古,合兵入洋,追及之于老鹳嘴,焚其巨舰八,余贼奔上海浦东。【考异】事见明史俞大猷传。据实录载原奏,称"周浦之倭,于闰十一月初二日突围出。"是月壬戌朔,癸亥初二日也。大猷破之老鹳嘴,实录书之己巳,今分记之。

56 庚午,胡宗宪进攻平阳之贼,遣守备刘隆御之于三港,官兵败绩,隆及千户刘纲、百户张刚、张澄俱死之。

57 癸酉,川兵游击曹克新击倭于嘉定之高桥,鏖战自辰及未,酉阳兵先溃,诸军遂败。越二日,克新复督蜀中土、汉兵分三哨进,右哨酉阳兵复溃,我兵乱。贼乘之,杀大渡河千户李灿、成都卫百户郑彦昇,川兵伤亡及溺死者十之四,诸军夺气。

先是总督杨宜,以狼兵徒剽掠不可用,请募江、浙义勇,山东箭手,益以江、浙、福建、湖广漕卒,河南毛兵。比客兵大集,宜不能驭,川兵与山东兵私斗,几杀参将,而酉阳兵溃于高桥,夺舟径归苏州,赵文华犒慰谕留之,不敢诘也。

58 丁丑,免顺天、保定、河间、大名四府被灾税粮。

59 十二月,甲午,振陕西饥。

60 开四川、山东银矿。

初,上以进矿砂金银,议开采助大工,至是复以军需匮乏,谕阁部议广开采。户部尚书方钝等,"请令四川、山东、河南抚、按,严督所属加意搜访,以称天地降祥之意",遂有是命。

61 壬寅,山西、陕西、河南同时地震,声如雷,鸡犬鸣吠,陕西渭南、华州、朝邑、三原及山西蒲州诸处尤甚。或地裂泉涌,中有鱼物,或城郭庭舍陷入地中,或平地突成山阜。河、渭溢,华岳、终南山鸣,河清数日,官吏军民死者八十三万有奇。

礼部类奏以闻,诏内外臣工同加修省。

62 甲辰,官军合攻乐清之贼于嵊县,歼之。

是役也,贼不满二百,深入三府,历五十余日始平。

63 乙巳,赵文华疏请还朝,许之。

文华视师数月,怙宠恣睢,百司震慑;公私财贿,填集其门;因而牵制兵机,颠倒功罪。虽征兵半天下,而倭势益炽,官军屡败,文华率诿过于督抚。及砖桥之挫,始知贼未易平,欲委责去。会川兵破贼于周浦,俞大猷破贼于海洋,文华遂言"水陆成功,江南清晏",故有是请。

然是时倭尚泊浦东,而川沙旧巢及嘉定高桥,分党盘踞侵犯,殆无虚日,及文华去而败报复踵至矣。

64

下户科给事中杨允绳于狱。

允绳巡视光禄,光禄丞胡膏伪增物直,允绳与同事御史张巽言劾之,下法司按验。膏窘,言:"玄典隆重,所用品物,不敢徒取充数。允绳憎臣简别太精,斥言'斋醮之用,取其可耳,何必精择!'其欺谤玄修如此。"上大怒,遂并膏下法司拟罪。刑部尚书何鳌,当允绳仪仗内诉事不实律论绞,应援免发戍边卫;膏妄费受赃,黜为民。诏允绳依律绞,仍命与巽言杖于廷;巽言及膏俱降调外任。【考异】见明史本传。传言刑部论律绞。证之实录,有"援免发戍边卫"语,上怒允绳甚,故依律绞。膏之为民,上特轻其罪,与巽言同降调外任,可以知当日喜怒之任情矣。

是月,倭贼屯于松江新场,参政任环与都司李经等率永顺、保靖兵攻之,中伏,保靖土舍彭翅、永顺头目田菌、丰年等俱死之。【考异】事见明史任环传。永、保阵亡头目,传中但书彭翅,余二人及月分,皆据胡宗宪奏报增入。

谙达犯神木堡,参将杨璘率兵迎击,遇寇于胡家埠,璘挺身陷阵,中流矢死。

事闻,赠都督同知。时璘兄弟及侄皆从战中创,诏并录之。【考异】神木之役,见明年五月奏报中。原奏称"三十四年十二月",今据增。

三十五年(丙辰、一五五六)

1 春,正月,辛酉朔,不御殿。

2 壬戌,福建倭流入浙江界,留守官王伦督容美土司田九霄等扼之于曹娥江,不得渡,还走。官民追及之于三江民舍及黄家山等处,歼之。

3 庚辰夜,彗星见于进贤星旁,长尺许,西南指,渐长至三尺余,扫太微垣,东北行入紫微垣,犯天床,至四月始灭。

4 壬午,官军击新场倭于松江之四桥,败绩,参将尚允绍等死之,亡卒四百余人。【考异】据实录,松江新场之败,御史周如斗请恤奏中,自尚允绍外,有指挥李田、鲍东莱,千户郭勋、崔彦章、李尚节、李鼎,百户赵武、陈清等八人,并职于此。

5 是月,兵部尚书杨博以忧去,召总督宣大许论代之。

6 二月,壬辰,以山西、河南同日地震,诏九卿科道陈时政得失,并遣官祭告境内山川河洛之神,收瘗死者为厉坛祭之。

7 停征南直隶华亭、上海、嘉定兵灾税粮。

8 甲午,以地震,发银四万两振山西平阳府、陕西延安府诸属县,并蠲免秋粮。

9 己亥,总督南直隶浙闽军务杨宜罢。

宜征调各兵,久无功。会上年十二月新场之败,御史邵惟中劾:"宜观望畏怯,所督酉阳、永、保兵再战再北,请治其罪。"会赵文华还朝,因言:"寇初起,苦无兵;今征兵四集,所苦督抚非人,不能调度。请罢宜,以胡宗宪代。"严嵩复言之于上,上然之,乃罢宜。

宜在事仅逾半岁,以谄事文华,故得祸稍轻。

寻授胡宗宪为兵部侍郎兼金都御史,总督沿海军务。

10 戊午,罢吏部尚书李默,寻下之狱。

初,赵文华奏请还朝,因言"余寇无几"。及败报踵至,上疑之,以问严嵩,嵩力为营解,上意终不释。默与嵩数为异同,文华自江南至,默尤轻之。会杨宜罢,嵩、文华请以宗宪代,默独推用兵部侍郎王诰,二人者尤恚甚。

及是文华谋所以自解者,稔上喜告讦,乃摘默部试选人策有"汉武、唐宪宗晚节为任用匪人所败"等语,指为谤讪。又言:"臣前劾张经,默以同乡思报复;及臣再论曹邦辅,则嗾夏栻、孙濬媒孽臣及宗宪而党护邦辅。今地方之事,由于督抚非人,默乃不用宗宪而推王诰,怀私挟愤,岂奉公忧国之大臣所为!"

疏入。上大怒,下礼部、三法司议,不称旨,切责尚书王用宾等,皆夺俸,而下默镇抚司拷讯。刑部尚书何鳌,遂坐默比子骂父律绞,上怒不已,诏加等处斩,锢之狱。寻复逮邦辅至京师,谪戍边。默竟瘐死狱中。

11 是月,以李默罢,命大学士李本暂管部事。

12 三月,癸亥,大学士李本,以管吏部掌考察,因言:"大臣者,小臣之倡。大臣不职,则小臣靡然从之,故去不肖者,必先自大臣始。"上嘉其忠,命分别去留。于是考察尚书、侍郎、九卿及巡抚、都御史等十五人,寻考察科、道等官三十八人,希严嵩指也。

时严世蕃贪婪不法,政以贿成,而赵文华一出江南,公私匮竭,刑赏倒置,皆士论所不容。嵩欲诛锄异己以慑众志,乃嗾本为之。而本亦借以行其私,虽茸阘不称职者亦有其人,而凡不附严氏及文华所不悦者,一切屏斥无遗,故公论为之不平云。

13 丁丑,赐诸大绶等进士及第、出身有差。

14 癸未,改工部侍郎吴鹏为吏部尚书,升工部侍郎赵文华为本部尚书。

时鹏改吏部,廷推文华代鹏,上悦曰:"文华赍诚祭海,受命视师,宜有以酬之,如此推任,差为得人。"即日仍加太子太保,赏讦发功也。

15 是月,福建倭流劫古田,杀备倭指挥刘珏,副千户王月。

事闻,诏赠恤珏等,立祠祀之。

16 升湖广按察使张景贤为佥都御史,巡抚应天,广西参政阮鹗为佥都御史,巡抚浙江,皆兼提督军务。

17 夏,四月,丙申,振陕西灾,灾重者免夏税,以地震也。

18 己亥,倭舟二十余艘,自浙洋登岸,攻慈溪,陷之,杀乡官副使王镕、知府钱涣等,大掠而去,军民死者数百人。

19 甲辰,有续至倭寇三千余人,犯镇江、瓜洲、仪真等处,流劫至圌山入港,遂犯无为州。同知齐恩率舟师迎战,败之,斩首百余级。

恩长子尚文,次子嵩,叔仲实,弟宝荣,侄慎、寅、友良、大卿,孙童俱在行〔间〕。嵩年十八,骁勇善射,独前追贼至安港,恩率尚文等从之。会伏发被围,恩等及其家丁钱凤等二十一人力战,皆死之,惟嵩、慎、寅三人得脱。

贼乘胜至金山，杀镇江千户沈宗玉、王世臣于江中，百户戚继爵战没。

事闻，赠恩光禄丞，录一子，并厚恤其家，建祠祀之。余皆赠恤如例。【考异】事见明史忠义传。恩战死月日见本纪，今据实录，并其一家及家丁姓名增入。又戚继爵战没，同见请恤奏中。

20 丙午，倭复攻慈溪，入之。

倭之犯慈溪也，慈溪人杜槐为省祭官，倜傥任侠，寇至，县佥其父文明为部长，令团结乡勇，槐伤父老，请身任之，数败倭。副使刘起安委槐守余姚、慈溪、定海，遇倭于定海之白沙，一日战十三合，斩三十余人，馘一酋，身被数枪，坠马死。文明击倭于鸣鹤场，斩酋一人，倭惊遁，称为"杜将军"。无何，追至奉化枫树岭，战没。

事闻，诏父子并赠恤，建祠祀之。【考异】见明史忠义传。其请恤在是年十月，见实录，今入之倭寇慈溪等县下。

21 辛亥，倭寇万余，趋浙江皂林等处，将攻杭州，游击将军宗礼率兵九百人，御之于崇德三里桥，三战俱捷，斩首三百余级，贼首徐海等皆辟易，称为"神兵"。会桥陷，军溃乱，礼与镇抚侯槐、何衡，义官霍贯道，俱力战死之。贼乘胜攻桐乡，不克。

是役也，礼所部皆死士，以寡敌众，时以为血战第一功。自是海等亦病创夺气，未几遂就抚。

22 是月，倭寇温州，同知黄钏死之。

钏自去年击走倭贼，知必将复来，日夜为备，至是果大至。钏出城逆击，分军为三，钏将中军，其二军帅皆纨袴子；及与倭遇，倭遣众分掩二军，而以锐卒当中军。钏发劲弩巨炮,战良久,倭方不支。突二军望敌而溃,倭合兵击钏,钏腹背受敌,遂被执。胁之降,不屈,责以金赎,钏笑且骂曰:"尔不知黄大夫不爱钱邪!"贼怒,裸而脔割之。子购尸不获,具衣冠葬。

事闻,赠浙江参议,有司建祠祀之。

是时倭犯两浙,官军死事者,有海宁卫指挥徐行健、松门卫指挥程禄、百户方存仁,经巡按御史赵孔昭汇奏,得旨,赠恤如例。【考异】倭寇温州,明史本纪不载。黄钏死事见忠义传,书云"三十四年,钏击走倭,知必将复来,备之。又三年,果大至"云云。考钏之死,明书、从信录皆系之三十五年四月,而实录所载赵孔昭请赠恤黄钏等在七月,则钏之死在是年之四月为得其实。传中以为"又三年"者,疑"年"字为"月"字,传写致误也。今据明史及从信录月分。

23 初,倭屡犯浙东州县,胡宗宪时巡按浙江,与赵文华定招抚计,乃令客蒋洲、陈可愿往谕日本国王,遇汪直养子滶于五岛,邀使见直。

直初诱倭入犯,倭大获利,各岛由此日至;既而多杀伤,有全岛无一归者,死者家怨直。直乃与滶及叶碧川、王清溪、谢和等据五岛自保,岛人呼为"老船主"。

宗宪与直同乡里,欲招致之。时直母妻皆系金华狱,宗宪命释之,资给甚厚。洲等谕以宗宪指,直心动。又知母妻无恙,大喜曰:"俞大猷绝我归路,故至此。若贷罪许市,吾亦欲归耳。但日本国王已死,各岛不相摄,须次第谕之。惟萨摩、大隅二岛已先入寇,不及止。诚许之通贡互市,愿杀贼自效。"萨摩、大隅者,徐海所引以犯皂林、慈溪等处者也,时方蹂躏浙之东西。直乃留洲传谕国王,而遣激等护可愿归。

至是宗宪以闻，兵部言："直等本编民，既称效顺，即当释兵；乃绝不言及，第求开市通贡，隐若属国，叵测，未可遽许。宜令督臣振扬国威，严加防御，移檄直等，俾剿除舟山诸贼巢以自明。果海疆廓清，自有恩赉。"从之。

时两浙皆被倭，而慈溪焚杀独惨，余姚次之。浙西柘林、乍浦、乌镇、皂林间，皆为贼巢，前后至者二万余人。上命宗宪亟图方略，或剿或抚，便宜行之。

24 改礼部尚书王用宾为南京吏部尚书，以礼部侍郎吴山升代。改南京吏部尚书郑晓为右都御史，协理京营戎政。

25 五月，乙丑，复遣工部尚书赵文华提督浙、直军务。

先是倭警遝至，部议再遣大臣督师；已，命兵部侍郎沈良才，良才陛辞，陈便宜三事，悉从之。

会上谕辅臣严嵩，以东南事询之文华，嵩乃乘间言"文华自请行"，且言"江南人矫首望文华"，上信之，乃止良才而改命文华，立赐敕遣之。

26 丙寅，免山西去年秋粮，以地震也。

27 戊辰，以江南、北被倭患，令各督抚官发银籴米。仍县示劝借赏格：军民输银百两或米百石以上者，敕旌其门，以下者令有司量加奖谕，以充军饷。从户部请也。

28 丁丑，倭解桐乡围，以徐海之听抚也。

先是海及陈东、麻叶等连兵攻桐乡急，巡抚阮鹗在围城中。宗宪谋赴援，既，自计曰："与鹗俱陷，无益也。"遂还杭州，遣指挥夏正等持汪激书要海降，海惊曰："老船主亦降乎!"谓直也。然海时方受创于崇德,意颇动,因曰:"兵三路进,不由我一人。"正曰:"陈东已他有约,所虑独公耳。"海遂疑东。而东侦知海营有宗宪使者,大惊,由是有隙。正乘间说海降,海遣使来谢,索财物,宗宪如其请予之。于是海归我俘二百人,解桐乡围;东留攻一日亦去,复屯乍浦。

29 壬午,太白昼见。

30 丁亥,遣左通政王槐采矿银于玉旺峪。

先是有诏采矿砂金,会蓟州玉旺峪进紫矿砂一百五十斤,寻下开采之令。礼部议遣司官一员往,既行,上念天地之宝不可不重,乃命追还原遣官,而以槐同锦衣卫官及内使二人行。

31 是月,冀州、高邑、新河、柏乡、隆平、广平等处一日三震,声如雷。

32 六月,己丑,户部主事张芹进山东宝山诸矿金二百十七两,矿银二百两有奇。上以为少,命:"从实开取,严禁官民隐匿侵盗者。其未取之所,仍令奏闻。"寻又遣主事沈应乾赴河南。自是矿使四出为民患。

33 丙申,总兵俞大猷败倭于黄浦。

时苏、松之倭谋自黄浦出海,大猷督水兵追之,斩首三百余级。

34 丁酉,浙江倭寇仙居县,陷之。乘胜趋台州,副总兵卢镗邀击于彭溪镇,斩首二百余级。

35 辛丑,谙达犯宣府,以三万骑至,游击张纮率军千余迎战，一军尽没，脱归者仅十六人，<u>纮</u>及中军官<u>陈徭</u>、千把总<u>缪策</u>、<u>陈镇</u>、<u>张瑞</u>等俱没于阵。【考异】<u>张纮</u>死，见<u>明史本纪</u>及<u>戴鏖</u>传。余皆据<u>实录</u>增。

36　是月，<u>倭</u>犯<u>丹阳吕城</u>，守备<u>王介</u>击却之。

37　秋，七月，戊午，总督<u>浙直胡宗宪</u>奏："贼首<u>毛海峰</u>，自<u>陈可愿</u>归后，尝一败<u>倭</u>寇于<u>舟山</u>，再败之于<u>沥表</u>，又遣其党说谕各岛，相率效顺，乞加重赏。"——<u>毛海峰</u>，即<u>汪潋</u>也。

　　部议谓："兵法用间用饵，或招或抚，要在随宜济变，不从中制。"乃如<u>宗宪</u>请，赐<u>海峰</u>等银币有差。【考异】据<u>明史胡宗宪</u>传，言"<u>蒋洲</u>等奉使谕<u>日本国王</u>，遇<u>汪直</u>养子<u>潋</u>于<u>五岛</u>，其后遣<u>潋</u>送<u>可愿</u>还。<u>宗宪</u>厚遇<u>潋</u>，令立功，<u>潋</u>遂破<u>倭</u>于<u>舟山</u>，再破之<u>沥表</u>"。与<u>日本传</u>所载大略相同。惟<u>日本传</u>则言"<u>汪直</u>养子<u>毛海峰</u>"，盖<u>毛海峰</u>即<u>汪潋</u>，故<u>日本传</u>后书"<u>汪直</u>遣<u>王潋</u>入见<u>宗宪</u>"下，书云："<u>潋</u>即<u>毛海峰</u>，<u>汪直</u>养子也。"证之<u>实录</u>，先书<u>毛海峰</u>，后则俱书<u>王潋</u>，其为一人明矣。<u>汪潋</u>诸书俱作"<u>王</u>"，盖<u>汪直</u>本姓<u>王</u>也，见后<u>汪直</u>伏诛条下。

38　辛巳，官军破<u>倭</u>于<u>乍浦</u>。

　　先是<u>徐海</u>许降，<u>宗宪</u>复使人语<u>海</u>曰："若已内附，而<u>吴淞江</u>方有贼，何不击之以立功？且掠其舸为缓急计。"<u>海</u>以为然，逆击之<u>朱泾</u>，斩三十余级。<u>宗宪</u>令<u>俞大猷</u>潜焚<u>海</u>舟，<u>海</u>心怖，以其弟<u>洪</u>来质，献所戴飞鱼冠、坚甲、名剑及他玩好。

　　<u>宗宪</u>因厚遇<u>洪</u>，谕<u>海</u>缚<u>陈东</u>、<u>麻叶</u>，许以世爵，<u>海</u>果缚<u>叶</u>以献。<u>宗宪</u>解其缚，令以书致<u>东</u>图<u>海</u>，而阴泄其书于<u>海</u>，<u>海</u>怒；<u>海</u>妾受<u>宗宪</u>赂，亦说<u>海</u>。于是<u>海</u>复以计缚<u>东</u>来献，率其众五百人去<u>乍浦</u>别营。<u>梁庄</u>官军遂焚<u>乍浦</u>巢，斩首三百

余级,焚溺死者称是。余贼遁入海,指挥邓城追及之,沉其舟,歼焉。

39 八月,壬寅,上以古用芝草入药,询之尚书吴山等,皆云"久食轻身,而服食之法,未有传者"。乃诏有司采于元岳、龙虎、三茅、齐云及五岳,仍访之民间。会宛平县民张巨佑得芝五本,献之,上悦,赉以银币。自是臣民献芝者踵至。

40 辛亥,胡宗宪破海贼徐海等于梁庄。

初,海既缚陈东等,退屯梁庄听抚,宗宪与之约。海先期猝至,留甲士平湖城外,率酋长百余胄而入。赵文华惧,欲勿许,宗宪强许之。

海自择沈庄屯其众。沈庄者,东西各一,以河为堑。宗宪居海东庄,而以西庄处陈东党,令东致书其党曰:"督抚檄海夕禽若属矣!"东党惧,乘夜攻海,海挟两妾走间道,中梢。明日,官军围之急,海投水死。

会卢镗亦破大隅岛贼,禽其岛主辛五郎至,遂俘海弟洪及陈东、麻叶、五郎,并海首献京师。海余党奔舟山,宗宪遣俞大猷以冬月雪夜焚其栅,歼焉。两浙倭渐平。【考异】据实录所记梁庄之役,言海虽就抚,索船索赏,进退未决。其部众被围急,时出房掠。官兵四面俱集,文华欲乘势剿之,执海众房掠为词以责海。海知有变,乃阻深堑自守,为迎战备。信好既绝,我师遂薄贼营。会大风纵火,诸军鼓噪从之。海等穷迫,阖户投火中死云云。按此据文华报捷之奏,而海之授首,乃胡宗宪设计携其党,始令徐海执陈东等以献,至是复令东党攻海,皆间也。明史宗宪传所记为得其实,今据之。

41 九月,戊午,免山东旱灾逋赋,又免南直隶江北诸州县被寇者税粮。

己未，免湖广被灾秋粮。

42 壬戌，谙达犯辽东平川、锦川等堡，参将罗九皋败绩，亡屯堡军民数百人，指挥刘洪臣、千户黄相、李承宗、百户管振等死之。

43 乙丑，徽王载埨有罪，废为庶人。

初，载埨父厚燀，善方士陶仲文，仲文奏其忠敬奉道，上喜，封为真人，予金印。及载埨嗣，益以奉道取媚，命绾其父真人印。

有南阳人梁高辅者，自言能导引服食，载埨用其术和药，使高辅因仲文以进。高辅被上宠，不复亲载埨，载埨衔之。已而高辅为上取药，求载埨旧所蓄者，载埨不予而予仲文。高辅大恨，乘间言载埨过失，上疑之，夺真人印。仲文知衅已成，不敢言。

会有民耿安，告载埨夺其女，下有司按治，因发其诸不法事，乃废之，锢之高墙。载埨自缢死，妻妾皆从之。

44 免南畿应天、池州等府被灾及苏、松、常、镇四府被寇秋粮。

45 辛未，免顺天府被灾州县秋粮。

46 壬午，以倭寇平，祭告郊庙社稷。

47 是月，免江西被灾税粮。

48 冬，十月，丙戌朔，日有食之。

49 丁亥，谙达犯大同红门堡，总兵孙朝等击却之。寻犯城子村，参将张桓死之。

50 癸卯，太白昼见，凡四日。

51 是月，免浙江被寇、福建被灾税粮。

52 倭由温州海洋犯福宁州，百户黄弘、生员陈坡死之。

53 十一月，丁巳，陕西山丹卫地一日三震，声如雷，关城多坏。

54 戊午，北寇率众十余万骑，深入辽东广宁等处，总兵官殷尚质率游击阎懋官等御之，众寡不敌，尚质、懋官俱力战死。诏赠尚质少保，赐谥，懋〔官〕赠都督同知，并立祠祀之。【考异】明史本纪书"打来孙犯广宁"，证之鞑靼传，即土蛮也。三编译改土默特，质实云"小王子之后，嘉靖初徙幕东方"，惟打来孙无译，今但以北寇书之。

55 乙丑，冬至，祀天于圜丘，朱希忠摄行。

56 庚午，以倭寇平论功，进赵文华少保，胡宗宪右都御史，余皆升赏有差。召文华还。

57 丁丑，巡抚广东谈恺等讨广东峒贼，平之。

初，广东新宁、新会、新兴、恩平之间，多高山丛菁，一时亡命者窜入诸猺中。久之，众至万余人，推陈以明为主，号"承天霸王"，流劫至高要、阳江等处，官兵讨之数败。

是春，恺等征诸路土兵进剿，斩其骁将伪将军伍廷章等，乘胜入贼巢，禽斩以明及伪指挥白德元等。官军分道攻各峒寨，悉平之，前后禽斩五百五十人，余胁从听抚者二千五百余人。

58 辛巳，北寇复分犯一片石、三道关等处，总兵欧阳安击却之。

59 十二月，乙未，赵文华以海寇平，上疏归功辅臣，辞免升荫,优诏答之,不允。

60 丁未,海贼<u>陈东</u>等伏诛,告于太庙。

61 北寇复犯<u>陕西</u><u>环</u>、<u>庆</u>等处,都督佥事<u>袁正</u>等击却之。【考异】据<u>明史</u><u>鞑靼</u>传,似即十月寇<u>大同</u>之<u>谙达</u>也,而<u>本纪</u>连上文寇<u>广宁</u>之<u>打来孙</u>书之,<u>实录</u>亦不具。今亦但书北寇云云。

62 是月,刑部尚书<u>何鳌</u>致仕,起前服阕尚书<u>欧阳必进</u>代之。

三十六年(丁巳、一五五七)

1 春,正月,乙卯朔,不御殿。

2 丁卯,改巡抚<u>浙江</u><u>阮鹗</u>于<u>福建</u>,其<u>浙江</u>巡抚命总督<u>胡宗宪</u>兼理,从<u>赵文华</u>之请也。

<u>鹗</u>自<u>桐乡</u>解围,遂东渡<u>钱唐</u>御他贼,亦以附<u>文华</u>故得不劾。<u>福建</u>沿海之地,向归<u>浙江</u>巡抚兼辖,至是<u>文华</u>请特设之,遂以命<u>鹗</u>。【考异】据<u>明史</u>职官志,<u>福建</u>设巡抚始于是年。其<u>福</u>、<u>兴</u>、<u>泉</u>、<u>漳</u>沿海之地,向归<u>浙江</u>巡抚兼辖,志以为<u>嘉靖</u>二十六年,即<u>朱纨</u>任是职也。三十五年,以<u>闽</u>、<u>浙</u>道远,设提督军务兼巡<u>福</u>、<u>兴</u>、<u>漳</u>、<u>泉</u>、<u>福宁</u>海道都御史。明年,改设巡抚,统辖<u>福建</u>全省。今据书之。

3 二月,<u>谙达</u>犯<u>大同</u>边,杀守备<u>唐天禄</u>、把总<u>汪渊</u>。旋南犯<u>威远</u>,复分掠<u>天城</u>,攻毁<u>沙沟</u>等村堡三十二所。【考异】<u>明史</u>本纪系犯<u>大同</u>于二月。其<u>唐天禄</u>、<u>汪渊</u>之死别据<u>鞑靼</u>传书之。

4 三月,有<u>谙达</u>别部<u>娄巴图尔</u>,旧作老把都儿。拥众数万入犯<u>永平</u>、<u>迁安</u>等处,副总兵<u>蒋承勋</u>力战,死之。越二日,引去。

诏切责<u>王忬</u>,降右侍郎。赠<u>承勋</u>都督同知,立祠祀之。【考异】<u>明史</u>本纪系之三月癸丑。按癸丑为二月二十九日,三月甲寅朔,是月有癸未，无癸丑也。又证之实录，四月奏报中称"寇以三月二十九日入境"。疑原奏"三"字系"二"字之误，而史又误以二月二十九日之癸丑歧入之三月中。今但书月，不书日。

5 济农复分犯大同中、西二路，指挥杨汲、百户李朝等死之。寇复分犯延绥、榆林，副总兵陈凤率次子守义迎击，不克。凤死，守义被创。

事闻，赠凤都督，立祠榆林祀之；并升守义为都指挥佥事。【考异】以上皆三月入犯事，实录于四月奏报中书之。惟杨汲等之死，本纪不载，今据实录增入。○三编质实云："济农，旧作吉能，即前济农子。盖济农系蒙古王号，故父子并袭其称。旧分作吉能、吉囊，音译歧误，今改正。"

6 山东沂州雨雹，大者如盂，小者如鸡卵，平地厚尺许，径八十里，伤人畜无算。

7 夏，四月，甲午，倭犯如皋，登岸焚劫，官兵追击，败之于白满镇。"满"一作"蒲"。

是时浙江自徐海、陈东等授首后，诸寇略平。而倭之在江北者，犯常、镇，烧漕艘，官吏不能御，至是势复炽。

8 丙申，奉天、华盖、谨身三殿灾。

是日申刻，雷雨大作。戌刻，火光骤起，初由奉天殿延烧至华盖、谨身二殿及文、武二楼，奉天、左顺、右顺并午门，午门左、右廊尽毁。越日乃熄。

9 庚子，倭流劫海门县，凡二千余人，登岸肆掠。

10 壬寅，以殿灾，诏告天下，引咎罪己，并敕群臣修省。斋五日，止诸司封事，停刑。

11 倭攻通州，不克，遂分二路西行，复犯如皋及泰兴。是日，复有倭舟七自金沙登岸。

12 五月,癸丑,倭转掠扬、徐二州,遂入山东界,官兵御之,多败,百户刘魁、许勇、邵宗智、王介等死之。

13 癸亥,遣工部侍郎刘伯跃兼佥都御史,采木于四川、湖广。

旧制,川、湖采木各遣一员,至是严嵩议:"遣大臣一人专驻荆州适中之地,以时巡历,并贵州三省会同抚、按官采办。"从之。

14 己巳,扬州倭犯天长县,都司沃田、把总丘君宠御之,不克,皆死焉,亡卒一百七十余人。贼遂掠盱眙,攻泗州,不克,遂入高邮、宝应。丙子,犯淮安。

15 六月,壬午,谙达犯宣府马尾梁,参将祁勉率二百人御之,寇败。追至李家梁中伏,与坐营官姚登崇、守备戴昇皆力战死,亡其卒过半。

御史路楷以闻,诏夺总兵李贤等俸。

16 乙酉,淮扬兵备副使于德昌督水陆兵击倭于安东县,参将刘显直前冲贼,斩其渠。诸军鼓噪竞进,水陆夹击,斩首百余级。贼多焚溺死者,余众乃驾舟遁入海,泊于庙湾。

17 甲午,罢陕西矿。

18 秋,七月,庚午,诏顺天府采办珍珠四十万颗有奇,广东九十万颗有奇。【考异】明史本纪系采珠广东于是月庚午。明史稿言"顺天、广东采办珍珠一百三十万颗",证之实录是也,今据书之。

19 丙子,福建抚臣进龙涎香十六两,广东抚臣进十九两有奇。

20 八月,辛丑,赵文华罢。

初，文华掌工部时，上于西苑造新阁，久不成。一日登高，见西长安街有高甍，问谁宅，左右以文华新宅对。又一人言："工部大木，半为文华作宅，何暇营新阁！"上益愠。

会三殿灾，上权视事于端门，亟欲建正朝门楼，文华猝不能办，上不怿；且闻文华视师江浙黩货要功状，思逐之。重违严嵩意，以问嵩，嵩乃言："文华触暑南征，疾尚未愈，请添注侍郎一员协理。"上以"大工方兴，不宜称疾自便"。嵩寻令文华上章引疾，上手批令回籍休养。制下，举朝称贺，嵩独不怡者累日。

21 甲辰，浙直总督胡宗宪奏称"前遣谕日本之生员蒋洲还"。

初，汪直送陈可愿还，留洲遍谕各岛。洲至丰后被留，令僧人往山口等岛传谕禁戢。于是山口都督源义长具咨送还被掠人口，而咨乃用国王印。丰后太守源义镇遣僧德阳等具方物奉表谢罪，请颁勘合，修贡送洲还。前杨宜所遣郑舜功出海哨探者，行至丰后岛，岛主亦遣僧清授附舟来谢罪，言："前后侵犯，皆中国奸商潜引诸岛夷众，义镇等实不知。"

于是宗宪疏陈其事，言："洲奉使二年，止历丰后、山口二岛，或有贡物而无印信勘合，或有印信而无国王名称，皆违朝典。然彼既以贡来，又送还被掠人口，实有畏罪乞恩意。宜礼遣其使，令传谕义镇、义长转谕日本王，禽献倡乱诸渠及中国奸宄，方许通贡。"诏可。

22 是月，寇犯义州太平等堡，千户郑堂、百户崔孝忠、原任指挥姚良任等，俱力战死之。【考异】明史本纪不具，史稿系之是月。证之实录，原奏称"八月"，无日，今从之。

23 改欧阳必进工部尚书，代赵文华也。逾月，以侍郎贾应春升任刑部尚书。

24 九月，辛亥，革赵文华职为民。

文华既罢，上意犹未平，而言官皆惧严嵩，无敢攻发之者。上怒无所泄，会文华子锦衣千户怿思，以斋祀停封章日上疏请假送父回籍，上大怒曰："文华以吉修限内引疾，欺褻已甚，而其子又复疏扰，不敬莫大焉！"因并发文华视师黩货杀无辜状，黜为民，怿思发边卫充军。

又以礼科失纠，令对状。乃杖给事中谢江等于端门外，俱斥为民。

初，文华未第时，在国学，严嵩为祭酒，才之。后仕于朝，而嵩日贵幸，遂相与结为父子。嵩念己过恶多，得私人在通政，劾疏至可预为计，故以文华任之。

文华欲自结于上，进百花仙酒，诡曰："臣师嵩服之而寿。"上饮，甘之，手敕问嵩，嵩惊曰："文华安得为此！"乃宛转奏曰："臣生平不近药饵。犬马之寿，诚不知何以然。"嵩恨文华不先白己，召至直所詈责之。文华跪泣，久不敢起，徐阶、李本见之，为解，乃令去。嵩休沐归，九卿进谒，嵩犹怒文华，令从吏扶出之。文华大窘，厚赂嵩妻，嵩妻教文华伺嵩归，匿于别室，酒酣，嵩妻为之解，文华即出拜，嵩乃待之如初。

既，以倭患上书，嵩复荐之视师浙直。复以总督江浙军务,获徐海,俘陈东,日益宠贵,志日骄,事中贵及世蕃渐不如初,诸人憾之。至是被遣,卧舟中,故病盅,一夕手扪其腹,腹裂脏腑出,遂死。

25 癸丑,礼部汇进瑞芝,凡千本有奇。

26 癸亥,杀前锦衣卫经历沈炼,宣大总督杨顺、巡按路楷等,承严嵩指构之也。

初,炼谪保安,未有馆舍,贾人某询知其得罪故,空家舍授之;里长老亦日致薪米,遣子弟就学,炼语以忠义大节,皆大喜。塞外人素戆直,又稔知严嵩恶,争罶嵩以快炼。且缚草为人,象李林甫、秦桧及嵩,醉则聚子弟攒射之,或踔骑居庸关口,南向戟手罶嵩,恸哭而归。语稍稍闻京师,嵩大恨。

顺、楷皆党嵩,受嵩子世蕃属,且许以厚报,于是相与日夜谋中炼。会蔚州获妖人阎浩,词所连甚众,顺喜,谓楷曰:"是足以报严公子矣!"窜炼名其中,诬浩等师事炼,听其指挥,具狱上,嵩父子大喜。

下兵部拟罪。尚书许论,前总督宣大,常杀良民冒功,炼贻书谯让,论衔之,至是覆如顺等奏。诏斩之宣府市,戍子襄极边。

予顺一子锦衣千户,楷待铨五品卿寺。顺讶其赏薄,曰:"严公意岂未惬乎?"复取炼子衮、襃杖杀之,更移檄逮襄。襄至,掠讯方急,会顺、楷以边事逮,乃免。

后嵩败,世蕃坐诛,临刑时,炼所教保安子弟在太学者,以一帛署炼姓名官爵于其上,持入市,观世蕃断首讫,大呼曰："沈公可瞑目矣！"因恸哭而去。

隆庆初，诏褒言事者，赠炼光禄少卿，任一子。襄乃上书言顺、楷杀人媚奸状，给事中魏时亮、陈缵亦相继论之，始下顺、楷吏，论死。天启初，追谥忠愍。

²⁷ 甲子，免山西被灾税粮。

²⁸ 戊辰，有彗星见于天市垣列肆星旁，东北指，至十月二十日始灭。

²⁹ 是月，谙达子锡林阿，<small>旧作辛爱。</small>拥数万骑犯大同右卫及应、朔二州，攻毁七十余堡。

先是锡林阿有姜曰托斯齐，<small>旧作桃松寨。</small>通于部目，惧罪，叩大同塞求降，守者纳之，总督杨顺以为奇功，致之京师。锡林阿耻失其姜，索之急，遂入寇。【考异】托斯齐之降，实<small>录系之十一月，而明史本纪，是月入寇者即锡林阿，盖是时锡林阿寇大同左、右卫凡三月，实录一据奏报，一牵连入寇本末并书之。其实托斯齐之请降，又当在夏、秋间也。惟实录于九月奏报中但书虏，不书锡林阿，今据明史及三编。</small>

³⁰ 以倭寇，免南直隶宝应、清河、天长、盱眙、安东五县税粮，并令伤重者振恤之。

³¹ 冬，十月，丁酉，免畿内被灾秋粮。

³² 十一月，庚戌，免山东被灾税粮，并振之。

³³ 乙卯，总督浙直胡宗宪，以计诱海贼汪直，诛之。

初，蒋洲等既还，直乃集山口、丰后二岛主源义长、源义镇等备方物入贡，遂遣夷目善妙等四十余人随直来，于十月泊舟山之岑港。浙人闻直以倭舟至，大惊，巡按御史王本固亦言不便。闻于朝，朝臣谓："宗宪且酿东南祸，令陈兵严备之。"

直乃遣汪漖即毛海峰诣宗宪曰："我等奉诏来,将息兵安境,宜遣使者远迎,宴犒交至。今盛陈军容,禁舟楫往来,公得毋绐我耶?"宗宪解谕至再,直不信,复令漖以书招之。直因要一贵官为质,宗宪立遣指挥夏正偕漖往。

宗宪尝预为赦直疏,引漖入卧内阴窥之,漖还,以语直,直疑稍解,乃偕其党叶宗满、王清溪等入谒。宗宪慰藉之甚至,令至杭见本固,本固遂下直等狱。

宗宪疏"请曲贷直死,俾戍海上,系番夷心",本固争之强,而外议且疑宗宪纳贼赂,宗宪惧,易词以闻。直论死,宗满等戍边。

漖等闻,大恨,遂支解夏正,栅舟山、阻岑港而守,于是贼复流入闽、广界。【考异】事见明史胡宗宪及日本传。实录所载,互有详略,惟王漖即毛海峰,实录不著。倭变纪略又以为汪直养子毛烈,疑毛烈即海峰,亦即王漖也。至汪直就禽,据纪略载胡宗宪原奏,称:"王直即汪五峰,直隶徽州府歙县民氏。"是直一人,汪、王杂称,故其养子亦然。而实录又有毛漖之称,其与毛海峰为一人明甚。诸书皆不见,惟明史两书之,并著之日本传中,今从之。

34 辛未,冬至,祀天于圜丘,朱希忠摄行。

35 丁丑,锡林阿纵掠大同,围右卫数匝,杨顺惧,乃诡言"敌欲以叛人赵全、丘富等来易其妾托斯齐",兵部许论以为便。顺乃遣托斯齐夜逸出塞,绐之西走,阴告锡林阿,锡林阿执而戮之。于是敌狃知顺无能,围右卫益急。

36 十二月,庚辰朔,太白昼见。

37 癸未,免浙江被灾税粮。

38 戊戌,以冬寒,暂停保定及山东、山西采矿,召主事张芹等还。

时一岁先后所入各矿金银不过数万两,而矿使之为民患者日甚,久之盗且起。

39 是月,胡宗宪奏平嘉、湖贼。

先是有妖人马祖师者,流寓湖州之乌镇,以幻术惑众。其党毛岑、计中、江升、高仙、许达等,更相煽诱,愚民胁从者众,约以九月起兵攻嘉兴。会有泄其谋者,官司掩捕,禽岑、中等数人。马乃树青白帜,纵掠民间,参政刘焘督兵击之,贼溃,走南浔。官兵追击之于松林,歼之,而马祖师者卒逸去。

40 初,遣主事王健等采取龙涎香于闽、广,久之无所得。至是健言:“宜于海舶入湾之时,酌定抽分事宜,凡有龙涎投进者,方许交商货买,则价不费而香易获,不必专官守取。”部议以为便,“请取回奉差各官,责广东抚、按官设法收取,并酌定海舶抽分事宜”,从之。自是分道购龙涎者前后凡十余年。久乃稍稍得之。

三十七年(戊午、一五五八)

1 春,正月,庚戌朔,不御殿。

2 癸亥,罢河南采矿,召主事沈应乾等还。

3 是月,锡林阿围大同,并分兵犯宣、蓟,西鄙震动。总督杨顺告急,言:“自去冬以来,城门(书)〔昼〕闭,樵汲不通,危在旦夕。”上闻之大骇,命郎中谢毅巡视,并发太仓银十万两振之。

4　是月，**倭犯潮州**，千户**魏岳**等死之。【考异】此据实录四十五年请恤原奏增入，盖是年正月事。

5　二月，丙申，锦衣卫匠余**陈岳**，援大工开纳事例，输银二千三百两乞升，兵部议："授署都指挥佥事，月支俸一石，子孙承袭一代。"

都给事中**汤日新**等言："锦衣，古虎贲、金吾之职也，入司扈卫，出掌缉捕。国家非特恩不授，非异功不袭，而以一匠余丝粟之赍得之，且支俸承袭，毋乃已滥乎？夫朝廷虽急财，而名器则不可不重。若幸门一开，胥徒市侩，争相慕效，求拾级而升，则禁卫几为（龙）〔垄〕断之场，豪杰妨其进取之路。以此权锥刀得失，果孰轻而孰重也？"上是其言，诏停俸袭，而夺兵部司官俸三月。

6　是月，**大同右卫**告警。〔上深以为忧，诏诸司亟发兵措饷。时〕赋入太仓者仅七万，帑储大较不及十万，户部尚书**方钝**等忧惧不知所出，乃乘间具陈帑藏空虚状，因条上便宜七事。上复命廷臣各条理财之策以闻。

7　三月，丙辰，刑科给事中**吴时来**言："近者**大同右卫**之急，帑藏空虚，至廑圣怀，捐工资银两以济然眉。而总督**宣大侍郎杨顺**，自莅镇以来，所请帑银无虑三十余万。乃该镇兵食日见空虚，寇势披猖，城堡尽破，**顺**未能出一奇、发一矢以效尺寸。**托斯齐**，即桃松寨。**虏**中一逋逃淫妇耳，**顺**既失策纳之，自夸威德，矜示朝廷。比黠酋喝胁来索，不能拒绝，而驾言易我妖叛，取而予之。失体损威，甘受敌侮，凡在臣民，无不扼腕叹愤。而巡按御史**路楷**，受其赂金七千,秘不以闻,安在其为朝廷耳目臣也！去冬寇入<u>应州</u>,屠堡七十,男妇死者以三千计,<u>楷</u>之疏报具在。及奉旨勘覆,则为之诿其责于镇、巡、府、道、州、县,而以其所杀边民佟为顺功,于是诸臣被劾,而<u>顺</u>反叨世荫。兵部尚书<u>许论</u>,雷同附和,漫无主持。此三臣者,一受捍御之任,一司纠诘之责,一综帷幄之筹,而党庇一辙,何以纾陛下宵旰之忧？乞亟黜此三人,别选忠诚有为者代之,庶几边患有瘳耳。"

疏入,上以问<u>严嵩</u>,<u>嵩</u>不能救,乃遣锦衣官校逮系<u>顺</u>、<u>楷</u>至京师。其<u>宣大</u>总督,令兵部侍郎<u>江东</u>暂理。

于是斥<u>论</u>为民,又改户部尚书<u>方钝</u>于<u>南京</u>。寻起<u>杨博</u>为兵部尚书,改刑部尚书<u>贾应春</u>于户部,以右都御史<u>郑晓</u>代之,兼署兵部事。

8 戊午,振<u>辽东</u>饥。

9 甲子,逮<u>福建</u>巡抚<u>阮鹗</u>。

初,<u>鹗</u>提学<u>浙江</u>,会倭薄<u>杭州</u>,乡民避难入城者,有司拒不许,<u>鹗</u>手剑开门纳之,全活甚众。后以附<u>赵文华</u>、<u>胡宗宪</u>,得超擢右佥都御史。初巡抚<u>浙江</u>,不主抚,自<u>桐乡</u>被围,惧甚。洎改<u>福建</u>,倭犯<u>福州</u>,赂以罗绮金花及库银数万,又遗巨舰六艘,俾载以走,不能措一筹。而敛括民财动千万计,帷帟盘盂,率以锦绮、金银为之。

于是御史<u>宋仪望</u>等交章论劾。及逮至京,仍以赂<u>严嵩</u>得薄其罪,黜为民。

10 辛未,<u>锡林阿</u>由<u>滴水崖</u>南犯<u>永宁川</u>,宣、蓟告急。兼管兵部尚书<u>郑晓</u>,"请以三大营听征,官军营造工役者,悉令回营操练以备战守"。从之。

11 是月,命兵部尚书杨博视师宣大。

12 逮兵部侍郎吴嘉会下狱。

嘉会谄事严嵩,三荫三迁。巡抚蓟州,所筑边墙,侵冒官帑,旋筑旋圮,致寇乘之而入。至是御史万民英巡视蓟镇还,劾之,遂就逮。寻黜为民。

13 初,上以边报告急、财用缺乏为忧,以问严嵩,嵩言:"今帑藏虽虚,然天下之财,有可变通足国者。若革裁冗费,追逋折解,咄嗟间即可得数百万,顾司计之臣束手无策,不能措画耳。请下令廷臣,有可以生财者条议以闻。"

于是吏部尚书吴鹏等,给事中赵锵等,御史李承平等,各应诏陈理财事宜。户部覆行者二十九事,率琐屑非国体,而请追宿逋,增赋额,遂大为民困。

惟兵科给事中刘体乾上疏,略曰:"苏轼有言:'丰财之道,惟在去其害财者。'今之害最大者有二,冗吏、冗费是也。历代官制,汉七千五百员,唐万八千员,宋极冗至三万四千员。本朝自成化五年,武职已逾八万,合文职盖十万余。今边功升授,勋贵传请,曹局添设,大臣恩荫,加以厂卫、监局、勇士、匠人之属,岁增月益,不可悉举,多一官则多一官之费。请严敕诸曹,清革冗滥,减俸将不赀。又闻光禄库金,自嘉靖改元至十五年,积至八十万。自二十一年以后,供亿日增,余藏顿尽。进御果蔬,初无定额,止视内监片纸,如数供御,干没狼籍,辄转鬻市人。其他诸曹,侵盗尤多。宜著为令典,岁终使科、道臣会计之,以清冗费。二冗既革，国计自裕，舍是而督逋增赋，是扬汤止沸也。"于是部议"请汰各监局人匠"，从之。

14 给事中吴时来复上疏劾严嵩曰："顷陛下震怒，逮治偾事边臣，人心莫不称快。臣谓边臣朘军实，馈执政，罪也；执政受其馈，朋奸罔上，独得无罪哉？

嵩辅政二十年，文武迁除，悉出其手。潜令子世蕃出入禁所，批答章奏，世蕃因招权示威，颐指公卿，奴视将帅，筐篚苞苴，辐辏山积，犹无餍足。用所亲万寀为文选郎，方祥为职方郎，每行一事，推一官，必先禀命世蕃而后奏请。陛下但知议出部臣，岂知皆嵩父子私意也！如赵文华、王汝孝、张经、蔡克廉以及杨顺、吴嘉会辈，或祈免死，或祈迁官，皆剥民膏以营私利，侵官帑以实权门。陛下已洞见其一二，言官袁洪、万民英之等亦尝屡及之，顾多旁指微讽，无直攻嵩父子者。

臣窃谓除恶务本，今边事不振由于军困，军困由官邪，官邪由执政之好货。若不亟去嵩父子，陛下虽宵旰忧劳，边事终不可为也。"

同日，刑部主事张翀、董传策亦交章劾嵩。

翀疏曰："自嵩辅政，文武将吏，率由贿进。边臣不论功次，但金多而赂厚者即被超迁。修边筑堡，不核其实，甚至覆军者得荫子，滥杀者得转官。公肆诋欺，交相贩鬻，遂使祖宗二百年防边之计为之尽坏。户部岁发边饷，本以赡军，自嵩辅政，朝出度支之门，暮入人臣之府，输边者四，馈嵩者六。臣每过长安街，见嵩门下无非边镇使人，未见其父,先馈其子;未见其子,先馈家人。严年之富,已逾数十万,嵩家可知。私藏充溢,半属军储,边卒冻馁,不保朝夕,遂使祖宗二百年豢养之军为之耗弱。

边防既隳,边储既虚,使人才足供陛下用,犹不足忧也。自嵩辅政,藐蔑名器,私营囊橐。世蕃以狙狯资,倚父虎狼之势,招权罔利,以名器为骗局。致一时无耻之徒,络绎奔走,靡然从风,有如病狂,于是祖宗二百年培养之人才为之颓靡矣。嵩父子以倾危钳天下之口使不敢言,而其恶日以恣。陛下诚赐斥谴以快众愤,则缘边将士,不战而气自倍,百司庶府,不令而政自新矣。"

传策疏曰:"嵩稔恶误国,陛下岂不洞烛其奸!特以辅政故优容之。而嵩恬不知戒,居位一日,天下受一日之害,臣窃痛之!"因历数其坏边防、鬻官爵、蠹国用、党罪人、骚驿传、坏人才六大罪,言:"臣待罪刑曹,宜诘奸慝。陛下诚不惜严氏以谢天下,则臣亦何惜一死以谢权奸!"

疏上,时大学士徐阶雅与嵩异,而翀及时来皆阶门生,传策则阶邑子,时来先又官松江,于是嵩疑阶主使,密奏:"三人同日构陷,必有人主之。且时来方奉使琉球,惮涉海涛,藉端自脱。"上入其言,立下时来等三人诏狱,严鞫主谋者。三人濒死不承,第言"此高庙神灵教臣等为此言耳"。镇抚司乃以三人相为主使具狱,诏俱发烟瘴卫所远戍。

嵩寻上疏乞罢,上虽慰留之,然自是亦稍厌嵩矣。【考异】据从信录,吴时来奏中言"张经行五千金,及圣断不贷,而诡为赙恤,王汝孝以二千而幸得遣戍,蔡克廉以三千而即转寺卿",据此,则所谓"或祈免死"者,指张经、王汝孝也,所谓"诡称赙恤"者,谓经死后还其贿也。按经非行贿

明通鉴

之人，其五千者，或求免死，或其家人代为营救，故时来奏中分别言之，非斥经为嵩党也。今据明史本传，而著其行贿之本末。

15 是春，新倭大至，犯浙江台、温等府，台州之太平县数被攻围，百户陈椿、太平典史叶宗皆死之。【考异】太平死事之百户、典史姓名，皆据实录增。

16 夏，四月，辛巳，有新倭自浙江台、温等府入福建之福州、兴化、泉州，皆登岸焚掠而去。【考异】此皆据奏报月日。而阮鹗以三月被劾，其时即有"倭犯福州"之语。盖倭之犯浙，自浙至闽，皆在是年之春，史汇书之。至汪直余党，据明史日本传，由岑港移之柯梅，造新舟出海，是年十一月始犯福建。故四月之寇，实录以"新倭"书之，是也。

17 癸未，复振辽东饥。

先是大饥，发太仓银五万两振之，至是复以边警，再增一万。寻又以巡按御史周斯盛之奏，复发二万两，命御史吉澄督振事。【考异】明史本纪："四月癸未，振辽东饥。"证之实录及三编，则三、四两月凡再振，前后发太仓银八万两，今分书之。

18 丙戌，兵部尚书杨博，塗中奉诏，即趋大同，上喜，赐之银币，令亟解大同右卫之围。

19 丁亥，总督浙直胡宗宪得白鹿于舟山，献之。

是年之春，新倭大至，【考异】此据明史胡宗宪传。证之阮鹗之被劾，皆在春间，是新倭之寇不始于四月也。严旨责宗宪。宗宪惧得罪，上疏陈战功，谓"贼可指日灭"，所司论其欺诞，上怒，尽夺诸将俞大猷等职，责宗宪，令克期平贼。

而赵文华已死，宗宪失内援，见寇患未已，思自媚于上，遂有是献。上果大悦，行告庙礼，厚赍宗宪银币。

20 壬辰，寇解大同右卫围去。

寇围大同凡六阅月，守将王德战没，【考异】明史本纪不见，此据杨博传补。又考明史忠义传，有王德者，乃击倭寇阵亡，疑别是一人。右卫城中烽火断绝。辅臣严嵩与尚书许论，议欲弃右卫，不许，诏诸臣发兵措饷，而以侍郎江东代杨顺。

会参将尚表以馈饷入围城，悉力捍御，粟尽，食牛马，彻屋为薪，士卒始无变志。表时出兵突战，获谙达孙及婿与其部将各一人。于是东及巡抚杨选、总兵张承勋等各严兵先后进，寇侦知城中守益坚，乃引去。

是役也，前后动发太仓银以数十万计，皆为守者侵克，馈遗当路，至于势不可支，则请弃地以资敌。若非亟逮杨顺、路楷，易以江东、杨博之等，则右卫岌岌矣。

21 丙申，倭攻福清县，破之，执知县叶宗文，劫库狱，杀虏男妇千余，焚官民廨舍。

时举人陈见，率家僮御贼不克，与训导邬中涵被执，同骂贼而死。

22 丁酉，兵部尚书杨博以右卫解围闻，赐江东及总兵张承勋、升任副总兵尚表等银币，召东还。

又以御史栾尚约之奏，复发太仓银二万两，屯粮银二万两，分振被寇者。

博复上善后便宜十事以饬秋防。

其一，修筑边墙，谓："大同边墙倾圮，城堡破坏，虽有士马，不能遏南犯之路，今宜以此为第一要务。次则塞银钗、驿马等岭，以绝寇窥紫荆、倒马之路；备居庸、南山一道以绝寇窥陵寝、畿甸之路；修阳方、神池诸墙堑以绝寇入山西之路。"

一申明职守,言:"迩者御史栾尚约之奏,谓'户部之饷已发,而军无见食,则罪巡抚;兵部之符已遣,而兵无成效,则罪总兵;持日太久,略无寸功,则罪总督'。此至论也。臣谓诸边获功,不惟巡按、御史毋得预,虽本兵亦何预焉!盖御史勘功罪,本兵拟赏罚,若使预有其功,则必有张大掩饰之者矣。故叙功宜专以临战者为主,督抚止于赏赉,本兵、巡按无所预。"上是其言,报可。

23 五月,甲寅,倭攻惠安,知县林咸率兵乘城御之,五日不克,引去。咸乘胜追贼于县境之鸭山,中伏,死之。

事闻,赠泉州同知,赐建祠祀,并赠恤同时死事之巡检汪诏等。【考异】据实录,诏与咸同时请恤,其阵亡地方不可考。

24 甲戌,福建倭结艘自海口出港,参将尹凤督武举杨承业等引舟师击之,冲沉贼舟七,斩首六十八级,生禽七人。余舟败遁,凤等追至东洋,斩首百余级而还。

25 六月,丁丑,侍郎江东至京师。

上欲召尚书杨博,以问严嵩,嵩言:"博修筑墩堡,宜令按日葳工。博才足有为,且以本兵临之,则令行而事易集。兹且令江东署部事。俟秋防既毕,徐议其宜。"上以为然,乃不召博。

26 癸未,免大同被寇税粮。

27 初,江西一省派行淮盐三十九万引,后南安、赣州、吉安三府改行广盐,惟南昌等府仍行淮盐二十七万引。既而私贩盛行,袁州、临江、瑞州三府私食广盐,抚州、建昌、广信三府私食闽盐,于是淮盐仅行十六万引,国计大绌。

巡抚马森疏陈其弊,"请于峡江县建桥设关,禁遏广、闽私贩之路。仍尽复淮盐旧额,增至四十七万引,收其岁课,平其时估,足以通商裕国",报可。

28 丙戌,浙西倭分犯乐清、永嘉等县,指挥刘茂、朱廷鑰,千、百户周宾、季爵、刘源、秦杭等御之于白塘港,败绩,皆死之。

永嘉致仕佥事王德,偕族父沛督义兵击倭,倭宵遁。俄一舟突来犯,沛及族弟崇尧、崇修歼焉。亡何,复至,大掠,德愤怒,勒所部追袭至龙湾,军败,手射杀数人,骂贼死。然倭自是不敢越德乡侵郡城矣。

事闻。赐赠荫,立祠曰"愍忠"。沛等皆祔祀。【考异】实录有王崇大者,或别一人,或"大"字误也,今据明史忠义传书之。

29 辛卯,盗杀安庆守备黄佐于江中。

巡按御史董鲲以闻,且言"江防汗漫,守臣相率推诿,请以池州及安庆守备并听九江兵备道节制",从之。

30 丙申,倭分犯福建兴、漳、泉诸府,攻福清、南安二县,陷之。

31 是月,郑晓解署兵部事,还刑部。

32 秋,七月,癸丑,兵部尚书杨博请敕蓟镇入卫兵听宣大调遣。时王忬总督蓟辽,言:"古北诸口无险可守,独恃入卫卒护陵、京,奈何听调发!"

初,上用严嵩议,令忬选补额兵,操练战守,不得专恃他镇援兵。至是以忬不听调发,怒曰:"曩令蓟镇练兵,今一卒不练,遇防秋辄调他镇兵。"

下兵部详议,部臣言"蓟镇额兵多缺,宜察补",乃遣兵部郎中唐顺之往蓟镇核实以闻。

33 初,上以南北军事棘,从给事中徐浦议,令九卿、科、道及在外督抚各举将材,于是原任侍郎郭宗皋、都御史曹邦辅以及祭酒邹守益、修撰罗洪先之等,皆在举中。御史罗廷唯,谓"中有清修苦节之士,非可厕之纵横戎马之场",盖指守益等也。上乃切责吏部吴鹏等。已而所荐诸臣亦皆不用。

34 闰月,癸未,杨顺、路楷被逮下狱,下三法司拟罪。

初,辅臣严嵩父子,深德顺、楷之杀沈炼。当二人初逮,右卫势方危急,嵩见上怒甚,欲缓其狱,乃言"楷受金当勘",而令其党给事中郑茂往。至是茂还,事事为顺辨,复言"楷受金无左证"。法司乃更与轻比,顺免死戍边,楷降杂职用,由是朝论皆谓出严嵩父子指。而主刑部者为郑晓,阮鹗及顺、楷之狱,晓不能执,时以为失出云。

35 癸巳,胡宗宪再获白鹿于齐云山,献之。

上以一岁中天降二瑞,遣朱希忠等告谢元极宝殿及太庙,廷臣上表称贺。升宗宪俸一级。

36 八月,己未,济农以三万骑犯永昌、凉州,围甘州,十四日始遁。

37 壬戌,以宣、大有秋,诏发太仓银十五万两,遣御史一人会同管粮郎中及时籴买米豆,分贮宣、大各要地仓场备用。

38　己巳，寇犯宣府赤城，把总冯尚才战死，游击董一奎击却之。

39　九月，庚寅，郎中唐顺之阅视蓟州还，言：“蓟镇两关额兵九万有奇，见卒仅五万七千，又皆羸老。总督王忬、总兵官欧阳安、巡抚马珮及诸将袁正等，俱宜按治。”乃降忬俸二级。

初，忬以才器见重，所请无不从，及为总督，边将数以败闻，渐失上眷。严嵩故不悦忬，会以议练兵事，上问嵩：“边兵入卫，旧制乎？”嵩曰：“祖宗时无调边兵入内地者，惟正德中刘六之乱，始调许泰、郤永领边兵讨贼。庚戌之变，仇鸾选边兵十八支护陵、京，未用以守蓟镇，至何栋始借二支防守。忬始尽调边兵守要害，去岁又征全辽士马入关，致寇乘虚入犯，辽左一空。若年复一年，调发不已，岂惟糜饷，更有他忧。”由是忬遂得罪。【考异】事见明史王忬本传。证之实录，唐顺之之还在九月，为明年忬死张本。

40　是月，唐顺之条上蓟镇兵食九事，其为补兵言者凡六，为筑墙工食及边粮言者凡三。又言：“陛下于贡马常赐之外，岁发银三万为抚三卫之费。然北寇信使皆在三卫，连年入寇，皆三卫为之向导也。中国之于夷狄，譬之大家之邻盗，不虑其强而虑其近，近则我之防备易疏，而彼之抵隙易入。宜令督抚诸臣深虑熟计，捐财帛以结其心，振兵威以夺其气，用计间以携其交。纵不能以夷攻夷，亦可使必为我耳目，不为寇导。”诏下所司议行之。

41　升工部侍郎雷礼为添注工部尚书，督三殿大工。

42　冬，十月，癸丑，礼部类奏四方所进瑞芝一千八百六十四本，诏更求径尺以上者。

43　己未，命郎中唐顺之视师浙江，与胡宗宪协谋剿倭。

先是浙江岑港之倭巢于柯梅，造新舟出海。宗宪利其去，不之追，贼遂扬帆而南入闽界，势将与新倭合，宗宪屡讨之，不能克。于是南京御史李瑚，以私诱汪直启衅为宗宪罪，宗宪奏辨。上曰："宗宪设计诱贼，人所皆知，小人嫉功。会以彼奏上玄瑞，遂有言朕以此宽假者，其勿问。"

44　戊辰，锡林阿之众复大举寇辽阳清河等堡，总兵官杨照率守备申有爵等分道出击之，斩首数百级。【考异】明史本纪不载，鞑靼传以为土蛮。据实录称"东、西虏"，则仍是锡林阿、娄巴图尔之众也。下文始云"北虏土蛮犯界岭口"，传盖牵连书之，今据实录。

45　壬申，北寇土默特即土蛮。拥十万骑薄界岭口，副总兵马芳御之。寇不克进，乃分骑潜犯黑谷墩，把总马时雍死之。明日，寇复还奔界岭，芳及总兵官欧阳安等力战，却之。赏王忬等银币。【考异】据从信录亦别书北虏土番，即土蛮也。惟"黑谷"作"里答"，"雍"作"维"，今据实录。

46　十一月，丙子，冬至，祀天于圜丘，朱希忠摄行。

47　甲申，陕西边外番夷犯庄西等处，百户常栋等与战，死之。

48　丙戌，浙江柯梅倭出海，总督俞大猷自沈家门引舟师横击之，沉其米艘，稍有斩获，贼遂扬帆南去。自是倭患尽移于福建，并湖广间亦纷纷以倭警闻矣。

49　丙申，免湖广被灾税粮。

50　上以是冬无雪，亲祷于洪应雷殿。丁酉，雪，廷臣表贺。

51　十二月,巡抚辽东、都御史路可由连疏告饥,乞大破常
格以保重镇。诏复发太仓库银三万两,并山东折布折粮银
共九万余两给之。给事中魏元吉等复条陈救荒四策,得旨
允行。

明通鉴卷六十二

江西永宁知县当涂 夏　燮 编辑

纪六十二 起屠维协洽(己未),尽玄黓掩茂(壬戌),凡四年。
世宗肃皇帝

嘉靖三十八年(己未、一五五九)

1 春,正月,癸酉朔,不御殿。

2 壬午,巡按直隶御史尚维持言:"吴淞、柘林、川沙、阳舍、孟河五处,为苏、松、常、镇要害。请以苏松参将移驻金山,督守柘林、青村、南汇、川沙诸处,常镇参将移驻阳舍,督守圌山、孟河二地,而浙直总兵专驻吴淞调遣。"兵部覆议从之。

维持又言:"吴淞旧有守御所,而四城未有专官,宜各设千户所一员及注选仓大使一员以司粮饷。"部议:"四城设守御所,必须改调官军,抽补军士,坐派月粮,计画允当,方可议行。请下抚、按官议之。"报可。

3 甲午,严嵩以八十,诏:"苑直出入乘肩舆,支伯爵禄。"嵩疏辞前兼支二俸,许之。兵部"请如靖远伯王骥例,岁支禄米一千二百石"。

4 是月,胡宗宪以"倭患未弭,请募山东民兵三千分驻苏、松、常、镇防守",部议从之。

5 寇犯甘肃山丹卫,千户谢天赍、指挥王卿、刘继忠、百户黄堂等死之。

6 二月,庚午,锡林阿、娄巴图尔等娄巴图尔即老把都儿,译见前。拥众数万谋大举,初屯会州,声言东下,蓟辽总督王忬不能察,遽引兵而东,号令数易。寇乘间入潘家口,渡滦河而西。

7 三月,己卯,掠迁安、蓟州、玉田,驻内地五日,京师大震。诏"巡按、巡关御史勘寇所从入及诸臣失事状",于是御史王渐、方辂等交章劾忬,言:"寇屯集会州,垂涎蓟镇,为日已久。屡诏督抚增兵应援,而忬等仓皇失策,以致敌深入内地,荼毒生灵,饱腾而去。"上怒,褫总兵欧阳安等职,下按臣逮问。忬坐夺俸。【考异】明史本纪书"把都儿",鞑靼传并书"锡林阿",三编同。实录统系之三月。原奏称"锡林阿与娄巴图尔谋犯会州",盖东西二寇并举也。今依三编并书之。

8 庚寅,赐丁士美等进士及第、出身有差。

9 癸巳,倭犯浙东之象山,海道副使谭纶败之于马冈,斩首七十七级。

10 甲午,逮总兵官俞大猷至京师。

初,柯梅倭之出海,胡宗宪实阴纵之。大猷在浙,前后杀倭四五千,贼几尽,而官军围之一年,宗宪不督诸将邀击。及倭出舟山,驾帆南泛,泊于福建之浯屿,闽人谓宗宪实嫁祸焉。于是御史李瑚劾宗宪三大罪。

瑚与大猷皆闽人，宗宪疑大猷泄之，乃委罪大猷纵贼以自解，遂有是逮。升协守浙直副总兵卢镗代之。

11 戊戌，以旱，亲祷雨于雷殿。辛丑，雨，百官皆表贺。

12 是月，倭犯崇明，泊舟于三沙，登岸肆劫。

13 夏，四月，壬寅，复有倭舟数百艘转掠江北。

14 丙午，福建浯屿之倭，自去冬出掠同安、惠安、南安诸县，遂攻福宁州，经旬不克，至是移攻福安县，破之。时广东亦有流倭往来诏安、漳浦间，于是福、漳、泉诸州县无不被倭者。

15 丁未，江北倭自南沙登岸，犯通州，副总兵邓城败绩，指挥张谷死之。

16 辛亥，总兵卢镗败崇明之倭于三沙。

17 甲寅，福建倭攻福州，不克，遂围之。

18 庚申，巡抚凤阳都御史李遂讨江北倭，大败之。

先是犯通州之倭退驻白满镇，海道副使刘景韶与战于如皋，大败之。会复有数百艘寇海门，遂语诸将曰："贼趋如皋，其众必合。合则侵犯之路有三：由泰州逼天长、凤、泗，陵寝惊矣；由黄桥逼瓜、仪以摇南都，运道梗矣；若从富安沿海，东至庙湾，则绝地也。"乃命景韶及游击丘陞扼如皋，而身驰泰州当其冲。

时贼知如皋有备，将犯泰州，遂呕橛景韶、陞遏贼，连战于丁堰、海安、通州，皆捷。贼沿海东掠，遂喜曰："贼无能为矣。"令景韶、陞尾之，而致贼于庙湾，复虑贼突淮安，乃夜半驰入城。贼寻至，遂督参将曹克新等御之于姚家荡。会通政唐顺之、副总兵刘显皆以兵来援,贼大败,以余众退保庙湾。凡前后斩首四百七十余级,焚死者二百七十余人。【考异】据实录所记,言刘景韶所破,乃通州白满镇之倭,而庙湾之倭又一队也。据明史李遂传,则通州、海门两处之倭,并致之于庙湾而大败之。实录所载,皆据临时奏报,不详其所从入与所从出之路,今据李遂本传书之。

19 丙寅,副使刘景韶败倭于印庄。

贼之保庙湾也,其余众复有遁入印庄者。景韶乘胜追击于新洲及新河口,贼败,遁入民家,我兵以火攻之,凡前后斩首三百余级,余悉焚死,无一人得脱者。惟庙湾之贼据险固守不出,官兵水陆环其四面攻之。

20 五月,壬申,浯屿之倭结剧贼洪泽珍等,栖泊海山,水陆分扰。巡抚福建王询率兵击败之,以捷闻。时胡宗宪及巡按御史周斯盛亦以浙东之捷驰报。

兵部覆言:"自倭患以来,廷议增设总督、总兵等官,其于选将、练兵、征调、转饷诸凡经略,详且尽矣,而未收全效。如舟山之贼,剿逐殆尽,将谓无遗孽矣,而春汛一临,群然四集,新旧之倭,无虑数万,岂尽皆岛夷哉?实沿海顽民互相构结,或盘踞近地,或潜泊海洋。方其煽乱,则谓之来;及其少熄,遂谓之去;乘其稍挫,便谓之捷;及其他往,因谓之安。如此不已,恐征调日烦,催科日扰,将致生他变。请敕宗宪等仰思重寄,共矢远猷,严督水陆官兵刻期扫荡,毋徒纾目前之急,必潜消意外之虞可也。"上深然之。

21 戊寅,福建倭围福州且一月,不克,乃解围去。倭屯浯屿且经年,至是出洋。而毛海峰者,复移众聚南澳,建屋而居。

22 辛巳,巡按御史方辂复劾"总督蓟辽王忬调度无方,失策者三,可罪者四",诏锦衣官校逮忬及中军游击张伦至京师。

23 壬午,倭陷福建之永福县。

24 己丑,三沙倭连艘出海,官兵邀击,斩首百余级,赐胡宗宪、唐顺之银币。

25 甲午,副使刘景韶破庙湾倭,平之。

倭被围日久,官兵亦困乏,巡抚李遂集水陆攻之,百计挑战,终不出。景韶乃督卒填濠堑,夷树木,又令水兵载苇焚其舟。贼争救舟,乃撤其所营西街墙屋,贼移营东街,致死拒我,杀伤相当。

景韶约以二十四日水陆夹击,是夜雨,倭遁入舟,我兵追奔至虾子港,颇有斩获,余倭无几,不复能战,乘风开洋而去。于是江北倭尽平。

26 是月,总督蓟辽右都御史王忬至京师,下镇抚拷讯。刑部论忬戍边,上手批曰:"诸将皆斩,主军者顾得附轻典邪?改论斩。"

初,严嵩屡构忬,而忬子世贞,复用口语积失欢于世蕃,严氏客又数以世贞家琐事构于嵩父子。杨继盛下吏受杖,世贞时在刑曹,进汤药;其妻讼夫冤,复为代草;既死,经纪其丧。于是嵩父子益衔之,至是以滦河之败,遂得行其计。方辂之劾忬,乃嵩党鄢懋卿以嵩意属草授之也。

忬既系狱待决,世贞解官奔赴,与弟进士世懋日蒲伏嵩门,涕泣求贷,嵩阴持忬狱,而时为谩语以宽之。两人又日囚服踞道旁,遮诸贵人舆,搏颡乞救,诸贵人畏嵩,不敢言。明年,忬竟死西市。【考异】此据明史忬传,参世贞传书之。而野史所记,谓"严世蕃尝求古画于忬,忬有临幅类真者以献。有往来世贞家者,密以告,世蕃乃益恨"云云,意即传中所谓"严氏客以琐事构于嵩"者是也。明史、三编皆删其语,今附识于此。

27 六月,乙巳,锡林阿犯大同弘赐、镇川等堡,转掠宣府东、西二城,驻内地浃旬,会久雨,乃引去。【考异】实录系之七月。原奏称"六月五日,至十七日出边",乙巳即六月初五日也。又云"十七日出边",与辂轊传合,今从之。

28 是月,户部尚书贾应春以疾请致仕,许之,改南京户部尚书马坤代焉。

29 秋,七月,庚午,始令仓场侍郎每两月具报太仓出纳之数以闻,从巡视给事中之议也。

30 癸酉,太白昼见。

31 辛巳,南京地震。

32 戊子,诏发通仓米一万石,太仓银二万两,分振蓟州、遵化、丰润、玉田等州县之被寇者。

33 先是巡按浙江御史王本固,复会南京御史李瑚劾胡宗宪岑港养寇、温台失事、掩败饰功状,诏下查盘,科、道官罗嘉宾、庞尚鹏等从实核报。

至是嘉宾等奏覆三十六年以后御倭功罪,而独劾"宗宪为奸邪巨蠹欺君误国之尤者"。因称:"柯梅之倭自焚舟厂,全浙所共知也,乃称官兵攻剿以饰其玩寇之愆;温、台被创,生灵荼毒,人心所共伤也,乃称斩获数多以掩其殃民之罪。拥劲兵以自卫,恶闻警报之宵传;罪将领以文奸,专冀本兵之内召。廉耻扫地,沉湎丧心。捧觞拜舞于军前,而伏地讙呼,赞赵文华为岛夷之帝;携妓酣歌于堂上,而迎春宴客,视总督府为杂剧之场。万金投款权门,而醉发狂言,毕露其弥缝之巧;千里追回章疏,而旋更情节,不顾其欺罔之私。贿黩因仍,征输繁急。夷情漏泄,致启'军门倭主'之谣;边饷侵渔,遂有'总督银山'之号。招艺流而豢养,盈庭皆狗鼠之雄;假赞画为利谋,入幕悉衣冠之盗。此一臣者,宜置之重辟,以彰天讨之公,用泄人心之愤者也。"

疏入,上以宗宪有功,卒不问。

34 是月,崇明三沙之倭突犯江北,由海门县七星港登岸,流劫金沙、西亭等处,将犯扬州。海道副使刘景韶,督参将丘陞等并力御之,战于邓家庄,斩首六十九级。贼败,走仲家园,我兵纵火急攻,斩首二百八十余级。陞轻骑追贼,贼舰无后继,尽锐来冲,陞马蹶,遂遇害。

陞,山西骁将,是年江北之捷,率陞为前锋,属以屡胜轻敌致败。胡宗宪奏其"身经百战,屡立奇功,临难奋勇,不惜捐躯。若概从阵亡之科,实有未尽之论。请厚加赠恤以慰忠魂"。诏赠陞都督同知,世袭指挥佥事,立祠死所,春秋祀之。

35 倭自闽流入温州,出掠平阳、泰顺等处。泰顺生员林田,督义师击贼,不克,死之。

36 八月,己未,江北倭自邓庄之败,沿海觅舟不得,我兵追之急。会雨,贼奔入刘家庄,官军四面围之。

时胡宗宪遣江南副总兵刘显以锐卒千余赴援,巡抚李遂乃檄显尽护江北军,悉听节制。显刻期进兵,率所部先登,各营继进,自辰至酉,贼巢始破。追至白驹场,前后斩首六百有奇,贼遂殄。

而遂谓贼由三沙来,为显及卢镗罪,坐停俸。其后应天巡抚翁大立荐显骁勇,请久任,诏可之。

37　甲子,振辽东饥。

时巡抚侯汝亮言:"辽左滨海,水陆险阻。往时虽罹灾害,或止数城,或仅数月,未有全镇被灾,三岁不登,如今日者。臣春初被命入境,见其巷无炊烟,野多暴骨,萧条惨楚。问之,则云去年凶馑,斗米至银八钱,母弃生儿,父食死子,父老相传,咸谓百年来未有之灾。于时布种入土,遗民盻盻,方望有秋;乃夏秋之交,淫雨田虫交作。今西成在候,斗米犹至七钱,冬春不知作何状矣。乞大出内帑金钱以拯阽危。"

疏入,诏户部:"即发太仓银六万两,差御史一员亟往召籴,设法输运,务济百姓之急。岁终仍给发牛具银五万两,以备来春布种。"

38　是月,谙达犯土木,游击董国忠等死之。

39　九月,己巳,以通政使唐顺之为佥都御史,巡抚凤阳。时李遂迁南京兵部侍郎,以顺之代之。

初,顺之视师浙直,力言:"御倭上策,当截之海外;若使登陆,则内地咸受祸。"乃躬泛海,自江阴抵蛟门大洋,一昼夜行六七百里,从者咸惊呕,顺之意气自如。倭泊崇明三沙,督舟师邀之海外,斩馘一百二十,沉其舟十三。擢太仆少卿,宗宪言顺之权轻,乃加右通政。

顺之击贼于庙湾,不能克,复回援三沙,盛暑居海舟两月,得疾。及受遂之代,趣渡江,则贼已为遂等所灭,条上海防善后事宜。逾年,力疾巡视海洋,还至通州而卒。

顺之博通载籍,善为古文。生平苦节自励,又闻良知之说于王阳明弟子王畿,颇多所自得。惟晚以赵文华荐,骤跻通显,闻望由此渐损云。

40 乙亥,免河南被灾税粮。

41 是月,谙达复犯宣府洗马林,诏总督杨博,严备关南。

42 冬,十月,戊戌,免顺天、河间、保定、永平等府及大同镇被灾税粮。

43 甲辰,免南畿苏、松等府被灾税粮,仍行有司振之。

44 丙午,免浙江杭、嘉、湖及金华等府被灾税粮。

45 是月,总督浙直胡宗宪,请"定列死事诸臣为三等:有功而又能死事者为一等;虽无功而能忠于所事者次之;勤无可录而事适不幸者又次之;其或失机偾事,虽身故仍须追夺官荫"。部议从之。

46 召兵部尚书杨博还,管部事。

时严嵩雅不善博,秋防屡竣,不召,至是廷臣复以为请。郑晓言"博在蓟辽则蓟辽安,在兵部则九边俱安",遂召之。

47 十一月,辛巳,冬至,祀天于圜丘,朱希忠摄行。

48 初,苏州自倭寇兴,招集武勇以为义兵,市中恶少起应之,后遂群聚剽劫,有"打行""扎火"诸囤名,武断坊厢间。

巡抚应天翁大立至，稍稍禁戢之，诸恶少咸惧，乃于是月大立携孥至苏，相与歃血，以白巾抹额，各持长刀巨斧，攻吴县、长洲及苏州卫，劫狱囚，鼓噪攻都察院，劈门入，大立率妻子逾墙逃出。诸恶〔少〕乃纵火焚公廨，及大立所奉敕谕符验旗牌，一时俱毁。复引众欲劫府治。知府王道行督兵败却之。诸恶〔少〕乃冲葑门，斩关而出，逃入太湖。官司遣兵分路搜捕，获首从周二等二十余人。

事闻，诏："大立克期殄灭以靖地方，府县以下，俱付按臣逮问。"

先是山西以寇患，亦募壮勇三千，设分守太原参将一人领之。高鹏时任参将，驭下颇严，遂有恶党李廷甫、赵鸾等，以是年四月二十四日夜，聚众执鹏，杀之，因焚太原府阳曲县公廨，劫狱中都指挥毕文，欲奉以作乱。文不从，遂杀文，大掠城中，闻官兵渐集，始由西门逸去。指挥郑印，勒兵追捕，仅获鸾、廷甫，下狱。其众皆逃入北寇所居板升中，"板升"语见三十四年。大为边患。

时守臣姑以一二塞责，余俱不能问也。

49 十二月，以冬深无雪，上亲祷于内殿。辛丑，雪，廷臣表贺。

50 乙巳，赠故苏松参政任环光禄卿，敕有司建祠苏州祀之。

环志在平倭，衣服皆自识其姓名，誓必死。倭猝犯苏，诸城皆闭，乡民被寇者不得入，绕城号泣。环按剑开门纳之，全活以数万计，苏人德之。后以母丧守制，遂不起。至是因给事中徐师曾之请，特赠官秩祀以报其功。

51 乙丑，诏行海运，转粟入辽东。

初，弘治间，金龙口决，有议复海运者，朝议弗是。嘉靖二十年，总河王以旂以河道梗阻，言："海运虽难行，然中间平度州东南有南北新河一道，元时建闸，直达安东，南北悉由内洋而行，路捷无险，所当讲求。"上以海道迂远，却其议。

至是辽东巡抚侯汝谅，以辽东大饥，议开山东之登莱、直隶之天津二海道，转粟入辽阳。因勘上天津入辽之路，自海口至右屯河、通堡，不及二百里。其中曹泊店、月沱、桑沱、姜女坟、桃花岛，皆可湾泊。请"动支该镇振济银五千两，造船二百艘，约每舟可容粟一百五十石。委官督发至天津通河等处"。户部议覆，从之，"其登莱海道，仍俟徐议勘行"。

52 是冬，寇犯辽阳，游击贾冕死之。

53 是岁，致仕翰林院待诏文徵明卒。

徵明幼不慧，稍长，颖异挺发。学文于吴宽，学书于李应桢，学画于沈周，皆父友也。又与祝允明、唐寅、徐祯卿辈相切劘，名日益著。其为人和而介，巡抚俞谏欲遗之金，指所衣蓝衫谓曰："敝至此邪？"徵明佯不喻，曰："遭雨敝耳。"谏竟不敢言遗金事。宁王宸濠慕其名，贻书币聘之，辞病不赴。

正德末，巡抚李充嗣荐之，会徵明亦以岁贡生诣吏部试，奏授翰林院待诏。上践阼，预修武宗实录，侍经筵，岁时颁赐与诸词臣齿。而是时专尚科目，徵明意不自得，连岁乞归。

先是徵明父林知温州府，识张璁诸生中，璁既得势，讽徵明附之，辞不就。杨一清召入辅政，徵明见独后，一清呕谓曰："子不知乃翁与我友邪？"徵明正色曰："先君弃不肖三十余年，苟以一字及者弗敢忘，实不知相公与先君友也。"一清有惭色。寻与璁谋，欲徙徵明官，徵明乞归益力，乃获致仕。

四方乞诗文书画者，按踵于道，而富贵人不易得片楮，尤不肯与王府及中人，曰："此法所禁也。"周、徽诸王以宝玩为赠，不启封而还之。外国使者道吴门，望里肃拜，以不获见为恨。文笔遍天下。门下士赝作者颇多，徵明亦不禁。

至是卒，年九十。【考异】徵明事不见实录。其卒也，明史文苑传中特书于嘉靖三十八年，今据之。

三十九年（庚申、一五六〇）

1　春，正月，丁卯朔，不御殿。

2　丙戌，谙达犯宣府，副总兵马芳击却之。

3　庚寅，太白昼见三日。

4　辛卯，盗百余人夜入扬州之泰兴县，劫库杀人，守臣以闻。

时江南御倭，所募水兵，多游手少年乌合之众，及事宁散遣，无所归，流落江湖间，遂相聚为盗云。

5 二月,癸卯,更定浙东守巡官信地。以台金严为一道,文官则以分巡宁绍佥事改为台州分巡,兼管三府兵备,武官则添设参将一员,以宁绍为一道,其原设宁绍台兵备副使及参将,俱令止领宁、绍二府;以温处衢为一道,其原设温处兵备副使,令兼领衢州。从总督胡宗宪议也。

6 甲辰,论禽海贼汪直功,兵部尚书杨博等会廷臣议,言:"自直等煽乱,朝廷不惜万金封爵之赏,令天下讨贼,而宗宪卒以计禽之,功实非常,赏宜从重。"诏加宗宪太子太保、左都御史。其余如原任总兵俞大猷,许除罪录用;副总兵卢镗、参将戚继光及蒋洲、陈可愿等,各升赏有差。

继光初备倭山东,改佥浙江都司,充参将,分部宁、绍、台三郡。从俞大猷围岑港倭,久不克,坐免官,戴罪办贼。已而倭遁,他倭复焚掠台州,给事中罗嘉宾等劾继光无功,且通番,方按问。旋以论平汪直功复官,改守台、金、严三郡。

继光至浙,见卫、所军不习战,而义乌、金华俗称慓悍,请召募三千人,教以击刺法,长短兵迭用,由是继光一军特精。又以南方多薮泽,不利驰逐,乃因地形制阵法,审步伐便利。一切战舰、火器、兵械,精求而更置之。由是"戚家军"名闻天下。

7 丁巳,南京振武营军变。

振武营者,南京尚书张鏊募健儿以御倭寇者也,素骄悍。旧制,南军有妻者月粮米一石,无者减其四,春秋二仲,米石折银五钱。马坤掌南户部,奏减折色之一;而督储侍郎黄懋官又奏革募补者妻粮,诸军大怨。代坤者蔡克廉,方病,诸军以岁饥,求复折色故额于懋官,懋官不可,给饷又复逾期。诸军大怒,遂以都肆日杀懋官,裸尸于市。守备太监何绶等,遣吏持黄纸许给赏万金,卒辄碎之;许犒十万金,乃稍定。侍郎李遂,托病闭阁,给免死券以慰安之,而密捕首恶二十五人系狱。

事闻,追褫懋官官,止诛叛卒三人。而三人已前死,兵自此益骄。【考异】南京兵乱,诸书系之三月,据奏报也。本纪书于二月丁巳,证之实录,即倡乱之本日,原奏称"以二月都肆日鼓噪杀懋官"者是也。今据之。

8 下前中允郭希颜于狱。

希颜以失职家居,郁郁不乐。时二王并处京师,上久不建储,外议纷纷,谓严嵩有窥异易次意。希颜乃上安储疏,中有"建帝立储"语,上怒曰:"立子为储,帝谁可建者?"命礼部会科道官集议。

于是礼科给事中蓝璧等拟以妖言律论斩,诏所在巡、按官捕希颜就地处决,仍传首四方枭示。

希颜初倡立四亲庙议,为公论所诎,及既罢,犹争之至再,上辄优容之。至是欲以危言动上,遂得祸,论者以为阴谴云。【考异】希颜上安储疏,见从信录,而昭代典则全载其疏文,据实录也。疏凡千余言,语多荒谬,不足录。至实录谓"希颜密遣人揭帖京师,言严嵩谋害裕王,己乃上疏"云云。此似嵩构之,遂入爰书中,今删去,第据昭代典则书之。明史但载希颜请立四亲庙为廷议所绌,而于建言诸臣,不及希颜一字。实录谓其"因废弃思建奇功,论者谓祖宗神灵阴藉其口而降之罚,而后世乃追议恤录,滥矣。"此为定谳。今悉据实录中语书之。

9　戊午，顺天、永平二府饥，发通仓米二万五千石振之。

10　倭寇六千余人，流劫广东之潮州。廷议以"闽、广二省并邻南海，其寇粤也，率以闽人为向导。请敕福建抚臣会剿"。从之。

11　三月，丙子，以副都御史鄢懋卿总理两淮、两浙、长芦、河东盐政。旧制，分遣主事督理盐课，无一人总理四运司者。至是上以"盐法久弛，须力加整顿"，户部"请如先年耿九畴、王琼等例，遣重臣一人理之"。乃以懋卿总治其事，盖严嵩荐之也。

懋卿至，骤增盐课至一百余万，所至驿骚。【考异】明史奸臣传，"两淮余盐，岁征银六十万两，及懋卿增至一百万。懋卿去，巡盐御史徐爌极言其害，乃复六十万之旧额"云云。据此，则两淮盐旧额六十万，懋卿骤增四十余万，故三编目中据而言之。然此但指两淮所增，而明史食货志言"又搜括四司残盐，共得数几二百万"，是除旧额外，所增一百余万矣。今参食货志及奸臣传书之。

12　戊寅，南京御史林润，奏劾国子监祭酒沈坤居乡横暴状。

初，坤以南祭酒守制家居，会倭犯江北，坤居淮安新城，募民保守，远近争依之。坤以军法勒其众，有犯令者，榜笞不少贷，遂不能无怨恨。有给事中胡应嘉宗族与诸生中一二人，素与坤有隙，因播谣言，构之于润，遂被逮。下狱拷讯，无左验，坤竟死狱中。

13　癸未，大同总兵刘汉败北寇于灰河。

时寇聚众喜峰口外，窥犯蓟镇，汉乘虚袭破其巢，寇自是稍徙其幕云。【考异】明史本纪："刘汉袭破兀慎于灰河。"兀慎盖亦谙达之别部也，三编概以谙达书之。今但书北寇，而兀慎之译无考。

14 丁亥，寇复以五万余骑攻陷<u>辽东广宁中前所</u>，杀守所千、百户<u>武守爵</u>、<u>黄廷勋</u>，掠二百余人。戊子，犯<u>一片石</u>等关。【考异】<u>明史本纪</u>作"打来孙"。

15 是月，<u>南京科</u>、道官<u>刘行素</u>、<u>赵时春</u>等，言："诸军激变，始于<u>马坤</u>之议减折色。"诏罢<u>坤</u>，黜为民，以兵部侍郎<u>江东</u>升任户部尚书代之。

16 <u>巡抚辽东侯汝谅</u>复请开<u>登莱</u>海道，诏："弛海禁，令<u>山东辽海</u>居民各自具舟，赴官告给文引，往来贸易，不得取税。仍令所司讥察非常，以扼岛夷内入之路。"

17 夏，四月，罢刑部尚书<u>郑晓</u>，令闲住。

初，<u>晓</u>任吏部，历考功郎中。会<u>夏言</u>罢相，上恶言官不纠劾，诏考察去留。时大学士<u>严嵩</u>，欲因以去其所不悦者，而<u>晓</u>去<u>乔佑</u>等十三人，多<u>嵩</u>所厚，<u>嵩</u>衔之。后以争<u>赵文华</u>调考功及<u>嵩</u>子<u>世蕃</u>迁尚宝丞，益忤<u>嵩</u>，遂以事贬<u>和州</u>同知。稍迁太仆丞，历<u>南京</u>太常卿，召拜刑部侍郎，历兵部、吏部右都御史，擢至刑部尚书。<u>嵩</u>势益炽，<u>晓</u>虽不善<u>嵩</u>，而其时大狱所置轻重典，皆出<u>嵩</u>意，<u>晓</u>遂不能执持。

故事，在京军民讼，俱投牒通政司，送法司问勘，诸司有应鞫者，亦专送法司，无自决遣者。后诸司不复遵守，狱讼纷拿，<u>晓</u>奏请循故事，报许。于是刑部间捕囚畿府，而巡按御史<u>郑存仁</u>，谓"讼当自下而上"，檄州县："凡法司有追取，毋辄发。"<u>晓</u>闻，遂率侍郎<u>赵大祐</u>、<u>傅颐</u>守故事争之，<u>存仁</u>亦据律执奏。章俱下都察院，会刑科平议。议未上，<u>晓</u>

疏辨,嵩遂激上怒,切责晓,落职,两侍郎亦贬二秩。

晓通经术,习国家典故,时望蔚然。为权贵所扼,不能行其志,然亦卒不能争也。隆庆初,始追赠,谥端简。

18 改户部尚书江东于南京,以户部仓场侍郎高燿升任代之。

19 五月,甲戌,四川东川阿堂作乱。

初,东川土官知府禄庆死,子位幼,妻安氏摄府事。有营长阿得革,颇擅权,谋夺其官,因先求烝安氏,不得,乃纵火焚府治,走武定州,为土官所杀。

得革子堂,奔水西,贿结乌撒土官安泰,入东川,囚安氏,夺其印。贵州宣慰安万铨,故与禄氏姻连,乃起兵攻阿堂所居寨,破之。堂妻阿聚,携幼子奔霑益州土官安九鼎,万铨胁九鼎取阿聚及幼子杀之,堂以是怨九鼎,时相攻击。

堂兵侵罗雄州境,九鼎及禄位与罗雄土官者濬等各上书讼堂罪,诏下云、贵、四川抚、按官会勘。堂听勘于车洪江,具服罪,愿献所劫府印并霑益、罗雄人口牲畜及侵地,乞贷死。

时位及弟僎已前殁,官府因讯禄氏所当袭者,堂以己幼子诡名禄哲以报,据府印如故,复与九鼎治兵相攻。

九鼎诉之云南巡抚游居敬,谓"堂怙乱,请致讨",且自诡"当率所部为前锋,必禽堂以献"。居敬信之,遂上疏言:"堂稔恶不悛,请专意进剿,为地方除害。"下兵部议,"请行川、贵抚、按会勘具奏。如必不可赦,然后讨之",报可。

20 乙亥,总督浙直胡宗宪上疏,"请得节制三省巡抚及操江都御史,如三边故事",从之。寻晋宗宪兵部尚书。

21 壬午,山西三关饥,诏发太仓银八万两,以七万给军饷,一万振饥民。

22 壬辰,盗入广东博罗县,杀知县舒颙。

23 癸巳,复闲住南京国子监祭酒邹守益原官,致仕。

初,守益以九庙灾上书忤旨,遂落职,至是以其子刑部主事邹善之请复之。

守益天资纯粹,出王守仁之门。守仁尝曰:"有若无,实若虚,犯而不校,谦之近之矣。"里居日事讲学,四方从游者踵至。学者称东廓先生。

24 是月,以兵部侍郎闵煦为刑部尚书,代郑晓也。复起原任兵部尚书王邦瑞协理京营戎政。

邦瑞坐罢十年,会京营乏人,上曰:"非邦瑞不可。"乃起故官。

25 六月,壬寅,给事中罗嘉宾等,查核倭寇以来督、抚诸臣侵盗军需之数,因劾:"故尚书赵文华以十万四千计,总督都御史周珫二万七千,胡宗宪三万三千,原任福建巡抚阮鹗五万八千,【考异】明史胡宗宪传,言阮鹗所侵盗军饷浮于宗宪,即指此也。其他或以万计,或以数千计,至有攘取军饷,公行贿赂者,并宜逮问追赃。"上以宗宪功多,不问。

寻宗宪奏辩,言:"臣为国除贼,用间用饵,非小惠不成大谋。"上以为然,更慰谕之。

26 秋,七月,乙丑朔,巴图尔即老把都尔,译见前。拥众犯蓟西,游击胡镇击却之。

27 庚午，大同总兵刘汉，复袭北寇于丰州，捣其巢。

丰州者，丘富、赵全等所筑板升以自卫者也。事见三十四年。时谙达等西掠，留所部千余人于丰州，全、富皆居板升主其谋。汉欲乘隙取之，谋于巡抚李文进及原任总兵官俞大猷，乃遣参将王孟夏等率锐卒三千，缘夜疾驰，昧爽抵丰州，鼓噪奋击，禽斩一百五十余人，焚板升略尽。惟富已随寇帐他徙，全亦遁免。

捷闻，亟命兵部议赏功之典。

初，大猷被逮，锦衣都督陆炳与之善，密以己资投严世蕃，解其狱。会论平汪直功，许录用，炳劝之立功塞上。文进素习其才，与筹军事，至是以功复其世职。

28 是月，南京粮储都御史章焕言："中原之患，妖民盗贼二者而已。南倭北虏之患有形，而中原之患无形。夫无形之患，不可以有形治也；要在破散奸谋，调护元气，有万全无失之策，而后可以保万年无失之基。"因条上八事。

其六选良吏，谓："中牟之化行，则颍川之盗息。良吏者，圣明所与共治天下者也。欲清中原，必先清吏治。"

七处宗藩，谓："中原事故，何预于宗藩？然王府者，省城之主；省城者，四方之纲。今河南诸宗，饿莩已甚，若使处之得所，则子孙千亿，皆为皇家藩屏，何忧群盗！"

八议黄河，谓："黄河冲决，其势必兴大工，大工兴则聚众必至数万而中原危矣。故经略中原者当以黄河为急，论黄河者当以运道省城为急，论运道省城者当为谨始虑终之谋，而毋为目前幸免之计。"疏入，下所司。

是时南北寇警，征敛繁急，贪吏肆行，水潦荐至，民不堪命，往往聚而为盗。初，河南人讹传倭至凤、泗，又言开封没于黄河，于是归德之睢州，彰德之林县，盗贼初起，皆以讹言，久而无验，仍复解散。(焕)〔涣〕先巡抚河南，目击其事，既而缉捕无端倪，心益忧之。至是得代，乃上疏请经略中原。言虽不敢尽，而不数十年，中原群盗四起，卒如其言。【考异】章(焕)〔涣〕此疏，诸书不载，今据实录增入。明以流寇亡天下，(焕)〔涣〕其先几之预见者，并为后文下狱张本。

29 八月，戊戌，胡宗宪复献芝草五，白龟二，上悦，名曰"玉龟仙芝"。礼部请谢玄告庙，许之。赍宗宪银币加等，并赐金鹤衣一袭。

宗宪性喜宾客，招致东南才学士，如山阴徐渭、归安茅坤及歙之余寅、鄞之沈明臣，同入幕府，用是名日起。其献白鹿也，渭为之草表，上称善，宗宪以是益重渭。渭知兵，好奇计，宗宪禽徐海，诱汪直，皆预谋焉。后宗宪败，渭佯狂自废卒。

30 己亥，福建叛兵三百余人，自沙县、将乐攻泰宁县，破之，守备王址、百户戴权皆战死。贼遂流入江西界，官兵击之，遁去。

先是闽中以倭乱召募广兵，后以犒赏不餍所欲，遂有是变。

31 是月，以南京工部尚书潘恩为刑部尚书。

32 九月，庚午，谙达自大同卫入山西，犯朔州川。屯数日，以三百余骑夜袭广武，攻墙，不克，遂循代州转掠五台、崞县,出宁武关北遁。

33　壬辰,免湖广被灾税粮。

34　是月,济农部落复寇陕西米脂等县,官军击却之。

　　先是寇犯山西,甫解严而陕西报警。上以问尚书杨博,博以为:"此河西之寇自延绥入犯,已行守臣专督延安兵防本镇,又行陕西总督郭乾调花马池及固原兵赴援,计此时已出关久矣。"是时,上忧边甚,博每先事预防,故上尤倚重之。【考异】据杨博原奏,"北寇在九边,以河为界。河以西为延绥、宁夏,每秋入寇者,乃吉囊部落。河以东为山西、宣大,每秋入犯者,乃俺答黄台吉部落"云云。盖博所指者,吉囊之众,故以为河西,今据之。

35　冬,十月,癸巳,免陕西被灾税粮。

36　乙未,逮云南巡抚游居敬至京师。

　　先是东川之乱,行川、贵抚、按会勘。而居敬不俟命,遽调土、汉兵五万余进剿。云南承平久,一旦兵动,费用不赀,赋敛百出,诸军卫及有司、土官舍等乘之为奸利,远近骚动。

　　巡按王大任言:"逆堂夺印谋官,法所必诛。第彼犹借朝廷之印以约土蛮,冒禄氏之宗以图世职。而四川之差税办纳以时,云、贵之邻壤未见侵越,此其非叛明矣。其与九鼎治兵相攻,彼此俱属有罪。居敬乃信一偏之诡辞,违会勘之明旨,轻动大众,恐生意外患。且外议藉藉,谓居敬入九鼎重贿,欲为雪怨,及受各土官赂,攘盗帑积,皆有实迹。请亟罢居敬,暂停征剿为便。"乃命逮居敬。

　　时堂闻大兵至东川,逃深箐,诸将分兵于新旧诸城穷搜不获,地方民、夷,大遭屠掠。

37　壬寅,谕辅臣严嵩等,以"景王府成,当遵祖宗制,令之国"。于是吏部请设王府官僚,工部请遣官经理德安府第,俱报可。

初,庄敬太子薨,廷臣言裕王(次)〔次〕当立,上以前太子不永,迟之。晚,信方士语,二王皆不得见,时并居外邸,居处衣服无别。景王年少,左右怀窥觊,语渐闻中外,颇有异论。至是忽夜半中旨涣颁,京师士民无不跃跃称庆。【考异】景王之国在明年。实录系之是月,盖传谕阁臣之月日也,今据书之。

38　戊申,免畿内被灾税粮,仍以临清、德州、天津三仓米一万石振之。

39　十一月,甲子,逮总督南京粮储都御史章涣至京师。

初,南京兵变,吏部请改督储宪职,遂以命涣。涣自淮安督漕运过淮,迁延数月,仍假道过家。于是南京给事中马负图等言:"国家近以留都兵变,百姓惊疑。而涣不畏简书,逗留半岁,未有视事之日,请赐罢斥,以儆怠旷。"

疏入,上以涣所奏经略中原,语近欺谤,特命逮之,下三法司拟罪。于是刑部尚书潘恩,坐冲突仪仗妄行奏诉律论遣戍。涣竟死于戍所。

40　丙戌,冬至,祀天于圜丘,朱希忠摄行。

41　是月,真人陶仲文、锦衣都督陆炳俱死。

仲文以方术事上,被恩宠,不次迁擢,前后几二十年,竟以考终。死后赠谥赗赠,恩礼有加,自来方士所未有也。

炳与严嵩比,嵩父子尽揽六曹事,炳无所不关说,文武大吏争走其门,岁入不赀。然亦颇周旋善类,时数起大狱,炳多所保全，未尝构陷一人，以故朝士多称之者。

隆庆改元，始奉遗诏夺仲文官，削炳籍。

42 十二月，丁酉，祈雪。

43 己亥，以京师严寒，贫民多冻饿死者，诏发仓米万石为糜振之。又命五城瘗暴骸。

44 是月，土蛮犯辽东海州东胜堡，指挥李元勋死之。

45 是岁，福建之倭流劫各州县，加以奸民乘间迭起，遂有大埔之窖贼，南湾之水贼，尤溪之山贼，龙岩之矿贼，南靖、永定等处之流贼，无不蜂起，而窖贼张琏等最强。

福建巡抚刘焘，应接不暇，惟椎牛飨贼，拥众自卫而已。报功既多不实，而所募广兵，复扣给行粮，以致兵与盗合，所过无不残破者。

官兵每战辄败，惟报效把总沈讲率水兵遇贼于马溪，俘斩数百人，力尽死之。

至是胡宗宪以闻，仅夺焘俸，仍令戴罪剿贼。

四十年(辛酉、一五六一)

1 春，正月，壬戌朔，不御殿。

2 丙寅，济农部落自河西踏(水)〔冰〕渡河，寇掠山西五花营，守备王世臣、千户李虎战死。【考异】明史及实录但书"寇"。据去年杨博奏，河西之寇，皆济农部落也，今据书之。

3 戊子，振顺天、永平、保定、河间四府饥，从巡按御史郑存仁之请也。

4 是月，御史潘季驯巡按广东，倡行均平里甲之议。其法,先计州县之冲僻,以为用度之繁简,令民各随丁力输银于官。每遇供应过客及一切公费,官为发银,使吏胥老人承买。其里长止于在官勾摄公务,甲首则悉放归农。广人便之。

季驯自以报代在迩,恐后至者不能守,乃上疏言:"岭南去京师绝远,近日牧民者视为利薮,屠剥万状。小民怨咨,不能上达,则相聚为盗。昔苏洵有言:'远方之民,虽使盗跖为之郡守,梼杌为之县令,郡县之民群嘲而聚骂者虽百千万辈,朝廷不知也。故其民常多怨而易动。'今广东之民,既怨而动矣,若非奉明旨丁宁,虽有周公之法,谁与守之?"户部"请以其言行之通省,如法遵守,年终籍记用银数目以闻",报可。

5 二月,辛卯朔,日有食之。

是日,阴云不见,钦天监以为与不食同。已而礼部尚书吴山以救护礼毕报,上大怒。山引罪,上谓山守礼无罪,而责礼科对状。于是给事中李东华等劾山,请与同罪,上乃责山卖直沽名,停东华俸。严嵩言罪在部臣,乃贳东华等,命姑识山罪。

6 振山东济南等六府饥,发临、德二仓米三万石,徐州仓米二万石给之。

7 丁未,景王载圳之国于德安。

8 己酉,大风扬尘蔽天,昼晦。谕阁臣曰:"今日之风,占者以为兵火,似不可以常视。其传谕尚书杨博,内戢奸凶,外严边备。"

9　是月，以故赵王厚煜自缢死，归罪于彰德知府傅汝砺、通判田时雨，逮至京师。

初，赵有宗人辅国将军祐椋等，数犯法，与有司为难，厚煜颇庇之，而祐椋卒得罪，其后有司益务以事裁抑诸宗。洛川王翊鐕奴，与时雨之隶争瓜而殴，时雨捕王奴，厚煜求解不得，竟论奴充军。未几，宗室数十人索禄米，有司不予，时雨复以宗室殴官白于汝砺，汝砺因尽捕各府人。厚煜由是忿恚，竟自缢死。——时三十九年十月也。至是厚煜子成皋王载垸疏闻于朝，下法司按问。汝砺坐戍边，时雨论死，械河南市斩之。

先是厚煜暴卒，外议汹汹，有侵及成皋王及王妃张氏者，载垸大惧，乃奏“府县威逼王致死”，法司论罪如律。时以为冤狱云。【考异】据实录所载，言数日前，“有见王咄咄自语，若有所恨者，殆为妃与成皋王。然其事秘，外间莫知也。”明史诸王传所载，第据爰书，而实录所记，似当时已有传闻，故以为冤。盖争禄事本微浅，又出宗室人等，于王无预，不应恚忿轻生，此似得之。今前段据明史本传，后段参实录书之。

10　三月，壬戌，命户部发米一万二千石，振京师饥民。

11　癸亥，广东惠、潮山贼作乱。贼首黄启荐等拥众数千，流劫海丰、碣石、归善等县，攻破甲子门巡检司，杀百户魏祚。诏“抚、按官督兵扑剿，其胁从人等，随宜招抚”。

12　乙亥，罢吏部尚书吴鹏、礼部尚书吴山。

初，山与严嵩乡里，嵩子世蕃欲与为婚姻，不可，遂与嵩父子有隙，上欲用山内阁，嵩阴沮之。会因日食救护，吏科梁梦龙等见上怒山甚，欲劾之，而山直谅有时望。鹏在吏部，凡百官进退，一听命于世蕃，中外人心，无不鄙薄愤恨。于是以山与鹏并劾之。诏鹏致仕，山冠带闲住。时皆惜山而甚快鹏之去云。【考异】明史山传，言："三十九年之冬，帝忽谕礼部具景王之藩仪。嵩知帝激于郭希颜疏，欲觇人心，讽山留王。山曰：'中外望此久矣。'立具仪以奏，王竟之藩。司礼监黄锦窃语山曰：'公他日得为编氓幸矣。王之藩，非帝意也。'"按实录，景王之国，乃夜半出自中旨，非迫于廷臣之请。而是时严嵩方欲挤山，岂肯劝之留王，使以希指得上眷者。传中云云，疑出野史臆度之词，今不取。吴山系高安人，与十二年河南巡抚吴山献白鹿姓名同，彼乃吴县人。

13　丙子，太白昼见，逾月方没，凡二十四日。

14　是月，改欧阳必进为吏部尚书。

必进前任工部尚书，是年二月，以周延卒，改左都御史代之，至是又迁吏部。改刑部尚书潘恩为左都御史。又特旨升吏部侍郎袁炜为礼部尚书。

初，严嵩以日食不见，趣礼部急上贺，炜亦以为言。尚书吴山仰首视天曰："日方亏，将谁欺邪！"至是山既罢，遂以炜代之。寻命入直西苑，恭撰玄修。

15　夏，四月，壬辰，京师疫。上以所发米粥药饵，有司给散非法，切责之。又以流民来京数多，发京仓米四千石，内库制钱三百万，给贫民归费，仍视道里远近以为多寡之差。

16　癸巳，大风，雨黄土，昼晦。上以旱暵风霾，敕群臣修省三日，仍行顺天府祷雨。

17　丁未，振山西饥。

18　是月，以吏部侍郎冯天驭为刑部尚书，代潘恩也。

初，吴山罢，天驭及袁炜以署印题请特旨升炜，而以天驭暂摄部事。至是炜任礼部,乃升天驭于刑部。

19 五月,乙亥,大学士李本以母丧去,严嵩为其母杨氏请赐祭葬,仍遣官驰驿护归。

20 丁丑,御史唐继禄以旱霾上修省十事:"一抚绥流民;二捍御边境;三禁戢骄纵;四经理租赋;五痛抑侈靡;六调停催科;七权宜振恤;八裁革纳级;九量免入觐;十黜罚奸庸。"

其黜罚奸庸一事,"欲令京堂官俱自陈,其余听部院考察去留",疏入,报可。于是内阁严嵩、徐阶各上疏自陈求罢,优诏慰留。

21 是月,东川叛夷阿堂伏诛。

初,堂闻大兵至东川,逃匿深箐,时出寇掠。至是营长者阿易谋于堂之心腹母勒、阿济等,掩杀堂于戛来矣石之地,其子阿哲就禽,——哲时年八岁。

事虽定而府印不知所在,于是安万铨取东川府经历印界禄位妻宁著署之,以照磨印界罗雄土官者濬;而以宁著女妻者濬子,仍留水西兵三千于东川,为宁著防卫。水西与东川邻,万铨本水西土官,故议者谓其有阴据东川之志。

巡按王大任以诛阿堂闻,因言:"东川地方残伤,该府三印悉为土官部置,请通敕川、贵总督及镇、巡官按究各土官私擅标署之罪,并访禄氏支派之宜立与所以处阿哲者。"部覆报可。

22 闰月,戊戌,严嵩妻欧阳氏卒。上以嵩夫妇并八十,不多有,命礼部议厚恤。

世蕃当护丧归，嵩以年老，请留侍京邸，许之，令嵩孙鹄归治葬事。嵩虽警敏，能先意揣上指，然上所下手诏，语多不可晓，惟世蕃一览了然，答语无不中。嵩既耄昏，且旦夕直西内，诸司白事，辄曰"以白东楼"。——东楼，世蕃别号也。至是乃有是请。

23　丙辰，流贼犯江西泰和县，清军副使汪一中、分巡佥事王应时督官军御之于鹳朝镇。部署未定，贼五路掩至，我军惊走，一中及指挥王应鹏、千户陈策、唐鼎等俱被杀。应时为贼所执，数日赎还。

24　是月，四川容山土舍张问、韩甸等纠合川、贵生苗等作乱，侵及湖广境。贵州总兵石邦宪督诸军讨之，斩获百余人，乘胜入其巢。会暮，大雨，迷失道，守备叶勋、百户魏国相等中伏死之。

25　六月，壬申，山西太原、大同等府，陕西榆林、宁夏、固原等处，各地震有声。宁、固尤甚，城垣墩台房屋皆圮，压死军民无算。兰州、庄浪天鼓鸣。【考异】明史五行志作"壬午"，"午"字盖"申"字之误也，今据实录改。

26　乙亥，发太仓银十五万两，差宪臣一员赴宣、大二镇收籴，以备来岁客兵饷需。复发大同主兵银三万两，宣府、辽东各二万两，山西、延绥、宁夏、固原、甘肃、蓟州、密云各一万两，山西客兵银二万两，延绥、蓟州、密云、昌平、易州客兵银各一万两，令管粮官收籴以实边储。

27　是月，总督蓟、辽、保定尚书许论罢。

　　论奏："密云、昌平二镇防秋，须饷银三十余万。"给事中郑茂,言"论奏请过多,请察其侵冒弊",乃诏论回籍听勘。未几,给事中邓栋往核,具得虚冒状,夺官闲住。

论与故大学士讃,皆故吏部尚书许进之子,兄弟并列显要。值严嵩柄政,讃在内阁无可否,以年老落职归。论主兵部,将帅黜陟,兵机进止,一听世蕃指挥,声望由此日损云。

28 给事中梁梦龙等,以李本忧去,请简阁臣,疏荐五六人。上不悦,曰:"此窥测沮间耳。"夺梦龙俸半年,余二月、一月有差。

29 刑部尚书冯天驭罢,令闲住,以给事中侯廷柱劾其庸鄙故也。逾月,以南京尚书蔡云程代之。

30 秋,七月,己丑朔,日食。

钦天监奏:"是日日食一分五秒,例免救护。"礼部尚书袁炜乃阿上意,言:"陛下父事天,兄事日,是以太阳晶明,氛祲销铄。食止一分,与不食同。臣等不胜欣忭。"疏入,上大喜。未几,遂入阁。

31 己亥,发太仓银二万两振辽东。又以江南水患饥荒,诏留苏、松、常、镇四府开纳事例银并浒墅、北新两关船料银备振。

32 巡按江西、福建御史段顾言,以鹳朝之败,因言:"赣州一府,为江西全省门户,自龙南、安远相继激变,而抚臣漫不省闻,以致今日寇石城,明日寇瑞金,又明日寇南安,寇建昌,而吉、抚诸郡纷纷多事矣。先是南康之战,典史王允相死之;赣县攸镇之战,百户程宠死之;今泰和之战,又有副使、指挥诸臣同时战没。事见上。此皆由门户失防，故寇得深入，当坐南赣巡抚，而江西抚臣及福建抚臣亦宜分别议处。请假江西抚臣以提督军务职衔，给以旗牌，使得号令其下，仍责三省抚臣戮力平贼。"

诏："严议诸臣失事罪。命浙直总督胡宗宪兼节制江西，发兵应援，江西巡抚暂加兼理军务。并赠恤汪一中、王应鹏等，赐祭葬，立祠。"

33 壬寅，江西贼攻玉山县，纵火屠掠，空其城而去。寻攻永丰县，陷之。【考异】江西有两永丰。此属广信府，即今之广丰县。

34 庚戌，谙达犯宣府，副总兵马芳御却之。

35 是月，福建巡按御史李廷龙言："山贼四起，与福、兴、漳、泉残倭，声势相倚，自建宁以北，福宁以南，无处不为盗薮。加以江西之贼流入闽界，乞敕江西、福建及两广三省抚臣会剿。"从之。

36 八月，壬戌，南京御史林润，劾"总理盐法鄢懋卿贪冒五罪：一需索属官馈遗巨万；二受状取富民财；三宴会日费千金；四虐杀平民；五加派扬州盐商，几至激变。"懋卿疏辨，仍令照旧供职。

懋卿倚严嵩势，所至市权纳贿，气焰熏灼。其按部，常与妻偕行，制五綵舆，令十二女子舁之，道路倾骇。

时淳安知县海瑞，供帐简薄，托言"贫邑不能容轩车"；慈溪知县霍与瑕，亦清鲠不屈。懋卿嗾巡盐御史袁淳劾之，俱削籍。——与瑕，故尚书韬子也。【考异】海瑞、霍与瑕为袁淳所劾，俱削籍，此据三编书之。证之明史本传，则言瑞时已擢嘉兴通判，坐谪兴国州判官，无削籍事，附识其异于此。

37 辛未，太白昼见。

38 壬申，上以秋防边务为忧，令辅臣严嵩等询尚书杨博以守御之宜。

　　博言："今之九边，以蓟镇为重。近入窥大同镇川堡者，皆谙达之别部，而其酋谙达、鸿台吉、旧"鸿"作"黄"。巴图尔之众皆潜形不露，窃恐其谋窥蓟镇。"乃上便宜六事，大略以"大同、宣府为关南之紧要，宜令两镇不分彼此，相机策应。所需主客兵饷，毋使缺乏，但使虏马不能入关，即为首功"。上是其言，谕户部："于年例外加发饷金四万两以备缓急。"

39 九月，戊子，广东三饶山贼张琏等袭福建南靖县城，入之，燔烧县学、仓库。

40 癸巳，广宁把总吴鹿，千户郎松，以二百兵防护解饷经历王钥、鲁亨至海州新台，遇寇，劫所赍修边银八百两，杀钥及亨，鹿、松亦战没。巡抚吉澄以闻，诏逮问守堡指挥佟承祚等。

41 庚子，谙达犯居庸关，参将胡镇御却之。

42 辛丑，广东山贼自江西流入福建界，攻崇安县，陷之，转掠至浙江，犯龙泉县。

43 苏、松、常、镇、杭、嘉、湖七府大水，平地水深数尺，诏抚臣破例振之，并免本年秋粮。

44 甲辰，以陕西固原、宁夏地震，命发太仓银八千两及留本省例银三千两振之。

45 壬子,免畿内被灾税粮。

46 冬,十月,丁卯,闽、广流贼自邵武转掠江西之铅山、贵溪等处,总督胡宗宪檄参将戚继光自浙江引兵赴援,败贼于上坊,禽斩六百人。贼奔建宁,还,攻陷宜黄县,为南赣兵所败,始遁。

47 癸未,礼部汇奏"四方进芝共七百六十九本,其五色盈尺者尚不多得,请申谕明年加意取采",从之。

48 是月,海寇破福建宁德县,参将王梦麒、知县李尧卿死之。

49 十一月,壬辰,冬至,祀天于圜丘,朱希忠摄行。

50 甲午,加礼部尚书袁炜太子太保,改户部尚书兼武英殿大学士,入内阁(典)〔预〕机务。

炜本以青词得上眷,故入直西苑,后不数月,即有是命。

51 庚子,吏部尚书欧阳必进致仕,以会推礼部尚书不称旨也。

先是上命礼部尚书、掌詹事府事郭朴回部管事,至是必进罢,遂改朴为吏部尚书,加太子少保。

52 庚戌,济农部以二万余骑拆墙入犯宁夏,进逼固原,数日始引去。【考异】实录但书"虏",兹据明史本纪,即河西寇也,今从之。

53 辛亥,永寿宫灾。

宫在西苑,成祖旧宫也。上自二十一年宫婢之变,即徙居此。是夜火作,禁卫不及救,乘舆服御及先世宝物尽毁。上乃暂御玉熙宫。【考异】明史本纪及诸书皆称"万寿宫灾"。证之《明史·舆服志》，成祖所建，本名永寿，盖世宗以灾改建，始易名万寿也。三编作永寿，且云，"徐阶请以三殿大工余木趣治永寿宫，百日工就，徙居之。命曰万寿宫。"今据三编书之。

54 十二月，丙辰朔，以永寿宫灾，遣英国公张溶等祭告郊庙社稷。

先是礼臣请诏告天下百官修省。上曰："此非正朝，乃朕奉玄修所居。招灾致异，朕之尤也。"令已之。

55 丁巳，工部尚书雷礼言："玉熙宫殿湫隘，且地旷近水，非可久御，请及时营缮永寿宫。"

先是公卿大臣欲请上还大内，严嵩复以徙居南城为言，上皆不怿；大学士徐阶，因请以三殿大工之余材趣治永寿宫，故工部希指奏之。

三编发明曰：嘉靖不御大内，公卿大臣皆知其非是，意欲请而不敢言，适当所居永寿火灾之后，正可藉词请归大内，此严嵩与徐阶同为职所当言之事也。乃嵩既以徙居南城为对，已为希合不居大内之指；阶复以三殿大工余材趣治，尤属巧于逢迎。盖是时嵩已为阶所中，故事事欲与相反，以自表其才识，即为争权邀宠之图，于此已见一端矣。史谓阶"虽任智数，要为不失其正"，此概论其生平耳。若以此一事观之，岂惟智数是尚，又宁得谓不诡于正哉！

56 丙寅，巴图尔犯辽东，陷盖州，指挥杨世武等死之。

57 庚午，免湖广承天等府被灾税粮。

58 辛未，赠江西副使汪一中妻程氏为淑人，命有司建坊立祠祀之。

初，一中阵亡，程氏痛其夫死于非命，扶榇至家，绝粒死。巡按御史以闻，故旌之。

59　壬申，以冬深无雪，上亲祷于宫内，遣官祭告。

60　是月，以江西上坊之捷，赏胡宗宪、戚继光等银币。

巡按御史段顾言言："江西用兵连胜，地方小安。但今巨寇尚未捕灭，其一即泰和杀汪副使之寇，一攻新淦、清江之寇，一陷崇仁之寇，而群盗闻风迸出于湖之东西者复不下数十辈，近山贼张琏等亦闻睥睨江西，蓄谋未发，不当以目前小胜，遂谓无事。况诸贼声势相倚，而三省心力不齐，互相推诿，以送贼出境为得计，故大功不成。"上乃申饬督、抚诸臣严核功罪。

兵部议赠恤阵亡检校刘秉仁、典史林文等，从之。

四十一年（壬戌、一五六二）

1　春，正月，丙戌朔，不御殿。

2　壬辰，大风扬尘蔽空。

3　丙申，京师地震。

4　丙午，免江西被寇州县税粮，又免南直隶淮安府被灾税粮。

5　是月，以吏部侍郎严讷为礼部尚书，以袁炜入阁，且改户部也。

6　初，寇犯大同，执守备刘晋臣去。至是晋臣亡归，称："去年十一月初十日，叛人丘富死于板升，其党赵全、周元等焚而瘗其骨。"兵部因言"逆贼天诛，实赖玄祐，请行告谢礼",从之。

7　江西寇盗充斥,巡抚杨伊志为巡按段顾言所劾,遂罢之,升布政使胡松为江西巡抚。至是松条陈军政五事,又奏设南昌、南丰、万安三营,皆报可。【考异】明史有两胡松,一绩溪人,以与仇鸾议边事不合引疾归;此胡松为滁州人。俱见传中。

8　二月,辛酉,诏罢亲耕亲蚕礼。

初,上于耕蚕二礼久不亲行,然每岁礼官犹以故事请,因命户部官祭先农,女官祭先蚕。至是以为虚文,并罢之,令所司勿复奏。

9　壬戌,福建同安倭夜袭破永宁卫城,胁指挥王国瑞、钟埙、千户蔡朝阳降之。

10　己卯,提督两广侍郎张臬奏:"逆贼张琏等势甚猖獗,延蔓三省,请调集狼兵十万,与福建、江西会兵进剿。"从之。

琏本饶平县之乌石村人,以殴死族人惧诛,亡命入窖贼郑八、萧雪峰党。后八死,琏与雪峰分部其众,而琏为最强。知县林丛槐,尝亲至其巢约降,给以冠带。琏益骄甚,与雪峰合兵纵掠汀、漳、延、建及江西之宁都、瑞金等处,又攻陷南靖等城。其巢介三饶之间,四面皆山,有司未敢讼言剿之。琏虽叛,犹扬言听抚以缓我师,至是臬等始议大征之。

11　是月,严嵩孙锦衣都指挥佥事鹄,献玉兔一,灵芝六十四本,方士蓝道行献瑞龟,诏遣官献太庙,群臣表贺。

12　三月,庚寅,贵州总兵官石邦宪奏平容山之乱,禽韩甸,诛之。

甸纠众横行湖、贵境,官司不能制,且二十余年。至是始以捷闻,诏自邦宪以下,各给赏升俸有差。

13 陕西宁夏地震,边墙倾圮,诏发太仓银二万二千两充修筑及振济之费。

14 辛卯,玉兔生子二,礼官请谢玄告庙,许之,廷臣俱上表称贺。

15 壬寅,赐申时行等进士及第、出身有差。【考异】申时行初冒徐姓登第,故实录及明题名碑皆书徐时行,而明史时行传绝不及其初姓,亦不叙其家世。传言"长洲人",而明人纪载,皆称"申吴县",证之题名碑及明贡举考,皆书直隶吴县人,疑即初姓之籍贯也。明史列传于改姓事皆不讳,故黄观登一甲第一人,初从许姓,亦见传中,而时行初从徐姓,传竟轶之。然实录及题名碑固非野史之比也,今附识之。

16 己酉,新作西苑宫成,上即日移居之,命曰万寿宫。

初,大学士徐阶请治永寿宫,可计月而就,上悦,复命阶子尚宝丞璠兼工部主事董其役,十旬而功成。至是以阶忠,进少师,兼支尚书俸,璠亦超擢太常少卿。自是严嵩乃日屈。【考异】此据明史徐阶传,三编目中本之。证之实录,命名万寿宫在四十四年三月,则自改建后命名可证。今悉据传书之。

17 是月,总督浙直胡宗宪,请"于南赣设副总兵官,以吉安守备属之;于建昌、抚州设参将,以铅山守备属之。复设游击于南昌省城,而以鄱阳守备改为参将,令专练舟师,控制九江"。兵部议,从之。

18 增设甘州茶马司,从巡抚、都御史鲍承荫之请也。

承荫议"于甘州适中之地设之,令招商茶易番马,仍以四川保宁茶课全征本色助之”，报可。

19 夏，四月，庚申，土默特_{即土蛮，译见前。}犯辽东，攻东关驿、锦川营，破之。巡抚吉澄以闻，“请如往年大同故事，特遣重臣调发兵粮救援”。上询之杨博，乃以兵部侍郎葛缙兼佥都御史，往督视军情。

20 丙寅，以入夏少雨，大风扬尘，上亲祷于禁中，遣官祭告坛庙。

21 癸酉，陕西鄠县散官王金进灵芝、五色龟，上大悦，遣官告太庙，授金太医院御医。

22 甲戌，玉兔又生二子，复建谢典告庙如初。

23 五月，丁亥，命“南京都督佥事刘显充总兵官，镇守广东、南赣，参将俞大猷副之。一应战守事宜，悉听二臣会同督抚协谋剿贼，仍令江西纪功御史段顾言兼核广东功罪以闻”，从兵部尚书杨博议也。

24 庚寅，土默特复犯辽东，副总兵黑春等御之。春身自搏战，杀数十人，诸军从之，敌大败，弃其辎重铠甲而遁。

25 乙未，提督两广侍郎张臬奏广东三饶贼平。

初，闽、广讨贼，积年不能平，乃移镇筸参将俞大猷于南赣，会兵进剿。时胡宗宪兼制江西，知张琏远出，檄大猷急击之。大猷谓：“宜以潜师捣其巢，攻其必救，奈何以数万众从一夫浪走哉！”乃疾引万五千人登柏嵩岭。

岭俯瞰贼巢，琏果还救。大猷连破之，斩首千二百有奇，贼惧不出。复用间诱琏出战，从阵后禽之，并禽萧雪峰。散其胁从者二万，不戮一人。

是役也,<u>广</u>人攘其功,而<u>大猷</u>不与之校,以是赏独薄云。【考异】<u>大猷</u>平<u>三饶</u>贼功,<u>实录</u>不著,今据<u>明史</u>本传书之。

26 <u>壬寅</u>,<u>严嵩</u>罢。下<u>嵩</u>子<u>世蕃</u>于狱。

初,<u>世蕃</u>留京邸,以居丧不得入直,<u>嵩</u>遇票拟,受诏多不能答,每遣人持问<u>世蕃</u>,值其方纵淫乐,不以时答。中使相继趣<u>嵩</u>,<u>嵩</u>不得已自为之,往往失指。所进青词,又多假他人手,不能工,以此渐失上欢。会上以营万寿(官)〔宫〕,方向次辅<u>徐阶</u>,顾问多不及<u>嵩</u>,即及<u>嵩</u>,祠祀而已。

未几,方士<u>蓝道行</u>以扶乩得幸,故恶<u>嵩</u>,上问:"天下何以不治?"<u>道行</u>因诈为乩语,具道<u>嵩</u>父子弄权状。上问:"上仙何不殛之?"答曰:"留待皇帝自殛。"上心动,欲逐<u>嵩</u>。

御史<u>邹应龙</u>方避雨内侍家,侦知之,因抗疏专劾<u>世蕃</u>。其略曰:"<u>世蕃</u>凭藉父势,专利无厌,私擅爵贵,广致贿遗。每一开选,则视官之高下而低昂其值;及遇升迁,则视缺之美恶而上下其价;以致选法大坏,市道公行,群丑竞趋,索价转巨。如刑部主事<u>项治元</u>,以万二千金而转吏部;举人<u>潘鸿业</u>,以二千二百金而得知州;至于交通赃贿,为之关节者,不下百十余人。

而伊子锦衣卫<u>严鹄</u>、中书<u>严鸿</u>、家奴<u>严年</u>、中书<u>罗龙文</u>为甚。即数人之中,<u>严年</u>尤为黠狡,<u>世蕃</u>委以腹心,诸所鬻官卖爵自<u>世蕃</u>所者,年率十取其一,不才士夫竞为媚奉,呼曰'鹤山先生',不敢名也。遇<u>嵩</u>生日,<u>年</u>辄献万金为寿。

<u>嵩</u>父子原籍<u>江西</u><u>袁州</u>,乃广置良田宅于<u>南京</u>、<u>扬州</u>等处,无虑数十所,而以恶仆<u>严冬</u>主之,抑勒侵夺,怙势肆害,

所在民怨入骨。

犹有异者，往岁世蕃遭母丧，陛下以嵩年老，特留侍养，令其子鹄代为扶榇南旋。世蕃名虽居忧，实喜得计，狎客曲宴，拥侍姬妾，屡舞高歌，日以继夕。

至于鹄，本豚鼠无知，习闻赃秽，视祖母丧有同奇货，骚扰道路，百计需索，其往返所经，诸司悉望风奉承，郡邑为空。

今天下水旱频仍，南北多警，民穷财尽，莫可措手者，正由世蕃父子贪婪无度，掊克日棘，政以贿成，官以赂授。凡四方小吏，莫不竭民脂膏，偿己买官之费，如此则民安得不贫，国安得不竭，天人灾警安得不迭至！臣请斩世蕃首以示为人臣不忠不孝者戒。其父嵩，受国厚恩不思报，而溺爱恶子，弄权黩货，亦宜亟令休退以清政本。

如臣言不实，乞斩臣首以谢嵩、世蕃。"

疏入，上犹降旨慰嵩，而以嵩溺爱世蕃，负眷倚，令致仕驰驿归，有司岁给米百石。

世蕃既下狱，嵩为请罪求解，不听。法司奏论"世蕃及其子锦衣鹄、鸿、客罗龙文戍远边；其疏内有名人等，悉逮送镇抚司拷讯"，从之。特宥鸿为民，使侍嵩，而锢其奴严年于狱。擢应龙通政司参议。

27 丙午，下方士蓝道行于狱。

严嵩既得罪，上追思其赞玄功，意忽忽不乐。乃谕辅臣徐阶等，欲遂传位，退居西内专祈长生，阶等极陈不可。上曰："卿等不欲，必皆奉君命同辅玄修乃可。"又曰："今严嵩已退,伊子已伏罪。敢有再言者,同邹应龙俱斩。"嵩知上意已动,乃密赂上左右各千万金,令发道行阴事,于是道行遂得罪。

应龙惧,不敢赴任,赖徐阶调护,始视事。

28 己酉,免淮、扬二府被灾税粮。

29 壬子,土默特复犯辽东,攻凤皇城,不克,转掠汤站堡。副总兵黑春引兵逆战,敌佯败走,春乘胜追击,陷伏中。寇素稔春骁将,围之数重,春与把总田耕等力战三日夜,死之。

事闻,赠春都督同知,荫子世袭,并令有司立祠死所祀之。【考异】黑春败寇及死,同在是月,俱见本纪。而鞑靼传误记春死于是年冬,疑"冬"字衍文,今据本纪月日。

30 是月,刑部尚书蔡云程致仕,以吏部侍郎张永明升任代之。

31 六月,甲寅,总督宣大尚书江东上言:"御寇之策,以保全边堡为第一,而边堡之所以保全,其说有十:积谷,一也;征还各营选调之卒,二也;选练本堡土兵共守,三也;增城浚池,四也;屯田耕牧,使有警足以相保相助,五也;造双轮车以备战守,六也;择任将帅,和睦行阵,七也;信赏必罚,八也;厚恤间谍,九也;严禁边军通虏,十也。此十者,言之而可以行,行之而可以成,成之而可以久,无出于此。夫亡羊补牢,固为已晚;方病蓄艾,尚犹可及;惟陛下宽其文法,使得稍效万一。"

疏入,兵部议从之。

32 庚午，广东捷闻。

兵部请"以贼首张琏、萧雪峰械送京师，献俘正罪"，上谕内阁曰："献俘一节，祖宗久不行，赵文华以假贼冒功，为此欺饰耳。此等草贼，就地枭之，亦足以泄民愤。"自是遂罢献俘。

33 是月，广东道御史郑洛，劾"大理寺卿万寀，总理盐政鄢懋卿，太常少卿万虞龙，皆严嵩之党，朋比奸赃有迹，请逮治"。诏"寀、懋卿皆闲住，降虞龙为四川按察使金事"。

34 秋，七月，癸巳，户部奉旨集廷臣议上理财之策，凡十四事，其要在于省兵食。上以近年边饷侵冒多端，特敕："各抚、按官正己率属，严革积弊。违者听部臣及该科参治。"

35 戊戌，玉兔又各生子，癸卯，西苑产嘉禾一茎三穗者二，双穗者三十一，皆循故事告庙表贺以为常。

36 八月，丁巳，加户部尚书高燿太子少保。

初，上谕内阁"自访取龙涎香以来，二十余年，所上未及数斤，辄以去冬毁于火，传谕尚书高燿设法取用"，户部请遣官购于闽、广。至是燿以上需之急，从禁中购得八两，以万寿建醮日献之，大称旨，命给价银七百六十两，遂有是命。

燿以贿严世蕃躐主户部，以贪贿闻。世蕃既败，知不为公论所容，乃要结以为固位之计，时论鄙之。

三编发明曰：古来患得患失之夫，其于汇缘幸进，巧售计术，盖无所不至，而必有左右近侍之人为之导引而密示其机，乃得以施其伎俩。高燿之以龙涎进也，何由而知大内之无此？又何由而知索此之甚急？即使知庆节建醮在所必需，又何由而知宦寺中有密藏此者？物以类感，金邪之声气，自有默默相通者。燿仍以其结世蕃之术结宦官，故遂以其躐司农之伎躐少保，而嘉靖适颠倒于其局中而懵然罔觉耳。

37 乙丑，诏重录永乐大典。

初，三殿灾，文楼藏永乐大典，其帙甚巨。上闻变，趣命左右登文楼出之，甲夜中传谕三四，是书遂得不毁。至是欲重录其副，贮之他所以备不虞，乃谕内阁徐阶等曰："及此秋凉，可理也。"

于是礼部集儒士程道南等百余人，就史馆分录，选各色善楷书人。命礼部左侍郎高拱，右中允、管国子监司业事张居正，各解原务，入馆校录。拱仍以侍郎兼翰林院学士，同左谕德兼侍讲瞿景淳充总校官。居正以中允兼翰林院编修，同修撰林燫、丁士美、徐时行，编修吕旲、王希烈、张四维、陶大临，检讨吴可行、马自强充分校官。——燫，故南京尚书瀚之孙，徐时行，即是年登第申时行之初姓也。

【考异】修永乐大典事，见十一卷永乐五年十一月。谨按四库书提要言："永乐大典书成，命复写一部锓诸梓，以永乐七年十月讫工，后以工费浩繁而罢。定都北京以后，移贮文楼中。（注："即今之宏义阁。"）嘉靖四十一年，选礼部儒士程道南等一百人重录正副二本，命高拱、张居正校理。至隆庆初告成，仍归原本于南京。（注云："见词林旧志。"）其正本贮文渊阁，副本别贮皇史宬。（注云："见春明梦余录。"）明祚既倾，南京原本与皇史宬副本并毁。今贮翰林院库者，即文渊阁正本，仅残阙二千四百二十二卷，顾炎武日知录以为全部皆佚，盖传闻未确之说。书及目录共二万二千九百三十七卷，与原序原表并合。明实录作二万二千二百一十一卷，明史艺文志作二万二千九百卷，亦字画之误也。"按嘉靖四十一年所录，据实录言："帝命重录一部，贮之他所，以备不虞"，三编亦以为"重录其副，贮之他所"，不闻并录正副二本。而提要以为"归之南京"者，似即正本，盖仍在京师未归。故刘若愚酌中志以为"新旧二本不知藏于何处"，而春明梦余录以为"正本贮文渊阁，副本贮皇史宬"，皆正副二本之确证。至提要谓"今所存之翰林院库"者，系文渊阁正本，而据全祖望校永乐大典记中，则以为皇史宬本。传闻异词，并详考证中。

38　九月，壬午朔，三殿成，遣官祭告郊庙。

初，三殿灾，上以"殿名奉天，非题扁所宜用"，敕礼部议之。部臣会议，言："皇祖肇造之初，名曰奉天者，昭揭以示虔尔。然临御之际，坐而视朝，亦似未安。"

于是重建奉天门成，更名曰大朝门。至是更名奉天殿曰皇极，华盖殿曰中极，谨身殿曰建极，文楼曰文昭阁，武楼曰武成阁，左顺门曰会极，右顺门曰归极，大朝门曰皇极，东角门曰弘政，西角门曰宣治。又改乾清宫右小阁曰道心，旁左门曰仁荡，右门曰义平。

先是，部臣欲仍用"奉天"字，议以"天"字抬写。上谓不雅，乃取尚书洪范语，并改大朝门曰皇极门。【考异】据明史舆服志，改奉天门为大朝门在三十七年。证之实录，是年三殿成，定改奉天殿为皇极殿，乃更易奉天门曰皇极门。明史舆服志不具，今据实录，并初改、再改书之。

39　甲申，百官表贺，颁诏天下。

40　乙未，太白昼见。

41　丁酉，御史颜鲸言："本年自畿甸以至河之南、北，山之东、西，岁皆丰稔，宜敕各省广储籴本，增设便民仓。请免解赃罚银两及发内帑以为籴谷之需。"部议从之。诏:"发帑钱七百万,籴谷运入京、通二仓,其在外赃罚银两,均以充籴谷入仓之用。"

42 戊戌,诏"工部侍郎刘伯跃、南京刑部侍郎何迁、南京通政胡汝霖、南京光禄少卿白启常、原任湖广巡抚张雨、广西按察副使袁应枢、右春坊谕德唐汝楫、南京太常管祭酒事王材俱革职闲住",坐严嵩父子党也。

伯跃女适嵩之甥,应枢则嵩婿也。迁抚江右,厚敛以遗嵩父子。汝霖、雨贪肆,倚嵩庇之。启常匿丧迁光禄,为世蕃狎客,至以粉墨涂面博其欢笑。汝楫以父龙故媚嵩及第,嵩亦以儿子畜之,与材俱出入卧房,交通请托。至是嵩败,以给事中赵灼、沈淳、陈瓒等交劾,同时罢去,士论快之。

43 己亥,给事中张鸣瑞,奏劾"已故三边总督魏谦吉及原任福建巡抚王询,皆以谄事严嵩父子进用",诏追夺谦吉赠荫,询削籍。

44 丙午,户科给事中何煜条陈五事。其第一为宽民力,谓:"近日有司惟事诛求,民不堪命。即以南直隶言之,军民有加派养兵银两矣,工部有坐派料价矣。而军门之外,复有操江之募兵,兵备道之壮丁,府州县之乡兵;料价之外,复有采木、颜料等费,预征、劝借名目。而当事者又或(以)〔已〕停尚征,或指一科十,俱宜严行裁革。仍以明年为始,将民间额办钱粮,定数派纳。家给一信票,官民如票奉行,有别立名色者罪之。"

是时东南被<u>倭</u>，<u>南畿</u>、<u>浙</u>、<u>闽</u>多额外提编，<u>江南</u>至四十万。——"提编"者，加派之名也。法以银力差排编十甲，如一甲不足，则提下甲补之。及倭患渐平，<u>煃</u>建议裁革加派，其后<u>应天巡抚周如斗</u>亦以为言。部议从之，而提编之额卒不减。

45 是月，左都御史<u>潘恩</u>致仕，改刑部尚书<u>张永明</u>代之。

46 冬，十月，辛酉，副总兵<u>俞大猷</u>攻<u>程乡</u>之贼，败之。

初，<u>江西</u>盗炽，<u>大猷</u>会巡抚<u>胡松</u>等迭次进剿，稍稍平之，而<u>广东程乡</u>之剧贼<u>梁宁</u>、<u>林朝义</u>、<u>徐东洲</u>等，出没<u>赣</u>、<u>吉</u>二府。<u>大猷</u>以副总兵协守<u>南</u>、<u>赣</u>、<u>汀</u>、<u>漳</u>、<u>惠</u>、<u>潮</u>诸郡，乃乘胜引兵夜袭<u>宁</u>巢，<u>宁</u>惧而遁；败<u>东洲</u>于<u>武平</u>，禽之。<u>朝义</u>复约<u>河源</u>贼首<u>黄积山</u>谋大举，官军乘<u>积山</u>无备，捕斩之，<u>朝义</u>遁去。

47 壬戌，免<u>南畿</u>被灾秋粮。

48 乙亥，免<u>江西</u>被灾秋粮。

49 庚辰，<u>广东</u>官兵追捕<u>程乡</u>贼首<u>林朝义</u>，禽之。

<u>朝义</u>遁入巢，率其党由间道攻<u>程乡</u>城，知县<u>徐甫宰</u>，以计遣主簿<u>梁维栋</u>说散其党，因严兵待之。<u>朝义</u>败走，官兵追至<u>阴那山</u>，并其弟<u>朝敬</u>俱就禽。于是<u>潮</u>寇悉平。

50 是月，御史<u>林润</u>言："今天下之事，极弊而大可虑者，莫如宗藩。然莫能定不易之策者，惧怫宗室之心而重违祖制也。今宗室繁衍，岁禄不继。计天下财赋岁供京师粮四百万石，而各处王府禄米凡八百五十三万石，不啻倍之。夫天下无可增赋之理，而宗室蕃衍无休时，此岂不可为寒心

哉！顾时有所必变，势有所必通，纵不能遽削于今日，亦当定制于方来。请令大臣、科、道集议于朝，颁谕诸王，示以势穷弊极不得不通之意。令户部会计赋额，以十年为率，大约兵荒蠲免存留几何，王府禄米所得及诸费几何，俾宗藩晓然于赋入有限，费出不经，然后徐议其宜，博采众论，断自宸衷，以定万年可久之策。”

疏下礼部覆议，从之。

51 刑科给事中陈瓒陈二事：一“请修闽、广、江右诸城以备寇盗”。一言：“近日官吏，多以岭南富饶，得肆渔猎，虽卑如县尉，亦不惜重金求之，噬民膏血，无有已时，故有张琏啸聚之祸。至如苏、松诸郡粮长之设，始立空役而索其财，已代逋负而偿其数。赋在坊长则有上官过客之费，在库役则有宴馈衙吏之需，视富室如仇雠，以科取为故事。即吴、粤二省而天下可知也。乞敕抚、按官严行究治。弭盗之策，无急于此。”疏下所司。

52 以南京户部尚书黄光昇为刑部尚书，代张永明也。

53 十一月，乙酉，湖广御史尹校，劾“掌詹事府、吏部侍郎董份，前主戊午乡试，私其妻父尚书吴鹏之子绍，置前列”，上以“前秋事至此方劾，非公也，命份视事如故”。

54 诏求方书。

上晚年求方术益急。时丰城县方士熊显，进法书六十六册，诏留览，赐显冠带银币。乃命御史姜儆、王大任分行天下，访求方士及符箓秘书。阅二年还朝，上所得法秘数千册，荐方士唐秩、刘文彬等数人。儆、大任俱擢侍讲学士，秩等赐第京师。

是时严嵩已罢，陶仲文、蓝道行之等，或死或谴，而上亦倦勤，冀得天眷以祈长生，故有是命。

55　丁亥，南京给事中陆凤仪，劾总督胡宗宪党严嵩及奸欺贪淫十大罪，疏下吏部，请下巡按御史勘报，上命锦衣卫械系至京师。

于是浙直总督遂罢不补，以左副都御史赵炳然为兵部侍郎，提督军务，巡抚浙江。

56　己丑，免福建被寇各州县税粮。

57　丁酉，冬至，祀天于圜丘，朱希忠摄行。

58　辛丑，北寇数万骑犯宁夏清水营，副总兵王勋战死。事闻，赠勋都督同知，赐荫，立祠祀之。【考异】明史本纪言"吉能"，鞑靼传言"谙达"，三编言"锡林阿、巴图尔等"。今据明史稿，但以北寇书之。

59　壬寅，巡盐御史徐爌言："两淮余盐额征六十万两，后开工本盐，增至九十万，总理盐法鄢懋卿复增至百万，每半年解银五十万，商人苦之。夫正盐之外，又有余盐；余盐之外，又加工本；工本不足，乃有添单；添单不足，必加添引。懋卿趋利目前，不顾其后，是误国乱政之尤者。方今灾荒迭告，盐场潗没，若欲取盈百万，必至官追于商，商追于灶，逃亡日多，弦急欲绝，莫棘于此。请敕户部尽蠲增额，每年仍以六十万征解，俾可经久。"

部议亦以为然，于是懋卿所增者悉罢之。

60　己酉，倭攻福建兴化府，陷之。

初，倭自围福州，蔓延于兴化，奔突于漳州，闽中迄无宁日。是年，复大举犯福建，先攻邵武，杀指挥齐天祥；转掠罗源、连江等县，杀游击将军倪禄。是时自温州来者，合连江诸倭攻陷寿宁、政和、宁德；自广东南澳来者，合福清、长乐诸倭攻陷元钟所，延及龙岩、松溪、大田、古田、莆田。

维时宁德已屡陷，距城十里有横屿，四面皆水，路险隘，贼结营其中，官军守之逾年不能克。其新至者营牛田，而酋长营兴化，东南互为声援。参将戚继光承胡宗宪檄，统浙江兵先击横屿之贼，克之，破其巢；乘胜至福清，捣败牛田贼，亦覆其巢。余贼走兴化，急追之，夜四鼓，抵贼栅，连克六十营，斩首千数百级。旋师抵福清，遇倭自东营澳登陆，击斩二百人。

时广东总兵官刘显自粤赴援，与继光连破贼，贼几尽。继光还浙江，而新倭至者日益众，遂围攻兴化城匝月。会显遣卒八人赍书城中，衣刺"天兵"二字。贼杀而衣其衣，绐守将得入，夜斩关延贼，副使翁时器、参将毕高走免，通判奚世亮摄府事，遇害，焚掠一空。自倭躏东南，破州、县、卫、所以百数，未有及府城者。兴化故大郡，最繁富，至是远近震动。

事闻，乃擢俞大猷为福建总兵官，继光副之。是时显军少，壁城下不敢击，大猷亦不欲攻，需大军合以困之。诏复起丁忧参政谭纶，以原官兼按察司佥事，与继光统浙江兵会剿。【考异】倭陷兴化本末，据明史俞、戚二人传参书之。惟贼先攻邵武，杀齐天祥，掠连江，杀倪禄，见实录明年奏报中。盖福建巡抚游震得原奏之文，今据增。

61 庚戌，免陕西被灾秋粮。

62 是月，延绥总兵官赵岢，分部锐卒，一由东路神木堡，一由西路定襄营，并出塞击北寇于半坡山菝麦湖，斩首百十九级。

63 十二月，胡宗宪至京师。上曰："宗宪非嵩党。朕拔用八九年，人无言者；自累献祥瑞，为群邪所疾。且初议获汪直予五等封，今若加罪，后谁为我任事者？其释令闲住。"

明通鉴卷六十三

江西永宁知县当涂 夏　燮 编辑

纪六十三　起昭阳大渊献(癸亥),尽柔兆摄提格(丙寅),凡四年。

世宗肃皇帝

嘉靖四十二年(癸亥、一五六三)

1　春,正月,庚辰朔,不御殿,百官行礼于皇极门。

2　癸巳,广东倭寇犯潮、惠二府之黄岗、大澳等处,登岸肆掠。

3　乙未,河南道御史凌儒,疏荐"吉水罗洪先等有时望,请赐甄录",上以儒市恩卖直,无故奏扰,命锦衣卫逮至午门,杖六十,黜为民。

4　戊申,谙达犯宣府滴水崖,官兵败绩,遂南掠隆庆、永宁等处。原任总兵刘汉力战却之,遂西行。攻张家堡,不克,会大雨,乃遁。出入凡七日。

5　二月,癸酉,谙达犯辽阳,副总兵杨照引兵击败之。复寇长安堡,照设伏绕出其前,斩首七十五级,获马五十匹。

6　乙亥,福建兴化倭结寨于峙头,【考异】峙头,实录"峙"作

"埼",今据<u>明史</u>地理志。其地在<u>兴化</u>之东。与都指挥<u>欧阳深</u>相拒,久之不出。<u>深</u>侦其兵少,轻之,直前挑战,伏发,<u>深</u>与<u>晋江</u>武生<u>薛天中</u>、<u>泉州</u>卫舍人<u>周岳镇</u>俱死之,所部数百人皆战没。贼乘胜陷<u>平海卫</u>,踞之。【考异】此据实录增。盖陷<u>平海卫</u>在是月,<u>明史</u>因陷<u>兴化</u>牵连记之。其<u>薛大中</u>、<u>周岳镇</u>同时阵亡,见四十三年请恤奏中,并增入。

7　丙子,免<u>湖广</u>被灾税粮,仍敕有司振之。

8　丁丑,命提督两<u>广</u>都御史<u>张臬</u>总督<u>广</u>、<u>闽</u>军务。

时巡按御史<u>李邦珍</u>,劾"巡抚<u>福建</u><u>游震得</u>,<u>兴化</u>之败,一筹莫展,宜简命大臣有济变才者,假以重权"。遂有是命。复擢参政<u>谭纶</u>兼佥都御史,巡抚<u>福建</u>。

9　三月,改礼部尚书<u>严讷</u>于吏部,时<u>郭朴</u>以忧去也。以吏部侍郎兼翰林院学士<u>李春芳</u>为礼部尚书。

10　初,<u>云南</u><u>武定府</u>土官知府<u>凤诏</u>死,无嗣,母<u>瞿氏</u>袭,请于朝,以流官印属之。<u>瞿氏</u>老,举<u>凤诏</u>妻<u>索林</u>自代。比<u>索林</u>袭,遂失事姑礼,<u>瞿氏</u>大恚。乃收异姓儿<u>继祖</u>入凤氏宗,挟其甥婿<u>贵州</u><u>水西</u>土舍<u>安国亨</u>、<u>四川</u><u>建昌</u>土官凤氏兵力,欲废<u>索林</u>,以<u>继祖</u>嗣,不克;乃具疏自称为<u>索林</u>囚禁,令<u>继祖</u>诣阙告之。<u>继祖</u>归,诈称受朝命袭职,驱目兵逼夺府印。<u>索林</u>抱印奔会城,抚、按官谕解之。<u>索林</u>归<u>武定</u>,视事如故,而复听<u>继祖</u>留<u>瞿氏</u>所,于是妇姑嫌隙益甚。

<u>索林</u>谋诛<u>继祖</u>,事泄,<u>继祖</u>遂大发兵围府,行劫<u>和曲</u>、<u>禄劝</u>等州县,杀伤调至土官<u>王心一</u>等兵。<u>索林</u>复抱印走<u>云南</u>,巡抚<u>曹忭</u>,下令收印,逮其左右<u>郑竑</u>系狱,令<u>瞿氏</u>暂理府事,贷<u>继祖</u>,责其自新。巡按御史<u>孙用</u>,谓:"<u>继祖</u>发兵围

府,罪逆显著,若置而不问,诸夷效尤,恐遐荒自此多事矣。"诏:"守臣悉心议处,以靖地方。"

11 夏,四月,庚申,福建新倭自长乐登岸,流劫福清等处,总兵官刘显、俞大猷合兵邀击于遮浪,歼之。

时平海倭引舟出海,把总许朝光以轻舟抄之。贼败,乃尽焚其舟,还屯平海卫。

12 丁卯,副总兵戚继光统浙兵至,与刘显、俞大猷合攻平海卫之贼。巡抚谭纶,令继光将中军,显左,大猷右。继光率中军先登,左右军继之,遂大破倭,复兴化,斩级二千二百,还被掠男妇三千余人。

自倭起以来二十余载,攻破城邑,杀伤官吏军民,不可胜纪,转漕增饷,海内骚然,至是始大创而去。浙、闽以次渐平。

13 己巳,太白昼见,凡四日。

14 五月,辛巳,给事中陈瓒疏陈黜遗奸、求遗贤二事,上以其袭凌儒故智,亦命逮至,廷杖六十,黜为民。

15 六月,庚戌,巡按御史李邦珍上福建剿平旧倭功罪,言:"横屿之贼,于去年七月,总督胡宗宪檄参将戚继光统浙兵七千余人,令军中人持稿一束,填河而进,遂大破贼巢,斩首二千六百余级,遂乘胜剿福清、牛田之贼,追至兴化。功最多,宜从重赏。宗宪虽去任,亦宜优录。"兵部议从之。

16 倭之陷兴化也,自通判奚世亮外,知县周尚友,县丞叶德良、徐九经,训导卢学颜,同时遇害。又齐天祥、倪禄之死,同时阵亡者,指挥张光祚,千户鲁思亮、邵于藩、张珊。至是李邦珍以闻,皆请赐赠恤,从之。

17 秋,七月,甲申,上谕阁臣徐阶等以今日外官贪肆亏国病民状,阶以示吏部尚书严讷。

讷因言:"近日藩、臬有司,不能体皇上为国为民之心,或赃罚(纸)〔抵〕赎之隐匿,或折干常例之滥收,或羡余火耗之侵渔,或里甲夫马之索取,或科派劝借之横加,或寿仪节礼之概受,或广市土产以结欢于势要,或极腆供亿以善事乎上官。淫刑以逞,饰诈以欺,潜贿以杜法,假公以济私。有臣如此,国安得不亏,民安得不病!陛下洞见弊源,明祖宗法度,而命臣等以力行,敢不奉诏。惟是人不易知,知人不易。万一有力者行其苞苴,有挟者凭于城社,有智者巧设机械,善于弥缝,如此则大奸反得漏网,而悃愊孤寒之辈乃辄及之。明有国典,幽有天道,不可欺也。仍乞陛下亲降德音,申谕抚、按,实力奉行,从公劾奏,庶无负保国为民至意。"

上是之,"下抚、按官如议行。其抚、按官劾奏有不当者,该部院即行参治"。

18 壬辰,巡抚福建都御史谭纶上四月平倭之捷,以戚继光为首功,显、大猷次之。诏告谢郊庙,大行叙赏。继光受上赏,进都督同知,世荫千户。

19 八月,乙亥,北寇谙达等聚众辽东广宁塞外,升任总兵官杨照督兵由镇夷堡出塞,分道掩击。照夜行失道,离塞六十里遇伏,中流矢死。游击线补衮等驰至,力战,斩首二百余级。寇引去,乃夺照尸还。亡失官军五十余人。

20 九月,辛巳,复令崇文门宣课司商税收钱。

初,户部请于云南即山鼓铸,乃敕巡抚以盐课银三万两为工本。越数年,巡抚王昺,巡按王净,俱以费多人少请罢铸,部臣复用主事范燧议,每钱七文当银一分。于是宣课司收税及官俸仍用银,而民间所蓄旧钱益壅滞不行,钱法遂坏。至是给事中孙枝,请罢前令而复收钱之旧,部议从之,乃有是命。

21 己丑,山东巡按御史黄襄请赠恤杨照死事,上以其奋勇捐躯,优赠少保、左都督,荫一子指挥同知,世袭,仍赐谥、立祠,祭葬如例。

照起家偏校,以敢战知名。抚士卒有恩,人咸乐为之用。初以罪废家居,属严嵩柄政,凡边将无不由债帅进者,照自分永弃。会世蕃败,朝议以人望用之,由是感激,誓以死报。起废数月间,三战三捷,竟陨于阵。

22 是月,总督闽广都御史张臬罢。

时和平贼李文彪作乱,臬以其地险,难用兵,倡议抚之。给事中陈懋观劾其纵寇殃民,部议亦以臬非军旅才,乃荐总理河道佥都御史吴桂芳代之。

又以“闽、广道远,不便兼辖,请罢总督,止以提督兼巡抚”,从之。

23 冬,十月,辛亥,擢戚继光为福建总兵官,镇守全闽,徙俞大猷仍镇南赣,从福建巡抚谭纶议也。

寻改南直隶狼山副总兵为镇守总兵官,兼辖江南、江北,以署都督佥事刘显为之,从浙江巡抚赵炳然议也。

24　癸丑,西域乌斯藏、阐化等王遣使入贡请封,礼官循故事遣番僧二十二人为正副使,以序班朱廷对监之。至中途骚扰,不受廷对约束,廷对还,白其状。礼官请"自后封番王,即以诰敕付使者赍还,或下守臣择近边僧人赍给"。自此不遣京寺番僧,著为令。【考异】据明史西域传,事在四十三年,今据实录改。

25　丁巳,吏科给事中赵灼等,奉旨纠劾贪肆藩、臬,山西参政耿随朝等凡十余人,诏逮问黜谪有差。

26　丁卯,锡林阿、巴图尔入寇。

初,寇数犯辽东塞,蓟辽总督杨选以三卫实导之,因囚絷三卫长托干,旧作通罕。令其诸子更迭为质。——托干者,锡林阿妻父也。——冀以牵制北寇,于是锡林阿、三卫皆怨。

至是锡林阿、巴图尔等拥众窥蓟州,声言犯辽阳。选率师东,本兵杨博檄止之,三往不从。博拊几曰:"败矣!"方议征兵入援,而寇已自墙子岭、磨刀峪溃墙而入。

戊辰,大掠顺义、三河,京师戒严。诏宣大总兵官马芳、姜应熊、刘汉等调兵入援,以总督、尚书江东统之。又敕文武大臣分守皇城、京城诸门,而令镇远侯顾寰集京营兵分布城内外。

时寇已抵通州。上叹曰:"庚戌事又见矣!"亟命总兵官胡镇、孙膑及游击赵溱等赴通州迎敌,膑及溱皆力战死。

寇驻内地凡八日。乙亥,大同总兵姜应熊御之于密云,败之,斩首三十余级。寇自<u>三河</u>渐引而北,京师稍解严。

会御史<u>黄泮</u>劾墙子岭失事状,上大怒,立命锦衣卫逮系<u>杨选</u>及<u>大同</u>巡抚<u>徐绅</u>并墙子岭提调指挥<u>杨瀛</u>等入京鞫治。

27 是月,荧惑自辛亥起胃宿,至甲戌,逆行抵娄宿之次。

28 十一月,丁丑,论退敌功,自总督<u>江东</u>、总兵<u>胡镇</u>以下升赏有差。

<u>东</u>自<u>居庸</u>入援,上奖谕,使督内外诸镇兵马。

会<u>姜应熊</u>击寇退,寇复东蹿<u>顺义</u>、<u>三河</u>,饱掠去,<u>东</u>等壁<u>顺义</u>不敢追。寇以精骑殿后北行,诸将悉望尘尾之,疾徐以敌为节。会敌疲失道,众乱,诸将无敢发一矢者,敌去,乃稍稍取零骑及失道之罢残以报首功。上怏怏,谕<u>杨博</u>曰:"寇复饱飏,何以惩后!"

是役也,上虽厚赏<u>东</u>、<u>镇</u>等而本兵不及,由是始怒<u>博</u>。

29 壬午,以寇退,祭告郊庙。

30 甲申,以火星逆行,敕群臣修省五日。

31 兵科给事中<u>丘橓</u>条陈边臣善后事宜,并劾<u>杨选</u>启衅状。上大怒曰:"<u>橓</u>等既有所见,曷不先言!"乃下<u>橓</u>锦衣狱,杖六十,黜为民。

32 己亥,命瘗暴骸。

33 壬寅,冬至,祀天于圜丘,<u>朱希忠</u>摄行。

34 甲辰,<u>杨选</u>、<u>徐绅</u>等至京师,下锦衣卫拷讯,具服,命法司议罪。尚书<u>黄光昇</u>援引奸细入境泄军情律论斩,诏即会官枭迭于市,妻子流二千里,绅系狱待决。

初,寇入内地,上方祠釐,尚书杨博不敢奏,谋之内阁徐阶,檄马芳等自宣府入援。会上见城东火光,知寇已逼,大惊,谕阶议退敌计。而芳已先至,阶请亟赏之,令专护京师。及寇退,上怒博不早闻,欲与迭同论罪,阶力为救解,乃得免。

35 十二月,乙巳,工部尚书雷礼奏:"京师永定等七门,当添筑瓮城;东、西便门接都城止丈余,又垛口卑隘,壕池浅狭,悉宜崇甃深浚。"上谕礼亟行之。

36 己酉,禁止通海辽船。

初,辽东饥,暂许通登莱籴谷,已而辽商利之,私载货物往来山东。守臣以海禁渐弛,恐有后患,疏请禁止海运,从之。

37 乙卯,以冬深雪少,上亲祈于禁中,并敕群臣修省。

38 壬申,寇犯沙河,官军败之。【考异】明史本纪不具,史稿系之是月壬申。证之实录,刘焘奏报在明年二月。原奏称"十二月二十八日",即壬申也。寇系速卜亥,三编无译。

四十三年(甲子、一五六四)

1 春,正月,乙亥朔,不御殿。

2 丁丑夜,大风。次日,又风。谕兵部尚书杨博谨边防。

3 壬辰,土默特纠众寇辽东一片石、黄土岭等处,参将白文智守边墙,寇攻不克。已而总兵胡镇至,御却之。【考异】明史本纪,"是月壬辰",与实录合。史稿系之壬午,盖"辰"字之误也。

4 二月,乙巳,免顺天三河等县被寇税粮。

5 己酉,伊王典楧有罪。

典楧者,太祖第十五子伊厉王之玄孙也。性贪而狡,多持官吏短长,不如指必构之去,既去,复折辱之。御史行部过者,楧要笞之,缙绅往来,率纡途取他境;经郭外者,府中人辄追挽其车,詈其不朝,入朝者复辱以非礼。府墙坏,请更筑,乃夺取民舍以广其宫。郎中陈大壮,与邸邻,索其居不与,使数十人从大壮卧起,夺其饮食,竟馁死。所为宫,崇台连城拟帝阙。有锦衣官校之陕者,经洛阳,典楧忽召官属迎诏,鼓吹拥锦衣人,捧一黄卷入宫。众请开读,曰:"密诏也。"遂趣锦衣去。锦衣谓:"王厚待之,不知所以。"其夜,大张乐至曙,府中皆呼千岁,诈谓:"天子特亲我也"。闭河南府城,大选民间子女七百余人,留其姝丽者九十人,不中选者令以金赎。

都御史张永明等上言状,再遣使往勘,革禄三之二,令坏所僭造宫城,归民间女,执群小付有司。典楧不奉诏,部牒促之。布政使持牒入见,楧曰:"牒何为者?可用障楎耳。"

抚、按官以闻,诏礼部会三法司议,佥谓"典楧淫暴,无藩臣礼,宜禁锢高墙,削除世封",从之。

6 丁巳,韩王府宗室一百四十余人,越关至陕西会城索逋禄。

是时宗室繁衍,岁禄增至十二万五千有奇,岁给不及其半,节年积逋至六十余万。至是诸宗室拥众环巡抚陈其学第,鼓噪诟詈,其学为不启门者数日。檄布政司先后搜括各项,给银七万八千两有奇,诸宗室犹不肯去。

其学与巡按御史鲍承荫以状闻,诏切责韩王融燧,废宗室融燸等为庶人。

7 戊午,福建兴化倭余党,复纠新倭万余,围攻仙游县三日,总兵官戚继光击败之城下,又追败之王仓坪,斩首数百级。余党复分据漳浦蔡丕岭,继光分五哨,身持短兵缘崖上,俘斩数百人,余贼遂掠渔舟出海去。福建倭平。

8 是月,更定镇守江南分守信地。以江南属之刘显,专驻吴淞江;江北属之副总兵王应麟,专驻狼山。俱给关防。

9 闰月,丁丑,命吏部尚书严讷、礼部尚书李春芳、吏部侍郎董份皆兼翰林院学士,直西苑,如勋臣、辅臣例。

10 戊寅,免江西南昌、瑞州、九江三府被灾税粮。

11 己卯,寇犯辽东,指挥王维屏等御却之。

12 丙申,福建汀、漳盗攻漳平,知县魏文瑞死之。盗遂陷漳平,据其城。

13 三月,己未,广东官军击潮州倭贼,破之。

初,归善县盗伍端、温七作乱,败参将谢敕。未几,俞大猷改镇潮州,七被禽,与端首军门,求杀倭自效,大猷乃与总兵吴继爵受其降。会巡抚吴桂芳至,使为前驱讨倭,官军继之。围倭于邹塘,四面举火,一日夜连克三巢,焚斩四百余人。

上以广东连年征剿无功,闻捷,大喜,赐桂芳、继爵等银币。

14 辛酉,热审法司系囚,宥死罪矜疑者二十一人戍边。

前给事中沈束，以请恤总兵周尚文得罪，长系狱中，自司业赵贞吉以请宽束得罪，束下狱在二十八年，贞吉请宥束在二十九年，俱见前。自是无敢言者。束系久，衣食屡绝，惟日读周易为疏解。后同邑沈炼劾嵩，嵩疑与束同族为报复，令狱吏械其手足，徐阶劝，得免。

迨嵩去位，束在狱十六年矣。妻张氏上书言："臣夫家有老亲，年八十有九，衰病侵寻，朝不计夕。往臣因束无子，为置妾潘氏，比至京师，束已系狱。潘矢志不他适，乃相与寄居旅舍，纺绩以供夫衣食，岁月积深，凄楚万状。欲归奉舅，则夫之饘粥无资；欲留养夫，则舅又旦暮待尽；辗转思维，进退无策。臣愿代夫系狱，令夫得送父终年，仍还赴系，实陛下莫大之德也。"法司亦为请，上终不许。

15 夏，四月，乙亥，免畿内被灾税粮。

16 戊子，福建巡抚谭纶，以寇平请终丧，许之。

17 五月，壬寅朔，日有食之。

18 广东进珠二千两，少之，命户部别选大者。

19 甲寅，太白昼见。

20 乙卯，上夜坐庭中，获一桃于御幄后，左右言自空中下，上喜曰："天赐也！"诏修迎恩醮五日。明日，复获一桃，是夜，白兔生二子，上益喜，谢玄告庙。未几，白鹿亦生二子，廷臣表贺。上以奇祥三锡，天眷非常，手诏褒答。

是时严嵩既罢，蓝道行亦被谴，宫中数见妖孽，上春秋高，恒邑邑不乐，中官因设诈以娱之。

21 丁巳，太白复昼见。

22 六月,辛未,南京吏科给事中杨铨等条奏考课四事:

一核考注,言"有一人之身而举刺互异,当视其所举刺之人,举者贤必非比周,刺者贤必非诖误。因是以折衷众论,参验是非,则臧否可弗眩也"。

一严面诘,"大计时,堂例得面质贤否,然咨诹不详,则虚词易售。宜旁举一二事以问,令不暇经思以对,则欺伪无所容而情实立见矣"。

一察庶官,"自府佐而下,考语含糊,率无甄别,概以俸深者为年老,新任者为称职,非辨论官材之道也。宜加意综核,分别良庸,才者毋以久任而弃捐,不肖者毋以初任而姑息"。

一减黜额,"考察之典,期于黜退奸贪而已,不在数之多寡也。比者竞为刻核,所黜汰务倍于往者,非爱惜人才之意。宜稍从宽,惟其人不惟其数"。

时南京广西道御史俞咨益等,亦请"辨人品以定去取,酌地方以叙殿最,黜墨吏以儆贪残,申禁例以杜科扰"。下部议,以其言简要,请从之。

23 辛卯,总兵俞大猷大破倭于惠州之海丰县。

初,倭自福建流入广东,会两广、南赣所调土、汉兵大集,乘其初至,败之。倭悉奔崎沙、甲子诸澳,夺渔舟入海,舟多没于风,脱者二千余人,还保海丰金锡都。大猷围之两月,贼食尽欲走,副将汤克宽设伏邀之,手斩其枭将三人。参将王诏等继至,贼遂大溃,禽斩千二百余人。

初,潮州大盗吴平,与倭相犄角,时诸峒自伍端、温七外,有蓝松三、叶丹楼之辈皆附之,日掠惠、潮间。大猷既平海丰之倭,乃移师潮州,以次降松三、丹楼,遂使招降吴平,居之梅岭。

24 秋,七月,丙午,南赣官军讨程乡等处之贼,败之。

时广东大埔盗蓝松山、余大春等,聚众千百,流劫福建漳、延、兴、泉诸府,为官军所败,奔至永春,与山贼苏阿普、范继祖等连兵,出没漳平、龙岩等处,声言听抚以缓我师。至是南赣巡抚吴百朋知其诈,乃撤各道,罢兵纳降,伺其懈,率官军四面击之,贼党大溃。松山为程乡知县顾若愚所禽,大春逃匿银溪山,为饶平知县张孔修、县丞章良辰所禽,继祖势穷,自缚请降,亦被执,惟苏阿普逸去。

事闻,赏百朋等银币,令严捕苏阿普以靖地方。

25 己未,顺天府尹刘畿言:"提编之弊,逾于正额。臣阅本府所属州县夏秋两税额,折银不过十万九千有奇,而额外加编乃至十一万二千六百两有奇。密迩辇毂之下,采办加派之不常,添设劝借之无已,是以宛、大二县,有全里逃亡无一丁者,有余二三户者。今当编均徭之期,宜令各州县官先将境内丁田核其原额而正其欺隐,差役究其因革而裁其冗滥。然后按丁粮之等第,为赋役之重轻,务使差徭平一,不得额外滥编。"

疏入,部议"请下有司查核以闻"。

26 八月,丙子,以万寿节,加恩直赞诸臣,自内阁徐阶、袁炜外,尚书严讷、李春芳,皆晋太子太保。

27 是月,天下臣民进仙桃瑞芝为上建醮祝釐者甚众,俱赏赉有差。

28　九月,辛酉,以两广兵荒,诏:"留嘉靖四十年至四十二年原派苏州军饷银共十八万两,留本省备用。"

29　是月,赠故秀州巡检黄尚正。

　　初,嘉靖四十年六月,流贼犯龙泉,尚正引兵御之,杀贼一人,夺马一匹,追奔十里。为贼所执,潜遣其养子黄进还,约官军为内应,不至。尚正密入贼帐,斩其渠三人,众惊乱,缚尚正,支解之。进闻变,入营号哭,亦遇害。至是守臣以闻,并赐赠恤。

30　冬,十月,戊子,太白昼见,凡二十二日。

31　己丑,诏:"自今两京乡试同考官,仍择年力精壮文行俱优之教职充之。"

　　初,上用张璁议,各省主试多遣京官,而两京房考亦各加科、部官一员。至是给事中辛自修、御史罗元祯等,交摘去年顺天科场奸弊,语侵科、部。礼部议,"分考官就近选用,人得预拟,浮议独多,请仍循旧例,选用各省教职",从之。自是各省主考亦罢京官不遣。【考异】语见明史选举志。据实录,言官所摘发,谓"冒籍,生员章礼等五人;关节,监生项元深等三人;元深乃礼部主事戚元佐之亲。"又言"户部尚书高燿荐属官主事陈洙为考官,托其子高堂,得中式。而外帘通关节,为宛平县丞高灿,乃燿之亲弟也。诏独黜冒籍中式者,而燿及元深等俱不坐。"志皆不载,附识于此。

32　是月,北寇犯陕西,大掠板桥、响闸儿诸处,【考异】明史本纪不具。史稿系之是月,据实录明年二月奏报。原奏称十月、十二月皆入寇,盖一寇陕西,一寇山西也。明史载谙达犯山西于十二月,史稿言十二月两犯山西,今分书之。深入五百余里,虏掠二十余日始退。

33 十一月,辛丑,南京御史林润,劾严世蕃及其党罗龙文诸不轨状。

初,世蕃戍雷州,未至而归。嵩既罢,归至南昌,值万寿节,使道士蓝田玉为上建醮铁柱宫。田玉善召鹤,嵩取其符箓并己祈鹤文上之。因乞移世蕃近地以便就养,上不许,而世蕃遽返。龙文一诣戍所,即逃还徽州,数往来江西,与世蕃计事。世蕃大治园亭,势焰不少衰,其监工奴见袁州推官郭谏臣,不为起。

会润按视江防,因与谏臣谋,驰疏尽发其罪,言:"臣巡视上江,备访江洋群盗悉窜入逃军罗龙文、严世蕃家。龙文卜筑深山,乘轩衣蟒,阴有不臣之心。而世蕃日夜与龙文诽谤时政,摇惑人心,近假名治第,招集勇士至四千余人,道路汹汹,咸谓变且不测。乞早正典刑以绝祸本。"

上得疏大怒,即诏润逮捕至京师,下法司治罪。

34 丁未,冬至,祀天于圜丘,朱希忠摄行。

35 乙卯,以钱法日坏,私铸盛行,诏:"内外诸司严加访治。宝源局所铸制钱,各色匠役人等侵减工料,以致轻小滥恶,不堪行使,令部臣访送法司从重治罪。"

于是工部悉发作工、炉头及监铸官凡二十余人,执送刑部,拷讯历年侵盗及冒破工食之数,并监造副使段相等受贿故纵状,黜革有差。寻裁革宝源局副使一员,吏一名。

36 十二月,壬申,给事中张岳陈时宜六事:"一议禄粮以安宗室;二辨诚伪以端士习;三公舆论以蓄真材;四遏奸宄以作士气;五核部差以肃官守;六止开纳以议兵饷。"

时杨博在本兵，岳所言多讥切博，且言："今各部吏治稍清，惟兵部不思振刷，各司条例，杂乱无章，胥吏朋奸，搏噬武弁，其咎必有所归。"疏入，博奏辨，且请罢黜，上慰留之。

已而给事中曹栋因论科场事，末言："大臣体国，言官论事，当如和羹相济，不嫌异同。言官之无忌，益见大臣之有容；大臣之休休，乃有言官之谔谔。今小臣尽忠言事，而大臣为之悻悻不平，恐非盛世所宜有。"语盖侵博也。

37 丁丑，上以户部所进金色不纯，疑倾销铺户及装匣者有奸，下诏穷治。尚书高燿皇恐谢罪，因请更进足色以赎前误，上意稍解。

38 庚辰，上亲祈雪于洪应坛。

39 甲申，给事中王霆，劾"应天巡抚周如斗科取罚赎及纵弟受属官贿"，事下吏部，覆言："如斗昔按苏、松，名称藉甚。今偶罹訾议，非其志节殊也。盖昔当蠲赋之时，今有督粮之责，安静则颂声易兴，严急则怨讟交作，所处之势使然耳。况科罚交贿，皆风闻无实证，不当议罢斥。"乃令如斗视事如故。

40 江西安远知县王化，禽广贼梁国相等于石子岭；广东饶平知县管惟乾，禽程乡贼党丘万里等于九峻山。

国相本程乡剧贼梁宁之子，宁败见四十一年十月。宁败，国相请降，至是复叛，与其党葛鼎荣等分犯江、闽二省。化先期未发，寄妻子于会昌县，身自率乡兵击之。贼连败，乃纵反间于会昌城中，言"化已战没"，其妻计氏自刭。贼退，抚臣并上其事,诏旌其门曰"贞烈",建祠祀之。

41 丁酉,南韶山贼马五作乱,流劫乳源、江湾等处,守备贺锋、指挥蔡允元督兵迎战,败绩,为所执,骂贼不屈而死。巡抚吴桂芳以闻,诏赠恤,立祠祀之。

42 是月,北寇复犯山西,游击梁平、守备祁谋死之。【考异】明史本纪,谙达犯山西在是月。据实录,梁平、祁谋死事奏报在明年三月。原奏称"山西虏初以十月入寇,再以十二月中入寇",与史稿两寇山西合。今但以北寇书之。

四十四年(乙丑、一五六五)

1 春,正月,己亥朔,不御殿。

2 丁未,景王载圳薨,无子,国除。

王薨后,大学士徐阶奏夺景府所占陂田数万顷还之民,楚人大悦。

3 辛亥,上不豫,百官奉表起居。二月,丙子,有瘳。

4 丁丑,复湖广衡州、江西吉安仍行广盐。

初,湖广、江西全省俱行淮盐,后因两广用兵,都御史叶盛等,建议设立盐厂,广西则于梧州许行湖广衡、永二府,广东则于潮州许行江西南、赣二府,嗣复增袁、吉、临三府。未几,袁、临旋罢,惟南、赣、吉、衡、永五府行广盐久之。及鄢懋卿始议改衡州,御史朱炳如复议改吉安俱行淮盐,民以为不便。至是总督两广吴桂芳,南赣巡抚吴百朋,皆谓"国课顿减,无以充饷,请各行广盐如故",户部覆议,从之。

5 庚辰,礼部集廷臣议处王府事宜凡六十七条,上之,诏为书颁行,赐名宗藩条例。

初,御史林润,疏言宗藩积弊,请亟议善处之策,得旨允行。会周府南陵王睦楑条陈七事:"一立宗学以崇德教;一设选科以省禄费;一严保勘以杜冒滥;一革冗职以除素餐;一戒奔竞以息贪饕;一准拜扫以广孝思;一立忧制以省禄费。"礼部请"并下其疏于各王府,令杂议以上,听部臣会官定拟请裁"。至是议定,俱入条例行之。

6 三月,戊申,吏部尚书严讷,因考察言:"非常之士,朝廷不宜以常品待之。故国初有以典史而推都御史如冯坚,以直厅而历布政司如王兴宗,请略仿此意,于杂流冗职中超擢一二以禅盛治。"从之。

已而升广东同知王化为广东按察司金事,凤阳同知江东为陕西按察司金事,严州通判邵元善为四川按察司金事。其他经历、县丞之等,多不次超擢,均由举贡、吏员以治行卓异得之,皆特例也。

7 丁巳,赐范应期等进士及第、出身有差。

8 己未,袁炜以疾笃请致仕,令驰驿归,道卒。

炜以青词得上眷,中外献瑞,辄极词颂美,以故上急枋用之。炜贵倨鲜腴,故出徐阶门,及入阁,辄盛气凌阶。馆阁士出其门下者,斥辱尤不堪,人咸畏而恶之。

9 辛酉,严世蕃、罗龙文逮至京师,伏诛。

初,上命林润捕械世蕃,会世蕃子绍庭官锦衣卫,闻之,亟报世蕃,使诣戍所。方二日,润已驰至,世蕃猝不及赴,乃械以行。龙文亦捕得于梧州。

既至，润因复上书数嵩及世蕃罪，略曰："世蕃罪恶，积非一日。任彭孔为主谋，罗龙文为羽翼，恶子严鹄、严珍为爪牙。占会城廒仓，吞宗藩府第，夺平民房舍；又改釐祝之宫以为家祠，凿穿城之池以象西海。直栏横槛，峻宇雕墙，巍然朝堂之规模也。袁城之中，列为五府：南府居鹄，西府居鸿，东府居绍庆，中府居绍庠，而嵩与世（著）〔蕃〕则居相府，招四方之亡命，为护卫之壮丁，森然分封之仪度也。总天下之货宝尽入其家，世蕃已逾天府，诸子各冠东南；虽豪仆严年、谋客彭孔，家资亦称亿万。民穷盗起，职此之由。甚者畜养斯徒，招纳叛卒数十百人，明称官舍，出没江、广，劫掠士民。其家人寿二、银一等，阴养刺客，昏夜杀人，夺人子女金钱，半岁之间，事发者二十有七。而且包藏祸心，阴结典槌，在朝则为宁贤，居乡则为宸濠。以一人之身而总群奸之恶，虽赤其族，犹有余辜。严嵩不顾子未赴伍，朦胧请移近卫，既奉明旨，居然藏匿，以国法为不足遵，以公议为不足恤。世蕃稔恶，有司受词数千，尽送父嵩，嵩阅其词而处分之，尚可诿于不知乎？既知之，又纵之，又曲庇之，此臣谓嵩不能无罪也。"疏入，上怒，诏下法司讯状。

先是润与郭谏臣发世蕃罪，并及冤杀杨继盛、沈炼状。世蕃闻之，抵掌曰："任他燎原火，自有倒海水！"已而聚党窃议，谓："'贿'字自不可掩，然非上所深恶。惟聚众通倭之说，得讽言官使削去，而故填杨、沈下狱为词，则上必激而怒，上怒，乃可脱也。"谋既定，乃令其党扬言之。

刑部尚书黄光昇等亦以为然，如其言，具稿诣徐阶议之。阶固已豫知,姑问:"稿安在?"吏出怀中以进,阅毕,曰:"法家断案良佳。"延入内,屏左右语曰:"诸君子谓严公子当死乎? 生乎?"曰:"死不足赎。"曰:"然则此案将杀之乎? 生之乎?"曰:"用杨、沈,正欲抵死。"徐阶曰:"别自有说。杨、沈事诚犯天下公恶,然杨以计中上所讳取特旨,沈暗入招中取泛旨,上岂肯自引为过! 一入览,疑法司借严氏归过于上,必震怒。在事者皆不免,严公子骑款段出都门矣。"众愕然,请更议。曰:"稍迟,事且泄,从中败事者必多,事且变。今当以原疏为主,而阐发聚众本谋。"乃出一稿于袖中,独案:"罗龙文与汪直交通,贿世蕃求官,世蕃用日者言,以南昌会地有王气,取以治第,制拟王者;又结宗人典楧,阴伺非常,多聚亡命,南通倭,北通虏,共相响应。"即呼写本吏入,扃户令疾书,用印封识。

而世蕃不知也,窃自喜计行,谓龙文曰:"诸人欲以尔我偿杨、沈命,奈何?"龙文不应,执其手耳语曰:"且畅饮,不十日,释缧绁善归。上因此念吾父,别有恩命未可知。虽然,先取徐阶首,当无今日,吾父养恶,故至此。今且归,用前计未晚。谁谓阿侬智者!"龙文喜,问故,曰:"第俟之。"

已而阶改疏上,上览疏,命法司鞫讯具实以闻。阶因速具疏,言:"事已勘实,具有显证,请亟正典刑。"上从之,命斩世蕃、龙文于市。

二人闻,相抱哭。家人请写遗书谢其父,不能成一字。都人闻之大快,各相约持酒至西市看行刑。

籍其家，黄金可三万余两，白金三百余万两，他珍宝服玩所值又数百万。

嵩及诸孙皆为民。后二年，嵩老病，寄食墓舍以死。

【考异】严世蕃伏诛之本末，悉具明史嵩传，三编亦据书之。实录所载，则不涉徐阶一字，但言"狱词奏上，上曰：'此逆情非常。尔等皆不研究，只以林润疏说一过，何以示天下后世！'于是刑部黄光昇等勘实其交通倭奴，潜谋叛，遂请亟正典刑"云云。此可以见徐阶之作用矣。原奏及奉旨本末，俱具光昇所撰昭代典则中，附识于后。○"御史林润，奉旨先获罗龙文，继获严世蕃，并将世蕃阴受伊藩典楧赂金十余万两，计杀倒赃乐工三十余人，及窝藏强盗、阴养刺客诸不法状奏闻，俱下刑部。会都察院、大理寺、锦衣卫依法从公究问来说，'该尚书黄光昇，会同都察院左都御史张永明、大理寺卿张守直、掌锦衣卫事左都督朱希孝，参看得严世蕃素性凶残，忍心悖逆。敢昧天地神明，不畏朝廷法度。自其括贿于九边，则自督、抚、总、副以至参、游，岁有问候、买命之馈，皆科克于军士，而边计因以久坏。自其网利于各省，则自抚、按、三司以至卫、府、州、县，岁有贺谢、免祸之献，皆诛求于军民，而民财由以久竭。狼贪而不顾国家，虽叛贼如汪直亦纳其赂，异志如典楧亦黩其货，宁畏知情故纵之律？虎据而窃弄威福，至擅拟某人选某官，价自九百以至二百，某人升某官，礼自三千以至一千，奚恤专擅选官之条？罪积多端，恶长不悛。乃敢与罗龙文因谪戍而怨恨，妄非上而不知罪己；肆狂悖以诅詈，辄毁君而益著逆节。又朋奸于彭孔，忍为外国富贵之谋；复阴通于牛信，敢为卖货交虏之计。一则聚数千于私家，而妖术刺客之兼有，明犯有将之诛；一则聚数百以自卫，而江洋寇盗之潜结，实藏不轨之图。严世蕃、罗龙文，俱比依骂父者律，严世蕃仍量追赃银贰百万两，罗龙文贰拾万两，为户部助边之用。查得大明律内开，'凡犯罪被极刑之家，同居亲属人等，并不得入充内侍。'今严世蕃犯该悖逆处斩，则其子皆属逆流，合行吏、兵二部，通将严世蕃诸男见在两京文武职官者，尽行查革为民，发回原籍，不许在官潜住为奸。严嵩原系内阁辅臣，未奉明旨参究，理合恭听圣断。"奏奉圣旨："这逆情，你每既会问的确，严世蕃、罗龙文即便会官决了。盗用官银财货家产，著各该巡按御史严拘的亲儿男，尽数追没入官送部，不许亲识人等侵匿受寄,违者即便拿问。<u>严嵩</u>畏子欺君,大负恩眷,并伊孙见任文武职官的,都削籍为民,有司拘管当差。余党逆邪,尽行逐治,毋致遗患。其余俱依拟行。"

  <u>明史邹应龙等传赞</u>曰:<u>世宗</u>非庸懦主也,<u>严嵩</u>相二十余年,贪(恶贯盈)〔醤盈贯〕,言者踵至,斥逐罪死,甘之如饴,而不能得君心之一悟。<u>唐德宗</u>言"人谓<u>卢杞</u>奸邪,朕殊不觉",各贤其臣,若蹈一辙,可胜叹哉!

  <u>世蕃</u>之诛,发于<u>邹应龙</u>,成于<u>林润</u>。二人之忠非过于<u>杨继盛</u>,其言之切直非过于<u>沈炼</u>、<u>徐学诗</u>等,而大憝由之授首。盖恶积灭身,而<u>邹</u>、<u>林</u>之弹击适会其时欤!

10 是月,<u>土默特</u>犯<u>辽东</u>,参将<u>线补衮</u>御却之。追至<u>黄土台</u>,寇大至,围之数重,<u>补衮</u>与游击<u>杨维藩</u>,转战自辰至申,<u>维藩</u>力屈而死。<u>补衮</u>手杀数人,面中二矢,镞出脑后,犹突围还营,数日身死。事闻,<u>补衮</u>、<u>维藩</u>俱赠都督佥事,赐荫,立祠祀之。

11 夏,四月,庚辰,吏部尚书<u>严讷</u>、礼部尚书<u>李春芳</u>,并兼<u>武英殿</u>大学士,预机务。<u>袁炜</u>去,<u>徐阶</u>数请增阁臣,故有是命。

  上眷侍直诸臣厚,凡迁除皆出特旨。<u>春芳</u>自学士至入阁凡六迁,未尝一由廷推云。

12 壬午,<u>谙达</u>犯<u>肃州</u>,总兵官<u>刘承业</u>等御之于<u>沙窝</u>,败之。明日,复大至。官兵迎战,斩首八十六级。

13 己丑,<u>梅岭</u>降贼<u>吴平</u>叛。

  <u>平</u>为<u>俞大猷</u>招降,使居<u>梅岭</u>,杀贼自效。久之,<u>平</u>私造

战船数百,聚众万余,筑三城守之,行劫惠、潮,遂及<u>福建诏安</u>、<u>漳浦</u>等处。<u>福建</u>总兵<u>戚继光</u>督兵袭之,<u>平</u>移其辎重入舟,率众遁入<u>海保</u>、<u>南澳</u>。诏"督、抚等官协力会剿,毋再以招安为名,养寇贻患"。

14 甲午,倭犯<u>福宁</u>。

先是<u>倭</u>出入<u>浙江温</u>、<u>台</u>等境,官军击败之。至是复由<u>台山海洋</u>入<u>闽</u>,攻<u>福宁</u>,总兵<u>戚继光</u>督参将<u>李超</u>等,合水陆兵击之,斩首二百余级。乘胜追<u>永宁</u>贼,斩馘三百有奇。

15 是月,以吏部侍郎<u>董份</u>为礼部尚书,并起复前吏部尚书<u>郭朴</u>。<u>朴</u>未至,仍命<u>严讷</u>管部事。

16 五月,甲辰,寇犯<u>镇武堡</u>。辛酉,复入<u>延绥黄甫川</u>,攻堡四日,不克而去。

寇初至,以数骑<u>汉</u>服叩关,诈称为<u>大同镇</u>奉差至者。关城启,敌骑奄至,把总<u>高尚钧</u>中流矢死。【考异】<u>明史本纪</u>不具。<u>史稿</u>一入寇于<u>镇武</u>,一入寇于<u>延绥</u>,皆与<u>实录</u>月日合。惟<u>实录</u>载<u>镇武</u>之役误入<u>杨维藩</u>,而<u>维藩</u>之死乃在三月。<u>辽东</u>之役,<u>实录</u>所载原奏甚明,而误入之五月,以致前后矛盾。今据原奏及<u>明史本纪</u>分书之,其<u>高尚钧</u>之死,仍据<u>实录</u>增入。

17 方士<u>胡大顺</u>、<u>蓝田玉</u>等伏诛。

<u>大顺</u>,故<u>陶仲文</u>徒也,以术败斥去,希复进用。而<u>田玉</u>亦<u>蓝道行</u>之徒,往来京师,通于内侍<u>赵楹</u>。至是以诏求方书,<u>大顺</u>乃伪造万寿金书一帙,使其党<u>何廷玉</u>赍至京师,因<u>田玉</u>介<u>楹</u>以献,言:"是帙系<u>吕祖</u>以卜授者。"上问:"扶卜人何在?"<u>田玉</u>等遂诈传伪旨,征<u>大顺</u>至京,更名<u>胡以宁</u>。及至,有发其前事者。上以问辅臣<u>徐阶</u>,<u>阶</u>力陈其矫诬状。

寻下刑部拷讯,皆伏法。

18 六月,甲戌,有芝生于睿宗原庙前殿之东柱,上大悦,告庙受贺,遂建玉芝宫。

19 是月,礼部尚书董份罢,给事中欧阳一敬劾之也。

份故党于严氏,世蕃下狱,有传其贿份为之营解。至是一敬劾其"纵令家仆揽商网利",诏黜为民。【考异】份受世蕃金二万两,见昭代典则,实录不载。然份罢为民,则以党嵩故,借贿事发之也,今据增。

逾月,以吏部侍郎、掌詹事府事高拱为礼部尚书。

20 秋,七月,癸卯,河决沛县。

初,曹县新集屡淤,新集地接梁靖口,历夏邑丁家道口、马牧集、韩家道口、司家道口至萧县蓟门,出小浮桥,此贾鲁河故道也。自河患呃,别开支河以杀水势,而本河渐涩,遂决,趋东北段家口,析而为六,俱由运河至徐、洪;又分一支由砀山坚城集下郭贯楼,析而为五,亦由小浮桥会徐、洪;而新集至小浮桥故道二百五十余里,遂淤不可复矣。

自后河忽东忽西,靡有定向,水得分泻者数年不至壅溃,然分多势弱,浅者仅二尺。至是沛县河决,自飞云桥东注昭阳湖,于是上下二百余里运道俱淤,全河逆流。自沙河至徐州以北至曹县棠林集而下,北分二支:南流者绕沛县戚山、杨家集入秦沟至徐;北流者绕丰县华山东北,由三教堂出飞云桥,又分而为十三支,或横绝,或逆流入漕河,至湖陵城口,散漫湖坡,达于徐州,浩淼无际,而河变极矣。

逾月,改南京刑部尚书朱衡为工部尚书兼副都御史,总理河漕。

21　八月，丁丑，巡按江西御史成守节，上籍没严世蕃江西家产金银玉玩田产之数，并受寄、借贷诸奸党，如原任大理寺卿万寀、副使袁应枢、通判张泽、经历熊衮、同知赵濂等，诏"俱行巡按御史追赃究治"。所籍嵩等家财银两，诏"悉送太仓，以一半济边饷，一半充内库取用"。

22　广寇吴平等驾船四百余艘，出入南澳、浯屿间，谋再犯闽，把总朱玑、协总王毫引兵击之海中。贼掩至，围官军数重，玑、毫俱战没，平遁去。

23　壬午，谕礼部曰："朕所常御褥及案上有药丸各一，盖天赐也。其举谢典，遣告诸神。"礼官请并告太庙，从之。是日，上亲奏谢于太极殿，遣官分告坛庙。

24　是月，谙达子鸿台吉，率轻骑自宣府洗马林突入，散掠内地，把总姜汝栋以锐卒二百伏暗庄堡，猝遇台吉，搏之。台吉堕马，为所部夺去，受伤，越日始苏。

25　九月，戊戌，寇犯延绥镇静堡，中路参将鲁聪率指挥权世爵、千户李朝嵩等御之，俱战没。寇乃纵骑围总兵郭江、赵岢，凡四日，会副总兵李印、参将谢朝恩等率各路兵赴援，寇乃解围去。

26　庚申，罢工本盐。

自工本例开，增收盐课至三十五万引，户部以国用方绌，藉以抵年例，不能罢也。至是巡盐御史朱炳如言："工本盐不罢，不惟无益边饷，而商灶两困，并往时正盐常例一切失之。盖逋欠日多，有名无实也。"下户部议，"请自明年为始,将工本盐三十五万引悉数停罢"。

27 冬,十月,乙丑,以瑞鹿奏谢元极宝殿,告于太庙,廷臣表贺。

先是交城王表枏奏进白鹿,言得之平阳府藐姑射山仙洞之侧,并撰颂以献,诏赐白金百两,大红金绿衮龙服三袭。

初,交城王卒,无子,绝封,表枏以孽宗,贿严嵩得袭爵。至是宗藩条例颁行,查革冒袭者,表枏知不免,乃以是希宠保爵云。

28 丙子,免应天高淳等县被灾税粮。

29 丙戌,逮闲住都御史胡宗宪至京师。

初,宗宪既罢,上思其功。会万寿节,宗宪献秘术十四,上大悦,将复用。及罗龙文诛,御史汪汝正籍其家,得宗宪手书,乃被劾时自拟旨授龙文以达世蕃者,遂有是逮。宗宪至,自陈平倭功,徒以献瑞为言官所嫉,且讦汝正受赃事。上终怜之,并下汝正狱。宗宪竟瘐死狱中,汝正得释,而宗宪通书事亦罢勿勘。万历初,始追复宗宪官,谥襄懋。

30 十一月,己亥,以大理少卿潘季驯为佥都御史,总理河道。

31 癸卯,大学士严讷致仕。

讷直西苑,所撰青词皆称旨,既入阁,以起郭朴未至,仍掌吏部。

是时上斋居西苑,侍臣直庐,皆在苑中。讷晨出视部事,暮宿直庐,小心谨畏,遂成疾,久不愈。至是乞归,始许之。逾年,宫车晏驾,讷遂不复出,家居二十年卒。

32 乙巳,巡按山西御史张榈言:"往者严嵩父子,奸恶相济,陛下纳言官邹应龙议,悉置之法,复显擢应龙以旌其直。而先年首发大奸诸臣如吴时来、赵锦、张翀、王宗茂辈,不蒙录用,是曲突者不赏也。"疏入,上大怒,立逮至,杖六十,斥为民。应龙益不自安。

33 戊申,奉安献皇帝神主于玉芝宫。

34 癸丑,冬至,祀天于圜丘,朱希忠摄行。

35 十二月,壬申,荧惑逆行入井,逾二舍,再旬乃复。

36 丙子,以冬旱,祷雪于洪应殿。

37 丁丑,以火星逆行,下诏修省。

四十五年(丙寅、一五六六)

1 春,正月,癸亥朔,不御殿。

2 福建福、兴、泉三府同日地震。

3 己亥,太白昼见。

4 戊申,大风扬尘,命谨防兵、火。

5 戊午,四川官军讨妖贼蔡伯贯等,禽之。

伯贯,大足县人,以白莲教诳众,党日益盛,遂为乱,伪号大唐。旬月之间,连破七州县,然乌合无纪律,遇官兵辄败,诸首恶多被禽戮。伯贯惧,还大足旧巢,官军破巢,禽之,降其众七百余人。伯贯举事凡三十六日而灭。

初,妖人李福达之狱,桂萼、张璁等反之,举朝不直萼等,而以寅、福达姓名错互,亦有疑之者。至是伯贯就禽,自言学妖术于<u>山西</u><u>李同</u>,所司檄<u>山西</u>捕<u>同</u>下狱。<u>同</u>供为"<u>李午</u>之孙,<u>大礼</u>之子,世习<u>白莲教</u>,假称<u>唐</u>裔,惑众倡乱",与<u>大狱</u>录姓名无异,<u>同</u>竟伏诛。

会新君践阼,御史<u>庞尚鹏</u>言:"据<u>李同</u>之狱,<u>福达</u>罪益彰。而当时流毒缙绅至四十余人,衣冠之祸,可谓惨烈。<u>郭勋</u>世受国恩,乃党巨盗,陷朝绅。职枢要者承其颐指,锻炼周内,万一阴蓄异谋,人人听命,祸可胜言哉!乞追夺<u>勋</u>等官爵,优恤<u>马录</u>诸人以作忠良之气。"由是<u>福达</u>狱始明。

【考异】此据<u>明史</u><u>马录</u>传。三编亦书之于<u>嘉靖</u>六年<u>目</u>中,今据<u>实录</u>月日。

6 庚申,夺<u>惠</u>、<u>潮</u>总兵<u>俞大猷</u>职。

初,<u>吴平</u>出入<u>南澳</u>,<u>大猷</u>将水兵,<u>戚继光</u>将陆军,大破之,<u>平</u>仅以身免,奔据<u>饶平</u><u>凤皇山</u>。<u>继光</u>留<u>南澳</u>,<u>大猷</u>部将<u>汤克宽</u>、<u>李超</u>等蹑贼役,连战不利,<u>平</u>遂掠民舟出海。<u>闽</u><u>广</u>巡按交章论<u>大猷</u>,乃褫职,命<u>继光</u>以<u>福建</u>总兵兼管<u>惠</u>、<u>潮</u>二府讨贼事。

7 二月,癸亥,户部主事<u>海瑞</u>,见上久不视朝,专意斋醮,督抚大吏争上符瑞,廷臣表贺,无敢言者,乃独上疏论之。

略曰:"陛下即位初年,天资英断,政令一新,天下欣然望治。乃未久而妄念牵之,谓遐举可得,一意修真,竭民脂膏,滥兴土木。二十余年不视朝,法纪弛矣;数年推广捐纳事例,名器滥矣。二王不相见,人以为薄于父子;以猜嫌诽谤戮辱臣下,人以为薄于君臣;乐<u>西苑</u>而不返,人以为薄于夫妇。吏贪官横,民不聊生,水旱无时,盗贼滋炽。陛下试思今日天下为何如乎?

古者人君有过，赖臣工匡弼；今乃修斋建醮，相率进香，仙桃天药，同辞表贺。建宫筑室，则将作竭力经营；购香市宝，则度支差求四出。陛下误举之而诸臣误顺之，无一人肯为陛下正言者，谀之甚也。

且陛下之误多矣，其大端在于斋醮。斋醮，所以求长生也。自古圣贤垂训，修身立命，曰顺受其正矣，未闻有所谓长生之说。陛下受术于陶仲文，以师称之，仲文则既死矣。彼不长生，而陛下何独求之？至于仙桃天药，怪妄尤甚。昔宋真宗得天书于乾祐山，孙奭曰：'天何言哉，岂有书也！'桃必采而后得，药必制而后成，今无故获此二物，是有足而行耶？曰天赐者，有手执而付之耶？此左右奸人造为妄诞以欺陛下，〔而陛下〕误信之以为实然，过矣。

陛下又将谓悬刑赏以督责臣下，则分理有人，天下无不可治，而修真为无害已乎？太甲曰：'有言逆于汝心，必求诸道；有言逊于汝志，必求诸非道。'用人而必欲其唯言莫违，此陛下之计左也。即观严嵩，有一不顺陛下者乎？昔为同心，今为戮首矣。梁材守道守官，陛下以为逆者也，历任有声，官户部者至今首称之。然诸臣宁为嵩之顺，不为材之逆，得非有以窥陛下之微而潜为趋避乎？即陛下亦何利于是！

陛下诚知斋醮无益，一旦翻然悔悟，日御正朝，与宰相侍从讲求天下利害，洗数十年之积误，使诸臣亦得自洗数十年阿君之耻，天下何忧不治，万事何忧不理！此在陛下一振作间而已。释此不为而切切于轻举度世，敝精劳神以求之于系风捕影茫然不可知之域,臣见劳苦终身而无成也。"

上得疏,大怒,抵之地,顾左右曰:"趣执之,无使得遁!"宦官黄锦在侧,曰:"此人素有痴名。闻其上疏时,自知触忤当死,市一棺,诀妻子,待罪于朝,僮仆亦奔散无留者,是不遁也。"上默然。少顷,复取读之,为感动太息,留中者数月。尝曰:"此人可方比干,第朕非纣耳。"

会上有疾,烦懑不乐,召徐阶议内禅,因曰:"海瑞言俱是。朕今病久,安能视事!"又曰:"朕不自谨惜,致此疾困。使朕能出御便殿,岂受此人诟詈耶!"遂逮瑞下诏狱,究主使者,寻移刑部论死。狱上,阶力救,奏遂留中。

8 庚午,应天巡抚周如斗言:"徽州府歙、休、婺三县,与浙之淳安、开化、遂安、江西之德兴、乐平、万年接壤,群盗出没,不便逐捕。请于三县适中之地创建城堡,以本府巡捕同知专驻其地,并将徽州一府改隶浙江金、衢分巡道,仍听节制于应天抚、按官。"诏部议行之。

9 甲戌,史馆诸臣纂修承天大志成,上之。

辛巳,上谕辅臣徐阶曰:"朕病久未复,兹就大志成,一南视承天,拜皇考陵,取药服气。此原受生之地,必奏功。途用卧辇,至秋还京。"阶力谏,乃止。

10 甲申,遣工科给事中何起鸣往勘河道。

初,上命朱衡总理河漕,衡驰诣决口,旧河已成陆,而故都御史盛应期所开新河,事见嘉靖七年。自南阳以南,东至夏村,又东南至留城,故址尚在。其地高,河决至昭阳湖止,不能复东,可以通运。乃定议开新河,筑堤吕孟湖以防溃决。河道御史潘季驯,独以为"新河土浅泉涌,劳费不赀;不如浚留城故道",议与衡不合。

而衡持益坚,引鲇鱼、薛沙诸水入新渠马家桥堤,以遏飞云桥决口。身自督工,劾罢曹濮副使柴涞,重绳吏卒不用命者,浮议遂起。至是给事中郑钦劾"衡虐民幸功",遂命起鸣勘实以闻。

11 是月,浙江开化、江西德兴矿贼作乱,流劫徽、宁等处,遂入婺源县,焚烧县治,大掠而去。

给事中严从简,"请加浙江巡抚刘畿总督浙直军务",部议"暂设总督节制三省,俟事平罢之"。乃命畿仍以浙江巡抚总督浙、直、江西三省军务。

12 广东山贼李亚元等聚众劫掠河源、和平等县,势甚猖獗。总督吴桂芳,南赣巡抚吴百朋,调集官兵十万,分为五哨。时俞大猷方夺职闲住,桂芳请留剿粤贼,令统五哨兵分道进。大猷先以计携贼党,散胁从者,而亲督兵捣贼巢,生禽亚元,俘斩一万四百,夺还男妇八万余人。捷闻,复大猷职。【考异】明史本纪,"是月,俞大猷讨广东山贼,大破之"。证之大猷本传,即李亚元等也。实录系之八月,盖兵部论功月日也。原奏亦称"二月平李亚元等",与明史传合,今据之。

13 三月,癸巳,谙达突以千余骑犯宣府龙门等处,总兵官马芳等击却之。

14 己未,以吏部尚书郭朴兼武英殿大学士,礼部尚书高拱兼文渊阁大学士,并入阁预机务。

朴、拱皆由徐阶荐,而朴以供奉青词,与袁炜、严讷、李春芳入直西苑,时称"青词宰相"云。

15 是月,给事中何起鸣勘河工自沛还,上言:"旧河之难复有五:黄河全徙,必杀上流。新集、庞家屯、赵家圈,皆上流也,以不赀之财投于河流已弃之故道,势必不能,一也;自留城至沛,莽为巨浸,无所施工,二也;横亘数十里,襄裳无路,十万之众,何所栖身? 三也;挑浚则淖陷,筑岸则无土,且南塞则北奔,四也;夏秋淫潦,难保不淤,五也。新河开凿费省,且可绝后来溃决之患,宜用衡言开新河,而兼采季驯言不全弃旧河。"

疏入,部议从之。

而潘季驯持复故道之议,廷臣亦多以为然。由是朱衡与季驯有隙。

16 夏,四月,壬戌朔,日有食之。

17 闽广官兵追击海寇吴平,大败之。

初,平出海,为官军所败,将奔安南,巡抚吴桂芳檄安南万宁宣抚司发兵会剿,遣参将汤克宽、都司傅应嘉等,以舟师夹击贼于万桥山下。会暮,大风,我军用火攻,焚平所乘舟,平军大溃,赴水死者无算。闽广奏报,或称平已远遁,或称平已溺水死,然自是不复犯闽广矣。

18 丙戌,谙达犯辽东,由西兴、西平二堡入寇,备御指挥苟麒、把总张禄御之,至高桥,中伏死。【考异】死事之苟麒、张禄,不见明史纪、传,今据实录增。

19 是月,以吏部侍郎高仪为礼部尚书,以高拱入阁代之也。南京兵部尚书胡松为吏部尚书,代郭朴也。

20 五月，壬辰，寇复自<u>辽东</u><u>西平</u>出边，转掠河东盐场，<u>清河</u>守备郎得功扼之<u>张能峪口</u>，击却之。

21 六月，癸酉，<u>河</u>决<u>沛县</u>，坏<u>马家桥</u>新筑东西二堤。

初，<u>朱衡</u>决计开新河，时廷臣以<u>潘季驯</u>言，"请勘<u>新集</u>、<u>郭贯楼</u>诸上源地"。衡极言："故道必不可复，惟当开广<u>秦沟</u>，使下流通行，修筑南岸长堤以防奔溃，可以苏<u>鱼</u>、<u>沛</u>昏垫之民。"诏便宜行之。

衡乃开<u>鱼台</u>、<u>南阳</u>抵<u>沛县</u>、<u>留城</u>百四十余里，而浚旧河自<u>留城</u>以下抵<u>境山</u>、<u>茶城</u>五十余里，由此与<u>黄河</u>会。又筑<u>马家桥</u>堤，东西三万五千二百八十丈，石堤三十里，遏<u>河</u>之出<u>飞云桥</u>者，趋<u>秦沟</u>以入洪。

至是工未成而<u>河</u>复决，败<u>马家桥</u>堤。言者交章论<u>衡</u>，诏"<u>衡</u>及<u>季驯</u>再勘，及此水盛之时，循视上流，务图上策，以拯灾黎"。

22 丙子，以久旱，亲祷雨于<u>凝道雷轩</u>。越三日戊寅，雨，廷臣上表称贺。

23 秋，七月，乙未，<u>锡林阿</u>犯<u>万全右卫</u>。

报至，上命亟檄宣<u>大</u>、<u>蓟</u>、<u>辽</u>各镇调兵应援，并令<u>大同</u>伏兵于<u>天城</u>、<u>阳和</u>间，伺至击之。谕辅臣曰："盛夏炎暑，非时入犯，必难得志，但秋深当慎防耳。"已而总督<u>赵炳然</u>果以捷闻。

是役也，总兵官<u>马芳</u>赴援西路，遇寇于<u>马莲堡</u>，堡圮，众请塞之，不可；请登台，亦不可。开堡四门，偃旗鼓，寂若无人；比暮，野烧烛天，嚣呼达旦，<u>芳</u>高卧，日中不起。敌骑窥者相属，莫测所为。明日，芳蹶然起，乘城指示众曰："彼军多反顾，且走。"勒兵追击，大破之。【考异】明史本纪书"谙达"，马芳传书"辛爱"，盖辛爱即谙达子也。锡林阿，即辛爱，译见前。

24　丙辰，锡林阿复由延绥平山墩入寇，直抵延安关外，固原总兵郭江等御之，坚壁不战。陕西巡抚陈其学，度寇已深入，遣都司冯时泰出边捣其巢，皆陷没。寇驻内地，大掠数日而去。

25　八月，己卯，南赣巡抚吴百朋，请大举剿江、广二省之贼。

略言："广东自河平县岑冈贼首李文彪，与江西龙南县高沙保贼首谢允樟、下历贼首赖清规，自三十五、六年间结党构乱，号为三巢，流劫郡邑。彼时以倭患方棘，闽广多故，不暇及也。

今文彪已死，其子珍，与谢、赖二贼声势相倚，众且数万，迥非张琏、林朝曦辈崛起之新贼可比。见今广东之和平、龙川、兴宁，江西之龙南、信丰、安远，业已蚕食过半，一应钱粮词讼，有司不敢诘问者，积有年所矣。及今不亟行驱除，将来之患，有不可胜言者。

但今四省之师，夹攻雕剿，兵非三十万、银非百万两不可。查三巢之中，如高沙谢允樟等，则已质其妻子；岑冈李珍、江月照等，势亦较弱；惟下历贼首赖清规，纠六县之贼党，负嵎逆命，僭号称王，四方群盗，悉倚以为薮。今议用兵，必先自下历始。

乞陛下专付臣以讨贼之任，所有南赣府县库银两，容臣便宜贷用,或令<u>江西</u>布政司源源协济,以充军赏之需。臣当移驻<u>信丰</u>,部署将士,专委岭北守巡<u>蔡文</u>、<u>李佑</u>,同知<u>李多祚</u>等监督,刻期分道直捣其巢。强寇既举,则弱者自服,<u>岑冈</u>、<u>高沙</u>以次可平矣。"

疏入,下兵部议,"<u>百朋</u>志在讨贼,不烦调兵。方略已定,本部难于遥制,即令督<u>蔡文</u>、<u>李佑</u>等相机图之。所需军饷,仍行<u>江西</u>抚、按从宜区处"。

26 九月,庚戌,给事中<u>王元春</u>,以新<u>河</u>未通,劾奏"<u>朱衡</u>幸功欲速,宜赐罢黜"。

先是<u>衡</u>开新<u>河</u>凡上下一百九十余里,工垂成,未通者仅十余里。会<u>黄河</u>暴涨,堤岸有冲决者,于是朝议纷纷,谓新<u>河</u>必不可成。<u>元春</u>及御史<u>王襄</u>交章请罢<u>衡</u>,而前奉勘之给事中<u>何起鸣</u>初主新<u>河</u>议者,至是亦自变其说。方下部覆,而<u>衡</u>已竣工,河道御史<u>潘季驯</u>亦入告。自是漕艘由境<u>山</u>入,通行至<u>南阳</u>,因令<u>衡</u>视事如故。【考异】按<u>朱衡</u>开新河,<u>潘季</u>驯复故道,明(中)〔史〕两是之,盖新河之利在目前,故道之利在永久也。若是时开新河者,<u>衡</u>主其事,<u>季驯</u>不得不列衔具奏,而<u>季驯</u>寻以忧去。若实录所载,谓"<u>季驯</u>亦已中变其说",似非也。今第参明史河渠志及列传中语节书之。

27 是月,以<u>俞大猷</u>为<u>广西</u>总兵官。

时给事中<u>欧阳一敬</u>言:"两<u>广</u>旧各巡抚一员,后因提督开府<u>苍梧</u>而巡抚遂罢;今地方多事,请复设巡抚于<u>广东</u>。其<u>广西</u>总兵官,原以流官都督为之,后改用勋臣,与提督同驻<u>梧州</u>,重为地方繁扰;今宜召<u>恭顺侯吴继爵</u>还京,仍选用流官,移镇<u>广西</u>会城。"部议,"请暂设<u>广东</u>巡抚,而以<u>大猷</u>镇<u>广西</u>代<u>继爵</u>",从之。寻给<u>大猷</u>平蛮将军印。

28 冬,十月,辛酉,谪万寀、袁应枢戍边,下鄢懋卿于巡按御史逮问。

时籍没严嵩家产不及二百万,诏旨严急。官司乃指寀等寄顿侵匿,遂皆得罪。

29 乙丑,复设镇守广东总兵官,以原任惠潮参将、署都指挥佥事汤克宽为之。

时欧阳一敬请两广各置镇守大帅,乃并设总兵官而罢勋臣。【考异】据明史俞大猷传,言"命大猷充广西总兵官,而以刘显镇广东,两广并置帅,自大猷及显始也"。按显是时自狼山移镇镇江,被劾革任候勘,以巡抚刘畿荐,命充为事官,镇守如故。又证之显传,显以四十一年镇广东,未赴,且彼时亦非额设。据实录,是年十月,复设广东镇守总兵官,以汤克宽为之,然则两广并置帅,实始于大猷、克宽,明史盖误以显前事当之,今据实录更正。

30 丁卯,谙达犯固原,总兵官郭江率千总李大本等御之,遇寇于暗门,兵败,俱死焉。【考异】郭江死事,见明史本纪。李大本,据实录增。

31 癸酉,复犯偏头关,杀守备左保,官军死者甚众。【考异】犯偏头关亦见本纪。左保死事,据实录书之。

32 丙子,淮、徐饥,诏巡盐御史以修河银一万二千两振之。

33 辛巳,释前给事中沈束于狱。

束长系在狱,上日令狱卒奏其语言食息,谓之"监帖",或无所得,虽谐语亦以闻。一日,鹊噪于束前,束谩曰:"岂有喜及罪人邪?"卒以奏,上心动。会户部司务何以尚疏救主事海瑞,上大怒,杖之,锢诏狱,而释束,发为民。

束还家,父已前卒,束枕块饮水,佯狂自废。甫两月,穆宗嗣位，起故官，不赴。丧除，召为都给事中。旋擢<u>南京</u>右通政，复引疾辞，布衣蔬食，终老于家。

<u>束</u>系狱十八年，比出，<u>潘氏</u>犹处子也，_{潘氏}事见四十三年。然<u>束</u>竟无子。【考异】事见<u>明史</u>沉<u>束</u>本传。证之<u>实录</u>，释<u>束</u>及廷杖何<u>以尚</u>，同系于是月辛巳，故列<u>传</u>牵连记之。<u>以尚</u>得罪，据<u>实录</u>，言其疏"谬悠疏诞无可采者，又自叙奉命购买龙涎香以供上用，今已得四十两"云云，是又欲诡道市合，为求衔计，上洞烛其奸，故重谴之如此。此殆非仇口语，今附识之。

34 壬午，<u>浙江道御史王时举</u>，劾<u>刑部尚书黄光昇</u>，言："内官<u>李永</u>，以诉事犯乘舆，本无死比，乃拟真犯；奸人<u>王相</u>，私阉良民者三，本无生法，乃拟矜疑。若非圣明独断，则<u>永</u>为含冤之鬼而<u>相</u>为出柙之虎矣。宜敕致仕，以为法司故出入人罪者戒。"疏入，上以其轻出大言，诏编氓口外，<u>光昇</u>置不问。

35 是月，吏部尚书<u>胡松</u>卒，改兵部尚书<u>杨博</u>代之，命兵部尚书协理戎政<u>赵炳然</u>回部管事。左都御史<u>张永明</u>以疾乞休，改南京礼部尚书<u>王廷</u>代之。

36 <u>武定之狱</u>，事见四十二年。<u>云南</u>抚、按官请讨<u>继祖</u>，_{继祖即冒入凤氏宗作乱者，事亦见前。}不克。寻筑<u>武定</u>新城，至是成，巡抚吕光洵释郑<u>竑</u>回府复业。_{竑下狱，亦见四十二年。}——<u>竑</u>，即前为<u>索林</u>谋杀<u>继祖</u>者也。<u>继祖</u>侦其回府，执而杀之，纠众攻新城。<u>临安</u>通判胡<u>文显</u>，督百户<u>李鳌</u>、土舍<u>王德隆</u>往援，至<u>鸡溪子隘</u>，遇伏，<u>鳌</u>及<u>德隆</u>俱死。佥事<u>张泽</u>督<u>寻甸</u>兵二千余驰救，亦败，<u>泽</u>及千户刘裕被执。镇、巡官促诸道兵并进，逼<u>继祖东山寨</u>，围之。<u>继祖</u>惧，携<u>泽</u>及<u>索林</u>走<u>照姑</u>，已，复杀<u>泽</u>。官军追之急，由<u>直勒</u>渡过江趋<u>四川</u>，依<u>东川</u>妇家阿科等。

巡按刘思问以状闻,敕云南、四川会兵讨贼。

37 闰月,己丑,巡按陕西御史方新上疏,略曰:"黄河与北狄之患,自古有之。乃今丰、沛间陆地为渠,而兴都有陵寝之忧,凤阳有冰雹之厄,河南有饥馑之灾,尧之洚水不烈于此矣。诸边将惰卒骄,寇至辄畏懦观望,而宁武有军士之变,南赣有土兵之叛,徽州诸府有矿徒窃发之虞,舜之三苗不棘于此矣。夫洚水、三苗不足为累者,以尧、舜兢业于上,而禹、皋诸臣分忧于下也。今司论纳者日献祯祥,而疆场之臣惟冒首功,隐丧败,为国分忧者谁也?斥罚之法,今不得不严,而陛下亦宜随事自责,痛加修省,然后灾变可息而外患可弭也。"疏入,上怒其狂渎,斥为民。——新,青阳人。

38 庚子,诏"广东新设巡抚,驻惠州府城,有警移驻长乐县,调度惠、潮二府兵食"。

先是上用欧阳一敬言,设广东巡抚,以江西布政司参政李佑为之,复有是命。又以四川巡抚谭纶总督两广军务,兼巡抚广西。

39 甲辰,谙达复犯大同,参将崔世荣御之,遇寇于樊皮岭,众寡不敌,世荣及其子大朝、大宾俱死之。

40 初,浙江矿贼既破婺源,流劫江西玉山县,还掠遂安,与西安新贼东西相应,势张甚。总督刘畿移驻衢州,遣都指挥陈大成、大器等分道追剿,复檄守备卢相为援。于是相、大器破西安贼于柴家村,大成败遂安贼于章村。余党奔遁,我兵乘胜追击,歼之。

至是捷闻,荫畿一子,赐银币,大成等各升一级。

41 十一月,戊午,冬至,祀天于圜丘,朱希忠摄行。

42 己未,上不豫。

初,上遣御史王大任等求方书、方士,大任遂于陕西、湖广诸省招致方外之士王金等,自称能合丹药。上方修玄西苑,谓长生可得,不死之药可致也。金献所合丹,上服之,辄病躁。

时方士至者日众,上知其妄,无殊锡。金等乃思所以动上者,复伪造诸品仙方,与所制金石药同进。其方诡秘,药性燥烈,上御之,火稍稍作,以是病久不愈。

43 乙亥,吏科给事中胡应嘉,论劾大学士高拱。

时上在西苑,阁臣直庐皆在苑中。拱未有(于)〔子〕,移家近直庐,时窃出。一日,上不豫,误传非常,拱遽移具出。拱初侍裕王邸,徐阶引之辅政,然阶独柄国,拱心不平,颇负气忤之。应嘉,阶乡人也,以曾劾拱姻亲自危,且睨阶方与拱隙,遂以拱不守直庐、骤移器具二者为不忠,上时方病,弗省也。拱疑应嘉受阶指,大憾之。

44 是月,河道御史潘季驯以忧去,吏部以“朱衡开新河有成效,请即以河道事令衡兼之,待其迁转之日,仍复设河道都御史”,报可。

45 十二月,庚子,上大渐,自西苑还乾清宫。是日,帝崩。

遗诏言:“奉宗庙四十五年,享国最久,累朝未有,一念惓惓,惟敬天勤民是务。祇缘多病,过求长生,遂致奸人诳

惑,补过无由。自即位至今建言得罪诸臣,存者召用,没者
恤录。方士付法司论罪。一切斋醮工作及政令不便者,悉
罢之。"皆大学士徐阶草也。

　　明史赞曰:世宗御极之初,力除一切弊政,天下翕
然称治。顾迭议大礼,舆论沸腾,幸臣假托,寻兴大
狱。夫天性至情,君亲大义,追尊立庙,礼亦宜之。然
升祔太庙而跻于武宗之上,不已过乎!若其时纷纭多
故,将疲于边,贼讧于内,而崇尚道教,享祠弗经,营建
繁兴,府藏告匮,百余年富庶治平之业,因以渐替。虽
翦剔权奸,威柄在御,要亦中材之主也矣。

46　壬子,裕王即位。以明年为隆庆元年。大赦天下。免
明年天下田租之半及嘉靖四十三年以前逋赋。其他悉奉
遗诏行之。

47　癸丑,释户部主事海瑞于狱。

　　先是瑞在狱,未闻大行状。提牢主事先知之,以瑞且
见用,设酒馔款之,瑞自疑当赴西市,恣饮啖不顾。主事因
附耳语:"宫车晏驾,先生行出大用矣。"瑞曰:"信然乎?"
即大恸,尽呕出所饮食,晕绝于地,终夜哭不绝声。及是既
释,复故官,寻迁大理寺丞。

48　逮方士王金等,诏"遵遗诏勘拟情罪。所有妄进药物
致损圣躬之王金、陶仿、申世文、刘文彬、高守中、陶世恩
等,皆着锦衣卫械送法司,从重究问"。——世恩即仲文
子也。

　　时承行郎中问拟金等照庸医故用药杀人罪斩,尚书黄

光昇,谓:"春秋许止不尝药,犹书弑君;况此等方士,妄进药物,致损圣躬,若但坐以寻常斩罪,何以上慰皇上痛伤皇考之心,下雪臣民君父之仇之愤哉! 弑君无律,杀父有条,宜比子弑父律,坐以极刑。"奏上,奉旨,"监候处决"。

49 吏部查奏:"先朝建言得罪诸臣,如樊深、丘橒、杨思忠、尹相、魏良弼、李用敬、陈瓒、吴时来、周怡、沈束、顾存仁、赵轼、张选、袁世荣、何惟柏、赵锦、张登高、黄正色、方新、张槚、凌儒、申仲、王时举、冯恩、徐学诗、周冕、张翀、董传策、刘世龙、唐枢、毋德纯、周希旦等,凡三十二人,宜遵遗诏录用。"报可。【考异】刑部定诸方士罪及吏部请召建言得罪诸臣,俱据昭代典则书之。惟原奏书三十三人,其姓名则三十二人。而据从信录、通纪诸书,又脱去周希旦一人。今据典则者,以黄光昇时在部中,为得其实云。

50 大学士徐阶之草遗诏也,一时朝野闻之,皆号痛感激,比之杨廷和所拟登极诏书,为先帝始终盛事。而同列高拱、郭朴,以阶不与共谋,不悦。朴曰:"徐公谤先帝,可斩也!"两人遂与阶有隙。【考异】事见明史徐阶传,为明年拱等修隙张本。

三编发明曰:大臣秉与国事,当虚己和衷,惟求其是,所谓"功不必自己出,名不必自己成",乃为得之。此犹言其无事时也,若当草写遗诏于哀痛呼抢之余,商家国根本之务,此何时也,而可以嫌疑生分别者耶? 观徐阶所草诏,犹能切中当时弊政。为高拱、郭朴者,自当赞助其成,何至以己未与之故,而遂生忌嫉,造谤媒孽,竟欲各分门户,甚至数年后拱专国政,一切尽反阶之所为。而启其衅者,实惟郭朴一言,朴安得无罪哉!